管理信息系统
（微课版）

主　编　刘克霞　段东山
副主编　李正浩　刘　洋　李伟丽　陈　贞
参　编　冯海侠　王钦强　王建峰　刘　敏

北京理工大学出版社
BEIJING INSTITUTE OF TECHNOLOGY PRESS

内 容 简 介

本教材共分为 4 篇，15 章内容，系统地介绍了管理信息系统的理论和应用。第 1 篇是理论概述，主要探讨管理信息系统的基本概念、组成和功能，以及信息系统的发展。第 2 篇是技术基础，深入介绍计算机技术、网络技术、数据库与数据仓库，以及新技术，如大数据、云计算、物联网和人工智能等。第 3 篇是系统开发，重点介绍管理信息系统的开发方法、系统规划、系统分析、系统设计、系统实施以及系统的运行与维护的全过程。第 4 篇是应用提升，主要介绍管理信息系统在企业的应用形式，包括企业资源计划、电子商务与电子政务、供应链管理系统与客户关系管理系统。

本书既可以作为高等学校管理科学与工程、信息管理与信息系统、电子商务、物流管理、市场营销、工程管理、工程造价、工程审计等管理类专业本科生的教材，也可以作为企业管理人员、信息技术人员的参考书籍。

图书在版编目（CIP）数据

管理信息系统：微课版／刘克霞，段东山主编.

北京：北京理工大学出版社，2025.5.

ISBN 978-7-5763-5327-3

Ⅰ. C931.6

中国国家版本馆 CIP 数据核字第 2025JN2155 号

责任编辑：徐艳君	**文案编辑**：徐艳君
责任校对：刘亚男	**责任印制**：李志强

出版发行 ／ 北京理工大学出版社有限责任公司

社　　址 ／ 北京市丰台区四合庄路 6 号

邮　　编 ／ 100070

电　　话 ／ （010）68914026（教材售后服务热线）

　　　　　　（010）63726648（课件资源服务热线）

网　　址 ／ http://www.bitpress.com.cn

版 印 次 ／ 2025 年 5 月第 1 版第 1 次印刷

印　　刷 ／ 河北盛世彩捷印刷有限公司

开　　本 ／ 787 mm×1092 mm　1/16

印　　张 ／ 21.25

字　　数 ／ 499 千字

定　　价 ／ 99.00 元

在信息技术迅猛发展的今天，管理信息系统已经成为现代社会发展不可或缺的一部分。党的二十大报告中强调高质量发展是全面建设社会主义现代化国家的首要任务。在新一轮科技革命和产业变革趋势下，新一代信息技术正在引发系统性、革命性的技术突破和产业变革，跨领域、协同化、网络化的数字技术正成为创新商业模式的重要载体。随着党的二十届三中全会胜利召开，国家全面深化改革、推进国家治理体系和治理能力现代化的蓝图已经绘就。党的二十届三中全会提出了推进中国式现代化的重大任务，通过数字化转型，管理信息系统能够帮助企业提高资源要素利用效率和经营管理水平。而且管理信息系统的发展也促进了数字经济与实体经济的深度融合，推动了新型工业化和产业模式的变革。同时，会议对健全网络综合治理体系作出了系统部署，这对管理信息系统中的网络安全和数据管理提出了更高要求，管理信息系统需要加强网络安全防护，确保数据的安全，同时促进数据共享和利用，提升数据治理能力。会议强调更加注重系统集成，管理信息系统不仅是技术的应用，更是一个组织内部各系统、各流程、各数据之间的集成和协同。所以在设计和实施管理信息系统时，要注重整体规划和系统布局，使系统内部各部分相互配合、协同高效，以提高整体效能。

本教材共分为4篇，15章内容，系统地介绍了管理信息系统的理论和应用。第1篇是理论概述，主要探讨管理信息系统的基本概念、组成和功能，以及信息系统的发展。第2篇是技术基础，深入介绍计算机技术、网络技术、数据库与数据仓库，以及新技术，如大数据、云计算、物联网和人工智能等。第3篇是系统开发，重点介绍管理信息系统的开发方法、系统规划、系统分析、系统设计、系统实施以及系统的运行与维护的全过程。第4篇是应用提升，主要介绍管理信息系统在企业的应用形式，包括企业资源计划、电子商务与电子政务、供应链管理系统与客户关系管理系统。

本教材在内容编排上注重理论与实践的结合，每章均以一个实际案例导入，启发学生的思考和兴趣。同时，每章末尾都设有本章小结、课堂讨论、分组任务和复习思考题，以及课后案例分析，旨在提高学生的实践能力和批判性思维。此外，教材还特别强调了信息技术的新发展，如5G、人工智能芯片等，以确保内容的前沿性和实用性。

本教材旨在为读者提供一个全面、系统地学习和理解管理信息系统的框架和工具，以培养适应新时代要求的高素质应用型人才。管理信息系统的学习不仅是专业理论知识的传授，更是价值观和社会责任的培养。在教材中，通过案例分析和课堂讨论等环节的设置，引导学生思考如何利用信息技术助力企业变革，如何在信息时代坚守职业道德，以及如何通过技术创新服务国家和人民的需要。

本教材由青岛理工大学的教师团队编写而成。团队成员根据自己多年的教学和研究工作，同时参考了大量的文献资料，凝练了管理信息系统领域的成果和技术进步的成就，共同合作完成了编写任务。具体分工如下：第 1 篇理论概述由刘克霞和刘洋负责编写；第 2 篇技术基础由段东山、刘克霞、冯海侠和刘敏负责编写；第 3 篇系统开发由刘克霞、李伟丽和王建峰负责编写；第 4 篇应用提升由李正浩、刘克霞、陈贞和王钦强负责编写。此外，管理工程系的很多教师也参与了文献资料的查阅及校对工作，尤其感谢刘涛老师给予的咨询与帮助，在此一并表示感谢。

随着新兴技术不断兴起，管理信息系统应用场景也不断发生变化，限于编者水平，书中难免有不当和疏漏之处，恳请阅读本书的读者朋友们不吝指正，把书中的错误或者建议及时反馈给出版社或者我们。希望这本教材能够成为读者的良师益友，帮助大家在信息时代的浪潮中乘风破浪，为实现国家的现代化建设贡献自己的力量。让我们携手并进，共同开启管理信息系统学习的旅程。

编　者
2024 年 10 月

目录

第 3 篇　系统开发

第 1 篇　理论概述

1 管理信息系统基础

教学目标

知识目标	能力目标	价值目标
1. 理解信息的内涵，识别信息的种类与特性； 2. 理解管理信息的内涵并分析其特点； 3. 理解系统的内涵，阐述系统的特性； 4. 理解信息系统的内涵及功能	1. 能够列举信息与数据的关系； 2. 能够运用系统理论分析实际问题； 3. 能够分析生活中常用的信息系统，尤其是能够阐述信息系统的作用和意义	1. 从不同角度掌握和运用信息理论、系统理论和控制理论等知识，增强对信息的认识； 2. 培养信息伦理意识，理解在信息管理中隐私保护和数据安全的重要性； 3. 强化法律意识，了解与信息系统相关的法律法规

关键术语

信息（Information）；数据（Data）；知识（Knowledge）；
智能（Intelligence）；系统（System）；
信息系统（Information System，IS）；
电子数据处理系统（Electronic Data Processing System，EDPS）；
管理信息系统（Management Information System，MIS）；
决策支持系统（Decision Supporting Systems，DSS）

引导案例

"和家亲"平台在家庭数字化转型中的创新与实践

截至 2023 年年底，中国 60 岁及以上的人口数量已经达到 2.97 亿，占全国总人口的

21.1%，人口老龄化程度进一步加深。第二次全国残疾人抽样调查主要数据公报显示，我国大约有 1731 万视力障碍人群，2700 万听力障碍人群，2500 万运动障碍人群，1.54 亿认知障碍人群。

随着科技与经济的发展，数字化正在不断深刻改变着生活的方方面面，但面对各种数字化产品，不少老年人、残疾人等群体依然不会用、不能用。弥合数字鸿沟，修建好数字时代的信息无障碍，让老年人和少数特殊群体和大部分人一样平等、方便、安全、便捷地获取、交互和使用信息，既是信息无障碍的目标，也是科技向善的美好理想。

中国移动落实银发产业高质量发展要求，着力弥合老年人"数字鸿沟"，加快推动新一代信息技术和银发产业的融合创新，打造能用、好用、愿用、放心用的信息服务，让"银发族"共享数字技术发展红利。

和家亲作为中国移动的智慧家庭服务入口产品，服务于 2.6 亿用户，触及的用户基数大、覆盖面广，以线上-线下深度融合模式，为用户提供智能化高品质的家庭生活服务。目前和家亲 App 在易观智能家居行业排名第二，已具备一定的行业影响力。和家亲 App 关爱版旨在为老年人及视听残障人士提供低门槛、更好用的智能家居服务。

1. 至简适老设计，降低无障碍门槛

针对老年人及特殊群体的特性及使用习惯，和家亲对产品的功能、交互、视觉进行改造。更大字体、更大图标、更强对比度，提升了产品的可感知性；调整组件焦点大小，扩大点击响应区域，精简业务图标，提高了产品的可操作性；突出关爱版入口，支持首页图标、搜索、模式切换等多途径进入，提升了产品的理解性。

2. 无障碍语音，让智能惠及特殊人群

针对特殊人群，利用 AI 技术实现语音读屏。语音播放可识别 App 内智能家居全业务场景，识别准确率达 99.5%，残障人士可无障碍地在 App 中"乘风破浪"。客服助手开启后，可开启语音交互人机对话，免除了特殊人群看不清屏幕、打字困难等使用困扰。

3. 多场景守护，弥合障碍群体鸿沟

和家亲 App 对老年人及特殊群体开展精细化运营，让他们更好地享受智慧家庭生活的便利和乐趣。通过对老年人及特殊群体使用数据的深入分析，精细化推送他们可能感兴趣的业务；以打造的关爱版专属功能，差异化承载该群体的运营活动；开展装维人员上门服务，借助适老化及无障碍能力帮他们更快上手操作，助力线下服务提高效率，提升体验。

科技向善而行，绽放人文之光。和家亲无障碍化的改造理论与方法为智能家居行业 App 乃至所有移动应用的无障碍化改造提供了参考，助力互联网行业向全面实现无障碍化更进一步。关注特殊群体，为世界作出少数而微小的改变，让所有人平等感受科技文明生活。

（资料来源：中国日报中文网，http://caijing.chinadaily.com.cn/a/202208/13/WS62f74a13a3101c3ee7ae3997.html，有改动）

结合案例请思考："和家亲"平台在家庭数字化转型中是如何利用信息技术弥合数字鸿沟的？

 导入案例的分析要点

1.1 信息

1.1.1 信息的概念

"信息"这一概念随处可见，比如信息产品（影视、报刊、书籍、光盘、统计数据等）、信息中心（配有复杂的计算机运营设备、组织数据集中管理、承担信息化技术体系建设和运行维护管理的部门）、信息主管（企业中负责计算机系统管理和数据分析的高级管理者）、信息高速公路（由光纤、卫星和高速通信设备连接的远距离电子信号传输网络）等。要理解信息的概念，就必须弄清楚数据、信息、知识等基本概念。

1. 数据（Data）

数据是用来记录客观事物性质、状态及相关关系的符号，是可识别的、抽象的符号。数据是对事实、概念或指令的表达形式，它可以用人工或自动化装置进行通信、翻译和处理。数据是一种客观描述，没有特定的背景和意义。例如，20240101 单独看就只是一串数字，不具有任何特定的含义，既可以视为日期，也可以视为一串号码。数据是可识别的、抽象的符号。例如，一个温度传感器记录下来的数字序列"28.5, 29.2, 30.0"是一组数据。数据的形式既可以是字母、数字或其他符号，也可以是图像、声音或视频，具体表现形式如表 1-1 所示。

表 1-1　数据的表现形式

数据类型	表现形式
数值数据	数字、字母和其他符号
图形数据	图形、图像和图片等
声音数据	声音、音频和音调等
视觉数据	动画和视频等
模糊数据	高、矮、胖、瘦等特性数据

2. 信息（Information）

"信息"一词至今尚未有一个统一确切的定义。信息论的创始人香农（C. Shannon）认为，"信息是人们对事物了解的不确定性的减少或消除"，该定义强调了信息的客观机制与效果，特别是对于如何衡量信息量的大小指明了方向，不确定性程度减少得越多，信息量就越大。控制论之父维纳（N. Wiener）则指出，"信息既不是物质也不是能量，信息是人与外界相互作用的过程中互相交换的内容的名称"，该定义强调了信息与物质和能量的区别。国际标准化组织（ISO）则将信息定义为"对人有用、能够影响人们行为的数据"，该定义注重信息的功能特征。

中华人民共和国国家标准（GB/T 5271.1—2000）则突出信息的客体关联性，认为信息是"关于客体（如事实、事件、事物、过程或思想，包括概念）的知识，在一定的场合中具有特定的意义"。在管理信息系统领域，通常把数据和信息联系起来，从两者的对比中把握信息的概念，提出"信息是经过加工的数据，它对接收者有用，对决策或行为有现实或潜在的价值"。这一定义突出了信息在决策和行为中的价值，反映了信息作为一种战略性资源的内在含义。

信息是经过加工的数据，能正确反映客观事物状态及客观事实，对接收者的行为产生影响，对接收者的决策具有价值。例如，根据温度传感器记录下来的数字序列"28.5，29.2，30.0"，可以计算出平均温度为29.2摄氏度，这就是从数据中提取的信息。

3. 知识（Knowledge）

知识是对信息进行理解、解释和应用的结果，是基于经验、认知和推理所获得的一种智力活动。知识是对事物规律、原理或关系的认知和把握，可以用于解决问题、作出判断和作出决策。知识是通过学习、研究和实践积累而来的，它反映了人类对世界的深入认知和思考。例如，根据历史气象数据和气候模型分析，得出某地区夏季温度上升的趋势，这就是基于知识推断出的结论。

世界经济合作与发展组织（Organization for Economic Co-operation and Development，OECD）在1996年的年度报告《以知识为基础的经济》中将知识分为四大类，即知道是什么的知识（Know-what），主要是叙述事实方面的知识；知道为什么的知识（Know-why），主要是自然原理和规律方面的知识；知道怎么做的知识（Know-how），主要是指对某些事物的技能和能力；知道是谁的知识（Know-who），涉及谁知道和谁知道如何做某些事的知识。

4. 智能（Intelligence）

智能是指具备感知、理解、学习和适应多维度能力的综合。智能是人类高级认知能力的体现，是人类与其他生物相区别的一个重要特征。智能可以通过人类的思维过程和机器学习算法等方式实现。智能具有分析、推理、决策和解决问题的能力，能够根据环境和任务的要求进行调整和改进。智能不仅局限于简单的信息处理，还涉及情感、创造力和社交等方面。例如，人类能够根据天气预报和实时观察，灵活地作出穿衣搭配的决策，这展示了人类的智能。

综上，数据是原始的观测值，信息是对数据进行处理和解释后得到的有意义结果，知识是对信息进行理解和应用的认知产物，而智能则是具备感知、理解、学习和适应的高级综合能力。这四个概念在信息处理中有着不同的含义和应用。

5. 数据与信息的关系

数据与信息既相互联系又存在区别。数据是客观的，它来源于客观的现实世界，它是对某一事物属性的描述。而信息是人们对数据加工后的结果，它取决于人们的主观需求，会对人们的决策行动产生影响。从认知的角度看，数据只有经过解释才有意义，才能成为信息。从应用的角度看，数据是信息的载体，也是信息最重要的一种表现形式。数据与信息的关系如图1-1所示。

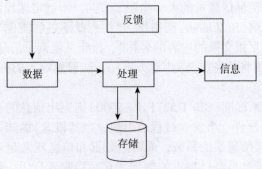

图1-1　数据与信息的关系

1.1.2　信息的分类

依据不同的分类标准，信息可以被分为多种类型，如表1-2所示。

表1-2　信息的分类

分类标准	类型划分	简要说明
信息的产生领域	人类社会信息	人类在从事各种社会活动中所产生、获取的信息
	非人类社会信息	未被人类感知的各种社会自然信息
信息的加工深度及生成顺序	原始信息	指未经加工的原始信息，一般是零散、无规则、非系统性的信息
	派生信息	指对原生信息加工后的相对集中、系统化的信息
信息所反映的内容	宏观信息	指具有战略性、整体性、综合性等特征的信息
	中观信息	指介于宏观信息与微观信息两者之间的信息
	微观信息	指具有战术性、局部性、个体性等特征的信息
信息的运动状态	动态信息	反映物质处于相对运动状态的信息，具有相对性、变化性
	静态信息	反映物质处于相对静止状态的信息，具有稳定性
信息的传播方式和流通范围	开放信息	又称公开信息，指在信息的利用方面没有界限的信息
	半开放信息	又称半公开信息或内部信息，是指能够在一定范围内公开的信息
	非开放信息	又称非公开信息或保密信息，是指必须严格控制使用范围的信息
信息内容的重要性程度	重要信息	指对人类认识，适应，改造自然、社会及自身有较大价值的信息
	普通信息	指仅具有一般参考价值或使用价值的信息
	冗余信息	指对有关社会活动主体效用低微的信息
信息的存储方式	内存信息	指在人类大脑中存储的信息
	外存信息	指人类借助自身之外的事物为载体保存的信息
社会主体的认识层次	语法信息	指主体通过自身的感受力所感知的物质存在与运动状态及其变化方式的外在表现的信息
	语义信息	指主体利用自身的理解力所领会的物质存在与运动状态及其变化方式的逻辑含义的信息
	语用信息	指主体根据自身思想和行为的目的，通过对物质存在和运动状态与方式的效用的判断所获得的一种信息
信息载体	文献信息	包括印刷型、微缩型、声像型和机读型等形态的信息
	非文献信息	包括实物信息、口头信息、形体信息等

续表

分类标准	类型划分	简要说明
信息的系统化程度	系统性信息	指按各项规定的范式、标准、制度、价值取向等加工后获得的信息，系统性信息有利于实现有效的传递与开发利用
	非系统性信息	指未按规定的范式、标准、制度等加工处理的各种原始性的信息
信息描述事物属性的精确度	定性信息	采用非计量性的方法所揭示或描述的事物存在与运动的状态和方式的信息，是人们通过自身的抽象思维和逻辑推理形成的认识成果
	定量信息	采用计量性的方法所揭示与描述的事物存在与运动发展方面的信息
信息存在的媒介形式	语言信息、符号文字信息、声像信息、数据信息、多媒体信息等	

1.1.3 信息的特性

信息与日常生活、经济活动和社会活动息息相关，也与众多的学科紧密相连，所以信息呈现出多种属性，这些属性包括信息的普遍性、事实性，信息与载体的不可分性，信息的价值性、可压缩性、扩散性、可加工性、可增值性、可传递性、非消耗性和时效性等。

1. 普遍性

信息是事物运动的状态和方式，只要有事物运动就会有信息。事物运动的普遍性决定了信息无时不在、无处不在，这就是信息的普遍性。

2. 事实性

事实是信息的中心价值，不符合事实的信息不仅没有价值，而且可能为负价值。事实性是信息收集时最应当注意的性质，维护信息的事实性，也就是维护信息的真实性、准确性、精确性和客观性等，从而达到信息的可信性。

3. 与载体的不可分性

在人类社会的信息活动中，各种信息必须借助于文字、图像、胶片、声波、光波等物质形态的载体才能够表现，才能为人们听、视、味、嗅、触觉所感知，人们才能够识别信息和利用信息。从某种意义上说，没有信息载体，也就没有信息本身。

4. 价值性

信息本身不是物质生产领域的物化资源，但它一经生成并被使用者所感知，就是一种具有可采纳性，或称为有用性的资源，能够满足人们某些方面的需求，被人们用来为社会服务。也就是说，信息本身是有价值的，一方面它体现在获得这种信息所付出的代价；另一方面体现在信息有使用价值，它是通过运用此信息后在决策中的影响程度转换得到的。

5. 压缩性

信息可以被浓缩、集中、概括以及综合，而不至于丢失信息本质的特性。大家很熟悉的数据文件压缩工具 Winzip，可以减少文件容量，而不丢失文件内容。VCD/DVD 在制作过程中，先对图像信息进行压缩，在播放时，利用有关软件进行解压操作，还原图像信息，大幅度地减少存储空间的占用，都是利用了信息的可压缩性。

6. 扩散性

信息具有力图冲破非自然约束，通过各种渠道向四面八方扩散的特性，就像热源，总是力图向温度低的地方扩散。信息的浓度越大，信息的扩散力度就越大。信息的扩散性具有二重性，一方面有利于信息的传播，促进教育、印刷、新闻、宣传等行业的发展；另一方面不利于信息的保密，例如，要给保密单位的员工发放"保密费"，要给网络加上"防火墙"，试图防止网络"黑客"的进入。

7. 可加工性

客观世界存在的信息是大量的、多种多样的，而人们对信息的需求往往具有一定的选择性。为了更好地开发和利用信息，就需要通过一定的手段对大量的信息进行筛选、分类、排序、归纳、存储等操作，选取自己所需的信息。加工的方法和目的反映信息的接收者获取和利用信息的特定需求。需要注意的是，信息的可加工性并不能改变信息的客观内容，而只是改变它的表现形式和存在方式。

8. 可增值性

信息不仅是事物运动的状态和方式，而且还是关于这种状态和方式的广义知识。由于客观事物的复杂性和事物之间相互关联性的特点，对于同一信息，人们会因为观察目的、观察视角和观察层次的不同，从事物的内部结构和外部联系中分析出不同的结果，从而又得到不同的有价值的信息。人们信息素质越高，获取信息的手段越科学，信息增值的可能性越大。

9. 可传递性

人们之所以能够接收、理解和运用信息，是因为信息由信息源发出后可以借助于载体进行传递。信息传递与物质产品的传递是不同的，它不是"实体"在位置上的变动，而是"实体"特征或属性在不同空间或不同时间上的显现或描述。信息的传输手段和方式多种多样，信息传输的快慢对信息的效用和价值至关重要。

10. 非消耗性

一般的物质资源在使用过程中或是被消耗，或是被磨损。例如，原材料在生产过程中被消耗，而设备在生产过程中被部分磨损。这是物质资源的一种属性。然而对于信息来说，同一信息可以同时被多人所使用，一般情况下增加使用者不会使原有的使用者丢失部分或全部信息。这是信息资源的非消耗性。例如，天气预报的信息，既可以为农业生产经营者所利用，也可以为工业生产经营者所利用，还可以为商业经营管理者所利用，而这一条信息依然存在。虽然信息本身具有非消耗性的特点而为更多的人所共享，但有些信息涉及商业、军事或其他方面的秘密，或买卖双方有约定，只能在有限的范围内使用，这时增加对这类信息的使用者可能会影响某些使用者对这类信息的利用，但这并不否定信息的非消耗性，因为信息本身并没有改变。信息的非消耗性是广泛传播信息和利用信息的理论依据，信息的生产者希望有更多的用户，从而提高信息的利用率。

11. 时效性

信息的时效是指从信息源发出信息，经过接收、加工、传递、利用的时间间隔及其效率。由于客观事物总是处于不断变化之中，其信息必然会发生相应的变化。脱离母体的信息，由于不能及时反映母体的变化，其效用将会随着时间的推移而逐渐降低。当母体发生质的变化时，其信息效用将会完全丧失。尽管信息在使用过程不会被消耗或磨损，但时间却可以使信息"过时"或"老化"。

1.1.4 管理信息概述

1. 管理信息的概念与特征

管理是指一定组织中的管理者，通过实施计划、组织、领导、控制等职能来协调他人的活动，使别人同自己一起实现既定目标的活动过程。管理是人类各种组织活动中最普通和最重要的一种活动。管理依赖信息和决策，以做到最好的控制。

一般将对人们所从事的社会经济活动有用的，可以影响和控制人们的生产、服务和经营活动的信息统称管理信息。管理信息是对实际社会经济活动中的物质、人员、业务、资金、组织实体、变动关系等事实状态的真实反映，是极为重要的社会资源，是管理者进行各种决策的重要依据。随着决策环境变得越来越复杂，人们对管理信息的要求也不断提高。管理信息若要对决策者有用，就要具备一些基本特征，如表1-3所示。

表1-3 有价值的管理信息的基本特征

特点	含义
准确性	信息内容正确无误，不准确的信息输入无论如何处理都不能保证信息的准确性，被称为"垃圾进，垃圾出"（GIGO）
完整性	所有重要的事实没有遗漏，比如，一份不包括重要成本项目的投资报告是不完整的
经济性	生成信息的成本不应高于信息的价值
灵活性	信息可以为不同的用户使用，用于不同的管理决策过程
可靠性	信息内容可以被信赖。可靠性一般与信息来源、信息的处理方法和手段有密切关系
相关性	信息与决策者所关注问题的联系是否紧密，大量的无关信息会对决策者形成干扰
简单性	信息不应过于复杂，应有助于决策者理解关键事实，正确思考和判断，而不是疑惑
及时性	只要需要就能够得到信息
可检验性	用户可以检验信息的正确与否
可访问性	经过授权的用户，可以在约定的时间、用约定的方式访问到相关的信息内容
安全性	能有效地防止未授权用户接触和使用信息

2. 管理信息的分类

管理信息种类繁多，可以从许多角度对管理信息加以分类，比如：从表示媒体的角度上划分，有文字、数字、声音、图形、图像信息；从结构关系上划分，有简单信息与组合信息；从内容上划分，有定性信息和定量信息；从来源上划分，有原始信息和派生信息。下面重点介绍两个方面的分类：

1）固定信息与变动信息

从信息的稳定性看，一部分信息具有较好的稳定性。在一段时间内，信息可以在各项管理任务中重复使用，基本不发生质的变化，或者变动部分的比重很小，比如单位职工的个人档案和设备档案，生产企业的产品结构、工艺流程、消耗定额，各种国家和行业标准信息，各种评价标准等。这部分信息是组织进行计划和组织工作的重要基础，被称为固定信息。人们处理固定信息的办法是建立比较稳定、可靠、便于访问的数据存储系统，比如计算机文件，这些文件是管理信息系统的基础。

另外一部分信息是变动信息，反映了组织业务运营及生产服务过程的实际状态。随着业务经营活动的不断开展，信息内容将不断更新，比如各种统计和作业信息、销售数量信息、质量监督结果以及各种运营反馈信息等。对这类变动信息，尤其是连续性变动信息，人们一般采用类似"拍照"的方法，有选择地采集运营过程的横断面信息，通过周期性地保存和更新数据，并进行不同横断面信息的纵向比较，就获得了组织业务的进展情况。

2）战略规划信息、管理控制信息与业务控制信息

组织的管理从功能上可分为三个层次：战略规划（战略层）、管理控制（战术层）和业务控制（作业层），如图 1-2 所示。

图 1-2　管理信息的层次性

管理信息也相应地分为三级，分别如下：

① 战略规划信息：战略规划信息是依据组织的环境和组织内部的情况进行战略决策所需要的信息和向组织内发布的战略规划。

② 管理控制信息：管理控制信息使管理人员能掌握资源利用情况，并将实际结果与依据组织的战略制订的具体目标相比较，从而了解是否达到预定目标，并指导其采取必要措施以更有效地利用资源，保证各项具体计划顺利实施，从而保证战略目标实现的信息。

③ 业务控制信息：业务控制信息用于解决经常性的问题，它与组织日常活动有关，并用以保证顺利地完成具体任务。

不同级别的管理信息，在内容、来源、精度、寿命和使用频率上都不相同，如表 1-4 所示。

表 1-4　不同管理层次的信息特性

信息特性	业务控制信息	管理控制信息	战略规划信息
来源	内部多	既有内部也有外部	外部多
范围	确定	有一定确定性	很宽
概括性	详细	比较概括	概括
时间性	历史	综合	未来
流通性	经常变化	定期变化	相对稳定

续表

信息特性	业务控制信息	管理控制信息	战略规划信息
精确性要求	高	较高	低
使用频率	高	较高	低

从表 1-4 可以看出，战略规划信息的使用者为企业高层管理者，信息的来源广、使用寿命长、加工方法较为灵活、信息的精确性要求不很高；业务控制信息的使用者为基层管理人员，信息来源较为单一、使用寿命较短、加工方法固定、要求的精确性较高；管理控制信息主要为中层管理者所使用，信息的使用寿命和精确性等性质介于前两者之间。例如，对于公共交通部门来说，为了作出业务控制决策，需要收集每班公共汽车的乘客流动情况；为了作出管理控制决策，需要收集每天各段时间内每辆汽车的平均载客人数；为了作出战略规划决策，则需要掌握某条线路全年的乘客人数及季节性的信息。

管理的过程就是基于信息的决策过程。首先是发现问题，管理者通过收集管理系统运行中的有关信息，根据经验和有关标准，发现现行组织结构中存在的问题；然后是拟定方案，针对具体的问题拟定出若干种解决方案，并对每种方案进行成本效益分析；最后是作出决策，经过综合考虑，选择最为合理的方案实施，并随时控制实施情况。美国管理学家西蒙曾经提出，按管理决策所要解决问题的结构化程度不同，可将管理决策分为三类，如表 1-5 所示。

表 1-5　三种类型决策的比较

类型特点	结构化决策	半结构化决策	非结构化决策
信息来源	内部	主要是内部，也有外部	外部多
决策方式	自动化	半自动化	非自动化
识别程度	问题确定，参数量化	问题较难确定	问题不确定，参数难量化
复杂程度	不太复杂	比较复杂	很复杂
模型描述	可用数学模型规范描述	数学模型较难描述	需要开发专用模型或无法建模
举例	财务记账	销售预测	新市场开拓

① 结构化决策（Structured Decision）：要解决问题的本质与结构完全明确，解决的方法与步骤是已知的、确定的。这类问题是经常重复发生的，例如依据记账凭证记账、库存控制等。

② 半结构化决策（Semi-Structured Decision）：对要解决问题的本质与结构有所了解但不明确，大体上知道解决问题的、可供选用的方法，但具体方法与步骤不能确定。这类问题往往是似曾相识但又似是而非，例如生产调度、销售计划等。

③ 非结构化决策（Unstructured Decision）：对要解决的问题的本质与结构都不清楚，解决问题的方法与步骤也不明确。这类问题往往是一般管理决策人员不常见的，或者是随着环境的变化而新出现的、不熟悉的新问题，例如新产品开发、新市场开拓等。

视频学习资源：信息

1.2 系统

系统的概念是 20 世纪三四十年代，由奥地利生物学家路德维希·冯·贝塔朗菲（L. von Bertalanffy）提出的。系统是人们用来认识客观世界的重要工具，也是现代系统科学的研究内容。系统对国家的政治、经济、军事、教育、科技以及人们生活的各个方面都有指导作用。例如，国民经济的总体发展布局、西部大开发、南水北调、西气东输、"一带一路"建设等都需要运用系统思想进行分析。

1.2.1 系统的概念

一般系统论的创始人贝塔朗菲认为，"系统是相互联系、相互作用的诸多要素的综合体。"我国著名的科学家钱学森认为，"系统是极其复杂的研究对象，即由相互作用和相互依赖的各部分组成的具有特定功能的有机整体，而这个系统本身又是它从属的一个更大系统的组成部分。"

综合以上定义，提出"系统"的概念。系统是在一定的环境中为了实现某种目标，由相互作用、相互联系的若干要素按照一定方式组成的具有特定功能的有机整体。

系统的定义可以从三个方面理解，这三个方面是系统的基本出发点。

1. 系统是由若干要素组成的

这些要素可能是一些个体、元素、零件，也可能本身就是一个小系统，可称之为子系统。

2. 系统有一定的结构

一个系统是其构成要素的集合，这些要素相互联系、相互制约。系统内部各要素之间相对稳定的联系方式、组织秩序及时空关系的内在表现形式，就是系统的结构。例如，钟表是由齿轮、发条、指针等部件按一定的方式装配而成的，但一堆齿轮、发条、指针随意放在一起却不能构成钟表。

3. 系统有一定的功能

功能是指系统与外部环境相互联系、相互作用时表现出来的性质、能力和功效。例如，呼吸系统的功能是进行体内外气体的交换；信息系统的功能是进行信息的收集、存储、加工、传递、维护和使用。

1.2.2 系统的分类

系统有多种形态，可以从不同角度将系统分类，如表 1-6 所示。

表 1-6 系统的分类

分类标准	类型划分	简要说明
系统的综合复杂程度	物理系统	复杂性程度较低的系统，如钟表结构、框架装置
	生物系统	复杂性程度适中的系统，如呼吸系统
	人类社会及宇宙系统	复杂性程度高的系统，如社会文化系统

分类标准	类型划分	简要说明
系统的起源	人工系统	是人类为某个目的设计出来的系统，包括人工物理系统、人工抽象系统、人类活动系统
	自然系统	是进化形成的、不可还原的系统
系统的抽象程度	实体系统	又称为物理系统，是最具体的系统，目标确定，其组成部分是完全确定的存在物
	概念系统	是最抽象的系统，是人们根据系统目标和以往的知识构思出来的系统雏形，表现了系统的主要特征，描绘了系统的大致轮廓
	逻辑系统	是介于实体系统与概念系统之间的系统
系统与环境的关系	开放系统	是指与环境之间有物质、能源或信息交换的系统
	封闭系统	是指与环境之间没有任何物质、能源或信息交换的系统

1.2.3　系统的特性

1. 整体性

组成一个系统的各个要素或各个子系统是一个有机的整体。各子系统都有自己的目标，子系统的目标是系统目标的一部分，而且是一致的；每个子系统的目标都要服从整体；系统追求的是整体最优，而不是每个子系统的最优。系统的概念就是从全局出发。在评价一个系统时，不能只从系统的单独部分，即系统的子系统来评价，应该从整体系统出发，从总目标出发来评价。

2. 目的性

任何系统都有目的和目标。每个系统都有其要达到的目的和应该完成的任务或功能。例如，超市管理信息系统的目的是在满足顾客需求的基础上，在资源和人员的相互协调下，完成销售任务。

系统的目的性决定了系统的基本作用和功能，而系统的功能则需要通过一系列的子系统的功能实现，各个子系统具有自己独特的作用和功能，有机结合并实现系统整体功能的最大化。因此，在开发一个新系统时，第一步就是要制订一个明确且符合实际的目标。

3. 相关性

系统的各个组成要素和各个子系统之间密切相关又互相制约，这种关联是随着时间等因素的变化而变化的。系统的各组成要素间的关系要合理、协调且易于控制。因此，在划分子系统时，既要相对独立、降低关联性，又不宜划分过细。

4. 层次性

系统的层次性是指一个系统必然包含在一个更大的系统内，这个更大的系统称为该系统的环境；同样该系统也可以被分成若干个子系统，而各子系统又可分解为更低一层的子系统。系统的层次性让研究人员更方便地将子系统单独分离出来进行研究。如国民经济系统既存在于社会系统中，又包括工业、农业等系统，其中工业系统又分为电力系统、通信系统等。

5. 环境适应性

每个系统都存在于一定的环境之中，并与环境之间产生物质、能量和信息的交换。系统既受到环境的影响和制约，也要对环境的改变作出反应。只有与外界环境保持最优适应状态的系统，才能保持生存和不断地发展。

1.2.4 系统的主要原理

介绍系统主要原理的目的，就是要求在建设管理信息系统的过程中，运用系统思想，从全局出发，科学、正确地分析解决各种问题，建立高质量的管理信息系统。系统的主要原理包括以下几个方面：

1. 整体性原理

系统的整体性又称为系统性，通常理解为"整体大于部分之和"，即系统的功能不等于要素功能的简单相加，而是往往要大于各个部分功能的总和。整体性原理表明要素在有机地组织成为系统时，这个系统已具有其构成要素本身所没有的新的性质，其整体功能也不等于所组成要素各自的单个功能的总和。如：将建筑上用钢筋、石头、水泥和沙子混合起来，可以支撑高楼大厦，产生的力比它们单独存在时不知要大多少倍。

根据整体性原理，在研究任何一个对象的时候，不能仅研究宏观上的整体，也不能仅研究各个孤立的要素，而是应该了解整体是由哪些要素组成的以及在宏观上构成整体的功能。这就是说，人们在认识和改造系统时，必须从整体出发，从组成系统的各要素间的相互关系中探求系统整体的本质和规律，把握住系统的整体效应。

2. 反馈原理

任何系统只有通过反馈信息，才可能实现有效的控制，从而实现组织目标；没有信息反馈的系统，要实现有效的控制，从而实现目标是不可能的。

根据反馈原理，在开发管理信息系统时，要根据环境的变化和出现的问题及时采取相应的措施，以使管理信息系统能适应环境变化，完成组织的目标。

3. 整体最优化原理

系统的整体最优化原理是指在环境允许和系统目标实现的条件下，整个系统对时间、空间、物质、能量及信息的利用率最高。它指明了系统结构的演进方向，阐明了自然界的发展从无序走向有序的必然规律。有时，虽然子系统最优，但整个系统不一定最优；反之，整个系统不是最优，那么每个子系统肯定不能同时最优。所以分析问题一定要从整体出发，以整体最优为最终目标。

4. 木桶原理

系统技术水平的高低不仅仅取决于构成系统的各个部分技术水平的高低，还取决于系统整体水平的高低，这就是木桶原理。木桶是由木条拼接而成的，假如木条的长短不同，那么木桶装水量不是取决于最长的木条，而是取决于最短的木条。因此要想尽可能多装水，就必须增加短木条的长度，直至所有木条都一样长。

视频学习资源：系统

1.3 信息系统

从文明社会开始，人类就一直进行着信息收集和处理的工作，然而计算机的诞生促使人们改变信息处理方式、开发信息系统并研究充分利用信息资源的方法，这也是现代信息系统作为一门学科诞生的基础。简单地说，信息系统就是输入数据，通过加工处理产生信息的系统。任何地方，只要有物质就必然有运动，只要有物质和运动，就离不开信息，也就离不开信息系统。

1.3.1 信息系统的定义

从广义上讲，信息系统是以信息现象和信息过程为主导特征的系统，如社会信息系统、人工信息系统等。

从狭义上讲，信息系统是由计算机软硬件、网络和通信设备、信息资源、信息用户和规章制度组成的，以处理信息为目的的人机一体化系统。

从技术层面讲，信息系统是一个由收集、处理、存储和传播信息组成的相互关联的整体，用来支持决策，并帮助管理者及相关人员分析问题、解决问题，以及进行产品和技术的更新。

信息系统是系统的一个具体应用。信息系统的概念图如图 1-3 所示。

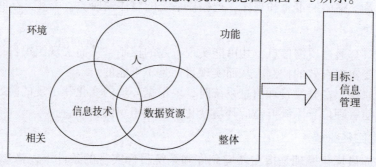

图 1-3   信息系统的概念图

信息系统包括信息处理系统和信息传输系统两个方面。信息处理系统对数据进行处理，获得新的结构与形态或者产生新的数据。计算机系统就是一种信息处理系统，通过它对输入数据的处理可获得不同形态的新数据。信息传输系统不改变信息本身的内容，作用是把信息从一处传到另一处。由于信息的作用只有在广泛交流中才能充分发挥出来，因此，通信技术的进步极大地促进了信息系统的发展。

1.3.2 信息系统的基本功能

信息系统具有信息的采集和输入、传输、存储、加工、维护、使用等基本功能。

1. 信息的采集和输入

信息系统在信息处理中有个定律："输入的是垃圾，输出的必然是垃圾。"这条定律说明了信息输入的重要性。要将分布在不同地方的信息收集起来，首先要识别信息。识别信息的方法有三种：由决策者识别；由系统分析人员识别；由系统分析人员观察得到基本信

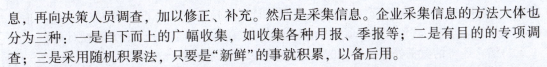

息，再向决策人员调查，加以修正、补充。然后是采集信息。企业采集信息的方法大体也分为三种：一是自下而上的广幅收集，如收集各种月报、季报等；二是有目的的专项调查；三是采用随机积累法，只要是"新鲜"的事就积累，以备后用。

2. 信息传输

信息传输包括计算机系统内和系统外的传输，其实质是数据通信。信息传输是将由人、机器等提供的信息源，经过编码，将信息编排成为信号，利用电缆、无线、微波等信道，将信号传递到信息接收者所在地，再将信号反向译码，变成信息，送达信宿。

3. 信息存储

信息存储主要是确定存储哪些信息，存储多长时间，以什么方式存储，经济上是否合算等。

4. 信息加工

信息加工的范围很大，从简单的查询、排序、归并到复杂的模型及预测。这种加工能力的强弱是信息系统功能表现评价的一个重要方面。

5. 信息维护

保持信息处于合用状态称为信息维护。从广义上讲，信息维护包括系统建成后的全部数据管理工作。从狭义上讲，信息维护包括经常更新存储器中的数据，使数据保持合用的状态。信息维护的主要目的在于保证信息的准确、及时、安全和保密。

6. 信息使用

从技术上讲，信息使用主要是指以信息系统输出为载体，高速度和高质量地为用户提供信息。系统的输出结果要易读易懂、直观醒目，输出格式应尽量符合使用者的习惯，这样可以提高信息的价值。

1.3.3　信息系统的组成

信息系统是一个由人员、机器、数据资源共同构成的系统，从其物理构成上看，可以将其构成分为人员、机器设备和数据资源三类。

①人员：包括高层决策者、中层职能管理者和基层业务员。

②机器设备：主要有计算机硬件、计算机软件、办公机械、通信设备等。

③数据资源：指各种有用的数据。信息系统的三个组成部分中，人是主导的成分，信息系统的目标、过程都是由人来设定和控制的。

1.3.4　信息系统的发展

信息系统的发展经历了由单机到网络、由低级到高级、由电子数据处理到管理信息系统再到决策支持系统、由数据处理到支持决策的过程，整个发展过程大致划分为以下三个阶段：

1. 电子数据处理系统(Electronic Data Processing Systems，EDPS)

电子数据处理系统的主要任务是处理组织的业务、控制生产过程和支持办公事务，实现对数据处理的计算机化，提高数据处理的效率。在发展过程中，EDPS 分为单项事务的数据处理阶段和综合业务的数据处理阶段。

1)单项事务的数据处理阶段(20 世纪 50 年代中期到 60 年代中期)

计算机逐步在大企业中推广应用，人们定期将事务数据送入机房进行集中处理。这一阶段是电子数据处理的初级阶段，而计算机仅作为计算工具来模拟人工的管理方式，部分地代替手工劳动，进行一些简单的单项事务的数据处理工作，例如工资计算及产量统计等。

2）综合业务的数据处理阶段（20世纪60年代中期到70年代初期）

这一时期的计算机技术有了很大发展，出现了大容量直接存取的外存储器；软件方面已开发出具有文件组织的数据管理系统，对于子系统的数据和单项事务可以实现一定程度的共享。此外一台计算机能够带动若干终端，可以对多个过程的有关业务数据进行综合处理。这时各类信息报告系统应运而生，信息报告系统是管理信息系统的雏形，其特点是按事先规定要求提供各类报告。

2. 管理信息系统（Management Information Systems，MIS）

20世纪70年代初随着数据库技术、网络技术和科学管理方法的发展，计算机在管理上的应用日益广泛，管理信息系统逐渐成熟起来。管理信息系统是对一个组织（单位、企业或部门）的信息进行全面管理的人机结合的系统，它综合运用计算机技术、信息技术、管理技术和决策技术，将技术与现代化的管理思想、方法和手段结合起来，辅助管理人员进行管理和控制。管理信息系统的最大特点是数据的高度集中，将组织中的数据和信息集中起来处理，统一利用，特别是网络技术的发展使联机系统得以发展，从而改变了中层事务管理的方式。

3. 决策支持系统（Decision Supporting Systems，DSS）

20世纪70年代，美国的斯科特·马顿（Michael S. Scott Marton）在《管理决策系统》一书中首次提出"决策支持系统"的概念。决策支持系统不同于管理信息系统，是在人和计算机交互的过程中将数据库处理与经济管理数据模型的优化算法相结合，帮助决策者探索可能的方案，为管理者提供决策所需的信息。决策支持系统主要解决半结构化和非结构化的决策问题，具有辅助决策的功能。

综上所述，电子信息处理系统、管理信息系统以及决策支持系统，代表了信息系统发展过程中的不同阶段。电子数据处理系统面向业务数据处理，管理信息系统面向管理，而决策支持系统面向决策。

 视频学习资源：信息系统

 本章小结

本章详细介绍了信息的概念、分类、特性，以及系统和信息系统的相关理论。

信息是经过加工的数据，能够影响人们的行为和决策。信息可以根据其产生领域、加工深度、内容、运动状态、传播方式、重要性、存储方式、社会主体的认识层次、载体、系统化程度、描述事物属性的精确度等进行分类。信息具有普遍性、事实性、与载体的不可分性、价值性、压缩性、扩散性、可加工性、可增值性、可传递性、非消耗性、时效性等。

系统是由相互作用、相互联系的若干要素组成的具有特定功能的有机整体。系统可以根据其综合复杂程度、起源、抽象程度、与环境的关系等进行分类。系统具有整体性、目的性、相关性、层次性、环境适应性等。系统原理包括整体性原理、反馈原理、整体最优化原理、木桶原理。

信息系统是由计算机软硬件、网络和通信设备、信息资源、信息用户和规章制度组成的，以处理信息为目的的人机一体化系统。信息系统的基本功能包括信息的采集和输入、传输、存储、加工、维护、使用等。信息系统由人员、机器、数据资源共同构成。信息系统的发展经历了电子数据处理系统、管理信息系统、决策支持系统等阶段。

管理信息是对实际社会经济活动中的物质、人员、业务、资金、组织实体、变动关系等事实状态的真实反映，是管理者进行各种决策的重要依据。管理信息可以从固定信息与变动信息，战略规划信息、管理控制信息与业务控制信息等角度进行分类。

课堂讨论

1. 请举例说明信息与数据之间的区别和联系。
2. 请列举在生活中常见的信息系统，并说明这些信息系统分别实现了哪些功能。

分组任务

通过书刊、网络等方式收集信息管理在企业应用的案例，重点对这些案例进行分析，总结信息对企业的影响。

复习思考题

1. 信息、数据和知识之间的关系如何？
2. 信息的特征体现在哪些方面？
3. 什么是系统？系统包括哪些组成部分？
4. 系统原理有哪些？
5. 什么是信息系统？信息系统的基本功能包括哪些？

课后案例分析

课后案例：浪潮 K1 Power 助力"百年青啤"的数字化转型

课后案例的分析要点

2 管理信息系统概述

教学目标

知识目标	能力目标	价值目标
1. 理解管理信息系统的概念，识别管理信息系统的特点； 2. 根据管理信息系统的定义，阐述管理信息系统的组成和功能； 3. 从横向和纵向两个角度分析管理信息系统的结构； 4. 理解管理信息系统的类型划分，重点掌握事务处理系统、管理信息系统、决策支持系统的概念及其特点； 5. 了解管理信息系统的发展	1. 能够多角度识别管理信息系统的结构与分类； 2. 能够分析实际问题，提升发现问题、分析问题以及解决问题的能力	1. 多维度掌握管理信息系统相关知识，增强对信息技术和信息系统的认识； 2. 培养信息系统安全意识，理解在信息系统中隐私保护和数据安全的重要性； 3. 强化法律意识，了解与管理信息系统相关的法律法规等； 4. 增强责任意识，理解管理信息系统的应用对企业的重要性，分析数据时要遵循诚信原则

关键术语

管理信息系统(Management Information System, MIS)；
事务处理系统(Transaction Process Systems, TPS)；
决策支持系统(Decision Support Systems, DSS)；
经理信息系统(Executive Support Systems, ESS)

引导案例

智慧农业：乌苏市农业局借助物联网系统推进智慧农业进程

随着科技的发展和社会的进步，智慧农业作为一种新型农业模式正逐渐兴起。智慧农业整合了现代信息技术、物联网技术、大数据技术等先进技术，将农业生产和管理过程数字化、网络化、智能化。智慧农业的出现，标志着农业进入了数字智能化时代。乌苏市农业局借助物联网系统推进智慧农业发展。

1. 基本情况

2013年12月，乌苏市获批自治区级现代农业示范区项目，建设周期为5年，乌苏市为加快农业信息化建设，首先加强智慧农业物联网基础设施建设。2016年，乌苏市人民政府投资180万元建成乌苏市智慧农业物联网信息系统，乌苏市农业局依托浙江托普云农科技股份有限公司建设，以互联网+农业产业基地信息服务为主体的智能化农业综合服务平台。这也是全疆县市级唯一一个实现农业信息服务网络化、农业资源管理数字化、农业生产过程管理精准化、农业装备智能化的智慧农业物联网综合管理平台。

建设项目覆盖3000亩土地，分为三个信息采集站，分别为蔬菜基地、玉米基地、棉花基地和一个信息控制中心，现已建成一个集环境监测、土壤监测、视频监控、农业设施远程控制、植物病虫害监测数据库、植物本体生理监测数据库、农业专家系统、农事信息管理系统、农资信息管理系统、农机信息管理系统、信息预警发布系统等为一体的智慧农业综合服务平台，并对已建成的农产品追溯系统和土地流转信息平台进行了大数据对接。

2. 主要做法

推进农业生产智能化，建成农业智能化生产的示范基地是平台建设重点。平台运用物联网技术对设施农业的农业生产环节、各种要素实施数字化设计，智能化控制，提升农业生产标准化、集约化、自动化水平。利用云计算技术，汇聚农业种植环境信息，建成墒情、苗情、灾情、虫情、气象、植物本体生长监测平台，建立农事专家咨询库，形成智慧农业物联网综合管理平台数据库，从而促进农业信息服务网络化、农业资源管理数字化、农业生产过程管理精准化、农业装备智能化。

1) 建设基地物联网监测系统

(1) 大棚信息采集系统(地面环境与土壤环境监测子系统)

在蔬菜基地选择两座简易大棚作为参考监测对象，在每个大棚内安装一套无线监测传感器，每个地块配置一个信息传输节点，对棚内的空气温湿度、光照、土壤温度、土壤水分、二氧化碳浓度实时监测，监测数据实时发送至远程软件平台，如数据超出预警阈值，系统自动发出预警信息(短信通知管理员或网页预警)，提醒相关管理人员采取干预措施，以免影响作物生长，确保作物高产高效。

(2) 室外环境信息采集及传输系统(小型农业气象站)

根据项目要求，在蔬菜、玉米、棉花三个大田种植基地各选一个具有广泛代表性的地块配置一套无线农业气象综合监测站，无线气象站主要采集种植区域的农业气象环境指标(标配：空气温度、空气相对湿度、土壤温度、土壤水分、光合有效辐射、风速、风向、降雨量)，气象墒情综合站会定时将监测到的气象数据通过无线网络发送到监测平台或者管理人员的手机上，指导农业生产并有效形成气象灾害预警，以便相关部门及时采取措施，减少损失。

（3）植物生理数据在线监测子系统

根据项目要求，选择一棵有广泛代表性的作物作为参考监测对象，对其本体生理指标进行24小时不间断监测，主要包括作物的茎秆微变化情况、果实增大情况、叶绿素含量、氮含量，叶面温度、叶面湿度。通过对植物本体的生理指标监测，管理人员可更直接、准确地知道作物生长的健康状态以及对水肥的需求。

（4）智能虫情测报灯

根据项目要求，在蔬菜、棉花、玉米三个大田种植监测地块各配置一套智能虫情测报系统，这个系统由前端虫情采集设备(太阳能智能虫情测报灯)加后台远程信息处理平台组成。利用害虫的趋光天性，对害虫进行诱杀，并利用内置1800万超高清摄像头对储虫盒的虫体进行拍照，通过网络即时将照片发送至远程信息处理平台。利用最前沿的图像处理技术，对照片进行分析处理，即可对测报设备每天收集的害虫进行分类与计数，并且形成数据库。通过数据分析与统计，就能判断某个区域某种作物发生某种虫害的趋势，并且发出有效预警，提醒相关管理人员以及职能部门提前采取防治措施，真正做到防灾、减灾，为农业高产、农产品高品质提供了有力保障。

2）建设智慧农业物联网综合管理云平台

（1）智慧农业综合管理云平台数据库

通过土壤环境监测数据库、专家知识数据库、虫情病害数据库、植物本体监测数据库、气象墒情监测数据库等，建立政府综合管理云平台数据库，实现视频监测、多功能预警、大棚设施远程智能控制，为政府监管、智慧农业生产决策提供技术支撑。

（2）设施农业监控系统

数据实时查看，可以选定自动、手动和视频监控模式，第一时间掌握大棚内空气温湿度、土壤温度、土壤水分、二氧化碳、光照强度等室内环境参数和农作物长势信息。实时监测作物生长态势，包括果实膨大、茎秆生长微变化指标曲线信息。

（3）农业"四情"监测系统

建设"四情"(虫情、苗情、墒情、灾情)监测管理，将水稻基地采集数据实时传输至物联网综合服务平台，实现对大田作物"四情"以及各生长阶段的长势、长相的动态监测，为农作物生产提供技术服务和救灾指导，为领导进行粮食生产决策提供数据支持。

（4）农业专家系统

为用户提供网上农事信息查询，农事包括农药、二十四节气、农产品认证、农作物品种、种植技能、生产决策等，可以让用户即时解决自己的疑惑。

（5）农事管理系统

农事管理系统作为智能种植监测系统的有效补充，主要记录各基地非自动监测的农情农事数据，比如果作物播种信息、施肥信息、用药信息，浇水信息(含地块信息、浇灌方式、用水量)、除草、收割等人工农事管理信息，便于基地的农事日常管理，为进一步科学种植提供实践数据。

（6）农机管理系统

对农业机械设备信息及日常维护信息进行登记管理，方便监管维护。对各基地的农机设备做有序分类管理(品名、功用、维护周期等)，以便做到农机具定期保养，以免耽误农业生产。

（7）农资管理系统

对各基地种子、农药、化肥等日常生产资料做分类有序管理。在系统平台中，管理种苗、化肥、农药、水源、土地等信息，全部录入系统中存档，方便对农资投入品进行日常使用登记管理，方便监管。

3. 经验效果

智慧农业物联网信息平台建设有效加快推进农业信息化，利用现代信息与通信技术推进新的农业科技革命，它拓展了互联网应用的发展空间，推进了传感器、大数据、云计算等新兴产业技术的发展和应用领域技术的创新研究。乌苏市智慧农业物联网信息平台是利用现代工程技术和工业化生产方式，为动植物提供适宜的生长环境，充分发挥土壤、气候和生物潜能，在有限的土地上使用较少的劳动力，以获得较高的产量、品质和经济效益的一种现代高效农业生产方式。其中设施环境控制依托现代工程技术和生物技术，将植物置于人为调控之下，最大限度地满足和协调植物生长对光、热、水、气和营养物质的需要，提高农业生产力，实现绿色生产，保障农业的可持续发展。

（资料来源：中华人民共和国农业农村部"互联网+"优秀案例，http://www.moa.gov.cn/ztzl/scdh/sbal/201609/t20160902_5263340.htm，有改动）

结合案例请思考：乌苏市农业局是如何借助物联网推进农业信息化发展的？

 导入案例的分析要点

2.1 管理信息系统的概念与特点

2.1.1 管理信息系统的概念

管理信息系统的概念最早是由美国学者加拉格尔（J. D. Gallagher）于 1961 年提出的，在之后的发展过程中，逐渐形成了管理信息系统的概念、体系及其开发方法。关于管理信息系统概念的论述较多，不同时期、不同学者对管理信息系统概念提出了不同的解释。

1970 年，瓦尔特·肯尼万（Walter T. Kennevan）提出："管理信息系统是以书面或口头的形式，在合适的时间向经理、职员以及外界人员提供过去的、现在的、预测未来的有关企业内部及其环境的信息，以帮助他们进行决策。"但此时并没有使用计算机，而只是用"系统"这一概念强调对"信息管理"的系统性。

1985 年，管理信息系统的创始人、明尼苏达大学卡尔森管理学院的著名教授高登·戴维斯（Gordon B. Davis）给管理信息系统下了一个比较完整的定义："管理信息系统是一个利用计算机软硬件和手工作业，采用分析、计划、控制和决策模型，以及利用数据库的用户-机器系统，用以提供信息支持企业或组织的运行、管理和决策功能。"该定义说明了管理信息系统的目标、功能和组成，其目标在高、中、低三个层次，即在决策层、管理层和运行层上支持管理活动。

经过多年的发展，管理信息系统的环境、目标、功能、支持层次、组成、内涵等均有了很大的变化。针对这些变化，我国很多学者也提出了管理信息系统的定义。1999年，薛华成教授在其主编的《管理信息系统》一书中给出了定义："管理信息系统是一个以人为主导，利用计算机硬件、软件、网络通信设备以及其他办公设备，进行信息的收集、传输、加工、储存、更新和维护，以企业战略竞优、提高效率为目的，支持企业高层决策、中层控制、基层运作的集成化的人机系统。"

《中国企业管理百科全书》中管理信息系统的定义："管理信息系统是一个由人、计算机等组成的能进行信息的收集、传递、储存、加工、维护和使用的系统。管理信息系统能实测企业的各种运行情况；利用过去的数据预测未来；从企业全局出发辅助企业进行决策；利用信息控制企业的行为；帮助企业实现其规划目标。"

综上说明，管理信息系统不仅是一个技术系统，而且是一个人机系统、管理系统、社会系统，同时也是一个不断发展的学科，其定义也将随着计算机和通信技术的发展而不断完善。

2.1.2 管理信息系统的特点

管理信息系统是一个复杂的人机系统，概括来说，管理信息系统具有以下特点：

1. 面向管理决策

管理信息系统是一个为管理决策服务的信息系统，它能够根据管理的需要，及时提供所需要的信息，帮助决策者作出决策。

2. 综合性

从广义上说，管理信息系统是一个对组织进行全面管理的综合系统。一个组织在建设管理信息系统时，可根据需要逐步应用个别领域的子系统，然后进行综合，最终达到应用管理信息系统进行综合管理的目标，管理信息系统综合的意义在于产生更高层次的管理信息，为管理决策服务。

3. 人机系统

管理信息系统进行信息的收集、传输、加工、储存、更新和维护，以企业战略竞优、提高效益和效率为目的，支持企业高层决策、中层控制、基层业务处理，因而管理信息系统必然是一个人机结合的系统。在管理信息系统中，各级管理人员既是系统的使用者，又是系统的组成部分。在管理信息系统的开发过程中，要根据这一特点，正确地界定人和计算机在系统中的地位和作用，充分发挥人和计算机各自的长处，使系统的整体性能达到最优化。

4. 与现代管理方法和手段相结合

如果仅简单地采用计算机技术提高处理速度，而不采用先进的管理方法，那么管理信息系统的应用仅仅是用计算机系统仿真原手工管理系统，充其量只是减轻了管理人员的劳动，其作用的发挥十分有限。管理信息系统要发挥其在管理中的作用，就必须与先进的管理手段和方法结合起来，在开发管理信息系统时，必须要融进现代化的管理思想和方法。

5. 多学科交叉的边缘科学

管理信息系统是一门介于管理科学、计算机科学、现代通信技术和数学之间的系统性、边缘性和综合性的交叉学科。计算机科学和现代通信技术是管理信息系统的骨架，它为开发管理信息系统提供了技术基础和技术实现；管理是其目标和血肉，它为开发管理信息系统指明目标并提供约束；数学是其灵魂，它贯穿管理信息系统开发过程的始终。

 视频学习资源：管理信息系统的概念

2.2 管理信息系统的组成与功能

2.2.1 管理信息系统的组成

管理信息系统的目的是对整个组织的信息资源进行综合管理、合理有效利用，以实现组织的目标。其组成包括以下七部分：

1. 计算机硬件系统

计算机硬件系统包括主机（中央处理器和内存储器）、外存储器（如磁盘系统、数据磁带系统、光盘系统）、输入设备、输出设备等。

2. 计算机软件系统

计算机软件系统包括系统软件和应用软件两大部分。系统软件有计算机操作系统、各种计算机语言编译或解释软件、数据库管理系统等；应用软件可分为通用应用软件和管理专用应用软件两类。通用应用软件包括图形处理、图像处理、Office 办公软件、统计分析软件等；管理专用软件包括管理数据分析软件、管理模型库软件、各种问题处理软件与人机界面软件等。

3. 数据及其存储介质

有组织的数据是系统的重要资源。数据及其存储介质是系统的重要组成部分。有的存储介质已包含在计算机硬件系统的外存储设备中。另外还有录音、录像、缩微胶片以及各种纸质文件。这些存储介质不仅用来存储直接反映企业外部环境和产、供、销活动以及人、财、物等资源的数据，而且可存储支持管理决策的各种知识、经验以及模型与方法，以供决策者使用。

4. 通信系统

通信系统包括信息发送、接收、转换和传输的设施。比如无线、有线、光纤、卫星数据通信设施，电话、电报、传真、电视等设备，以及有关计算机网络与数据通信的软件。

5. 非计算机系统的信息收集、处理设备

例如，各种电子和机械的信息采集装置，摄影、录音等记录装置。

6. 规章制度

规章制度包括关于人员的权力、职责、工作规范、工作程序、相互关系及奖惩办法的各种规定、规则、命令和说明文件；有关信息采集、存储、加工、传输的各种技术标准和

工作规范；各种设备的操作、维护规程等有关文件。

7. 工作人员

工作人员包括计算机和非计算机设备的操作人员、维护人员、程序设计员、数据库管理员、系统分析员，管理信息系统的管理人员及负责收集、加工、传输信息的有关人员。

2.2.2 管理信息系统的功能

1. 信息处理

管理信息系统对内部数据和外部数据进行收集、输入、传输、存储、加工、输出、管理和维护，即对信息的处理是系统的首要任务和基本功能。其中，内部数据是指组织内部管理活动所产生的数据，如生产、财务、人事、销售等数据；外部数据是指来自组织外部环境的数据，如经济发展及市场状况等。

2. 预测功能

预测是管理的前提。管理信息系统可根据存储的历史数据，运用数学、管理和统计的方法对未来可能发生的情况进行预测。

3. 计划功能

科学合理地为各项具体工作制订计划，并以文字和指标等形式为管理者提供所需的计划报告。管理信息系统通过计划来监督各项工作是否按时完成。

4. 控制功能

管理信息系统通过对实际状况的监测和分析，将其与相关标准进行比较，分析存在的差异，辅助管理者及时采取有效方法进行控制项目进度。

5. 辅助决策

决策是管理的核心。管理信息系统能根据相关问题，运用数学模型推导出问题的最优解决方法，从而辅助管理者制订科学的决策。

 视频学习资源：管理信息系统的组成与功能

2.3　管理信息系统的结构

管理信息系统的结构是指系统中各个组成部分之间相互关系的总和。由于人们对管理信息系统的部件存在着不同的理解，所以就构成了管理信息系统不同的结构形式，其中最重要的结构有基本结构、层次结构和职能结构。

2.3.1 管理信息系统的基本结构

从概念上来看，管理信息系统的基本组成部件有四个，即信息源、信息处理器、信息使用者和信息管理者，如图 2-1 所示。信息源是指原始数据的产生地。信息处理器的功能是对原始数据进行收集、加工、整理和存储，把它转化为有用的信息，再将信息传输给信息使用者。信息使用者是信息的用户，不同层次的信息使用者依据收到的信息进行决策。信息管理者负责管理信息系统的设计和维护工作，在管理信息系统实现以后，还要负责协调信息系统的各个组成部分，保证信息系统的正常运行和使用。信息系统越复杂，信息管理者的作用就越重要。

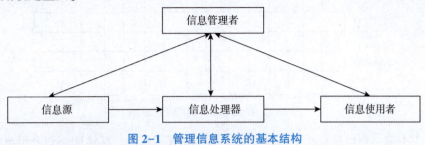

图 2-1　管理信息系统的基本结构

2.3.2　管理信息系统的层次结构

管理信息系统是支持管理活动的，组织的管理活动都是分层次的，不同管理层的信息服务需求也不同。因此，根据信息处理的内容和决策的层次将管理信息系统分为三个层次，分别是战略计划层、管理控制层、业务处理层，其层次结构如同金字塔的形状，如图 2-2 所示。

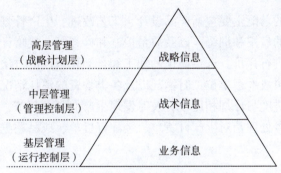

图 2-2　管理信息系统的层次结构

由图 2-2 可知，战略计划层属于高层管理，是最高层级的管理活动，处理诸如企业定位、市场策略制订和产品结构规划等长期性全局性的问题，其主要活动是作出决策；管理控制层属于中层管理，主要任务是实现管理控制和制订计划，其功能具有两重性（数据处理功能和决策功能）；业务处理层属于基层管理，支持日常业务的运行和控制，其作用是确保现有设备和资源充分有效的利用，在允许范围内及时有效地完成各项业务活动。

这三个层次之间互相关联，上级层次向下级层次下达目标和分配工作，下级层次完成工作，并向上级层次汇报工作具体执行情况及提出改进意见或解决问题的方法。

2.3.3　管理信息系统的职能结构

通常，企业按照一定的职能将管理组织机构划分成若干个部门，按这些部门的不同职能建立的管理信息系统的结构就是管理信息系统的职能结构。管理信息系统的职能结构通常可以用职能系统/管理层次矩阵来表示，如图 2-3 所示。

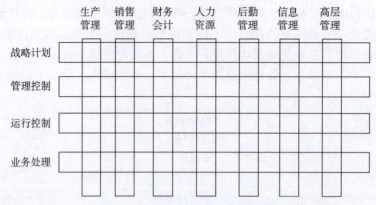

图 2-3　管理信息系统的职能结构

图 2-3 中每一列代表一个子系统，对应着一种管理职能。具体职能划分没有统一的标准，因组织机构设置的不同而不同。图 2-3 中所示企业的管理信息系统按照职能的不同分成七个子系统。图 2-3 中每一行代表着战略计划、管理控制、运行控制和业务处理等不同的层次。

因此，图 2-3 中行与列相交的地方就代表适用于不同管理层次的职能子系统。各个职能子系统的主要职能分别如下：

1. 生产管理子系统

生产管理子系统的功能主要包括产品设计、工艺改进、生产计划安排、生产设备的调度和运行、生产人员的雇用和训练，以及质量控制和检查等。战略计划方面主要是对改进工艺过程的各种方案进行评价，选定最优的加工和自动化生产的方法；管理控制要求对生产过程的总进度、单位成本、单位工时消耗以及各类物资的消耗情况进行分析比较；运行控制要求把实际生产进度与计划相比较，及时发现生产的瓶颈环节，并且予以解决；生产管理子系统的典型业务处理是对生产订货单、装配订货单、成品票据、废品票据和工时票据等原始数据的处理。

2. 销售管理子系统

销售管理子系统包括企业进行销售和推销的全部管理活动。战略计划的功能是根据人口、购买力和技术发展等因素，使用顾客分析、竞争者分析、顾客评价、收入预测、人口预测和技术预测等方法获取信息，从而对开发新市场和新市场销售的战略进行分析与研究；在管理控制方面，根据顾客、竞争者、竞争产品和销售能力要求等信息，对总的销售结果、销售市场和竞争对手等方面的情况进行分析和评价，确保销售计划的完成；在运行控制方面，包括雇用和训练销售人员、日常销售和推销活动的调度与安排，还要按区域、产品、顾客对销售数量情况进行定期分析；业务处理则主要是指对销售订单的处理。

3. 财务会计子系统

财务和会计虽然具有不同的目标，但两者密切相关。财务的目标是在保证企业基本财务需求的同时，尽可能地降低成本；会计的目标是将财务业务分类、分析、汇总、编制财务报表、制订预算等。战略计划主要包括财务的长期计划、减少税收影响的长期计划、成本会计和预算系统的计划等；管理控制主要包括预算和成本的分析比较；运行控制主要包括每日差错和异常报告、延时处理报告和未处理业务报告等；业务处理主要包括处理销售单据、支票、收款凭证、付款凭证、日记账和分类账等。

4. 人力资源子系统

人力资源子系统包括人员的雇用、培训、考核、工资待遇及解聘等。战略计划主要包括分析比较雇用战略和方案、工资水平、培训方式、就业制度等；管理控制主要包括分析比较实际执行情况与计划，得出包含雇用人数、招聘费用、技术构成、培训费用、工资支出、工资分配是否符合要求的结果，并生成报告；运行控制主要包括人员聘用、培训、解聘、工资调整和津贴发放等工作；业务处理主要包括制订与雇用需求、工作岗位责任、培训计划、人员基础情况、工资调整、工作时间及解聘等相关的文件和说明。

5. 后勤管理子系统

后勤管理子系统主要负责对采购、收货、发货和库存控制等方面进行管理。战略计划主要涉及制订采购战略、制订对客户的新政策以及评价物资分配方案等内容；管理控制的工作主要是将库存水平、采购成本、供应计划执行和库存营业额等各种后勤工作的实际情况与计划进行比较；运行控制包括对多余和短缺物资的项目、数量和原因等情况进行分析；具体的业务处理包括采购订货、收货报告、各种进出库单据、营业额以及购货申请单等数据的分析

6. 信息管理子系统

信息管理子系统的作用是保证所有子系统有必需的信息资源和信息服务。战略计划主要包括各个功能的组织形式、信息系统的总体规划以及软硬件的总体结构等；管理控制主要包括实际工作和计划的分析比较，例如设备成本、程序员技术水平、新项目进展和计划的分析比较等；运行控制主要包括日常任务调度、统计差错率和设备故障问题等；业务处理主要包括处理请求、收集数据、响应数据或程序的变更请求、报告软硬件的故障。

7. 高层管理子系统

高层管理子系统是为组织中最高领导层服务的。战略计划需要全面综合的外部和内部信息，涉及特级数据检索与分析以及决策支持系统等，其中所需的外部信息包括竞争对手的信息、区域经济指数、消费者喜好以及提供服务的质量等；管理控制主要包括各子系统计划执行进度和效果的分析等；运行控制主要包括会议进度安排、文件控制以及联系记录等；业务处理主要包括信息查询、决策支持、文件处理、信件编写以及向其他部门发送指令等。

 视频学习资源：管理信息系统的结构

2.4 管理信息系统的类型

管理信息系统是一个广泛的概念，其分类方法有很多。依据系统的功能和服务对象的不同，可分为国家经济信息系统、企业管理信息系统、事务型管理信息系统、行政机关办公型管理信息系统和专业型管理信息系统等。依据其服务的范围可以分为组织内管理信息系统和组织间管理信息系统等。在企业中，管理信息系统的应用可以按照纵向管理层次进行分类。根据企业纵向管理层次对信息的需求不同，管理信息系统可以分为事务处理系统、管理信息系统、决策支持系统和经理信息系统四类，如图2-4所示。

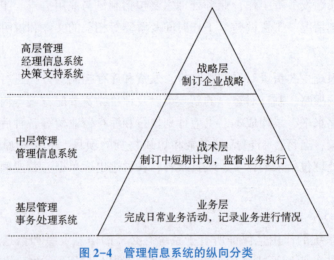

图 2-4 管理信息系统的纵向分类

2.4.1 事务处理系统

1. 事务处理系统的概念

事务处理系统(Transaction Process Systems，TPS)，也称为业务处理系统，是进行日常业务处理、记录、汇总、综合、分类，并为组织的操作层次服务的系统；它可以帮助组织降低业务成本，加快响应速度，提高信息准确度，提升业务的服务水平，为决策收集辅助数据。事务处理系统是组织面向客户的主要界面，也是其他类型系统所需信息的主要提供者，是所有信息系统的基础系统。

事务处理系统是与人们日常工作和生活接触最多的系统。比如商业银行的柜台储蓄业务处理系统、邮局的快件处理系统、同城速递系统、医院的挂号系统、交通管理机构的违法处理系统、超市的收付款系统、铁路的售票系统、学校的教务管理系统等都是事务处理系统。

2. 事务处理系统的功能

事务处理系统的主要功能是支持组织基层，或前端业务机构的具体管理事务。这些日常事务的覆盖面宽，有大量的输入输出及精细化操作。事务处理系统需要有效地完成相关业务数据的采集、录入、运算处理、查询生成等流程。

业务信息的处理内容和任务流程不同，相应的事务处理系统也不同。有的事务处理系统相对简单，有的事务处理系统高度复杂。以订票系统为例，不同订票业务的环境、特点和需求不同，相应的事务处理系统也有明显差别。有些订票业务局限性强，资源有限，只由代理机构授权办理，信息系统只覆盖有限授权终端，支持专职人员操作。另外一些订票业务资源充足，希望面向公众发售取得发行市场，信息系统会支持网络购票、电话购票、移动终端购票等多种平台，实现多级代理或由购票者自主操作。有些订票业务的周期性不强，业务结构相对简单，信息流量平缓，无明显的高峰期。另外一些订票业务资源紧缺和充盈交替出现，系统需要同时应对业务高峰期的压力和低谷时的冷清。还有一些订票业务有较高的便捷性、防伪性或安全性等要求。

3. 事务处理系统的作用

①可根据所处理事务的要求和特点，提供高度自动化的处理流程；
②高效率地完成结构化数据的捕获、生成、存储和传递过程；
③有效的数据编辑能力，可保证业务数据的正确性、完整性和时效性；
④可迅速有效地处理大量业务数据的输入输出，支持大量用户同时操作和查询；
⑤具备系统可靠性和安全防护能力，保证业务处理流程和相关数据的安全性。

近年来国内外对事务处理系统的故障有各种报道，如售票系统瘫痪、录取通知书错发、医院收费系统停滞、ATM故障等。可以看出，事务处理系统是非常重要的基础系统，一旦出现故障，会直接引发企业业务运作紊乱，或导致相关业务的中断，甚至会波及与之相关的其他组织。

4. 事务处理系统的结构

事务处理系统必须能够正确地捕获业务数据，并更新数据库，处理并生成各种类型的有效信息。任何一个完整的业务处理周期都包括五项基本活动：数据输入、业务处理、数据库维护、生成文档和报告、查询处理(图2-5)。

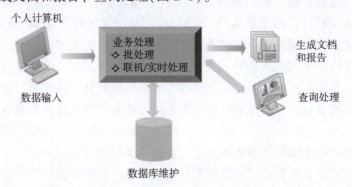

图2-5　事务处理系统的基本结构

5. 事务处理系统的应用举例

联机事务处理系统（On-Line Transaction Processing，OLTP）是一种对系统可用性要求很高的事务处理系统，比如面向全国或全球客户提供航空订票服务、信用卡服务的系统。这类系统的主要特点如下：

①系统是实时性系统；

②大量客户可远程接入系统，提交服务申请(事务)，系统能够正确处理多客户申请的并发操作；

③系统会快速捕获数据并立即作出响应，完成该项事务的处理；

④系统及时保存和更新数据库文件后，立即向客户返回信息；

⑤系统能够保证业务处理和响应的时间满足用户需要，并保证操作流程的顺畅。

比如网上预订机票的系统就是联机事务处理系统。客户可远程登录订票网站，选择好起飞时间、航班号，并将个人信息等一并确认提交；数据马上被传到航空公司，订票系统立即查找并确认相关数据，将该客户的预订数据存储到数据库中，更新该客户的订票记录，完成航班空座数的调整等处理，并将预订成功的信息返给客户。整个过程只需数秒即可完成。用户还可随时在个人计算机(PC)上查询订票结果和航班状态等实时信息。

2.4.2　管理信息系统

20世纪60年代中后期数据库技术和网络技术的发展，促进了以资源集中和数据共享为特征的管理信息系统的发展。事务处理系统实现了操作数据的电子化和数据存储的规范化，也为上层管理应用打下了基础。管理信息系统是向企业管理部门提供规范化报表，帮助管理者及时了解业务状态的信息系统。管理信息系统可以与运作层的事务处理系统相衔接。事务处理系统将业务数据流源源不断地输送到企业的数据库中，管理信息系统提取数据库中的业务数据，对数据进行处理、汇总和分析，并根据组织的管理结构、工作节奏和控制目标，自动生成各个职能部门的管理者所需要的报表，并将这些报表传递给相关岗位的管理人员。这样，管理者就能够及时了解各种业务的进展水平、各项工作任务的完成情况，采取及时的调控措施，企业业务流程的运作水平明显改善。

与事务处理系统相比，管理信息系统扩大了信息交流和共享的范围，可帮助企业从整体管理的角度实现运营监测、控制和规划，促进业务质量、成本和服务的改善。学者拉里·朗(Larry Long)曾经用"四个适宜(Four Rights)"来概括管理信息系统的核心作用：将适宜的信息、在适宜的时间、用适宜的形式、提供给适宜的决策者。显然，管理信息系统需要自动地对数据库中的相关数据进行筛选和组织，找到有用的、符合用户要求的信息；要对相关信息进行组织和处理，制作成合适的报表，利用适宜的格式表现数据，让用户能够正确地理解和接收信息，将其用于决策；要及时、准确、安全地将所有有用的信息传递给有需求的用户。

管理信息系统的概念结构如图2-6所示。在图中所描述的系统中，三个事务处理系统在每个时期末向管理信息系统提供汇总的事务处理数据。管理者通过管理信息系统获得数据以及必要的报告。

管理信息系统最核心的功能是高质量地生成职能部门所需的信息报表，信息报表一般有周期性报表(如销售日报表、财务报表)、例外报表(如异常报告、临时项目报表)、需求报告(对用户查询的响应、即时性信息提供等)和推式报告(如关键指标报表、内部网统一传递的报告)。

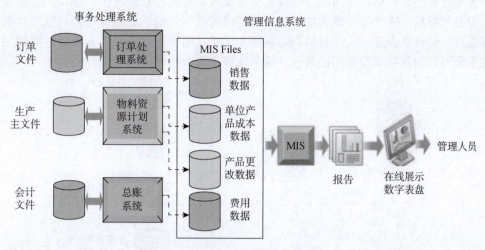

图 2-6 管理信息系统的概念结构

2.4.3 决策支持系统

1971 年，美国麻省理工学院的安东尼·戈里（Anthony Gorry）和斯科特·莫顿（Scot Morton）等人提出了决策支持系统的概念，即用来描述为组织中高层管理者服务的、以数据分析为特点的、具有高度灵活性的信息系统。决策支持系统不同于传统的管理信息系统，早期的管理信息系统主要为管理者提供预订的报告，而决策支持系统则是在人机互动的过程中，帮助决策者分析可行的方案，为管理者提供决策所需的信息。简单地说，决策支持系统是为管理者的决策过程提供交互式信息支持的计算机信息系统。决策支持系统利用分析模型、专门的数据库、决策者自己的洞察力和判断力以及基于计算技术的交互式建模过程，来支持半结构化的企业管理决策过程。

决策支持系统是面向组织的管理控制层和战略决策层，侧重于应用模型化的数量分析方法进行数据处理，以支持管理者就半结构化或非结构化的问题进行决策。决策支持系统不仅要应用来自事务处理系统和管理报告系统等内部信息源的数据，同时还要应用来自组织外部环境各种数据源的数据信息，如国家宏观经济政策与法规、行业统计信息、竞争对手相关信息和股票市场信息等，这些外部信息是组织进行决策的重要依据。

决策支持系统最显著的特征是其很强的模型化、定量化分析能力，它从决策分析角度出发，运用各种数学模型和方法对信息进行深入分析，力图挖掘信息内在的规律和特征，并以易于理解和使用的多媒体方式提供给决策者，以便在工具、方法和处理手段上支持决策者的决策活动。由于决策支持系统的用户是进行各级决策的中高级管理人员，因此其人机交互方式应更加友好、操作更加简便、更易于非专业人员理解和应用。典型的决策支持系统应用有销售分析与预测、生产计划管理、成本分析、定价决策分析等。

决策支持系统的主要特点是：其目标在于帮助解决结构不良的高层管理决策问题；综合应用模型和分析技术，同时也具有传统的数据存取和检索功能；采取交互方式，特别注意让不熟悉计算机的用户方便地使用；强调灵活性和适应性，强调跟踪用户的决策环境、方式或过程，而不是强调人适应设计者的方式和过程；支持而不是代替人们的认识过程。决策支持系统的应用很广，下面介绍一个决策支持系统的实例。

航运估算决策支持系统的概念结构图如图 2-7 所示。外商计划投资建造一艘大型客

...

轮，首先遇到的是价格估算问题。决策支持系统可以根据客轮的吨位，推算出它所需要的各种设备和材料，算出设计费和加工费，再考虑税收、关税、运输费等，然后进行报价或核算报价。但计算很麻烦，而且谈判时间要求很紧，用手工计算根本完不成，而使用决策支持系统可以很快算出总费用，及时、科学地解决这个问题。

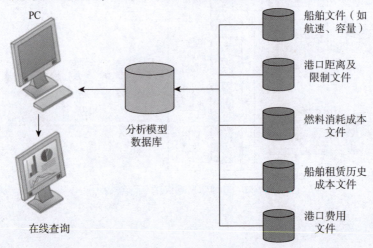

图 2-7　航运估算决策支持系统

2.4.4　经理信息系统

经理信息系统（Executive Support Systems，ESS），也称主管信息系统，是面向组织的战略决策层的。它不同于其他类型的信息系统专为解决某类或某个特定问题，而是为组织的高级主管人员建立一个通用的信息应用平台，借助于功能强大的数据通信能力和综合性的信息检索和处理能力，为高级行政主管人员提供一个面向随机性、非规范性、非结构化信息需求和决策问题的支持手段。

经理信息系统既能够从组织内的各系统中提取综合性数据，也能够从组织外部的各种信息渠道获得所需的数据，系统能够对这些数据进行组合、筛选和聚合操作，并运用最先进的通信技术和多媒体技术，将数据处理结果迅速、准确地展示在董事会会议室或高级主管的办公桌上。同时，对于数据处理结果中的任何一项综合性数据信息，系统都可以按照用户的要求对其进行"追溯"，通过与其他管理信息系统或信息源相连的通信网络，跟踪展示该项数据的处理过程、产生根源和收集渠道，从而满足用户追究数据信息细节的要求。由于高级主管人员对信息需求常常带有很强的随机性和不确定性，因此系统对人机交互界面和交互方式有更高的要求，往往采用图形用户界面、图形化数据信息表达或更为先进和简单的命令输入方式。

2.5　管理信息系统的发展

美国路易斯安那州立大学鲁迪·赫希海如（Rudy Hirschheim）和纽约州立大学的海因茨·K. 克莱因（Heinz K. Klein）将管理信息系统的发展划分为四个阶段，并对每个阶段的特点、技术、研究主题、研究方法、教育、基础（组织、会议和期刊）进行了系统的梳理（表2-1）。

表2-1 管理信息系统发展概况

阶段	特点	技术	研究主题	研究方法	教育	基础
电算化应用阶段（20世纪60年代中期至70年代中期）	管理治理集中化；财务控制下的信息系统（IS）报告	第三代主机（IBM360）；程序语言（Assembler, FORTRAN, COBOL）；数据库；以太网	决策支持系统；人机交互；早期框架；怀疑论；IS成长阶段；IS价值	没有实际意义上的研究方法论，只是思想流派	ACM graduate curriculum(1972)；ACM undergrad curriculum(1973)；IFIP TC3(1974)	组织(TIMS, AoM, ACM, DPMA, ASM, SMIS, AIDS, IFIPTC8)；研究中心（CISR, MISRC, ISRAM）
管理信息系统开发应用阶段（70年代中期至80年代中期）	用户引导的IS开发项目	微机，中型计算机，个人计算机	IS概念框架；IS成功因素；竞争优势；IT（信息技术）与组织变革；公共部门IS应用；系统设计方法	开始关注不同的研究方法	DPMA（1981）（实践导向）	会议(ICIS, HICSS, IRIS, IFIP TC8WG8.2)；期刊（MISQ, I&M, IS, JMIS）
企业信息化套装软件应用阶段（80年代中期至90年代中后期）	部门工作计算化；分布式系统；首席信息官（CIO）出现	互联网诞生	IT生产力；IT价值；技术接受；GDSS；基于流程视角的IT实施；外包；IT战略与业务对应	哈佛商学院研究方法论研讨会扩展研究方法哈佛根本会议(1990)	IFIP/BCS curriculum(1987)	组织［AIS, IS World（AIS Net）］；会议（ECIS, PACIS, AMCIS, ICOIS）；期刊(ISR, CAIS, JAIS, JT, EJIS, JIS, I&O, JSIS, IT&P, SJIS, AJIS, DSS, JGIM)
互联网应用阶段（90年代后期至2010年）	管理分布式的技术和人员（包括离岸供应商）	互联网时代；无处不在的计算（膝上电脑、平板电脑，智能手机，等）；上网笔记本、搜索引擎；社会化媒体	电子商务采纳；国际化和跨文化研究；发展中国家中的IT虚拟团队；知识管理；IT人员；商务智能；IS研究生产能力；IS研究扩展；设计科学；IS期刊评价；新的学科框架	费城会议倡导定性研究（1997）；奥尔斯堡研讨会推进新的研究方法（2000）；MISQ特殊议题与会议专家组；第二届曼彻斯特会议扩展研究方法（2004）；IS定性研究方法图书	IS' 97 Model Curriculum；IS 2010；我国：教学指导委员会给出专业教学目录	期刊(JECR, EJISDC, ISF, JITTA, JITCA, MISQ Executive, 以及由AIS主办的期刊，例如Pacific Asia Journal of the AIS, RELCASI, Non-Anglo-American Journals:)；特殊兴趣组（SIGPHIL, SIGOUT）；专家会议（Design Science）。我国：CNAIS, 信息系统学报

2.5.1　电算化应用阶段

20 世纪 60 年代中期至 70 年代中期称为电算化应用阶段。第一台计算机 ENIAC 问世之后，一些商业应用程序应运而生，如 1951 年的 LEO（Lyon's Electronic Office）以及各种物流系统，在组织中也出现了信息系统部门，这标志着信息系统应用的开始。美国和欧洲的大学中也出现了管理信息系统或信息系统专业和系部，这意味着它开始成为一门学科。企业管理者产生了使用不兼容的硬件和软件来整合多种处理功能的需求。

第三代计算机（特别是 IBM 的 360 系列计算机）的引入使人们意识到了对标准平台的需求。随后集成电路技术和微处理器的发展推动了信息技术的发展。在这个阶段，组织的关注点从 20 世纪 50 年代和 60 年代初简单的自动化基本业务流程，逐渐转变为将控制整合到数据处理功能。为了实现这一目标，组织将其信息系统功能集中到包括一些库存管理和交易处理系统的常规数据处理操作中。在大多数情况下，此职能由计算机运营经理负责，并向会计负责人报告。大多数用户集中在工程和会计部门。工程用户执行 CPU 密集型应用程序进行数字运算，而会计用户则进行 I/O 密集型操作，主要用于生成报告。银行和军队也是数据处理的早期采用者。几乎所有计算系统都是由公司编程人员在内部（通常在供应商人员的协助下）使用汇编语言或标准编程语言（如 COBOL 或 FORTRAN）开发的，这些开发过程往往是高度技术性的并且耗时长、花费大。

2.5.2　管理信息系统开发应用阶段

20 世纪 70 年代中期至 80 年代中期称为管理信息系统开发阶段。在这个阶段，信息技术快速发展，主要的进步是个人计算机的引入。随着个人计算机的引入，组织开始在各个部门之间分配其计算处理能力，因为与大型机相比，个人计算机的硬件成本要便宜得多。在这个时代，除会计和工程部门以外的其他业务部门也在争夺计算机资源。随着用户范围的扩大，组织对信息系统操作的传统以技术为导向的方法采取了更强的管理取向，试图通过成立指导委员会满足用户需求。许多组织也开始让用户参与其系统开发项目，这些用户将在开发过程中帮助确定应用程序需求并监督信息系统的可交付性。后来，一些用户甚至成为信息系统项目的负责人，但是企业级信息系统的策略在此阶段还不够完善。

2.5.3　企业信息化套装软件应用阶段

20 世纪 80 年代中期至 90 年代中后期称为企业信息化套装软件应用阶段。在这个阶段，许多业务部门购买自己的硬件和软件以满足部门需求，也产生了部门计算。这种趋势导致各个职能部门之间出现数据不兼容、不连通、不完整的新问题。这也引起了对遗留系统及其处理方法的担忧，迫切需要为整个组织中的用户提供对公司数据资源的更好访问以及组织范围内的连接。这也引起了独立的信息系统部门的急剧增长。该部门负责维护组织范围内的数据、应用程序和计算机体系结构，并开发新系统以满足未来需求。该部门的负责人被任命为首席信息官（CIO）。随着竞争的加剧和利润率的下降，组织开始向外部供应商寻求信息系统解决方案。同时，将其信息系统策略与公司策略进行协调统一。

2.5.4　互联网应用阶段

20 世纪 90 年代后期至 2010 年是互联网应用阶段。这个阶段信息系统技术和商业环境发生重大转变。互联网的商业化带来了前所未有的通信方法和开展业务的方式。互联网允许将知识传播到世界各地，而不受时间和空间的影响。由于这种不断变化的环境，组织开始调整其业务战略，以适应互联网提供的新技术。为了给客户提供更好的服务，组织转移了工作重点，开始定制服务和产品以满足个人需求。技术的普及对信息系统管理者意味着更多的问题，他们必须管理分布广泛的技术、信息系统人员和用户。开源社区的兴起挑战了传统的发展范式，重整了信息系统就业市场，并对信息系统的生存能力发起巨大挑战。

2.5.5　四阶段后的新发展

2011年至今，以互联网为基础的信息系统成为或即将成为各行各业的基础设施。大数据、云计算、物联网、人工智能、5G、区块链等新一代信息技术迅猛发展，为信息系统的发展提供了更加广阔的发展空间。信息技术的发展从未像现在这样深刻地影响着组织的产出及其管理，影响到产业乃至社会、人类的生活。人类处理大数据的数量、质量和速度的能力不断增强，推动人类经济形态由工业经济向信息经济、知识经济、智慧经济的形态转化，极大地降低社会交易成本，提高资源配置效率，提高产品、企业、产业的附加值，推动社会生产力快速发展，同时为落后国家后来居上提供了技术基础。数字经济也称智能经济，是工业4.0或后工业经济的本质特征，是信息经济、知识经济、智慧经济的核心要素。正是得益于数字经济提供的历史机遇，我国才得以在许多领域实现跨越性发展。

2016年G20杭州峰会通过的《二十国集团数字经济发展与合作倡议》首次将"数字经济"列为创新增长蓝图的一项重要议题，认为数字经济是以使用数字化的知识和信息作为关键生产要素，以现代信息网络作为重要载体，以信息通信技术的有效使用作为效率提升和经济结构优化的重要推动力的一系列经济活动。2017年《政府工作报告》明确提出要推动"互联网+"深入发展，并首次明确促进数字经济加快成长的要求。数字经济的快速发展，将对信息系统的应用产生更加深远的影响。市场研究公司IC认为，到2020年，在全球2000强企业中，有一半以上的企业基于数字化产品（或服务）的营收增幅将是其他产品（或服务）的两倍。

从以上提到的发展历程来看，影响信息系统发展的一个原因是信息技术本身的发展，另一原因则是信息技术与管理融合带来的需求。今后信息系统仍然会在这两方面的推动下发展。具体来说，集成化和智能化是当今信息系统发展的两大趋势。在集成化方面，从传统的物料需求计划系统、制造资源计划系统中发展出了企业资源计划系统，形成了整个组织范围内的集成化信息系统，同时电子商务及电子数据交换技术的发展也不断推动着企业间信息系统的集成。在智能化方面，决策支持系统与人工智能、网络技术、数据库、数据仓库技术等结合，形成了智能决策支持系统和群体决策支持系统，为组织提供更具智能分析能力的信息支持。

近年来，信息技术领域的创新性成果和应用形式仍然在不断涌现。例如，以Web 2.0为代表的社会性网络应用的发展深刻改变了人们的社会交往行为以及协作式知识创造的形式，进而被引入企业经营活动中，创造出内部Wiki（Internal Wiki）、预测市场（Prediction Market）等被称为"Enterprise 2.0"的新型应用，为企业知识管理和决策分析提供了更为丰富且强大的手段；以云计算为代表的虚拟化技术，将21世纪初开始兴起的IT外包潮流推向了一个新的阶段，像电力资源一样便捷易用的IT基础设施已成为可能；以数据挖掘为代表的商务智能技术，使得信息资源的开发与利用在战略决策、运作管理、精准营销、个性化服务等多个领域发挥出难以想象的巨大威力。对于不断推陈出新的信息技术与信息系统应用的把握和驾驭能力，已成为现代企业及其他社会组织生存发展的关键要素。

  视频学习资源：管理信息系统的类型与发展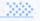

本章小结

本章详细介绍了管理信息系统的概念、特点、组成、功能、结构、类型以及发展概述。

管理信息系统是一个利用计算机软硬件和手工作业，采用分析、计划、控制和决策模型，以及利用数据库的用户-机器系统，用以提供信息支持企业或组织的运行、管理和决策功能。随着技术的发展，管理信息系统的定义也在不断完善，强调了其作为一个人机系统、管理系统、社会系统的角色。

管理信息系统的特点：面向管理决策，综合性，人机系统，与现代管理方法和手段相结合，多学科交叉的边缘科学。

管理信息系统的组成：计算机硬件系统、计算机软件系统、数据及其存储介质、通信系统、规章制度、人员等。

管理信息系统的功能：信息处理、预测功能、计划功能、控制功能、辅助决策。

管理信息系统的结构：基本结构、层次结构、职能结构。

管理信息系统的类型：事务处理系统、管理信息系统、决策支持系统、经理信息系统。

管理信息系统的发展概述：电算化应用阶段、管理信息系统开发应用阶段、企业信息化套装软件应用阶段、互联网应用阶段。

课堂讨论

1. 根据管理信息系统的定义，请分析讨论你所熟悉的一个管理信息系统。
2. 在日常学习中，讨论使用过的管理信息系统，并说明使用这些信息系统的意义。

分组任务

通过书刊、网络等方式收集管理信息系统在学习中应用的案例，重点对这些案例进行分析，总结管理信息系统对学习的影响。

复习思考题

1. 如何理解管理信息系统的概念？其主要特征是什么？
2. 管理信息系统的类型有哪些？
3. 事务处理系统有哪些特征？
4. 事务处理系统与管理信息系统的区别体现在哪些方面？
5. 决策支持系统有哪些特征？
6. 决策支持系统与管理信息系统的区别体现在哪些方面？

课后案例分析

 课后案例：特步：加速数字化转型，强化竞争优势

 课后案例的分析要点

第 2 篇　技术基础

3 计算机技术与网络技术

教学目标

知识目标	能力目标	价值目标
1. 了解计算机系统的组成, 识别计算机的硬件系统; 2. 了解计算机的软件系统, 介绍常见的操作系统; 3. 理解计算机网络的概念和构成, 阐述网络的分类, 简述网络通信协议的层次结构; 4. 了解计算机网络安全技术, 认识到网络安全的重要性; 5. 了解"互联网+"的跨界融合	1. 能够多角度识别计算机系统和网络系统的结构与分类; 2. 能够分析网络安全技术在实际案例中的应用, 提升分析问题的能力, 提升对安全重要性的认识	1. 多维度掌握管理信息系统相关技术, 增强对信息技术和信息系统的认识; 2. 培养安全意识, 理解在网络中隐私保护和数据安全的重要性; 3. 强化法律意识, 了解与信息技术相关的法律法规; 4. 增强责任意识, 理解信息技术的应用对企业的重要性

关键术语

计算机系统(Computer System, CS);

硬件系统(Hardware Systems, HS);

软件系统(Software Systems, SS);

网络技术(Network Technology, NT);

"互联网+"技术(Internet Plus Technology, IPT)

引导案例

人工智能芯片: 华为AI芯片

华为, 作为全球通信设备与消费电子行业的领军企业, 始终致力于技术创新与前瞻布局。华为的 AI 战略不仅涵盖软件算法、平台服务，更关键的是在硬件层面，尤其是 AI 芯片的研发与产业化推进，旨在打造端到端、全场景的 AI 解决方案，以满足未来数字化社会对智能计算能力的需求。

华为 AI 芯片的研发历程可追溯至 2017 年，当时华为宣布进军 AI 芯片领域，并在随后的全联接大会上发布了首款 AI 芯片——昇腾系列，标志着华为正式迈入全球 AI 芯片竞赛的前沿。昇腾系列芯片基于自主研发的达芬奇架构，专为 AI 计算设计，具备高算力、高能效比、灵活可扩展等特点，迅速在业界树立起技术标杆。此后，华为持续加大研发投入，不断迭代升级昇腾系列产品，覆盖从云端训练到边缘推理的全栈应用场景。

华为在 AI 芯片市场的定位独特且明确，旨在构建全面自主可控的 AI 基础设施。这既包括高性能的 AI 处理器，也涵盖配套的软件开发工具、算法库、应用框架等，形成完整的 AI 生态体系。华为 AI 芯片不仅服务于自家的终端设备、服务器产品及云服务，还通过开放平台战略，广泛赋能各行各业的合作伙伴，助力他们快速开发和部署 AI 应用，共同推动 AI 产业的繁荣与发展。

1. 华为 AI 芯片产品线概览

华为昇腾系列 AI 芯片是其在 AI 领域的重要产品线，旨在为云、边、端等各类应用场景提供强大的智能计算能力。以下是昇腾系列部分关键产品的梳理：

1）昇腾 910（Ascend 910）

发布时间：2018 年 10 月首次发布，后续有更新版本推出。

主要特性：昇腾 910 是华为面向云端训练场景的旗舰级 AI 芯片，采用达芬奇架构，具有超大规模的计算核心数、高带宽内存接口和高效的片上互联。它在单芯片上实现了极高的计算密度和强大的算力，被誉为全球已发布的单芯片计算密度最大、训练速度最快的 AI 芯片。其算力远超同代竞品，可支持大规模深度学习模型的高效训练。

应用场景：主要应用于数据中心、公有云、私有云等环境下的 AI 模型训练，服务于图像识别、语音识别、自然语言处理、推荐系统、强化学习等多种复杂 AI 任务，尤其适用于科研机构、大型互联网公司和企业级客户的高性能计算需求。

2）昇腾 310（Ascend 310）

发布时间：2018 年 10 月与昇腾 910 一同发布，后续也有迭代更新。

主要特性：昇腾 310 定位于边缘计算和轻量级服务器场景，同样基于达芬奇架构设计，具备出色的能效比和实时推理能力。该芯片支持多种精度计算，能够在低功耗下完成实时的 AI 推理任务，适用于嵌入式设备、智能摄像头、自动驾驶车辆等边缘设备。

应用场景：广泛应用于智慧城市、智慧交通、智能制造、智能家居、移动终端等领域，为实时视频分析、物体检测、语音唤醒、自然语言交互等功能提供算力支持。

3）昇腾其他型号

昇腾 Mini 系列：针对边缘和端侧小型化设备设计，进一步降低功耗和体积，适用于智能穿戴、物联网终端等资源受限场景。

华为 AI 芯片的技术路线始终坚持自主创新，围绕达芬奇架构为核心进行迭代演进，逐步提升芯片的算力、能效比和适用性。华为独创的达芬奇架构是昇腾系列 AI 芯片的基础，其特点是采用"3D Cube"计算引擎，通过将计算、存储、通信资源进行深度融合与调度，实现数据流的高效处理。这种架构特别适合深度神经网络的并行计算需求，有效降低了数据搬运的开销，提高了计算效率。

2. 华为 AI 芯片应用场景

1）智慧城市

华为 AI 芯片为智慧城市提供了强大的计算引擎。例如，在视频监控领域，搭载华为 AI 芯片的智能摄像头能够实时分析海量视频流，精准识别行人、车辆、异常行为等，助力城市管理部门实现精细化管理。芯片的高能效特性使得此类边缘设备能够在低功耗下持续运行，而内置的视觉预处理模块则进一步优化了数据处理流程，降低了对网络带宽的需求。通过与华为云的联动，这些边缘端的智能分析结果可迅速汇聚至中央平台，进行大数据分析与决策支持，形成智慧城市的神经网络。

2）自动驾驶

在自动驾驶汽车中，华为 AI 芯片作为计算平台的核心组件，承担着环境感知、路径规划、决策控制等关键任务。其强大的并行计算能力和对深度学习模型的高效支持，使得车辆能够在短时间内处理来自激光雷达、摄像头、毫米波雷达等传感器的海量数据，实时生成高精度的周围环境模型。芯片的低延迟特性和高可靠性对于确保自动驾驶系统的安全性至关重要。此外，华为还在构建开放的自动驾驶软件平台，吸引产业链合作伙伴共同开发自动驾驶解决方案，推动行业创新。

3）云计算

在华为云服务中，昇腾 AI 芯片被广泛应用在大规模 AI 训练和推理服务中。华为云提供的 AI 开发平台和模型市场，让用户能够直接利用昇腾芯片的强大算力进行模型训练和部署，大大缩短了 AI 项目的研发周期。在云数据中心内部，通过集群化部署昇腾芯片，华为能够提供大规模分布式训练服务，满足企业级用户对超大规模模型训练的需求。同时，华为云还利用昇腾芯片的高能效特性，提供绿色节能的 AI 云服务，响应可持续发展的号召。

（资料来源：CSDN 编程社区，https://blog.csdn.net/qq_30776829/article/details/138151735，有改动）

结合案例请思考：华为 AI 芯片具有哪些特点？一般应用于哪些场景？

 导入案例的分析要点

3.1　计算机技术

计算机是电子数字计算机的简称，它是一种能够自动、高速、精确地进行信息处理的现代化的数字电子设备，能够实现高速数据运算和大量数据的存储。电子计算机最初是作为一种计算工具，但是随着科学技术的不断发展，现在计算机已经应用于人类生产和生活的各个方面。计算机科学日益成为与人们生活、生产密切相关的重要学科。

在人类历史上，曾有过算盘、机械式计算器等计算工具，它们的一个共同特点是在人的直接操作下进行计算。但是电子计算机的重要特点是能够自动进行计算，人们预先将计算的程序存储在计算机内部存储器中，计算机就能够根据程序对输入的数据进行指定的计算。

20 世纪中期，新兴的电子学和深入发展的数学造就了第一台电子数字计算机。在此后半个多世纪的时间里，计算机技术及产品经历了迅速的发展，性能不断提高，价格不断下降，应用领域不断扩展。科学计算、数据处理、过程控制和人工智能成为计算机的主要功能。如今的计算机已经成为一个复杂的智能系统，由多种软硬件设备所组成。

3.1.1 计算机发展概述

1. 计算机的发展阶段

1946 年 2 月 15 日，由穆奇里博士设计的世界上第一台电子计算机 ENIAC（the Electronic Numerical Integrator And Calculator）诞生。此后，计算机经历了五个发展阶段。这五个发展阶段是按照计算机核心运算部分所采用的基本器件来划分的，每一代的计算机在体系结构、软件技术、产品类型等方面都有着明显的特征，如表 3-1 所示。

表 3-1　计算机发展的五个阶段及其特点

发展阶段	基本器件	体系结构	软件特点	代表产品
第一代（1945—1954 年）	电子管和继电器	存储程序计算机、程序控制 I/O	机器语言和汇编语言	普林斯顿 ISA、ENIAC、IBM701
第二代（1955—1964 年）	晶体管、磁芯、印刷电路	浮点数据表示、寻址技术、中断、I/O 处理机	高级语言和编译、批处理监控系统	Univac LARC、CDC 1604、IBM 7030
第三代（1965—1974 年）	中小规模集成电路、多层印刷电路	流水线、Cache、先行处理、系列计算机	多道程序和分时操作系统	IBM 360/370、CDC 6600/7600、DEC PDP-8
第四代（1975—1990 年）	大规模集成电路、半导体存储器	向量处理、分布式存储器	并行与分布处理	Cray-1、IBM 3090、DEC VAX 9000、Convax-Ⅰ
第五代（1991 年至今）	高性能微处理器、高密度电路	超标量、超流水、SMP、MP、MPP	大规模、可扩展并行与分布处理	SGI Cray T3E、IBMSP2、DEC AlphaServer 8400

2. 计算机的发展方向

早期的计算机根据体积和成本通常被分为巨型机、大型机、中型机、小型机和微型机，而现在这种划分已经很难反映计算机的实际情况。今后计算机技术将朝着高性能化、微型化、大众化、智能化与人性化、功能综合化的方向发展，处理器速度将继续提升，个人计算机将具有原来的巨型机和大型机所具有的处理能力，一台计算机将使用多个处理器进行并行运算；同时，计算机的体积将进一步减小，携带使用起来将更加方便，笔记本、PDA、智能手机等都是新的计算机产品形式。计算机的存储将采用更先进的介质和技术（如光学、永久性半导体、磁性存储等），容量和速度将大大提高；外设将走向高性能、网络化和集成化并且更易于携带；输出输入技术将更加智能化、人性化，随着手写输入、语音识别、生物测定、光学识别等技术的不断发展和完善，人与计算机的交流将更加便捷。

3.1.2 计算机系统的组成

计算机系统主要包括两大部分：硬件系统和软件系统。两者相辅相成，组成一个完整的计算机系统，如图3-1所示。

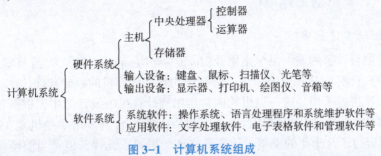

图3-1 计算机系统组成

1. 计算机硬件系统

①运算器：又称算术逻辑单元（Arithmetic Logic Unit，ALU），其主要功能是算术运算和逻辑运算。计算机最主要的工作就是运算，大量的数据运算任务是在运算器中完成的。但是运算器只能做最简单的运算，复杂运算必须通过基本运算一步步实现。进行运算的数据取自内存，运算结果也送回内存，运算器对内存的读写操作是在控制器的控制之下进行的。

②控制器：是计算机的指挥中心。其工作过程为：首先从内存中取出指令，并对指令进行分析，然后根据指令的功能向有关部件发出控制信号，从而控制它们执行指令所规定的功能。当各部件执行完控制器发来的指令后，会向控制器反馈执行情况。计算机就是这样逐一执行程序中的指令来完成各项任务的。运算器和控制器共同组成中央处理器（Central Processing Unit，CPU），它是计算机的核心。

③存储器：主要功能是存放程序和数据。它通常分为内存储器和外存储器。内存储器又称为主存，它与计算机的各个部件进行数据传输。内存储器又分为只读存储器（Read Only Memory，ROM）和随机存储器（Random Access Memory，RAM），即可读可写。外存储器不属于主机内设备，其存储容量往往比内存大得多，但存取速度慢。常用外存储器有磁盘、光盘和U盘等。

④输入设备：用来接收用户输入的原始数据和程序，并将它们转换为计算机可识别的形式存到存储器中。常用的输入设备有键盘、鼠标、扫描仪、光笔、数字化仪、传声器等。

⑤输出设备：用于将存放在存储器中由计算机处理的结果转变为人们所能接受的形式。常用的输出设备有显示器、打印机、绘图仪、音箱等。

⑥其他设备：除了上述基本的五大部件，现在计算机中还会安装声卡、视频卡、调制解调器等外部设备。

2. 计算机软件系统

计算机软件系统是计算机程序、程序所使用的数据以及有关文档资料的集合。软件一般分为系统软件和应用软件。

①系统软件：管理、监督和维护计算机资源的软件。主要包括操作系统（如 Windows、UNIX、DOS 等）、语言处理系统（如 C++、Pascal 等）和服务程序。

②应用软件：直接完成某种具体应用的软件。从简单的工资管理程序到某一单位的管理信息系统，都是应用软件的范畴，如 Office 2000、PhotoShop 和 WPS 等。

3.1.3　计算机的工作原理

1. 计算机的工作原理

美籍匈牙利科学家约翰·冯·诺伊曼（John Von Neumann）被称为"计算机之父"，他首先提出了"程序存储"的思想以及采用二进制作为数字计算机的数制基础，使计算机按照人预先编制的程序进行工作。这一思想被成功运用到计算机的设计之中，根据这一思想设计出的计算机被称为冯·诺伊曼结构计算机，世界上第一台冯·诺伊曼机是 1946 年研制的 ENIAC。虽然经过了几十年的发展，计算机也已经更新了几代，但是当前使用的计算机仍然是基于冯·诺伊曼体系结构，其基本思想是：

①采用二进制形式表示数据和指令。

②将程序事先存入主存储器中，使计算机在工作时能够自动从内存中取指令加以执行。

③由运算器、控制器、存储器、输入设备、输出设备五大基本部件组成计算机系统，如图 3-2 所示。

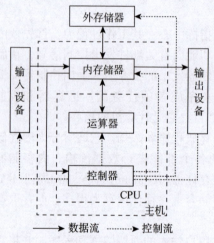

图 3-2　计算机的基本结构

2. 计算机系统的性能指标

①字长：计算机能直接处理的二进制的位数，单位为位（bit）。在其他指标相同时，字长越大计算机处理数据的速度就越快。

②主频：计算机 CPU 的时钟频率，单位为兆赫（MHz）。一般说来，主频越高，运算速度就越快。

③运算速度：计算机每秒钟能执行的指令数，单位为百万条指令/秒（MIPS，Million Instruction Per Second）。

④内存容量：内存储器能够存储信息的总字节数，单位为兆字节（MB）。内存容量越

大，系统功能就越强大，能处理的数据量就越庞大。

⑤存取周期：存储器连续两次完成读/写操作所需的最短时间。存取周期越短，则存取速度越快。存取周期的大小影响计算机的运算速度。

 视频学习资源：计算机技术

3.2　计算机网络技术

3.2.1　计算机网络的技术基础

1. 计算机网络的定义

计算机网络就是把地理上分散独立的、多台具有独立功能的计算机，用通信设备和线路连接起来，配以完善的网络软件，实现资源共享的系统。

2. 计算机网络的功能

①数据通信：实现系统内部各计算机之间的快速、可靠的数据交换。

②资源共享：所有网络用户能够分享计算机系统的全部或部分资源，包括硬件资源、软件资源和数据资源。资源共享是计算机网络最主要的功能之一。

③分布处理：实现并行处理、分布作业。

3. 计算机网络的分类

计算机网络一般按网络的分布地理范围来进行分类，可以分为局域网、城域网和广域网三种类型。

1）局域网（Local Area Network，LAN）

局域网的地理分布范围在 0.1~10km，是范围较小的一种网络，一般局域网建立在大学校园内，或在办公室、实验室小型局域网络中。局域网连接这些用户的计算机并共享网络上的设备资源。局域网是当前计算机网络发展中最活跃的分支，数据速率和带宽也在不断提高。局域网的特点如下：

①局域网的覆盖范围有限。

②数据传输率高，一般在 10Mbps~10Gbps。

③信息传输过程中延迟小、差错率低。

④局域网易于安装，便于维护。

2）城域网（Metropolitan Area Network，MAN）

城域网是局域网的扩展，规模比局域网大，地理分布范围在 10~100km，介于局域网和广域网之间，一般覆盖一个城市或地区，也可遍布全球。现在对城域网的划分日益淡化。

3）广域网（Wide Area Network，WAN）

广域网的覆盖范围很大，可以是一个国家或洲际网络，规模十分庞大且复杂。它的传输媒体由专门负责公共数据通信的机构提供。例如，Internet 就是典型的广域网。

4. 网络拓扑结构

计算机网络拓扑结构是指计算机网络的硬件系统的连接形式。拓扑（Topology）是拓扑学中研究由点、线组成几何图形的一种方法，用此方法可以把计算机网络看作是由一组节点和链路组成，这些节点和链路所组成的几何图形就是网络的拓扑结构。在建立计算机网络时要根据联网计算机的物理位置、链路的流量等因素来考虑网络所采用的布线结构。下面介绍几种网络拓扑结构形式。

1）总线型（Bus）结构

总线型结构网络采用一般分布式控制方式，各节点都连接在一条共享的总线上，采用广播方式进行通信，不需要路由选择功能，如图 3-3（a）所示。它的特点是安装简单、成本较低、扩展方便，但只要总线中的某一节点出现问题，就会影响到整个网络的通信。小型局域网或者中大型局域网的主干网，常采用总线型拓扑结构。

2）星型（Star）结构

星型结构是小型局域网常采用的一种拓扑结构，它采用网络集中控制方式，每个节点都有一条链路和中心节点相连接，节点之间的通信都要经过中心节点控制进行，如图 3-3（b）所示。它的特点是结构形式较简单，便于管理；当连接点发生故障时只影响一个节点，但当中心节点出现故障时会造成全网瘫痪。另外，星型结构建设费用较多，对中心节点的可靠性要求很高。

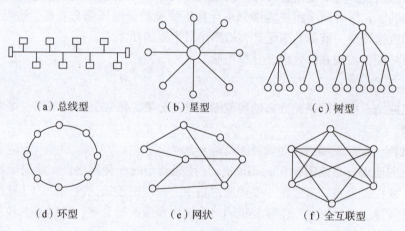

（a）总线型　　　　　　　（b）星型　　　　　　　　（c）树型

（d）环型　　　　　　　（e）网状　　　　　　　　（f）全互联型

图 3-3　计算机网络拓扑结构

3）树型（Tree）结构

树型结构实际上是星型结构的发展和扩充，具有根节点和各分支节点，主要利用集线器（Hub）或交换机（Switch）连接而成，如图 3-3（c）所示。树型结构比较灵活，易于进行网络的扩展。但当根节点出现故障时，会影响到整个网络。树型结构是中大型局域网常采用的一种拓扑结构。

4）环型（Ring）结构

环型结构也叫广播式通信，它是一个封闭的环，各节点之间无主从关系，环中的信息单方向地绕环传送，途经环中的所有节点并回到始发节点，仅当信息中所含的接收方地址

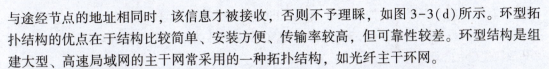

与途经节点的地址相同时，该信息才被接收，否则不予理睬，如图3-3(d)所示。环型拓扑结构的优点在于结构比较简单、安装方便、传输率较高，但可靠性较差。环型结构是组建大型、高速局域网的主干网常采用的一种拓扑结构，如光纤主干环网。

5) 网状(Mesh)结构

网状结构中任意两节点之间的通信线路不是唯一的，若某条通路出现故障或拥挤阻塞时，可绕到其他通路传输信息，如图3-3(e)所示。网状结构的可靠性较高，但它的成本也较高。网状结构常用于广域网的主干网中。

6) 全互联型(Full Mesh)结构

全互联型结构的特点是每一个节点都有一条链路与其他节点相连，如图3-3(f)所示。所以它的可靠性非常高，但成本也太高，除了特殊场合，一般较少使用。

5. 计算机网络的组成

典型的计算机网络从逻辑功能上可分为通信子网和资源子网两大部分。通信子网是指计算机网络中实现网络通信功能的设备及其软件的集合，完成所有网络数据的传输、转发、加工和交换等通信处理工作；资源子网是指计算机网络中实现资源共享的设备和软件的集合，负责整个网络的数据处理业务和各种网络资源的共享服务。

就局域网而言，通信子网由网卡、缆线、集线器、中继器、网桥、路由器、交换机等设备和相关软件组成；资源子网由联网的服务器、工作站、共享的打印机和其他设备及相关外部设备组成。在广域网中，通信子网由一些专用通信处理机(即节点交换机)以及运行软件、集线器等设备和连接这些节点的通信链路组成；资源子网由上网的所有主机及其外部设备组成。

3.2.2 计算机网络的体系结构

计算机之间的通信是实现资源共享的基础，为实现数据通信，相互通信的计算机必须遵守一定的协议。而这些协议依赖于网络结构，由硬件和软件协同实现。

1. 协议

协议是指负责在网络上建立通信通道和控制通道的信息流的规则。计算机网络的协议主要由语义、语法和定时三部分组成。语义规定通信双方彼此"讲什么"，即确定协议元素的类型，如规定通信双方要发出什么控制信息、执行的动作和返回的应答。语法规定通信双方彼此"如何讲"，即确定协议元素的格式，如数据和控制信息的格式。定时规定了信息交流的次序。

2. OSI 参考模型

局域网在计算机网络中占有非常重要的地位，特别是为了适应办公自动化和信息管理的需要，各机关、团体和企业部门众多的计算机、工作站都可通过局域网连接起来，以达到资源共享、信息传递和远程数据通信的目的。由于不同的局域网有不同的网络协议，不同的传输介质也有自己的物理性能，为了使不同的局域网能够互联，必须建立统一的网络互联协议。为此，出现了开放系统互联参考模型，即OSI(Open System Interconnection)参考模型，OSI参考模型只给出了一些原则性的说明，并不是一个具体的网络。它将整个网络的功能划分成七个层次，如图 3-4 所示。ISO/OSI 参考模型是一个逻辑结构，并非一个具体的计算机设备或网络，但是任何两个遵守协议标准的系统都可以互联通信，这正是"开放"的实际意义。

OSI 参考模型的最高层为应用层，面向用户提供应用服务；最低层为物理层，连接通信媒体实现真正的数据通信。层与层之间的联系是通过各层之间的接口来进行的，上层通过接口向下层提出服务请求，而下层通过接口向上层提供服务。两个用户计算机通过网络进行通信时，除物理层外，其余各对等层之间均不存在直接的通信关系，而是通过各对等层的协议来进行通信（用虚线连接），只有两物理层之间通过媒体进行真正的数据通信。

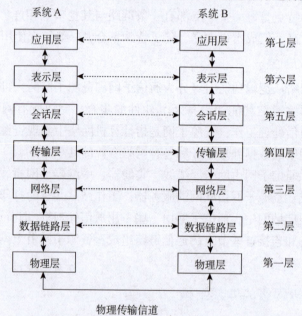

图 3-4 OSI/RM（或称 ISO/OSI）七层协议

1）物理层（Physical Layer）

物理层是 OSI 参考模型的第一层，它虽然处于最底层，却是整个开放系统的基础。物理层为设备之间的数据通信提供传输媒体及互联设备，为数据传输提供可靠的环境。

2）数据链路层（Data Link Layer）

数据链路层是 OSI 参考模型的第二层，其主要功能是将不可靠的物理传输信道变为可靠的信道，并将数据组织成帧形式的数据块。它保证了两个邻接节点间的无差错数据传输，给上层提供无差错的信道服务。

3）网络层（Network Layer）

网络层是 OSI 参考模型的第三层。该层的基本工作是接收源计算机的报文，把它转换成报文分组（包），而后送到指定目标计算机。它解决路径选择、流控制问题。

4）传输层（Transport Layer）

传输层又称端到端协议层，它是 OSI 参考模型的第四层。该层的目的是提供一种独立于通信子网的数据传输服务，使源主机与目标主机连接起来。它提供的是可靠、透明的数据传输，同时管理多路复用。

5）会话层（Session Layer）

会话层又称会晤层，是 OSI 参考模型的第五层。该层的任务是为不同系统中的两个进程建立通信伙伴关系，进行数据交换，并管理它们在该连接上的对话。

6）表示层（Presentation Layer）

表示层又称表达层，是 OSI 参考模型的第六层。该层完成许多与数据表示有关的功能，这些功能都是用户频繁使用的，常常由用户所拥有的程序完成，包括数据表示、进行转换、消除网内各实体间的语义差异、提供标准应用接口。

7）应用层（Application Layer）

应用层又称用户层，是 OSI 参考模型的最高层。该层负责两个应用进程之间的通信，负责应用管理、执行应用程序，管理和分配网络资源，建立应用程序包，比如电子邮件收发、事务处理和文件传输程序。

OSI 的七层功能可分为三组。从功能角度看，第一、二层解决网络信道问题，第三、四层解决传输服务问题，第五、六、七层处理应用程序的访问。从控制的角度来看，第一、二、三层为传输控制层，解决网络通信问题；第五、六、七层为应用控制层，解决应用进程间通信问题；第四层则是传输与应用之间的接口。

3. TCP/IP 网络体系结构

从 20 世纪 80 年代末期以来，互联网飞速发展，已成为世界上最大的国际性计算机互联网。因此，互联网所使用的 TCP/IP 体系在计算机网络领域发挥着十分重要的作用。

传输控制协议（Transmission Control Protocol，TCP）和网际协议（Internet Protocol，IP）是互联网所使用的各种协议中最重要的两个协议。在互联网上运行的协议很多，人们将 TCP/IP 及其相关协议称为 TCP/IP 体系结构，简称 TCP/IP。

TCP/IP 体系结构共有网络接口、网际层、传输层和应用层四个层次，各层的主要功能如下：

1）网络接口层

为了使 TCP/IP 与具体的物理传输媒体无关，在 TCP/IP 标准中没有对数据链路层和物理层作出决定，只将最低的一层取名为网络接口层。该层的作用是接收 IP 数据报，并通过特定的网络进行传输或从特定的网上接收物理帧，抽出 IP 数据报交网际层。

2）网际层

网际层的主要协议是无连接的 IP。网际层主要负责主机之间的通信，处理网际层差错与控制报文协议（Internet Control Message Protocol，ICMP），处理路径、流控、拥塞等问题。

3）传输层

传输层有 TCP 和 UDP 两个协议，它们都是建立在 IP 基础上的。传输层提供端到端（即应用进程间）的通信服务，其主要功能为格式化信息流、提供端到端可靠传输解决不同应用程序的识别等问题。

4）应用层

应用层包含了通常要使用的协议，如远程登录协议、文件传输协议、简单邮件传输协议、超文本传输协议等。

表 3-2 显示了 TCP/IP 与 OSI 体系结构的层次对应关系。

表 3-2 TCP/IP 与 OSI 体系结构的对比

OSI 体系结构	TCP/IP 体系结构	协议
应用层	应用层	HTTP, FTP, SMTP, POP, DNS, SSH, DHCP, SIP, RTP……
表示层		
会话层		
传输层	传输层	TCP, IP……
网络层	网际层	ARP, IP, ICMP, IGMP……
数据链路层	网络接口层	Ethernet, PPP, HDLC……
物理层		网络接口

3.2.3 互联网及其应用

互联网是 20 世纪 80 年代以来出现的最重要的计算机网络，它通过主干网络把不同标准、不同结构甚至不同协议类型的局域网在一定的网络协议支持下连接起来，从而实现更大范围的信息资源共享。目前互联网上提供的服务多种多样，包括电子邮件服务、万维网服务、远程登录服务、文件传输服务、新闻组等，为会话、娱乐和电子商务提供支持。

1. 互联网

1960 年美国国防部高级研究计划署（ARPA）出于"冷战"考虑建立的 ARPANET 引发了技术进步并使其成为互联网发展的中心。1973 年 ARPANET 扩展成互联网，第一批接入的有英国和挪威的计算机。1974 年，TCP/IP 被设计出来并初步引入 ARPANET。1983 年 1 月 1 日起，ARPANET 将其网络内核协议由 NCP 改变为 TCP/IP。

在 ARPANET 的技术基础上，1986 年美国国家科学基金会建立了大学之间互联的骨干网络，这是互联网历史上重要的一步，从此之后大量的美国学术机构加入这一网络中。20 世纪 90 年代初开始，整个网络向公众开放。1991 年 8 月，蒂姆·伯纳斯－李（Tim Berners-Lee）在瑞士创立 HTML、HTTP 和欧洲粒子物理研究所的最初几个网页之后两年，他开始宣扬其万维网项目。之后，随着 Mosaic、Netscape 等网页浏览器软件的出现，互联网进一步迈向大众用户。

在其发展的最初十年，互联网成功地吸纳了原有的计算机网络中的大多数（尽管像 FidoNet 的一些网络仍然保持独立）。这一快速发展要得益于互联网没有中央控制，以及互联网协议非私有的特质，前者促成了互联网有机的生长，后者则鼓励了厂家之间的兼容，并防止了某一个公司在互联网上称霸。

互联网是全球性的，这种"全球性"并不是一个空洞的政治口号，而是由其技术保证的。互联网的机构是按照"分组交换"的方式连接的分布式网络，因此，在技术的层面上，互联网不存在中央控制的问题。也就是说，不可能存在某一个国家或者某一个利益集团通过某种技术手段来控制互联网的问题；反过来，某国也无法把互联网封闭在国境之内。

2. 互联网地址

1）IP 地址

互联网以 TCP/IP 为基础。在互联网中，每台计算机都被分配了一个独一无二的网络

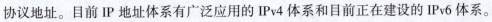

协议地址。目前 IP 地址体系有广泛应用的 IPv4 体系和目前正在建设的 IPv6 体系。

（1）IPv4 地址表示

IP 地址由网络地址和主机地址两部分组成，如图 3-5 所示。其中，网络地址用来表示一个逻辑网络，主机地址用来标识该网络中的一台主机。

IP地址	
网络地址	主机地址

图 3-5　IP 地址的结构

在 IPv4 体系中，每个 I 地址均由长度为 32 位的二进制数组成（即 4 个字节），每 8 位（1 个字节）之间用圆点分开。显然，用二进制数表示的 IP 地址难于书写和记忆，通常将32 位的二进制地址写成 4 个十进制数字的字段，其中每个字段都在 0 ~ 255 取值，如 211. 86. 251. 152。

在 IPv4 体系中，IP 地址通常可以分为 A、B、C、D、E 五大类。

A 类 IP 地址由 1 字节的网络地址和 3 字节主机地址组成，网络地址的最高位必须是"0"，范围从"1. 0. 0. 0"到"126. 255. 255. 254"。可用的 A 类网络有 126 个，每个网络能容纳 16777214 个主机。127. 0. 0. 1 是一个特殊的 IP 地址，表示主机本身，用于本地机器的测试。A 类 IP 地址分配给规模特别大的网络使用。

B 类 IP 地址由 2 字节的网络地址和 2 字节的主机地址组成，网络地址的最高位必须是"10"，地址范围从"128. 0. 0. 0"到"191. 255. 255. 255"。可用的 B 类网络有 16382 个，每个网络能容纳 6 万多个主机。B 类 IP 地址用于中型网络。

C 类 IP 地址由 3 字节的网络地址和 1 字节的主机地址组成，网络地址的最高位必须是"110"。范围从"192. 0. 0. 0"到"223. 255. 255. 255"。C 类网络可达 209 万余个，每个网络能容纳 254 个主机。C 类 IP 地址分配给小型网络，如一般的局域网和校园网。

D 类 IP 地址的第一个字节以"1110"开始，它是一个专门保留的地址。它并不指向特定的网络，范围从"224. 0. 0. 0"到"239. 255. 255. 255"，用于多点广播，用途比较特殊。D类地址称为广播地址，供特殊协议向选定的节点发送信息时用。

E 类 IP 地址从"11110"开始，范围从"240. 0. 0. 0"到"255. 255. 255. 254"。E 类 IP 地址保留给将来使用。

（2）IP 的分配

在互联网中，IP 地址的分配是有一定规则的，由 Internet 网络协会负责网络地址分配的委员会登记和管理。目前全世界有三个大的网络信息中心，其中 INTERNIC 主要负责美国，RIPE-NIC 主要负责欧洲地区，APNIC 负责亚太地区。网络信息中心的下一级为Internet 网络的网络管理信息中心，每个网点组成一个自治系统。网络信息中心只给申请成为新网点的组织分配 IP 地址的网络号，主机地址则由申请的组织自己来分配和管理。这种分层管理的方法能够有效防止 IP 地址冲突。

IPv6 地址空间由 IPv4 的 32 位扩大到 128 位，2 的 128 次方形成了一个巨大的地址空间。采用 IPv6 地址后，未来的移动电话、冰箱等都可以拥有自己的 IP 地址。IPv6 简化了报文头部格式，字段只有七个，加快了报文转发，提高了吞吐量。IPv6 使用一系列固定格式的扩展头部取代了 IPv4 中可变长度的选项字段。IPv6 中选项部分的出现方式也有所变化，使路由器可以简单略过选项而不做任何处理，加快了报文处理速度。

此外，IPv6 安全性更高，身份认证和隐私权是 IPv6 的关键特性。IPv6 还允许协议继续演变，增加新的功能，使之适应未来技术的发展。根据第 54 次《中国互联网络发展状况统计报告》，截至 2024 年 6 月，我国 IPv6 地址数量为 69080 块/32，较 2023 年 12 月增长 1.5%。

2）域名

由于用户要记住 32 个数字的字符串相当困难，域名系统（Domain Name System，DNS）就用域名代替 IP 地址。域名就是每台计算机连接互联网唯一的 32 比特 IP 地址对应的英文名称。DNS 服务器使数据库所包含的 IP 地址映射到相应的域名上，用户想要访问在互联网上的计算机，只需要知道域名即可。

DNS 具有一种层次结构。DNS 层次结构的最上层被称为根域。这个根的子域被称为顶级域名，同时这个顶级域名的子域被称为二级域名。顶级域名是上网者熟悉的具有两三个特征的名字，例如".com"".edu"".gov"和其他各国的代码（如".cn"代表中国，".it"代表意大利）。二级域名分为两部分：选定的一个顶级名字和一个二级名字，比如"buy.com""aufe.edu"或"amazon.ca"。在层次结构底部的主机是指在互联网或专用网络中特定的计算机。

根据第 54 次《中国互联网络发展状况统计报告》，截至 2024 年 6 月，我国域名总数为 3187 万个，其中，".cn"域名数量为 1956 万个。

3. 互联网应用

各类互联网应用如即时通信、搜索引擎、线上办公、网络支付、网络购物等用户规模持续增长。中国互联网络信息中心发布的第 54 次《中国互联网络发展状况统计报告》显示，截至 2024 年 6 月，我国网民规模近 11 亿人（10.9967 亿人）。我国农村网民规模达 3.0445 亿人，占网民整体的 27.7%；城镇网民规模达 7.9522 亿人，占网民整体的 72.3%。我国网民使用手机上网的比例达 99.7%；使用台式电脑、笔记本电脑、电视和平板电脑上网的比例分别为 34.2%、32.4%、25.2% 和 30.5%；使用智能网联汽车、智能家居设备和个人可穿戴设备上网的比例分别为 10.4%、21.9% 和 24.2%。我国即时通信用户规模达 10.78 亿人，较 2023 年 12 月增长 1824 万人，占网民整体的 98.0%。

我国网络视频用户规模达 10.68 亿人，较 2023 年 12 月增长 125 万人，占网民整体的 97.1%。其中，短视频用户规模达 10.50 亿人，占网民整体的 95.5%，微短剧用户规模达 5.76 亿人，占网民整体的 52.4%。我国网络支付用户规模达 9.69 亿人，较 2023 年 12 月增长 1498 万人，占网民整体的 88.1%。我国网络购物用户规模达 9.05 亿人，占网民整体的 82.3%。我国搜索引擎用户规模达 8.24 亿人，占网民整体的 75.0%。我国网络直播用户规模达 7.77 亿人，占网民整体的 70.6%。我国网络音乐用户规模达 7.29 亿人，较 2023 年 12 月增长 1 450 万人，占网民整体的 66.3%。

3.2.4 计算机网络安全

1. 网络安全的概念

计算机网络安全是指利用网络管理控制和技术措施，保证在一个网络环境里，数据的机密性、完整性及可使用性受到保护。要做到这一点，必须保证网络系统软件、应用软件、数据库系统具有一定的安全保护功能，并保证网络部件，如终端、调制解调器、数据链路的功能仅仅能被那些被授权的人访问。网络的安全问题实际上包括两方面的内容，一是网络的系统安全，二是网络的信息安全，而保护网络的信息安全是最终目的。

从广义来说，凡是涉及网络上信息的保密性、完整性、可用性、不可否认性和可控性的相关技术和理论都是网络安全的研究领域。

网络安全的具体含义随观察者角度的不同而不同。从用户（个人、企业等）的角度来说，希望涉及个人隐私或商业利益的信息在网络上传输时受到机密性、完整性和不可否认性的保护，避免其他人或对手利用窃听、冒充、篡改、抵赖等手段侵犯，使用户的利益和隐私不被非法窃取和破坏；从网络运行和管理者角度说，希望其网络的访问、读写等操作受到保护和控制，避免出现"后门"、病毒、非法存取、拒绝服务、网络资源非法占用和非法控制等威胁，制止和防御黑客的攻击；对安全保密部门来说，希望对非法的、有害的或涉及国家机密的信息进行过滤和防堵，避免机要信息泄露，防止对社会产生危害，并给国家造成损失；从社会教育和意识形态角度来说，网络上不健康的内容会对社会稳定和人类发展造成威胁，必须对其进行控制。

2. 网络安全的特征

保证网络信安全，最根本的就是保证网络安全的基本特征发挥作用。因此，下面首先介绍网络安全的五大特征。

1）完整性

完整性指网络信息在传输、交换、存储和处理过程中保持非修改、非破坏和非丢失的特性，即保持信息原样性，使信息能正确生成、存储、传输，这是最基本的安全特征。

2）保密性

保密性指网络信息按给定要求不泄露给非授权的个人或实体，强调有用信息只被授权对象使用的特征。

3）可用性

可用性指网络信息可被授权实体正确访问，并按要求能正常使用或在非正常情况下能恢复使用的特征，即在系统运行时能正确存取所需信息，当系统遭受攻击或破坏时，能迅速恢复并投入使用。可用性是衡量网络信息系统面向用户的一种安全性能。

4）不可否认性

不可否认性指通信双方在网络信息交互过程中，确认参与者本身，以及参与者所提供的信息的真实同一性，即所有参与者都不可能否认或抵赖本人的真实身份、提供信息的原样性、完成的操作、承诺。

5）可控性

可控性指对流通在网络系统中的信息传播及具体内容能够实现有效控制的特性，即网络系统中的任何信息要在一定传输范围和存放空间内可控。除了采用常规的传播站点和传播内容监控这种形式，最典型的如密码的托管政策，当加密算法交由第三方管理时，必须严格按规定可控执行。

3. 网络安全的保护技术

网络安全强调的是通过技术和管理手段，能够实现和保护信息在公用网络信息系统中传输、交换和存储流通的保密性、完整性、可用性、真实性和不可抵赖性。因此，当前采用的网络信息安全保护技术主要有两种，即主动防御保护技术和被动防御保护技术。

1）主动防御保护技术

主动防御保护技术一般采用数据加密、身份鉴别、存取控制、权限设置和虚拟专用网络等技术来实现。

①数据加密。密码技术被公认为是保护网络信息安全的最实用方法。对数据最有效的保护就是加密，因为加密可用不同手段来实现。数据加密就是通过加密系统把原始的数字数据（明文），按照加密算法变换成与明文完全不同的数字数据（密文）的过程。

②身份鉴别。身份鉴别强调一致性验证，验证要与一致性证明相匹配。通常，身份鉴别包括验证依据、验证系统和安全要求。数字签名就是通过某种密码运算生成一系列符号及代码组成电子密码进行签名，以代替书写签名或印章。对于这种电子形式的签名还可进行技术验证，其验证的准确度是一般手工签名和图章的验证无法比拟的。数字签名是目前电子商务、电子政务中应用最普遍、技术最成熟、可操作性最强的一种电子签名方法。

③存取控制。存取控制表征主体对客体具有规定权限操作的能力。存取控制的内容包括人员限制、访问权限设置、数据标识、控制类型和风险分析等，它是内部网络信息安全的重要方面。

④权限设置。权限设置规定合法用户访问网络信息资源的资格范围，即反映用户能对资源进行何种操作。

⑤虚拟专用网技术。虚拟专用网技术就是在公网基础上进行逻辑分割而虚拟构建的一种特殊通信环境，使其具有私有性和隐蔽性。

2）被动防御保护技术

被动防御保护技术主要有防火墙技术、入侵检测系统（Intrusion Detection System，IDS）、安全扫描器、口令验证、审计跟踪、物理保护与安全管理等。

①防火墙技术。防火墙是内部网与 Internet（或一般外网）间实现安全策略要求的访问控制保护，是一种具有防范免疫功能的系统或系统保护技术，其核心的控制思想是包过滤技术。从所采用的技术上看，防火墙有六种基本类型，分别为包过滤型、代理服务器型、电路层网关、混合型、应用层网关、自适应代理技术。

②入侵检测系统。入侵检测系统是在系统中的检查位置执行入侵检测功能的程序或硬件执行体，可对当前的系统资源和状态进行监控，检测可能的入侵行为。

③安全扫描器。安全扫描器是可自动检测远程或本地主机及网络系统的安全性漏洞点的专用功能程序，可用于观察网络信息系统的运行情况。

④口令验证。利用密码检查器中的口令验证程序查验口令集中的薄弱子口令，防止攻击者假冒身份登入系统。

⑤审计跟踪。对网络信息系统的运行状态进行详尽审计，并保存审计记录和日志，帮助发现系统存在的安全弱点和入侵点，尽量降低安全风险。

⑥物理保护与安全管理。通过制定标准、管理办法和条例，对物理实体和信息系统加强规范管理，减少人为因素管理不力的负面影响。

3.3　互联网+

3.3.1　"互联网+"的概念

国内"互联网+"理念的提出，最早可以追溯到 2012 年 11 月于扬在易观第五届移动互联网博览会的发言。易观国际董事长兼首席执行官于扬首次提出"互联网+"理念。他认为在未来，"互联网+"公式应该是根据所在的行业的产品或服务，在与未来看到的多屏全网跨平台用户场景结合之后产生的这样一种化学公式，可以按照这样一个思路找到若干这样的想法，而怎么找到企业所在行业的"互联网+"，则是企业需要思考的问题。

"互联网+"是指在创新 2.0(信息时代、知识社会的创新形态)推动下由互联网发展的新业态，也是在知识社会创新 2.0 推动下由互联网形态演进、催生的经济社会发展新形态。

"互联网+"是互联网思维的进一步实践成果，推动经济形态不断地发生演变，从而带动社会经济实体的生命力，为改革、创新、发展提供广阔的网络平台。通俗地说，"互联网+"就是"互联网+各个传统行业"，但这并不是简单的两者相加，而是利用信息通信技术以及互联网平台，让互联网与传统行业进行深度融合，创造新的发展生态。它代表一种新的社会形态，即充分发挥互联网在社会资源配置中的优化和集成作用，将互联网的创新成果深度融合于经济、社会各领域之中，提升全社会的创新力和生产力，形成更广泛的以互联网为基础设施和实现工具的经济发展新形态。

3.3.2　"互联网+"的特征

"互联网+"有六大特征：

一是跨界融合。"+"就是跨界，就是变革，就是开放，就是重塑融合。敢于跨界了，创新的基础就更坚实；融合协同了，群体智能才会实现，从研发到产业化的路径才会更垂直。融合本身也指代身份的融合，客户消费转化为投资，伙伴参与创新，等等，不一而足。

二是创新驱动。中国粗放的资源驱动型增长方式早就难以为继，必须转变到创新驱动发展这条正确的道路上来。这正是互联网的特质，用所谓的互联网思维来求变、自我革命，也更能发挥创新的力量。

三是重塑结构。信息革命、全球化、互联网业已打破了原有的社会结构、经济结构、地缘结构、文化结构。权力、议事规则、话语权不断在发生变化。"互联网+社会治理"、虚拟社会治理会有很大的不同。

四是尊重人性。人性的光辉是推动科技进步、经济增长、社会进步、文化繁荣的最根本的力量；互联网力量的强大最根本地也来源于对人性的最大限度的尊重、对人体验的敬畏、对人的创造性发挥的重视，例如用户生成内容、卷入式营销、分享经济。

五是开放生态。关于"互联网+"，生态是非常重要的特征，而生态的本身就是开放的。推进"互联网+"，其中一个重要的方向就是要把过去制约创新的环节化解掉，把孤岛式创新连接起来，让研发由人性决定的市场驱动，让努力创业者有机会实现价值。

六是连接一切。连接是有层次的，可连接性是有差异的，连接的价值是相差很大的，但是连接一切是"互联网+"的目标。

3.3.3 "互联网+"的应用

1. 互联网+工业

"互联网+工业"即传统制造业企业采用移动互联网、云计算、大数据、物联网等信息通信技术，改造原有产品及研发生产方式，与"工业互联网""工业 4.0"的内涵一致。

2. 互联网+金融

在金融领域，余额宝横空出世的时候，银行觉得不可控，也有人怀疑二维码支付存在安全隐患，但随着国家对互联网金融（ITFIN）的研究越来越透彻，银联对二维码支付也出了标准，互联网金融得到了较为有序的发展，也得到了国家相关政策的支持和鼓励。

"互联网+金融"从组织形式上看，这种结合至少有三种方式：第一种是互联网公司做金融；如果这种现象大范围发生，并且取代原有的金融企业，那就是互联网金融颠覆论；第二种是金融机构的互联网化；第三种是互联网公司和金融机构合作。

从 2013 年以在线理财、支付、电商小贷、众筹等为代表的细分互联网嫁接金融的模式进入大众视野以来，互联网金融已然成为一个新金融行业，并为普通大众提供了更多元化的投资理财选择。

3. 互联网+通信

在通信领域，"互联网+通信"有了即时通信，几乎人人都在用即时通信 App 进行语音、文字甚至视频交流。然而传统运营商在面对微信这类即时通信 App 诞生时简直如临大敌，因为语音和短信收入大幅下滑，但随着互联网的发展，来自数据流量业务的收入已经大大超过语音收入的下滑。可以看出，互联网的出现并没有彻底颠覆通信行业，反而是促进了运营商进行相关业务的变革升级。

4. 互联网+交通

"互联网+交通"已经在交通运输领域产生了"化学效应"，例如，大家经常使用的打车软件、网上购买火车和飞机票、出行导航系统等。

从国外的 Uber、Lyft 到国内的滴滴打车、快的打车，移动互联网催生了一批打车、拼车、专车软件，虽然它们在全世界不同的地方仍存在不同的争议，但它们通过把移动互联网和传统的交通出行相结合，改善了人们出行的方式，增加了车辆的使用率，推动了互联网共享经济的发展，提高了效率、减少了排放，对环境保护也作出了贡献。

5. 互联网+教育

在教育领域，面向中小学、大学、职业教育、IT 培训等多层次人群提供学籍注册入学开放课程，但是网络学习一样可以参加国家组织的统一考试，可以足不出户在家上课学习取得相应的文凭和技能证书。"互联网+教育"的结果，将会使未来的一切教与学活动都围绕互联网进行，教师在互联网上教，学生在互联网上学，信息在互联网上流动，知识在互联网上成形，线下的活动成为线上活动的补充与拓展。

2020 年 7 月，教育部公布了第六届"互联网+"大赛评审规则，其中，"引领教育"成为新增的评审要点。大赛更加关注高校学生在比赛中的全面成长和综合能力的提升，更加关注高校对创新创业项目支持的力度，逐渐形成了"正向引领，辐射带动，'互联网+'大赛与教育相得益彰；创新模式，建章立制，大赛助推高校教育新局面；搭建平台，产教融合，打造教育-实践-孵化新生态；立德树人，全面提升，培养引领新时代高素质生力军"的引领教育新格局。

 视频学习资源：网络技术与互联网+

 本章小结

本章详细介绍了计算机技术、计算机网络技术以及"互联网+"等多个方面的知识点。

计算机是自动、高速、精确的信息处理数字电子设备。计算机系统由硬件系统和软件系统，包括运算器、控制器、存储器、输入/输出设备等。计算机的性能指标有字长、主频、运算速度、内存容量、存取周期。

计算机网络是多台计算机通过通信设备连接，实现资源共享的系统。网络可以实现数据通信、资源共享、分布处理等功能。网络按覆盖范围分为局域网、城域网和广域网。网络的拓扑结构有总线型、星型、树型、环型、网状等。

"互联网+"具有跨界融合、创新驱动、重塑结构、尊重人性、开放生态、连接一切的特点，通常应用于工业、金融、通信、交通、教育等。

计算机网络安全是为了保护网络环境中数据的机密性、完整性及可用性。常用保护技术有主动防御(数据加密、身份鉴别等)和被动防御(防火墙、入侵检测系统等)。

 课堂讨论

1. 根据学习的计算机软件，请分析讨论你所熟悉的一款软件。
2. 讨论网络对生活的影响，并说明如何利用网络帮助自身的学习。

 分组任务

通过收集案例，分析网络在实际生活中应用的场景，重点对这些案例进行分析，总结网络对日常生活的影响。

复习思考题

1. 简述计算机系统的组成。
2. 介绍常见的操作系统。
3. 介绍几种典型的应用软件。
4. 什么是计算机网络？计算机网络的构成有哪些？
5. 简述计算机网络的功能。
6. 简述计算机网络的分类。
7. 简述常见的互联网应用。

课后案例分析

 课后案例：互联网+健康：贵阳市互联网健康服务平台

 课后案例的分析要点

4 数据库与数据仓库

 教学目标

知识目标	能力目标	价值目标
1. 掌握数据库系统的组成,理解数据库的结构,解释数据库相关的术语:数据、数据库、数据库管理系统、数据库系统、数据库管理员; 2. 掌握数据库设计的步骤,结合具体的实例,构建数据库的概念模型,然后根据转化的规则再转化为数据库的逻辑模型; 3. 解释数据仓库的含义,阐述数据仓库的特点; 4. 理解数据挖掘的概念,认识到数据挖掘应用的意义	1. 能够理解数据库系统对管理信息系统的重要性; 2. 能够分析数据库的设计在实际案例中的应用,提升分析问题的能力,提升对数据库重要性的认识	1. 多维度掌握数据库相关技术,提高对数据库系统的认识; 2. 培养安全意识,理解在数据库中数据安全的重要性; 3. 强化法律意识,了解与数据库技术相关的法律法规; 4. 增强责任意识,理解数据库的应用对企业信息化的重要性

关键术语

数据库(Data Base,DB);

数据库系统(Data Base System,DBS);

数据库管理系统(Data Base Management System,DBMS);

数据库管理员(Data Base Administer,DBA);

数据仓库(Data Warehouse,DW);

数据挖掘(Data Mining,DM)

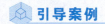 **引导案例**

中国移动：推动数智化创新 打造新质生产力

新一轮科技革命和产业变革深入发展，数据要素成为推动经济增长和社会进步的关键生产要素，并呈现出"三个加速融合"的总体趋势。一是跨主体、跨领域数据要素加速融合。数据要素之间的广谱关联越充分、规模越大，产生的规模经济性也就越强。随着数字产业化、产业数字化转型升级，带动多主体、跨领域数据加速汇聚融通，将加速推动数据要素市场化配置，进一步激发数据要素潜能。二是数据要素与新一代信息技术加速融合。当前，以大模型为代表的通用人工智能取得突破，"云、网、数、智、安"加速融合，共同构成科技创新的重要驱动力，将进一步推动数据要素发挥乘数效应，助力全要素生产力提升。三是数据要素与场景应用加速融合。场景应用是数据要素的出发点，更是数据价值的落脚点。数据要素广泛应用到金融、交通、医疗等各行各业，融入生产、分配、交换、消费等各环节，不断催生新业态、新模式、新产业，持续拓展数字经济增长空间。

中国移动坚决贯彻落实党中央、国务院决策部署，勇担科技强国、网络强国、数字中国主力军，系统打造新型信息基础设施，创新构建新型信息服务体系，积极落实"数据要素×"三年行动计划，奋勇当先做强做优做大数字经济。建成全球最大的5G和光纤宽带网络，集约高效开通5G基站超220万个，千兆宽带覆盖3.9亿户。开创性部署算力网络，覆盖国家"东数西算"全部枢纽节点，智算规模达到17EFLOPS（FP16），为数据要素发展奠定坚实基础。打造"九天"人工智能基座，发布了万卡级智算集群、千亿多模态大模型，汇聚百大要素生态平台，聚焦城市全域数字化、新型工业化等领域，创建超百项AI应用标杆项目，为数据要素发展打造创新引擎。构建全球规模最大的通信服务数据集群——梧桐大数据平台，自主清洗、精标形成超5万亿tokens（词元）高质量数据集，沉淀核心数据资产超2000PB，达到国内最高等级数据治理水平（DCMM五级），数据年调用量达千亿次。积极推进数据要素广泛应用在数据治理、应急管理、智慧文旅、经济洞察、社会治理、数字人才培养等各行业各领域，有效发挥数据要素价值。

中国移动锚定世界一流信息服务科技创新公司发展定位，着力发挥基础电信运营企业的精品基础网络、海量数据资源、可信安全保障、丰富应用场景等优势，全力推进数据从资源向资产、资本转变，加快发展新质生产力，助力数字中国建设。

一是聚力筑牢万物互联根基，加快推进数据高效率汇聚。加快建设智能化综合性数字信息基础设施，实现人、机、物全面互联，为数据海量生成和高效流动提供坚实基础。打造极致可靠5G-A网络，应用无源物联、确定性网络、通感一体等关键技术，加快精简网络5G RedCap、跨域网络5G LAN能力落地，目前已在100个城市推进5G-A商用部署，年内将扩展至300个城市。打造一体内生算力网络，持续优化数据中心和智算基础设施布局，加快超算、量算等多种类型社会算力并网，加强算网一体化调度、编排和优化，为数据提供高效敏捷的处理能力。打造超高速高带宽传送网络，持续推进400G OTN技术全面贯通"东数西算"国家八大枢纽，建设全光高速直连骨干网络，保障数据可靠传输、算力深度融通。

二是聚力完善数据治理体系，加快推进数据高质量供给。加强数据治理水平提升，形成标准化数据服务、高质量数据集、场景化数据产品，激发数据要素供给活力。推进数据标准制定，积极参与国家高质量数据集分类分级标准、人工智能数据集格式标准，推动形成行业统一的"数据目录"，实现数据标准化和共享复用。推进数据技术创新，发挥科技创新引领作用，带动产业链上下游，攻关湖仓一体、数据编织、分布式协同计算等关键技术，提升海量、多源、异构数据的处理效能。推进数据安全开放，围绕数据要素"采-传-存-算-供"全链条，加强数据分级分类自动化、攻击追溯、密码保护等，构建安全内生的数据供给体系。

三是聚力搭建数据流通设施，加快推进数据高可信流通。升级完善数据要素流通基础设施——数联网(DSSN)，实现数据安心入场、放心交易，支撑数据要素市场化配置。全面提升数据流通传送效率，在公共传输及互联网基础上，构建基于容器的、去中心化的软交换网络，具备接入自动冗余、流量自动控制、容量弹性扩容、协议自动转化的能力，真正解决数据交易的后半程问题，实现数据场外线下交易向场内线上交付转变。全面提升数据流通可信水平，基于区块链、隐私计算等技术，实现多形态、多密级数据交付，提供可信存证、穿透式监管等能力，实现"数据可用不可见、可算不可识"。全面提升数据流通接入能力，通过软硬一体机、定制化软件、云上终端等多形态接入模式，为用户提供就近接入服务。

四是聚力强化数实深度融合，加快推进数据高水平应用。全面落实"数据要素×"三年行动计划，推进数字经济和实体经济深度融合。持续推进以数惠民，创新打造5G新通话、云手机、AI智能助理等产品，大力推广智慧医疗、智慧旅游等应用，打通便民应用"最后一公里"，让数据多跑路、群众少跑腿。持续推进以数助产，基于"九天"人工智能基座，聚焦工业、农业、交通、金融等行业，深耕40款行业大模型，提供数智转型综合性解决方案，推动产业高端化、智能化、绿色化发展。持续推进以数资政，推广数字政府、智慧城市、智慧社区标杆项目，支撑公共数据共享和开发利用，持续为政府部门提供数据支撑，促进治理体系和治理能力现代化。

数据是新质生产力的重要力量，是未来的核心竞争力。中国移动将乘"数"而上，向"智"而行，加快数智赋能，培育新质生产力，为以信息化推进中国式现代化发展。

(资料来源：中国移动，https://www.10086.cn/aboutus/news/groupnews/index_detail_50169.html，有改动)

结合案例请思考：中国移动是如何利用数据要素推动数字经济和实体经济深度融合的？

 导入案例的分析要点

4.1　数据库概述

4.1.1　数据管理技术的发展

数据管理技术是指对数据的分类、组织、编码、存储、检索和维护的技术。数据管理技术的发展是和计算机技术及其应用的发展联系在一起的，经历了人工管理、文件系统及数据库系统三个阶段。

1. 人工管理阶段

20 世纪 50 年代中期以前，计算机主要用于科学计算，数据量较小，也不需要长期保存数据。人工管理阶段的特点包括：计算机系统不具备管理用户数据的功能，数据不能共享，无法单独保存数据。

在该阶段，数据的所有组织和管理工作完全是依靠人工来完成的，无法处理复杂的数据分析处理业务，且人工查找和使用数据相当费时费力。

2. 文件系统阶段

20 世纪 50 年代后期到 60 年代中期，数据管理发展到文件系统阶段，此时的计算机不仅用于科学计算，还大量用于管理。在这一阶段，在硬件方面，外存储器已有磁盘等直接存取的存储设备；在软件方面，操作系统中已有了专门的管理数据软件，称为文件系统；从处理方式上讲，不仅出现文件批处理，而且能够联机进行实时处理。

这一阶段的主要特点包括：数据能长期保存，数据具有独立性，能对数据进行实时处理。然而，这一阶段仍有许多不足，例如，数据的共享性差、冗余度大，以及数据和程序缺乏足够的独立性。

3. 数据库系统

20 世纪 60 年代后期开始，数据管理进入数据库系统阶段。这一时期计算机管理的规模日益庞大，应用越来越广泛，数据量急剧增长，数据要求共享的呼声越来越强。这种共享的含义是多种应用、多种语言互相覆盖地共享数据集合。此时的计算机有了大容量磁盘，计算能力也非常强。在这样的背景下，数据管理技术进入数据库系统阶段。

在数据库系统阶段，数据管理具有以下优点：

①数据结构化。数据结构化是数据库系统与文件系统的根本区别。在文件系统中，相互独立的文件的记录内部是有结构的，传统文件的最简单形式是相同长度和格式的记录的集合，这样就可以节省许多存储空间。

数据的结构化是数据库主要特征之一，这是数据库与文件系统的根本区别。至于这种结构化是如何实现的，则与数据库系统采用的数据模型有关。

②数据共享性高，冗余度小，易扩充。数据库从整体的观点来看待和描述数据，数据不再是面向某一应用，而是面向整个系统。这样就减小了数据的冗余，节约存储空间，缩短存取时间，避免数据之间的不相容和不一致。

③数据独立性高。数据库提供数据的存储结构与逻辑结构之间的映像或转换功能，使得当数据的物理存储结构改变时，数据的逻辑结构可以不变，从而程序也不用改变。这就是数据与程序的物理独立性。也就是说，程序面向逻辑数据结构，不去考虑物理的数据存放形式。数据库可以保证数据的物理改变不引起逻辑结构的改变。

④统一的数据管理和控制功能，包括数据的安全性控制、数据的完整性控制及并发控制、数据库恢复。

数据库的这些特点，使信息系统的研发从围绕加工数据的程序为中心转变到围绕共享的数据库来进行，从而便于数据的集中管理，也提高了程序设计和维护的效率，提高了数据的利用率和可靠性。当今的大型信息管理系统均是以数据库为核心的。

4.1.2 数据库系统的组成

数据库系统(Data Base System，DBS)是指以计算机系统为基础，以数据库方式管理大量共享数据的综合系统。它一般由数据库、计算机硬件系统、计算机软件系统和人员四个部分构成。人们习惯上把数据库系统简称数据库，但是应当注意和仅有相关数据集合的数据库概念相区别。数据库系统组成结构如图4-1所示。

人员	用户
	数据库管理员
	应用程序员
	数据库设计人员
计算机软件系统	应用程序
	数据库管理系统
	操作系统
计算机硬件系统	
数据库	

图 4-1　数据库系统组成结构

1. 数据库

数据库(Database，DB)，是以一定的组织方式将各项应用相关的全部数据组织在一起并存储在外存储器上所形成的、能为多个用户共享的、与应用程序彼此独立的一组相互关联的数据集合。数据库不是根据某个用户的需要，而是按照信息的自然联系构造数据；它能以最佳的方式、最少的冗余，为多个用户或多个应用共享服务。

数据库的主体是相关应用所需的全部业务数据的集合。数据库中的数据组织是有层次的，以便对数据进行有效的处理，获得有用的信息。数据的逻辑组织一般由四个基本的逻辑元素组成，即数据项、记录、文件和数据库，它们组成了以数据库为最高层次的层次结构，如图4-2所示。

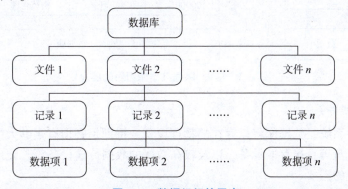

图 4-2　数据组织的层次

逻辑数据元素的概念如下：

①数据项。数据项是组成数据系统的有意义的最小基本单位，其作用是描述一个数据处理对象的某些属性。例如，数据处理的对象是学生，学生的属性包括姓名、学号、性别、年龄等，则设置一个数据项描述他的"姓名"属性，设置另一个数据项描述他的"学

号"属性，并分别设置其他数据项来分别描述其各个属性。

②记录。与数据处理的某一对象有关的一切数据项构成了该对象的一条记录。若处理的对象是一名学生，则该学生的学号、姓名、性别、年龄、专业等数据项构成了关于学生情况的一条记录，例如，（0001，张三，男，市场营销专业）是一条学生记录，通常把唯一地标志一条记录的属性称为主属性，如上例中学生记录的主属性为学号0001。

③文件。相关/同类记录的集合成为文件，如所有学生的记录组成一个学生文件。但是，在有特定的需求时，可以从某个现有的文件中选择一些特定的数据和记录重新组织成为新的文件。因此，对于文件的建立与维护，是计算机处理系统的重要工作之一。

④数据库。数据库是按一定的方式组织起来的逻辑相关的文件的集合。运用数据库方式管理数据，可将存储在不同文件中逻辑相关的数据集中存储在同一文件中，这样不但能够提高数据处理的效率，同时可删除冗余的数据文件，每个应用程序不需要拥有自己的数据文件，可以共享数据库中的数据。

在计算机信息系统中，文件是数据库组织的基础，任何对数据库的操作最终都要转化为对数据文件的操作。因此，文件的逻辑组织形式和物理存储方式直接影响整个信息系统的效率。学生-课程数据库组织的层次如图4-3所示。

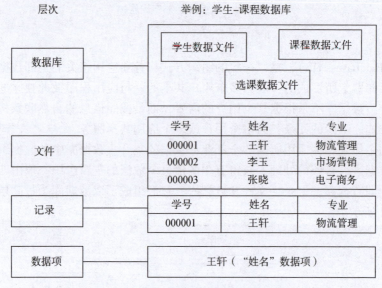

图4-3　学生-课程数据库组织的层次

2. 计算机硬件系统

计算机硬件系统是数据库赖以存在的物理设备，特别是必须有足够大的内存储器、大容量的磁盘和光盘等直接存取设备，以及较高效率的数据传输设备等。硬件的配置应满足整个数据库系统的需要。

3. 计算机软件系统

计算机软件系统包括操作系统、数据库管理系统（Database Management System，DBMS）及应用程序。任何软件都必须在计算机操作系统的支持下才能够运行，所以数据库系统还必须选择与数据库管理系统软件相适应的操作系统。数据库管理系统是数据库系统的核心软件，是在操作系统的支持下工作，解决如何科学地组织和存储数据，如何高效获

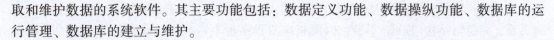

取和维护数据的系统软件。其主要功能包括：数据定义功能、数据操纵功能、数据库的运行管理、数据库的建立与维护。

4. 人员

数据库相关人员有四类。第一类为数据库设计人员，负责数据库中数据的确定、数据库各级模式的设计。第二类为应用程序员，负责编写使用数据库的应用程序。第三类为数据库管理员（Data Base Administrator，DBA），负责数据库的总体信息控制。数据库管理员的职责是：定义并存储数据库的内容，监督和控制数据库的使用，负责数据库的日常维护，必要时重新组织和改进数据库。第四类为最终用户，他们利用系统的接口或查询语言访问数据库。

4.1.3　数据库系统的结构

根据美国国家标准学会（ANSI）所属的标准计划与需求委员会（SPARC）1975 年公布的数据库标准报告，数据库系统具有严谨的体系结构。数据库的体系结构是一个从内到外分三个层次描述的三级模式结构，如图 4-4 所示。

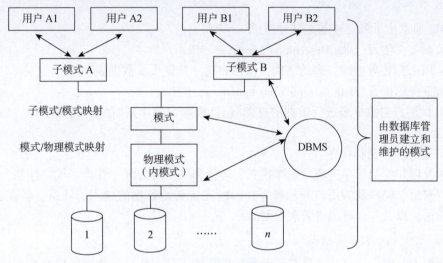

图 4-4　数据库三级模式结构

可以看出，三级模式主要分为物理结构和逻辑结构两个方面。描述物理结构的称为物理模式（内模式），它直接通过操作系统与硬件联系。一个数据库系统只能有一个内模式。

描述逻辑结构的称为模式（概念模式、逻辑模式），它是数据库数据结构的完整表示，是所有用户的公共数据视图。一个数据库系统只有一个模式，它总是以某一种数据模型为基础，统一考虑所有用户的要求，并有机地综合成一个逻辑整体。模式仅仅是对数据模型的描述，不涉及具体数据值。

针对每一个用户或应用，又由模式导出若干个子模式（外模式、用户模式）。子模式是直接面向用户的，用户能够看见并使用的局部数据的逻辑结构描述。每一个子模式都是模式的一个子集，也可以把它看成是模式的一个窗口。一个数据库系统可以有多个子模式。

数据库系统的三级模式中还提供了两个映射功能（模式），一个是在物理模式与模式之间的映射（转换）功能，另一个是在模式与子模式之间的映射（转换）功能。

第一种映射使得数据物理存储结构(内模式)改变时，只需修改模式与内模式之间的映射关系，而逻辑结构(模式)不变，因而相应的程序也不需改变，这就是数据库的物理独立性。

第二种映射使得逻辑结构(模式)改变时，只需修改外模式与模式之间的映射关系，而用户结构(外模式)不需改变，所以应用程序也不用改变，这就是数据和程序的逻辑独立性。

通过这两种映射，数据库实现了物理独立性和逻辑独立性。一方面使数据的定义和描述可以从应用程序中分离出去，另一方面使应用程序的编写不用考虑数据的存取路径等细节问题，从而大大减少了应用程序的修改和维护工作量。

4.1.4 数据库管理系统

数据库管理系统是指帮助用户建立、使用和管理数据库的软件系统。数据库管理系统是数据库系统的核心，从图4-1可以看出，它是位于应用程序和计算机操作系统之间用于数据管理的系统软件。

1. 数据库管理系统的组成

DBMS通常由下列三个基本部分组成：

1)数据定义语言(Data Description Language，DDL)

DDL用来描述数据库、表的结构，供用户建立数据库及数据表。

2)数据操纵语言(Data Manipulation Language，DML)

DML供用户对数据表进行数据的查询(包括检索与统计)和存储(包括增加、删除与修改)等操作。

3)其他管理和控制程序

其他管理和控制程序实现数据库建立、运行和维护时的统一管理、统一控制，从而保证数据的安全、完整及多用户并发操作；同时完成初始数据的输入、转换、转存、恢复、监控、通信，以及工作日志等管理控制。

2. 数据库管理系统的功能

不同的DBMS由于对应的硬件资源和软件环境不同，所以具体功能也有所不同，但是基本功能应当有以下几点：

1)数据定义功能

所谓数据定义就是对数据库中数据对象的描述。其中包括定义数据库各模式及模式之间的映射关系，以及相关的约束条件等，并最终形成数据库的框架。这些是通过DDL实现的。这些描述存放在数据字典中，作为DBMS存取和管理数据的基本依据。

2)数据操纵功能

数据操纵功能是直接面向用户的功能，它将接收、分析和执行用户对数据库提出的各种操作要求，并且完成数据库数据的检索、插入、删除和更新等数据处理任务。这些是通过DML实现的。

3)数据库的运行管理功能

DBMS的核心工作是对数据库的运行进行管理，主要是执行访问数据库时的安全性检查、完整性约束条件的检查和执行、数据共享的并发控制、发生故障后的系统恢复，以及

数据库内部维护等。

4)数据库的建立和维护功能

数据库的建立和维护功能主要是实现数据库初始数据的输入、转换工作，数据库的转储、恢复工作，数据库的重组织和性能监视、分析工作等。

4.1.5 数据模型

在数据库系统体系结构的三级结构中，模式是整个系统的核心和关键；而模式的主体就是数据模型。可以说数据模型是数据库系统的核心和基础，而每一个数据库系统都是基于某种数据模型的，要了解数据库系统首先应当弄清数据模型。

1. 层次结构数据模型

层次结构的数据模型是由节点和分支组成，好像一个倒置的定向有序树，又称为层次树结构。层次树结构的最高节点为根。位于该树较低等级上的节点是从属节点，这些节点的等级取决于它们与根节点的距离。

在层次树结构中，上级节点是下级节点的双亲（或父亲），下级节点是上级节点的子女。同属一个双亲的节点称为兄弟，无子女的节点称为叶子。

从根节点开始，按双亲及子女联系依次链接的序列为层次路径。按层次路径存取的数据原则是：由上向下，自左到右。这种顺序也是逻辑数据库向应用程序所递交的顺序。图4-5是层次结构数据模型。

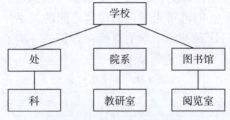

图 4-5　层次结构数据模型

由图4-5可知，层次模型像一棵倒立的树，该树具有以下特点：

①树有且只有一个根节点。

②除根节点以外的其他节点只有一个父节点，同时可能有一个或者多个子节点。

层次结构数据模型结构简单、清晰、明朗，很容易看到各个实体之间的联系；并且在层次结构数据模型中，节点与节点之间的边表示了节点之间的联系，在 DBMS 中如果边借助指针实现，那么依据路径很容易找到待查的记录。但是，层次结构数据模型结构呆板，缺乏灵活性，查询节点的时候必须知道其父节点，因此限制了对数据库存取路径的控制。

2. 网状结构数据模型

网状结构数据模型是用有向图来表示实体与实体之间联系的模型。网状数据模型可以看作是层次数据模型的一种扩展。网状数据模型中所有的节点允许脱离父节点而存在，即在整个模型中允许存在两个或多个没有根节点的节点，同时允许一个节点存在一个或者多个父节点，成为一种网状的有向图。因此节点之间的对应关系不再是一对多，而是一种多对多的关系。网状数据模型中的每个节点表示一个实体，节点之间的有向线段表示实体之间的联系。网状数据模型需要为每个联系指定对应的名称。图4-6为网状结构数据模型。

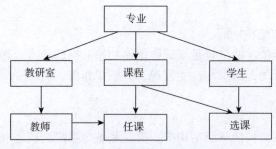

图 4-6　网状结构数据模型

　　网状数据模型可以很方便地表示现实世界中的很多复杂关系；修改网状数据模型时，没有层次结构数据模型那么多的严格限制，可以删除一个节点的父节点而依旧保留该结点，也允许插入一个没有任何父节点的节点。

　　网状数据模型的结构复杂，不易使用，随着应用环境的扩大，数据结构越来越复杂，数据的插入、删除牵动的相关数据太多，不利于数据库的维护和重建，并且数据之间的彼此关联比较大。该模型其实是一种导航式的数据模型结构，不仅要说明对数据做些什么，还要说明操作的记录路径。

　　3. 关系模型

　　目前，应用最广泛的数据模型是关系模型。关系模型中数据的逻辑结构是一张二维表，它由行和列组成。以学生选课为例，表 4-1 为学生信息表，表 4-2 为课程信息表，表 4-3 为选课信息表。从表 4-3 能够得出学生和课程之间的关系，通过此表可以查找哪个学生选修了哪门课程或者哪门课程被哪个学生选择。若想进一步了解某学生或者某课程的详细资料，则可到表 4-1 和表 4-2 中进行查找。

表 4-1　学生信息表

学号	姓名	性别	年龄	专业
001	李莉	女	18	计算机
002	王勇	男	20	会计学
003	张涛	男	19	英语

表 4-2　课程信息表

课程号	课程名	学分
10001	大学英语	4
20001	高等数学	6
20005	管理学原理	3

表 4-3　选课信息表

学号	课程号	成绩
001	10001	85
002	20001	90
003	20005	92

1）关系模型中的术语

①关系：一个关系就是一张二维表，例如学生信息表、选课信息表。

②元组：表的每一行为一个元组（也称为记录），它是一组字段的信息的集合。

③属性：表的每一列为一个属性（也称为字段），例如学生信息表中的"学号""姓名""性别"等字段。

④域：属性的取值范围称为域，例如，学生信息表中性别属性的取值范围是"男"或"女"。

⑤关系模式：关系名及关系中的属性集合构成关系模式，一个关系模式就是对关系的描述，格式为：关系名（属性名1，属性名2，属性名3，…，属性名n）。例如，学生（学号，姓名，性别，年龄，专业）。

⑥主码：又称主键，是表中的某个属性或属性组，它的值唯一标识一个元组。例如，学生信息表中的"学号"可作为主码，它能唯一标识表中的每一条记录，即表中不能有两个相同的学号出现。

⑦候选码：如果某个字段的值能唯一标识表中一个记录，这个字段被称为候选码。一个关系中可能有多个候选码，例如，学生信息表中的"学号"和"姓名"（没有重名的情况下）都是候选码。

⑧外部关键字：也叫外码，是用来与另一个关系进行联结的字段，且是另一个关系中的主关键字。

2）关系模型的完整性

关系模型的完整性规则是对关系的一组约束条件，包括以下几类：

①实体完整性：是针对某实体的具体属性值的约束，例如，关系中主码不能取空值和重复的值。例如，在学生信息表中，"学号"是主码，不能取空值，否则就无法说明一个学生的信息。

②参照完整性：是针对表与表之间的约束条件，例如，定义外码与主码之间的引用规则。例如，学生信息表中的"系号"字段是该表的外码，"系号"是系信息表的主码，在学生信息表中该字段的值可以取"空"或"系号"在系信息表的值。

③用户定义完整性：是针对某一具体关系型数据库的约束条件，由应用环境决定。例如，选课信息表中"成绩"的取值只能在0~100。

关系模型清晰易懂，并有严密的数学基础和关系数据理论，大大简化了程序开发以及数据库建立的过程，因此得到广泛应用。

 视频学习资源：数据库的概述

4.2 数据库设计

数据库的建立就是将企业的数据加以合理组织，用数据库文件的形式存入计算机存储器，以备用户快速提取和方便使用的过程。

进行数据库设计时，要将反映客观事物状态的数据经过一定的组织成为计算机内的数据，需经历四个不同的状态，即现实世界、信息世界、计算机世界、数据世界，如图4-7所示。

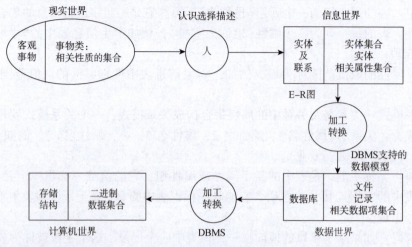

图 4-7　数据的转换关系

在不同的世界中使用的概念与术语是不同的，但它们在转换过程中都有一一对应关系，如表4-4所示。

表 4-4　术语对照表

现实世界	信息世界	数据世界
组织（事物及其联系）	实体及其联系	数据库（概念模型）
事物类	实体集	文件
事物（对象、个体）	实体	记录
特征（性质）	属性	数据项

4.2.1　数据库的设计过程

数据库设计是指在给定的应用环境中，提供一个确定最优数据模型和处理模式的逻辑设计，以及一个确定数据库存储结构和存取方式的物理设计，从而建立其不仅能反映现实世界信息和管理信息系统之间的数据联系，还能满足用户对数据和加工数据方法的要求。

数据库设计过程主要包括四个步骤：用户需求分析、概念结构设计、逻辑结构设计、物理结构设计。数据库设计的各个阶段及其任务如图4-8所示。

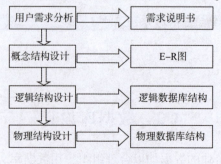

图 4-8　数据库设计过程

1. 用户需求分析

用户需求分析描述的是用户对现实世界的具体需求。通过系统详细调查，充分了解原系统的工作概况，明确用户需求，确定新系统的功能。

2. 概念结构设计

概念结构设计是将用户需求分析得到的用户需求抽象为信息结构，即建立系统的概念模型。概念结构是各种数据模型的共同基础，比数据模型更独立于机器，因此，更抽象，也更加稳定。

概念结构设计是整个数据库设计的关键。最常用的表示概念数据模型的方法是实体-联系模型，又称 E-R 模型（Entity-Relationship Approach）。E-R 模型于 1976 年由 P. P. S. Chen 提出。E-R 图以自然和简单的方式描述现实世界中的实体、属性和关系，而不涉及这些实体在系统中的实现方法，实现了对现实世界的数据抽象。

1）实体的基本术语

①实体：客观存在并且可以相互区别的对象或事物。它可以是具体的事物，例如，一个人、一辆车、一个部门等。

②属性：是实体具有的描述特性。例如，一个学生实体，可以用学号、姓名、性别、系、年级和出生日期等属性来描述他的特性。学号、姓名、性别等是属性的名称。属性用值表示，如学号、姓名、性别的具体值用"000001""张一""男"来表示。

③实体型：是用属性的集合来描述实体的类型。它用实体名和各个属性名的集合来表示，如实体型：学生(学号，姓名，性别，出生日期)，"学生"是实体名，"学号""姓名""性别"等是各个属性名。

④实体值：是实体属性值的集合。例如，学生张一的实体值是"000001""张一""男"。

⑤实体集：是相同类型的实体的集合。例如，学校所有的学生都用相同的实体类型来描述，集合在一起就是实体集。

2）联系

两个实体 A 和 B 是包含若干个体的总体，它们之间的联系有以下三种类型：

①一对一联系(1:1)：若 A 实体与 B 实体发生联系，B 中的每一个实体至多对应 A 中一个实体，则 A 实体与 B 实体是一对一联系。例如在学校中，一个班级只有一个班长，一个班长只管理一个班级，则班级实体与班长实体具有一对一联系。

②一对多联系(1:n)：若对于 A 中的每一个实体，至少有一个属于 B 中的实体与之发生联系，且 B 中每一个实体至多只能对应于 A 中的一个实体，则 A 实体与 B 实体是一对多联系。例如在学校中，一个班级有许多学生，每个学生只属于一个班级，则班级实体和学生实体之间具有一对多联系。

③多对多联系(m:n)：若 A 实体中至少有一个对应 B 实体中一个以上的实体，且 B 实体中也至少有一个对应 A 实体中一个以上的实体，则 A 实体对 B 实体是多对多联系。如在学校中，一个学生可以同时选修多门课程，一门课程也可以同时有多个学生选修，则学生实体和课程实体之间具有多对多联系。

3）E-R 模型

①实体：需要为之收集数据的事物或对象，在图中用矩形框表示。

②属性：对实体特性的描述数据，在图中用与矩形框相连的椭圆表示。

③联系：是实体间的相互关系，分别有一对一（1:1）、一对多（1:n）、多对多（m:n）等几种联系形式，用图中的菱形框表示。

在现实世界中同类实体的集合称为实体集，例如，全体学生就是一个实体集。两个实体之间的联系可分为三类，如图4-9所示。

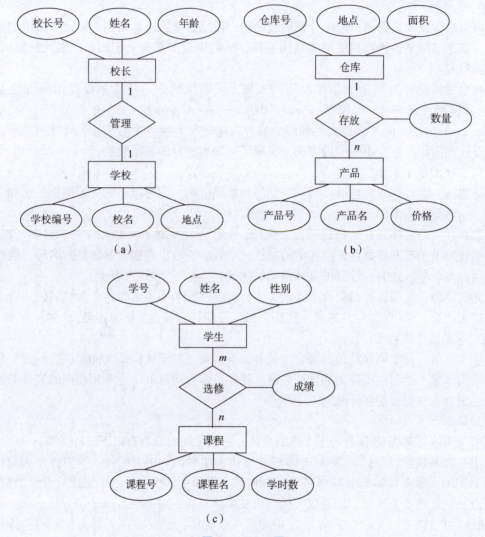

图 4-9　E-R 图
（a）校长与学校一对一联系；（b）仓库与产品一对多联系；（c）学生与课程多对多联系

图 4-9 表示的两实体间的联系类型如下：

①一对一联系：在一个学校里只有一个校长，而一个校长只能在一个学校任职，则校长与学校之间具有一对一联系，记为 1:1。

②一对多联系：一个仓库中存放有若干种产品，而每种产品只能在一个仓库中存放，则称仓库与产品之间具有一对多联系，记为 1:n。

③多对多联系：一个学生可以同时选修多门课程，而一门课程同时有若干个学生选修，则称学生与课程之间具有多对多联系，记为 m:n。

E-R 图直观易懂，能较准确地反映出现实世界的信息联系，并从概念上表示了一个数

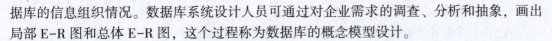

据库的信息组织情况。数据库系统设计人员可通过对企业需求的调查、分析和抽象，画出局部 E-R 图和总体 E-R 图，这个过程称为数据库的概念模型设计。

3. 逻辑结构设计

逻辑结构设计是将概念结构设计阶段完成的概念模型转换成能被选定的数据库管理系统支持的数据模型，并进行规范化处理。

1）将 E-R 图转化为关系模式

数据模型可以由 E-R 图转换而来。将 E-R 图转换为关系数据模型的规则如下：

（1）一个实体转换为一个关系模式

关系的属性对应实体的属性，关系的码对应实体的码。

例 1：学生实体和课程实体分别各自转换为一个关系模式：

学生(学号，姓名，性别)；

课程(课程号，课程名，学时数)。

（2）一个 1：1 联系可以转换为一个独立的关系模式，也可与任意一端对应的关系模式合并

如果转换为一个独立的关系模式，则关系的属性与该联系相连的各实体的码以及联系本身的属性，关系的候选码：每个实体的码均是该关系的候选码。如果与某一端对应的关系模式合并，则合并后关系的属性加入对应关系的码和联系本身的属性，合并后关系的码不变。

例 2：在一个学校里只有一个校长，而一个校长只能在一个学校任职，则校长与学校之间具有 1：1 联系，校长与学校之间的联系——"管理"联系为 1：1 联系，有以下三种转换方法：

①转换为一个独立的关系模式：

校长(校长号，姓名，年龄)；

学校(学校编号，校名，地点)；

管理(校长号，学校编号)；

或管理(校长号，学校编号)。

②"管理"联系与校长关系模式合并，只需在校长关系中加入学校关系的码，即学校编号：

校长(校长号，姓名，年龄，学校编号)；

学校(学校编号，校名，地点)。

③"管理"联系与学校关系模式合并，只需在学校关系中加入校长关系的码，即校长号：

校长(校长号，姓名，年龄)；

学校(学校编号，校名，地点，校长号)。

（3）一个 1：n 联系可以转换为一个独立的关系模式，也可以与 n 端对应的关系模式合并

如果转换为一个独立的关系模式，则关系的属性由与该联系相连的各实体的码以及联系本身的属性共同组成，关系的码为 n 端实体的码。如果与 n 端对应的关系模式合并，则合并后关系的属性由在 n 端关系中加入 1 端关系的码和联系本身的属性组成。合并后关系

的码不变，这样做可以减少系统中的关系个数，一般情况下更倾向于采用合并这种方法。

例3：一个仓库中存放有若干种产品，而每种产品只能在一个仓库中存放，则称仓库与产品之间具有 $1:n$ 联系，将其转换为关系模式有以下两种方法：

①转化为一个独立的关系模式：

仓库（<u>仓库号</u>，地点，面积）；

产品（<u>产品号</u>，产品名，价格）；

存放（<u>仓库号</u>，<u>产品号</u>，数量）。

②将其与产品关系模式合并：

仓库（<u>仓库号</u>，地点，面积）；

产品（<u>产品号</u>，产品名，价格，<u>仓库号</u>，数量）。

（4）一个 $m:n$ 联系转换为一个关系模式

关系的属性由与该联系相连的各实体的码以及联系本身的属性共同组成，关系的码是各实体码的组合。

例4：一个学生可以同时选修多门课程，而一门课程同时有若干个学生选修，学生与课程之间的"选修"联系是一个 $m:n$ 联系，可将它转换为以下关系模式，其中学号与课程号为关系的组合码：

学生（<u>学号</u>，姓名，性别）；

课程（<u>课程号</u>，课程名，学时数）；

选修（<u>学号</u>，<u>课程号</u>，成绩）。

由上述内容可知，E-R图转化为关系数据模型的规律如下：

第一，一个实体型转换为一个关系模式。

第二，一个 $m:n$ 联系转换为一个独立的关系模式。

第三，一个 $1:n$ 联系可转换为一个独立的关系模式，也可与 n 端对应的关系模式合并。

第四，一个 $1:1$ 联系可转换为一个独立的关系模式，也可与任意一端对应的关系模式合并。

2）关系模式的规范化

规范化理论研究关系模式中各属性之间的依赖关系及其对关系性能的影响，讨论的是关系模式应该具备的性质和设计方法，为数据库的设计工作提供严格的理论依据。规范化理论是 E. F. Codd 在 1971 年提出的。下面主要介绍三种规范化模式（Normal Form，NF）。

（1）第一范式（1NF）

属于第一范式的关系应满足的基本条件是元组中的每个分量都必须是不可分割的数据项，就是同一个表中没有重复项。例如，表4-5 不符合第一范式的要求，表4-6 符合第一范式的要求。

表4-5 不符合第一范式的关系

教师代码	姓名	工资	
		基本工资	奖金
090066	王一一	5050.00	550.00

表4-6　符合第一范式的关系

教师代码	姓名	基本工资	奖金
090066	王一一	5050.00	550.00

在当前的关系型数据库管理系统中不可能作出不符合第一范式的数据库，因为DBMS不允许将数据表的一列再分成两列或多列。

（2）第二范式（2NF）

属于第二范式的关系应满足的基本条件是：满足第一范式，并且每个非主属性要完全函数依赖主属性。即每个非主属性由整个主键函数决定，而不能由主键的一部分来决定。如表4-7所示的选课关系表，关键字为组合关键字（学号，课程名），其他字段为非主属性，而表中的非主属性并不都完全依赖于主属性，因此，这个关系只是第一范式，而不是第二范式。

表4-7　不符合第二范式的学生与课程关系

学号	姓名	年龄	课程号	课程名	成绩	学分
000055	张大勇	19	008	管理学	88	2

表4-7存在以下决定关系：

（学号，课程号）→（姓名，年龄，课程名，成绩，学分）。

这个数据表不符合第二范式，因为存在以下决定关系：

（课程号）→（课程名，学分），（学号）→（姓名，年龄）。

由于不符合第二范式，这个选课关系表会存在以下问题：

①数据冗余。一门课有 n 个学生选修，则"课程号""课程名"与"学分"字段就重复 $n-1$ 次，这就使数据项多次重复而产生数据冗余。

②更新异常。若调整了某门课程的名称，数据表中所有行的"课程名"值都要更改，否则会出现选修同一门课程而名称不同的情况，产生更新异常。

③插入异常。假设要开设一门新的课程，暂时还没有人选修。由于还没有"学号"关键字，课程号、课程名和学分也无法记入数据库，这就产生插入异常。

④删除异常。假设一批学生已经完成课程的选修，这些选修记录就应该从数据表中删除。但是，与此同时，课程号、课程名和学分信息也被删除了。很显然，这也会导致插入异常，这就产生删除异常。

为了处理上述问题，可以将选课表改为以下三个表：

学生表（学号，姓名，年龄）；

课程表（课程号，课程名，学分）；

选课关系表（学号，课程号，成绩）。

上述数据表是符合第二范式的，消除了数据冗余、更新异常、插入异常和删除异常。

（3）第三范式（3NF）

第三范式是消除了传递依赖的第二范式，也就是非主属性之间不存在函数依赖，则称关系 R 是第三范式。所谓传递函数依赖，指的是如果存在"A→B→C"的决定关系，则 C 传递函数依赖于 A。

表4-8存在以下决定关系：

（学号）→（姓名，年龄，学院名，学院地点，学院电话）。

表 4-8　不符合第三范式的学生与课程关系

学号	姓名	年龄	学院名	学院地点	学院电话
000055	张大勇	19	管理学院	2 号楼	5566

这个数据表是符合第二范式的，但是不符合第三范式，因为存在以下决定关系：

（学号）→（学院名）→（学院地点，学院电话）。

即存在非关键字段"学院地点""学院电话"对关键字段"学号"的传递函数依赖。它也会存在数据冗余、更新异常、插入异常和删除异常的情况，所以要将学生关系表分为以下两个表：

学生（学号，姓名，年龄，学院名）；

学院（学院名，学院地点，学院电话）。

这样的数据表是符合第三范式的，消除了数据冗余、更新异常、插入异常和删除异常。

值得注意的是，逻辑结构设计阶段提出的关系数据模型应符合第三范式的要求。

4. 物理结构设计

数据库的物理结构设计要结合具体数据库管理系统的特点与存储设备特性进行，它是为数据模型在设备上选定合适的存储结构和存取方法，以获得数据库的最佳效率。

数据库的物理结构设计分为两个部分，首先是确定数据库的物理结构，在关系型数据库中主要指数据的存取方法和存储结构。其次是对所设计的物理结构进行评价，评价的重点是系统的时间和空间效率。如果评价结果满足设计要求，则可以进入物理实施阶段，否则，需要重新设计或修改物理结构，有时甚至要返回逻辑结构设计阶段修改数据模型。

1）确定物理结构

确定数据库的物理结构之前，设计人员必须详细了解给定的数据库管理系统的功能和特点，特别是该数据库管理系统所提供的物理环境和功能；熟悉应用环境，了解所设计的应用系统中各部分的重要程度、数据量、处理频率、对响应时间的要求，并把它们作为物理设计过程中平衡时间和空间效率的依据；了解外存设备的特性，如分块原则、设备的 I/O 特性等。

在对上述问题进行全面了解之后，就可以进行物理结构设计了。物理结构设计的内容一般包括以下几个方面：存储记录结构的设计、存取方法的设计、数据存储位置的设计和系统配置的设计。

2）评价和优化物理结构

物理结构设计过程中需要考虑的因素很多，包括时间和空间效率、维护代价和用户的要求等，对这些因素进行权衡后，可能会产生多种物理设计方案。这一阶段需要对各种可能的设计方案进行评价，并从多个方案中选出较优的物理结构。如果该结构不符合用户需求，则需要修改设计。如果评价结果满足设计要求，则可以实施数据库。实践中，往往需要经过反复测试才能优化物理设计。

评价物理结构设计完全依赖于具体的数据库管理系统，评价的重点是系统的时间和空间效率，具体可分为以下几类：查询和响应时间、更新事务的开销、生成报告的开销、主存储空间的开销以及辅助存储空间的开销。

4.2.2 数据库操作

数据库操作主要介绍结构化查询语言(Structured Query Language，SQL)，它是一种数据库查询和程序设计语言，用于存取数据以及查询、更新和管理关系型数据库。它不要求用户指定对数据的存放方法，也不需要用户了解具体的数据存放方式，它以记录集合作为操作对象，返回集合作为输出。SQL 可以嵌套，这使它具有极大的灵活性和强大的功能，可以利用 SQL 写出非常复杂的语句。常见的 Oracle、Sybase、Informix、SQLServer、Visual-Foxporo、PowerBuilder 等数据库开发系统都支持 SQL。

1. SQL 的组成

数据定义语言：CREATE、DROP、ALTER 等语句。

数据操纵语言：INSERT、UPDATE、DELETE 等语句。

数据查询语言：SELECT 语句。

数据控制语言：GRANT、REVOKE、COMMIT、ROLLBACK 等语句。

2. 表的基本操作

1)建立表

建立基本表的语句格式为：

CREATETABLE<表名>(列名 1 类型[，列名 2 类型]…)

2)插入数据

当一个表新建成时，它里面没有数据，通过向表中插入数据，建成表的实例。语句格式为：

INSERTINTO 表名[(列名 1，…)]VALUES(值 1，值 2，…，值 n)

3)修改数据

对表中已有数据进行修改，语句格式为：

UPDATE 表名 SET 列名 1＝表达式 1…WHERE 条件

4)删除数据

删除表中已有数据，不能删除不存在的数据，语句格式为：

DELETEFROM 表名 WHERE 条件

5)修改表结构

在已存在的表中增加新列，语句格式为：

ALTERTABLE 表名 ADD(新列名数据类型(长度))

6)删除表

将已经存在的表删除，语句格式为：

DROPTABLE 表名

7)查询数据

SQL 的核心语句是数据库查询语句，其一般格式为：

SELECT<目标列>FROM<表名>[WHERE 条件][GROUPBY<列名 1>][ORDERBY] <列名 2>[ASCDESC]

4.3 数据仓库与数据挖掘

4.3.1 数据仓库

20 世纪 80 年代中期，William H. Inmon 在其《建立数据仓库》一书中定义了数据仓库的概念。数据仓库是支持管理决策过程的、面向主题的、集成的、随时间而变的、持久的数据集合。随后许多人又给出了数据仓库的其他定义，其中较为精确的是：数据仓库是在企业管理和决策中面向主题的、集成的、与时间相关的、不可修改的数据集合。与其他数据库应用不同的是，数据仓库中的数据并非最新的、专有的，而是来源于其他数据库。

数据仓库技术是发展最快的 IT 应用增长点。有资料表明，1996 年以来全球企业在数据仓库上的投资以每年 19.1% 的速度增长，"幸福 500"中已经有 85% 的企业建成或正在建立数据仓库。据 IDC 调查，数据仓库的平均投资回报率为 401%。数据库系统主要用于支持组织的联机事务处理，比如及时收集业务运行、产品销售和财务的数据，将其有效地存储和组织起来，提供及时性的报表。但是在对数据进行有意义的分析，支持决策支持系统的运行方面，数据库系统的能力十分有限。简单地说，数据库是支持联机事务处理的技术，而数据仓库是支持联机分析处理(On Line Analytical Processing，OLAP)的技术。

1. 联机事务处理和联机分析处理技术

企业数据处理方式主要有两种，分别为联机事务处理和联机分析处理。

1)联机事务处理的特点

联机事务处理，以事务处理的形式来处理信息，涉及对要输入的信息的收集和处理，再对收集和处理的信息加以利用，更新已有的信息。联机事务处理是事件驱动，面向应用的，其基本特点如下：

①支持日常的业务。

②事务驱动。

③面向应用。

④数据是当前的并在不断变化。

⑤存储详细数据(每一个事件或事务)。

⑥支持办事人员或行政人员。

⑦对应业务的变更频繁的存取。

2)联机分析处理的特点

联机分析处理是一种为支持决策而进行的信息处理方式，是跨部门的，面向主题的，其基本特点如下：

①支持长远的业务战略决策。

②分析驱动。

③面向主题。

④数据是历史的。

⑤数据反映某个时间点或一段时间。

⑥数据是静态的，除数据刷新外。

⑦数据是汇总的。

⑧优化针对查询而不是更新。

⑨支持管理人员和执行主管人员。

3）联机事务处理和联机分析处理的区别

联机分析处理和传统的联机事务处理是两种性质不同的数据处理方式，它们之间的区别如下：

①联机事务处理主要用来完成基础业务数据的增、删、改等操作，如民航订票系统、银行储蓄系统等，对响应时间要求比较高，强调的是密集数据更新处理的性能和系统的可靠性及效率。

②联机分析处理主要用于对用户当前及历史数据进行分析、辅助领导决策，主要通过多维数据的查询、旋转、钻取和切片等关键技术，对数据进行分析和形成各种报表。

2. 数据仓库的主要特点

数据仓库的建立并不是要取代数据库，它建立在一个较全面和完善的信息应用基础之上，用于支持高层决策的分析。它存储的数据在量和质上都与操作性数据库不同。它有如下特点：

1）面向主题

与传统数据库面向应用进行数据组织的特点相对应，数据仓库中的数据是面向主题进行组织的。主题是一个抽象的概念，是较高层次上企业信息系统中的数据综合、归类并分析利用的抽象。在逻辑意义上，它对应企业中某一分析领域所涉及的分析对象。面向主题的数据组织方式，就是在较高层次上对分析对象的数据的一个完整、一致的描述，它能完整统一地刻画各个分析对象所涉及的企业中的各项数据，以及数据之间的联系。所谓较高层次是相对于面向应用的数据组织方式而言的，是指按照主题进行数据组织，具有更高的数据抽象级别。

2）集成

数据仓库中的数据是从原有的分散的数据库数据抽取出来的。操作型数据与管理决策中的分析型数据之间差别很大。第一，数据仓库的每一个主题所对应的源数据分散在各个原有的数据库中，有许多重复和不一致的地方，且来源于不同的联机系统的数据都和不同的应用逻辑捆绑在一起。第二，数据仓库中的综合数据不能从原有的数据库系统直接得到。因此，在数据进入数据仓库之前，必然要经过统一和综合，这一步是数据仓库建设中最关键、最复杂的一步，所要完成的工作包括以下两点：

① 统一数据源中所有矛盾之处，如字段的同名异义、异名同义、计量单位不统一、字长不一致等。

② 进行数据综合与计算。数据仓库中的数据综合工作可以在从原有数据库抽取数据时生成，但许多是在数据仓库内部生成的，即进入数据仓库以后进行综合生成的。

3）相对稳定

数据仓库中的数据主要供企业决策分析之用，所涉及的数据操作主要是数据查询，一般情况下并不进行修改操作。其中的数据反映的是相当长的一段时间内历史数据的内容，是不同时点的数据库快照的集合，以及基于这些快照进行统计、综合和重组的导出数据，而不是联机处理的数据。由于数据仓库的查询数据量往往很大，所以就对数据查询提出了更高的要求，比如采用各种复杂的索引技术。同时由于数据仓库面向的是商业企业的高层管理者，他们会对数据查询的界面友好性和数据表示提出更高的要求。

4）反映历史变化

数据仓库中的数据不可更新是对于应用来说的，也就是说，数据仓库的用户进行分析处理时是不进行数据更新操作的。但并不是说，在从数据集成输入数据仓库开始到最终被删除的整个数据生存周期中，数据仓库中的所有数据都是永远不变的。

数据仓库的数据是随时间的变化而不断变化的，这主要表现在以下三个方面：

①数据仓库随时间变化不断增加新的数据内容。数据仓库系统必须不断捕捉联机事务处理数据库中变化的数据，追加到数据仓库中，也就是要不断地生成联机事务处理数据库的快照，经统一集成后增加到数据仓库中。

②数据仓库随时间变化不断删去旧的内容。数据仓库中的数据也有存储期限，一旦超过了这个期限，过期数据就要被删除，只是数据仓库内的数据时限要远远长于操作型环境中数据的时限。在操作型环境中一般只保存 60~90 天内的数据，而在数据仓库中则需要保存较长时期的数据（如 5~10 年），以适应管理决策中进行趋势分析的要求。

③数据仓库中包含大量的综合数据，这些综合数据中很多跟时间有关，如数据经常按照时间段进行综合，或隔一定的时间段进行抽样等。这些数据要随着时间的变化不断地重新综合。因此，数据仓库的数据特征都包含时间项，以表明数据的历史时期。

综上所述，数据仓库是以决策支持为主要目的的、面向主题的、集成的、非易失的、随时间变化的数据集合。数据仓库根据用户决策的要求，用新的、创造性的方式来关联数据。它从相关的业务系统和外部数据源中抽取历史数据，经过"净化"处理，消除不一致性，并加以集成，从而建立起适合最终用户进行业务分析的信息库。与数据库相比，数据仓库有许多新的特性，如表 4-9 所示。

表 4-9　数据库与数据仓库的比较

特点	数据库	数据仓库
目的	支持事务处理（OLTP）	支持数据分析（OLAP）
数据源	内部的业务交易数据	组织内部与外部的多个数据库
允许的数据存取	读写	只读
主要数据	操作型数据	分析型数据
存取模式	更新和查询	观察、简单查询和复合查询
数据内容	详细、在存取的瞬间准确	通常是汇总的、过去的、历史的
更新过程	联机、频繁	在一定的期间内更新
更新的难易程度	容易	复杂、综合的过程
数据完整性	各单项事务可随时修改	净化和集成多个数据源
操作需求	明确、事先知道	灵活、事先不明确

3. 数据仓库的发展前景

数据仓库概念已经逐渐被接受，并在多个领域得到应用。比如在证券业，数据仓库技术可处理客户分析、账户分析、证券交易数据分析、非资金交易分析等多个业界关心的主题，这是证券业扩大经营、防范风险的预警行动。在税务领域中，通过对大量数据资料的分析来掌握各行各业、各种产品和各类市场的从业人员以及企业的纳税能力，并与实际纳税金额进行对比，从而查出可能的偷漏税者。此外，数据仓库技术还在保险业、银行业、营销业、保健业等客户关系管理中有广泛的应用。随着各种计算机技术，如数据模型、数据库技术和应用开发技术的不断进步，数据仓库技术也在不断发展。中国的数据仓库市场前景广阔，更是充满无限商机。

但是，数据仓库绝不是对数据库的替代。数据仓库和操作型数据库在企业的信息环境中承担着不同的任务（高层决策分析和日常操作性处理），并发挥着不同的作用。用于高层决策的数据仓库需要丰富的数据基础，存储的数据量庞大，同时要使数据仓库真正发挥作用，还要有层分析工具，因而数据仓库的成本一般比较高。对于各机构和企业来说，是否建立数据仓库，取决于有没有相应的基础和需求，还要考虑成本和效益问题。总之，要具体情况具体分析。

4.3.2　数据挖掘

在数据仓库的应用中，用户要对大量数据进行分析，从中提取数据中隐含的某些事物的发展规律和事物之间的联系，这时需要用到一些统计、建模、分析的技术与工具。数据挖掘（Data Mining）就是新兴的一种从大量数据中提取有用信息以支持管理决策的技术，它代表了决策支持解决方案的发展趋势。

1. 数据挖掘的概念

数据挖掘，也可以称为数据库中的知识发现（Knowledge Discoverying Database，KDD），是从大量数据中提取出可信、新颖、有效并能被人理解的模式的高级处理技术。数据挖掘的重要性就来源于数据仓库中巨大的数据量。数据仓库组合许多不同来源的信息，创建一个具有比任何单个数据源拥有更多列或属性的数据实例。尽管这会增加数据挖掘工具的精确度，但是也会使人们很难对海量信息进行排序并寻找其中的趋势，而且，因为数据仓库中信息太多，从而无法完全利用每一条信息。所有这些因素，都促使人们对数据仓库使用数据挖掘工具。

数据挖掘技术从一开始就是面向应用的。它不仅是面向特定数据库的简单检索、查询、调用，而且要对这些数据进行统计、分析、综合和推理，以指导实际问题的求解，发现事物间的相互关联，甚至利用已有的数据对未来的活动进行预测。数据挖掘的结果可以增加收入、降低费用，甚至二者兼而有之。为了实现数据挖掘，现在已经开发出许多软件工具，并且形成了若干产品。

2. 数据挖掘的方式

数据挖掘的主要方式有以下四种：

①分类：从大量数据中找出不同类别对象的特征，从而对新加入的对象进行自动分

类。例如，银行按客户信用程度对客户分类，数据挖掘能找出每类客户的数据特征，快速判断一个新客户的信用类别。

②聚类：根据数据特征对数据对象进行自动归类。例如，超市可以将客户划分为互不相交的不同客户群，为不同的客户群推荐不同的目标商品。

③关联规则发现：从大量数据中找出有关联的数据，或者找出同时发现的事件。例如，从超市的交易数据中发现哪些商品可能被同时购买，从而进行商品捆绑销售。

④时序模式发现：寻找事件发生的时序关系。例如，分析超市数据，发现一个客户购买了一台电视机，几天后又买了摄像机，那么他在一个月内购买摄像机的概率为50%。

很多情况下，人们可能只是想对数据进行分析，但事先并没有把要解决的问题想清楚，对数据的利用便无从谈起。比如，作为商业经理，你可能隐约地意识到商品摆放的布局会影响销售额，但是却无法通过任何的数据查询来证实这一点。数据挖掘技术的诱人之处在于，它并不需要用户事先给出查询公式，而是利用先进的统计技术和内嵌的分析算法，自动对底层数据进行查找，在大型数据库（包括因特网上的数据库）中找出各种事实，帮助用户预测未来的数据动态，自动生成有关的模式和异常事件的假设。简单地说，数据挖掘技术可以帮助用户抽取隐藏在数据仓库中的商业模式、趋势和规则，从而帮助用户回答诸如"什么商品与什么商品摆放在一起销路更好"之类的问题。

数据挖掘的用途很多。在客户关系管理中，可以使用数据挖掘来发现使客户盈利的因素或促使客户转向竞争对手的因素；在医学领域中，可以使用数据挖掘来确定哪些过程更为有效，哪些病人最适合做外科手术；在制造领域中，可以使用数据挖掘来确定哪些过程参数最能影响产品的质量；在市场营销领域中，可以使用数据挖掘来确定哪些客户对于哪些特定商品或增加销售收入的方法更感兴趣。

 视频学习资源：数据库仓库与数据挖掘

 本章小结

本章详细介绍了数据库的基础知识、数据库设计、数据仓库与数据挖掘的概念和应用。

数据库系统是指以计算机系统为基础，以数据库方式管理大量共享数据的综合系统。数据管理技术的发展经历了人工管理、文件系统和数据库系统三个阶段。数据库系统具有数据结构化、高共享性、高独立性、统一的数据管理和控制功能的特点。数据库系统包括数据库、计算机软硬件系统、数据库管理系统、数据库管理员和用户。数据库系统具有三级模式结构：内模式（物理模式）、模式（概念模式）、子模式（外模式）。

数据库管理系统的核心功能包括数据定义、数据操纵、数据库运行管理、数据库建立和维护。数据模型包括层次结构数据模型、网状结构数据模型和关系模型。

数据库设计包括用户需求分析、概念结构设计、逻辑结构设计和物理结构设计四个步骤。使用 SQL 进行数据的查询、插入、更新、删除等操作。

数据仓库是支持管理决策过程的集成、持久的数据集合，面向主题、与时间相关。数据挖掘是从大量数据中提取有用信息的技术，用于支持管理决策。数据挖掘技术的应用范围广泛，可以用于客户关系管理、医学、制造、市场营销等多个领域，帮助企业或机构发现潜在的商业模式、趋势和规则，从而作出更加明智的决策。

课堂讨论

1. 请举例说明实体之间的各种类型的联系。
2. 请结合具体的实例说明数据库设计的基本思路。

分组任务

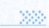

通过收集资料，分析数据库在实际生活中应用的场景，重点对这些案例进行分析，总结数据库对管理信息系统的作用。

复习思考题

1. 简述数据库管理系统的主要功能。
2. 数据库系统由哪几部分组成？
3. 解释术语：Data，DB，DBMS，DBS，DBA。
4. 简述数据库系统的三级模式结构。
5. 简述数据库开发的流程。
6. 什么是 E-R 图？构成 E-R 图的要素有哪些？
7. 什么是数据仓库？数据仓库的特点有哪些？
8. 请结合实例说明数据挖掘的意义。

课后案例分析

课后案例：智慧社区：智能监控应用

课后案例的分析要点

5 新技术

📝 **教学目标**

知识目标	能力目标	价值目标
1. 掌握大数据的概念与特点，熟悉大数据的应用领域，体会大数据在实际应用中的重要性； 2. 掌握云计算的概念、特点及服务模式，熟悉云计算的应用领域，体会云计算在实际应用中的重要性； 3. 掌握物联网的概念与特点，熟悉物联网的应用领域； 4. 掌握人工智能的概念与特点，熟悉人工智能的应用领域	1. 能够理解大数据、云计算、物联网、人工智能等新技术对管理信息系统的重要性； 2. 能够分析大数据、云计算、物联网、人工智能等新技术在实际案例中的应用，提升分析问题的能力，提升对新技术重要性的认识	1. 多维度掌握新技术，增强对新技术的信心，加强新技术对管理信息系统影响的认识； 2. 培养安全意识，理解在大数据等新技术中隐私保护和数据安全的重要性； 3. 强化法律意识，了解与大数据等新技术相关的法律法规； 4. 增强责任意识，理解大数据等新技术的应用对企业信息化的重要性

🎯 **关键术语**

大数据(Big Data，BD)；

云计算(Cloud Computing，CC)；

物联网(Internet of Things，IOT)；

人工智能(Artificial Intelligence，AI)

引导案例

物联网时代的工业生产——工业大数据的应用场景

工业大数据是一个新的概念，从字面上理解，工业大数据是指在工业领域信息化应用中所产生的大数据。

随着信息化与工业化的深度融合，信息技术渗透到了工业企业产业链的各个环节，条形码、二维码、射频识别、工业传感器、工业自动控制系统、工业物联网、企业资源计划、CAD/CAM/CAE/CAI等技术在工业企业中得到广泛应用，尤其是互联网、移动互联网、物联网等新一代信息技术在工业领域的应用，使工业企业也进入了互联网工业的新的发展阶段，工业企业所拥有的数据也日益丰富。工业企业中生产线处于高速运转，由工业设备所产生、采集和处理的数据量远大于企业中计算机和人工产生的数据，从数据类型看也多是非结构化数据，生产线的高速运转则对数据的实时性要求也更高。因此，工业大数据应用所面临的问题和挑战并不比互联网行业的大数据应用少，某些情况下甚至更为复杂。

工业大数据应用将带来工业企业创新和变革的新时代。通过互联网、移动物联网等带来的低成本感知、高速移动连接、分布式计算和高级分析，信息技术和全球工业系统正在深入融合，给全球工业带来深刻的变革，创新企业的研发、生产、运营、营销和管理方式。这些创新给不同行业的工业企业带来了更快的速度、更高的效率和更高的洞察力。工业大数据的典型应用包括产品创新、产品故障诊断与预测、工业生产线物联网分析、工业企业供应链优化和产品精准营销等诸多方面。

1. 加速产品创新

客户与工业企业之间的交互和交易行为将产生大量数据，挖掘和分析这些客户动态数据，能够帮助客户参与到产品的需求分析和产品设计等创新活动中，为产品创新作出贡献。

福特公司将大数据技术应用到了福特福克斯电动车的产品创新和优化中，这款车成为一款名副其实的"大数据电动车"。第一代福特福克斯电动车在驾驶和停车时产生大量数据。在行驶中，司机持续地更新车辆的加速度、刹车、电池充电和位置信息，这对于司机很有用。数据也传回福特工程师那里，以了解客户的驾驶习惯，包括如何、何时以及何处充电。即使车辆处于静止状态，它也会持续将车辆胎压和电池系统的数据传送给最近的智能电话。

这种以客户为中心的大数据应用场景具有多方面的好处，因为大数据实现了宝贵的新型产品创新和协作方式。司机获得有用的最新信息，而位于底特律的工程师汇总关于驾驶行为的信息，以了解客户，制订产品改进计划，并实施新产品创新。而且，电力公司和其他第三方供应商也可以分析数百万英里的驾驶数据，以决定在何处建立新的充电站，以及如何防止脆弱的电网超负荷运转。

2. 产品故障诊断与预测

大数据技术可以被用于产品售后服务与产品改进。无所不在的传感器、互联网技术的引入使得产品故障实时诊断变为现实，大数据应用、建模与仿真技术则使得预测动态性成为可能。

在马航MH370失联客机搜寻过程中，波音公司获取的发动机运转数据对于确定飞机的失联路径起到了关键作用。在波音的飞机上，发动机、燃油系统、液压和电力系统等数以百计的变量组成了在航状态，这些数据不到几微秒就被测量和发送一次。以波音737为例，发动机在飞行中每30分钟就能产生10 TB数据。这些数据不仅是未来某个时间点能够分析的工程遥测数据，而且促进了实时自适应控制、燃油使用、零件故障预测和飞行员通报，能有效实现故障诊断和预测。

再看一个通用电气（GE）的例子。位于美国亚特兰大的GE能源监测和诊断（M&D）中心，收集全球50多个国家上千台GE燃气轮机的数据，每天就能为客户收集10G的数据，通过分析来自系统内的传感器振动和温度信号的恒定大数据流，这些大数据分析将为GE公司对燃气轮机故障诊断和预警提供支撑。风力涡轮机制造商Vestas也通过对天气数据及其涡轮仪表数据进行交叉分析，从而对风力涡轮机布局进行改善，由此增加了风力涡轮机的电力输出水平并延长了服务寿命。

3. 工业物联网生产线的大数据应用

现代化工业制造生产线安装有数以千计的小型传感器，来探测温度、压力、热能、振动和噪声，每隔几秒就收集一次数据，利用这些数据可以实现很多形式的分析，包括设备诊断、用电量分析、能耗分析、质量事故分析（包括违反生产规定、零部件故障）等。首先，在生产工艺改进方面，在生产过程中使用这些大数据，就能分析整个生产流程，了解每个环节是如何执行的。一旦有某个流程偏离了标准工艺，就会产生一个报警信号，能更快速地发现错误或者瓶颈所在，也就能更容易解决问题。利用大数据技术，还可以对工业产品的生产过程建立虚拟模型，仿真并优化生产流程，当所有流程和绩效数据都能在系统中重建时，这种透明度将有助于制造商改进其生产流程。再如，在能耗分析方面，在设备生产过程中利用传感器集中监控所有的生产流程，能够发现能耗的异常或峰值情形，由此便可在生产过程中优化能源的消耗，对所有流程进行分析将会大大降低能耗。

4. 工业供应链的分析和优化

当前，大数据分析已经是很多电子商务企业提升供应链竞争力的重要手段。例如，电子商务企业京东商城，通过大数据提前分析和预测各地商品需求量，从而提高配送和仓储的效能，保证了次日货到的客户体验。射频识别等产品电子标识技术、物联网技术以及移动互联网技术能帮助工业企业获得完整的产品供应链的大数据，利用这些数据进行分析，将带来仓储、配送、销售效率的大幅提升和成本的大幅下降。

以海尔公司为例，海尔公司供应链体系很完善，它以市场链为纽带，以订单信息流为中心，带动物流和资金流的运动，整合全球供应链资源和全球用户资源。在海尔供应链的各个环节，客户数据、企业内部数据、供应商数据被汇总到供应链体系中，通过供应链上的大数据采集和分析，海尔公司能够持续进行供应链改进和优化，保证了海尔对客户的敏捷响应。

利用销售数据、产品的传感器数据和出自供应商数据库的数据，工业制造企业便可准确地预测全球不同区域的需求。由于可以跟踪库存和销售价格，可以在价格下跌时买进，所以制造企业便可节约大量成本。如果再利用产品中传感器所产生的数据，知道产品出了什么故障，哪里需要配件，他们还可以预测何处以及何时需要零件。这将会极大地减少库存，优化供应链。

5. 产品销售预测与需求管理

大数据是一个很好的销售分析工具，通过历史数据的多维度组合，可以看出区域性需求占比和变化、产品品类的市场受欢迎程度以及最常见的组合形式、消费者的层次等，以此来调整产品策略和铺货策略。比如在开学季，高校较多的城市对文具的需求会高很多，可以加大对这些城市经销商的促销，吸引他们在开学季多订货，同时在开学季之前一两个月开始产能规划，以满足促销需求。在产品开发方面，通过消费人群的关注点进行产品功能、性能的调整。如几年前大家喜欢用音乐手机，而现在大家更倾向于用手机上网、拍照分享等，手机的拍照功能提升就是一个趋势，5G手机也占据更大的市场份额。通过大数据对一些市场细节的分析，可以找到更多的潜在销售机会。

6. 生产计划与排程

制造业面对多品种小批量的生产模式，数据的精细化自动及时方便的采集（MES/DCS）及多变性导致数据剧烈增大，再加上十几年的信息化的历史数据，对于需要快速响应的APS（高级计划与排程）来说，是一个巨大的挑战。大数据可以提供更详细的数据信息，发现历史预测与实际的偏差概率，考虑产能约束、人员技能约束、物料可用约束、工装模具约束，通过智能的优化算法，制订预计划排产，并监控计划与现场实际的偏差，动态地调整计划排产。为规避"画像"的缺陷，直接将群体特征强加给个体（工作中心数据直接改变为具体一个设备、人员、模具等数据），通过数据的关联分析并监控它，就能计划未来。虽然，大数据略有瑕疵，只要得到合理的应用，大数据就会变成强大的武器。当年，福特问大数据客户的需求是什么，大数据回答是"一匹更快的马"，而不是现在已经普及的汽车。所以，在大数据的世界里，创意、直觉、冒险精神和知识尤为重要。

7. 产品质量管理与分析

传统的制造业正面临着大数据的冲击，在产品研发、工艺设计、质量管理、生产运营等各方面都迫切期待着有创新方法的诞生，来应对工业背景下的大数据挑战。例如在半导体行业，芯片在生产过程中会经历许多次掺杂、增层、光刻和热处理等复杂的工艺制程，每一步都必须达到极其苛刻的物理特性要求，高度自动化的设备在加工产品的同时，也同步生成了庞大的检测结果。这些海量数据究竟是企业的包袱，还是企业的金矿呢？如果说是后者的话，那么又该如何快速地拨云见日，从"金矿"中准确地发现产品良率波动的关键原因呢？这是一个已经困扰半导体工程师们多年的技术难题。

某半导体科技公司生产的晶圆在经过测试环节后，每天都会产生包含一百多个测试项目、长度达几百万行测试记录的数据集。按照质量管理的基本要求，一个必不可少的工作就是需要针对这些技术规格要求各异的一百多个测试项目分别进行一次过程能力分析。如果按照传统的工作模式，需要按部就班地分别计算一百多个过程能力指数，对各项质量特性一一考核。这里暂且不论工作量的庞大与烦琐，哪怕有人能够解决了计算量的问题，但也很难从这一百多个过程能力指数中看出它们之间的关联性，更难对产品的总体质量性能有一个全面的认识与总结。然而，如果利用大数据质量管理分析平台，除了可以快速地得到一个长长的传统单一指标的过程能力分析报表，更重要的是，还可以从同样的大数据集中得到很多崭新的分析结果。

8. 工业污染与环保监测

《穹顶之下》令人印象深刻的一点是通过可视化报表，柴静团队向观众传递雾霾问题的严峻性、雾霾的成因等，这说明大数据对环保具有巨大价值。《穹顶之下》图表的原生数据是哪里来的呢？不少数据都是公开可查，在中国政府网、各部委网站、中石油中石化官网、环保组织官网以及一些特殊机构，可查询的公益环保数据越来越多，包括全国空气、水文等数据，气象数据，工厂分布及污染排放达标情况等数据。只不过这些数据太分散、太专业、缺少分析、没有可视化，普通人看不懂。如果能够看懂并保持关注，大数据将成为社会监督环保的重要手段。

百度上线"全国污染监测地图"就是一个很好的方式，结合开放的环保大数据，百度地图加入了污染检测图层，任何人都可以通过它查看全国及自己所在区域，所有的在环保局监控之下的排放机构(包括各类火电厂、国控工业企业和污水处理厂等)的位置信息、机构名称、排放污染源的种类，最近一次环保局公布的污染排放达标情况等。可查看距离自己最近的污染源、出现提醒、该监测点检测项目、哪些超标、超标多少倍，这些信息可以实时分享到社交媒体平台，告知好友，提醒大家一同注意污染源情况及个人安全健康。

工业大数据应用的价值潜力巨大，但是，实现这些价值还有很多工作要做。一个是大数据意识建立的问题。过去，也有这些大数据，但由于没有大数据的意识，数据分析手段也不足，很多实时数据被丢弃或束之高阁，大量数据的潜在价值被埋没。还有一个重要问题是数据孤岛的问题。很多工业企业的数据分布于企业中的各个孤岛中，特别是在大型跨国公司内，要想在整个企业内提取这些数据相当困难。因此，工业大数据应用的一个重要议题是集成应用。

(资料来源：海口市科学技术和工业信息化局，http://kgxj.haikou.gov.cn/ztzl/hlwzt/201802/t567190.shtml，有改动)

结合案例请思考：大数据技术在工业领域有哪些应用场景？

 导入案例的分析要点

5.1 大数据

5.1.1 大数据的概念

维克托·迈尔-舍恩伯格及肯尼斯·库克耶在《大数据时代》中提出，大数据(Big Data，BD)是指不用随机分析法(抽样调查)这样的捷径，而采用所有数据进行分析处理的分析方法。研究机构 Gartner 给大数据的定义是："大数据"是需要新处理模式才能具有更强的决策力、洞察发现力和流程优化能力来适应海量、高增长率和多样化的信息资产。麦肯锡全球研究所给大数据的定义是：一种规模大到在获取、存储、管理、分析方面大大超出了传统数据库软件工具能力范围的数据集合。

大数据是无法在规定时间内用现有的常规软件工具对其内容进行抓取、管理和处理的数据集合，通常指 10 TB 以上的规模数据。

5.1.2　大数据的特点

IBM 公司提出了大数据的"5V"特征：Volume（海量化）、Variety（多样化）、Velocity（时效性）、Veracity（真实性）和 Value（价值密度），如图 5-1 所示。

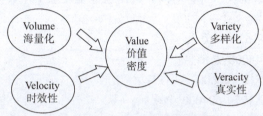

图 5-1　大数据的 5V 特点

1. Volume（海量化）

如今数据体量巨大，已从 TB 级别跃升到 PB/EB 级别。

1KB = 1024 B（KB 即 Kilobyte）；1MB = 1024 KB（MB 即 Megabyte）；

1GB = 1024 MB（GB 即 Gigabyte）；1TB = 1024 GB（TB 即 Terabyte）；

1 PB = 1024 TB（PB 即 Petabyte）；1 EB = 1024 PB（EB 即 Exabyte）。

其中，1TB，只需要一块硬盘，可以存储大约 20 万张照片，或 20 万首 MP3 音乐，或 20 万部电子书。1PB，需要大约两个机柜的存储设备，容量大约是 2 亿张照片，或 2 亿首 MP3 音乐。如果一个人不停地听这些音乐，可以听 1900 年。1EB，需要大约 2000 个机柜的存储设备。如果并排摆放这些机柜，可以连成 1.2 千米那么长。如果摆放在机房里，则需要 21 个标准篮球场那么大的机房。

百度、腾讯、阿里等互联网巨头，数据量接近 EB 级。EB 还不是最大的，目前全人类的数据量是 ZB 级，1ZB = 1024 EB（ZB 即 Zettabyte）。2011 年，全球被创建和复制的数据总量是 1.8 ZB。而到 2020 年，全球电子设备存储的数据达到 35 ZB。如果建一个机房来存储这些数据，那么这个机房的面积将比 42 个鸟巢体育场还大。数据量不仅大，增长还很快——每年增长 50%。也就是说，每两年就会增长一倍。

2. Variety（多样化）

数据的形式是多种多样的，包括数字（价格、交易数据、体重、人数等）、文本（邮件、网页等）、图像、音频、视频、位置信息，等等。数据又分为结构化数据和非结构化数据。从名字可以看出，结构化数据是指可以用预先定义的数据模型表述，或者可以存到关系型数据库的数据。例如，一个班级所有人的年龄，一个超市所有商品的价格，这些都是结构化数据。而网页文章、邮件内容、图像、音频、视频等，都属于非结构化数据。在互联网领域里，非结构化数据的占比已经超过整个数据量的 80%。大数据就具有这样的特点：数据形式多样化，且非结构化数据占比高。大数据的特点表现在以下三个方面：

①数据来源多，例如，和生活密切相关的社交应用就有微博、微信、社交网站等。

②数据类型多，同一个平台可能产生不同的数据类型，如图片、视频等。

③数据之间的关联性强，交互频繁。例如，大型电子商务网站和社交网络中，一些用户的点击行为在一定程度上反映了该用户潜在的兴趣爱好和需求，链接之间的关联性很强。

3. Velocity（时效性）

大数据的处理速度快，遵从 1 秒定律，从数据的生成到消耗，时间窗口非常小。数据的变化速率及处理过程越来越快，比如变化速率，从以前的按天变化，变成现在的按秒甚至毫秒变化。用数字来举例：一分钟时间，数据世界里发生了什么？

①600 万人在线购物；

②Instacart 用户花费 67000 美元；

③Slack 用户发送 148000 条消息；

④Microsoft Teams 连接 100000 名用户；

⑤YouTube 用户流式传输 694000 个视频；

⑥Facebook Live 获得 4400 万次观看；

⑦Instagram 用户分享了 65000 张照片；

⑧Tiktok 用户观看了 1.67 亿个视频；

……

4. Veracity（真实性）

数据的重要性就在于对决策的支持。数据的规模并不能决定其能否为决策提供帮助，数据的真实性和质量才是数据价值最重要的因素，是制订成功决策最坚实的基础。追求数据的高质量是一项重要的大数据要求和挑战，即使最优秀的数据清理方法也无法消除某些数据固有的不可预测性，如人的感情、天气、经济因素以及未来。在处理这些类型的数据时，数据清理无法修正这些不确定性。然而，尽管存在不确定性，数据仍然包含宝贵的信息。处理数据时必须承认、接受大数据的不确定性，并确定如何充分利用这一点。例如，采取数据融合，即通过结合多个可靠性较低的来源创建更准确、更有用的数据点，或者通过鲁棒优化技术和模糊逻辑方法等先进的数学方法来挖掘数据。

5. Value（价值密度）

大数据的数据量很大，但随之而来的是价值密度很低，真正有价值的数据只是其中很少一部分。例如，通过监控视频寻找犯罪分子的相貌，也许在几太字节的视频文件中，真正有价值的只有几秒钟。但只要合理利用数据并对其进行正确、准确的分析，就会带来很高的价值回报，这也是大数据的核心特征。

现实世界所产生的数据中，有价值的数据所占比例很小。相比传统的小数据，大数据最大的价值在于通过从大量不相关的各种类型的数据中，挖掘出对未来趋势与模式预测分析有价值的数据，并通过机器学习方法、人工智能方法或数据挖掘方法深度分析，发现新规律和新知识。当拥有 1PB 以上的全国所有 20~35 岁的年轻人的上网数据时，通过分析这些数据，就能知道这些人的爱好，进而指导产品的发展方向等。如果有了全国几百万病人的数据，根据这些数据进行分析就能预测疾病的发生。这些都是大数据的价值。大数据运用领域广泛，如农业、金融、医疗等领域，最终达到改善社会治理、提高生产效率、推进科学研究的效果。

5.1.3　大数据的应用

1. 大数据在教育领域的应用

大数据在教育领域的应用已经成为一种趋势。学校和教育机构通过收集学生的学习数据和行为数据，结合大数据分析技术，能够对学生的学习情况进行深度分析和挖掘。

大数据在教育领域的应用主要有以下两个方面：

1）学校管理数据优化

① 教学资源配置优化：通过大数据分析，学校可以更好地了解教师的教学水平、学科特长和教学风格，合理配置教学资源，提高教学效率。同时，还可以对学校教学设施的使用情况进行分析，优化学校的教学资源配置，提升教学服务水平。

② 课程设置优化：大数据分析可以帮助学校了解学生的选课偏好、学科兴趣等信息，为学校的课程设置提供科学依据。学校可以根据学生的需求和潜在趋势，调整课程设置，开设符合学生需求的新课程，提高教学吸引力和教学质量。

③ 学校质量评估：利用大数据技术，学校可以进行学校质量评估，从学生、家长、教师等多方面收集数据，通过数据分析和比对，找出学校的优势和不足之处，为学校的管理决策提供科学依据，推动学校不断优化和提升。

2）学生学习数据分析

① 学习行为数据分析：学生在学习过程中的数据，包括课堂互动、作业情况、考试成绩等。学校可以利用大数据技术对这些数据进行深度分析，挖掘出学生的学习模式、学习习惯和潜在问题，为学生提供有针对性的学习指导和帮助。

② 智能学习系统建设：基于大数据分析技术，可以建立智能学习系统，实现个性化教育。通过对学生学习数据的实时监测和分析，系统可以根据学生的学习特点和需求，为其提供个性化的学习内容和学习路径，从而更好地激发学生学习兴趣，提高学习效率。

③ 学生综合素质评价：利用大数据技术，学校可以建立学生的综合素质评价体系，将学生的学习成绩、综合能力、学习态度等方面的数据进行综合分析和评价，为学校和家长提供更全面、客观的评价依据，促进学生全面发展。

2. 大数据在交通领域的应用

科技的不断进步和大数据技术的快速发展，为交通系统的智能化和效率提升提供巨大的潜力。大数据在交通领域的应用主要包括以下五个方面：

1）交通拥堵分析与预测

① 实时交通数据采集：通过传感器、监控摄像头等设备采集实时交通数据，包括车辆流量、速度、密度等信息。

② 数据清洗与处理：对采集到的大量交通数据进行清洗和处理，消除噪声和异常值，以确保数据的可靠性和准确性。

③ 数据分析与建模：运用机器学习和数据挖掘技术，对清洗后的数据进行分析和建模，提取交通拥堵的特征和规律。

④ 拥堵预测和路径规划：基于建模结果，预测交通拥堵情况，并提供实时的路径规划和导航建议。

2）城市交通管理与优化

① 交通信号控制：利用大数据技术分析交通状况，实现智能交通信号控制，以优化

交通流量和减少拥堵。

②公交调度与优化：通过大数据分析公交车辆的运行状态和乘客的出行需求，实时调整公交车的发车间隔和路线，提高公交系统的效率和服务质量。

③停车管理与指导：利用大数据技术，实时监测和分析停车场的使用情况，提供停车位的实时信息和导航指导，减少城市停车难题。

④交通事故预防与处理：通过分析历史交通事故数据和实时交通状况，预测事故发生的概率和位置，并提供及时的交通管制和预警信息。

3）交通运输安全保障

①驾驶行为分析：通过大数据分析驾驶员的行为特征和驾驶环境，提供行车过程中的实时风险预警和驾驶行为改进建议。

②交通违法行为识别：通过大数据技术，对交通监控视频进行分析和识别，实时发现和处理交通违法行为，提升交通安全意识。

③事故预警和快速处置：利用大数据技术分析历史事故数据和实时交通状况，提前预警潜在的交通事故，并及时调度救援资源快速处置事故。

4）智能交通运输服务

①出行服务平台：基于大数据技术构建智能出行服务平台，提供出行路线规划、车辆定位、乘车体验评价等服务，提高用户的出行便利性和满意度。

②共享出行：通过大数据分析城市居民出行需求和交通网络，推动共享出行模式，减少车辆拥有量，缓解交通拥堵。

③交通运输运营监控：利用大数据技术对交通运输企业的车辆运营情况进行监控和分析，提供运营效率评估和优化建议。

5）交通环境保护

①减少排放：通过分析交通流量和车辆排放数据，优化交通流动性，减少交通拥堵对环境的影响。

②能源利用优化：通过大数据分析交通系统的运行状况和出行需求，优化能源利用方式，推广绿色交通方式和节能车辆。

大数据在交通领域的应用具有广阔的前景和巨大的潜力。通过交通拥堵分析与预测、城市交通管理与优化、交通运输安全保障、智能交通运输服务以及交通环境保护等方面的应用，可以实现交通系统的智能化和效率提升，提升人们的出行体验和生活品质。然而，还需要加强数据共享和隐私保护等方面的工作，以确保大数据的应用成果能够最大限度地造福于交通行业和社会公众。

3. 大数据在电商领域的应用

随着互联网的快速发展，电商领域成为各大企业争相布局的热门行业。在电商业务中，大数据技术已经成为一项必不可少的工具。大数据在电商领域的应用主要有以下三个方面：

1）用户画像

用户画像是指通过大数据技术对用户行为、兴趣爱好等方面的数据进行深度挖掘，从而形成对用户的全面了解。在电商领域，用户画像可以帮助企业更好地了解用户需求、提高用户满意度。

对于电商平台而言，用户画像的建立需要从以下几个方面入手：

①数据采集：通过站点流量分析、用户行为分析等手段，采集相关数据，包括用户

搜索记录、浏览记录、购物车记录等。

② 数据清洗：清洗和加工数据，使数据得以转化为可用的信息和知识。

③ 建模分析：利用机器学习等技术对数据进行分析建模，形成用户画像。通过建立用户画像，电商企业可以更加深入地了解用户需求，进而提供更加个性化的服务或产品推荐，从而提高用户的满意度和忠诚度。

2）个性化推荐

个性化推荐是指根据用户的个人兴趣、历史行为等信息，为用户推荐个性化的产品或服务。在电商领域，个性化推荐技术被广泛应用于商品、内容、广告等多个领域。通过个性化推荐，可以大大提升用户购买率，增加订单量，增强用户黏性，并从中获得更高的收益。推荐算法有：

① 协同过滤算法：常用的推荐算法之一，通过用户行为相似度来推荐商品。例如，淘宝购物时看到的"为您推荐"栏目，就是协同过滤算法的实际应用。

②基于内容过滤算法：该算法通过分析商品的属性和标签等内容，来匹配用户的兴趣和行为，为用户推荐相关的商品。例如，淘宝的"看了又看"栏目推荐的商品就是基于内容过滤算法实现的。

通过个性化推荐技术，电商企业可以提高用户的满意度和忠诚度，从而实现更好的业绩表现和经济效益。

3）精准营销

精准营销是指通过大数据技术，针对用户进行精确定位和定制营销策略，并优化营销效果。在电商领域，精准营销是电商企业获取竞争优势的一项重要手段。下面介绍三种精准营销技术：

①营销短信：通过分析用户行为、兴趣爱好等信息，对用户进行精准定位，向用户发送符合其需求的营销短信。

②精准投放：电商企业可以通过大数据技术，针对不同的用户群体制订不同的广告投放策略，从而实现更精准的广告推送。

③定制化服务：根据用户的个性化需求，提供相应的商品和服务，从而提高用户的满意度和忠诚度。

 视频学习资源：大数据技术

5.2 云计算

5.2.1 云计算概述

1. 云计算的含义

近年来，云计算（Cloud Computing，CC）成为当前大型企业、互联网的 IT 建设投入的重要领域。云计算的兴起，催生了新的技术变革和新的 IT 服务模式。

目前，云计算取得了前所未有的发展势头，其相关产品与服务遍地开花，服务于各行各业。然而，云计算技术和策略的不断发展以及不同云计算之间的差异性结构，导致云计算到目前仍然没有一个统一的定义。

作为"网格计算（Grid Computing）之父"，Ian Foster 认为云计算是"一种由规模经济效应驱动的大规模分布式计算模式，可以通过网络向客户提供其所需的计算能力、存储及带宽服务等可动态扩展的资源"。Ian Foster 明确指出了云计算作为一种新型的计算模式，与之前的效用计算的不同之处，即其由规模经济效应驱动。也就是说，云计算可以看作效用计算的商业实现。

全球最具权威的 IT 研究与顾问咨询企业 Gartern 将云计算定义为一种计算模式，具有大规模可扩展的 IT 计算能力，可以通过互联网以服务的形式传递给最终客户。

市场调研企业 Forrester Research 则将云计算定义为一种复杂的基础设施，承载着最终客户的应用，并按使用量计费。

IBM 在白皮书《"智慧的地球"——IBM 云计算 2.0》中阐述了对云计算的理解：云计算是一种计算模式，在这种模式中，应用、数据和 IT 资源以服务的方式通过网络提供给用户使用；云计算也是一种基础架构管理的方法论，大量的计算资源组成 IT 资源池，用于动态创建高度虚拟化的资源以供用户使用。IBM 将云计算看作一个虚拟化的计算机资源池。

思科前大中华区副总裁殷康根据长期经验的积累，给出了一个明确而严格的云计算的定义：云计算是一个基于互联网的虚拟化资源平台，整合了所有的资源，提供规模化 ICT 应用。

相对于 IBM、Amazon 等云计算服务商业巨头企业，Google 的商业核心就是云计算。因此，Google 一直在不遗余力地推广云计算的定义。Google 前大中华地区总裁李开复博士将整个互联网比作一朵云，而云计算服务就是以互联网这朵云为中心。在安全可信的标准协议的基础上，云计算为客户提供数据存储、网络计算等服务，并允许客户采用任何方式方便快捷地访问并使用相关服务。

目前受到广泛认同，并具有权威性的云计算定义，是由美国国家标准和技术研究院（NIST）所提出的，"云计算是一种可以通过网络接入虚拟资源池以获取计算资源（如网络、服务器、存储、应用和服务等）的模式，只需要投入较少的管理工作和耗费极少的人为干预就能实现资源的快速获取和释放，且具有随时随地、便利且按需使用等特点。"

综上所述，云计算的核心是可以自我维护和管理的虚拟计算资源，通常是一些大型服务器集群，包括计算服务器、存储服务器和宽带资源等。云计算将计算资源集中起来，并通过专门软件实现自动管理，无须人为参与。用户可以动态申请部分资源，支持各种应用程序的运转，无须为烦琐的细节而烦恼，能够更加专注于自己的业务，有利于提高效率、降低成本和技术创新。云计算的概念模型示意图如图 5-2 所示。

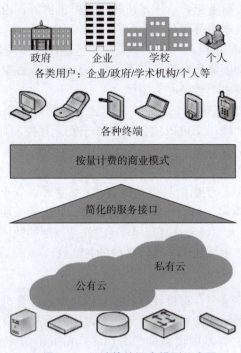

图 5-2　云计算的概念模型示意图

2. 云计算的分类

云计算是一种通过网络向用户提供服务和资源的新型 IT 模式。通过这种方式，软硬件资源和信息按需要弹性地提供给用户。目前，几乎所有的大型 IT 企业、互联网提供商和电信运营商都涉足云计算产业，提供相关的云计算服务。

按照部署方式分类，云计算包括私有云、公有云、社区云、混合云，如图 5-3 所示。

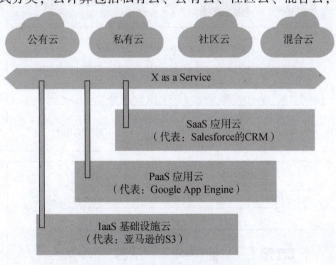

图 5-3　云计算按部署方式分类

公有云(Public Cloud)又称公共云，即传统主流意义上所描述的云计算服务。目前，大多数云计算企业主打的云计算服务就是公有云服务，一般可以通过互联网接入使用。此类云一般是面向一般大众、行业组织、学术机构、政府机构等，由第三方机构负责资源调配。公有云的核心属性是共享资源服务。

私有云（Private Cloud）是指仅在一个企业或机构范围内部所使用的"云"。使用私有云可以有效地控制其安全性和服务质量等。此类云一般由该企业或第三方机构，或者双方共同运营与管理。私有云的核心属性是专有资源。

混合云（Hybrid Cloud）就是将单个或多个私有云和单个或多个公有云结合为一体的云环境。它既拥有公有云的功能，又可以满足用户基于安全和控制原因，对私有云的需求。混合云内部的各种云之间是保持相互独立的，但同样也可以实现各个云之间的数据和应用的相互交换。此类云一般由多个内外部的提供商负责管理与运营

社区云（Community Cloud）是面向具有共同需求（如隐私、安全和政策等方面）的两个或多个组织内部的"云"，隶属于公有云概念范畴以内。此类云一般由参与组织或第三方组织负责运营与管理。"深圳大学城云计算服务平台"就是典型的社区云，它是国内首家社区云计算服务平台，主要服务于深圳大学城园区内的各高校。

3. 云计算的服务模式

云计算是一种商业计算模型，它将计算任务分布在大量计算机构成的资源池上，使用户能够按需获取计算力、存储空间和信息服务。美国国家标准和技术研究院提出云计算的三个基本框架（服务模式），即基础设施即服务（Infrastructure as a Service，IaaS）、平台即服务（Platform as a Service，PaaS）、软件即服务（Software as a Service，SaaS）。云计算的服务模式如图5-4所示。

图5-4　云计算的服务模式

1）基础设施即服务（IaaS）

IaaS 位于云计算三层架构的底端，主要负责提供虚拟的服务器、存储、带宽和其他基本的计算资源，用以帮助用户解决计算资源定制的问题。用户可以根据自己的购买权限部署、运行操作系统和应用程序，而不需花时间和精力去管理、维护底层的硬件基础设施。此外，用户也可以根据自身需求去更改部分网络组件。该层通常按照所消耗资源的成本进行收费。

2）平台即服务（PaaS）

PaaS 位于云计算三层服务架构的中间，主要是为用户提供一个基于互联网的应用开发环境（或平台），以支持应用从创建到运行整个生命周期所需的各种软硬件资源和工具。在 PaaS 层面，服务提供商提供的是经过封装的 IT 能力，或者说是一些逻辑的资源，比如数据库、文件系统和应用运行环境等。用户可以在该云平台中开发和部署新的应用程序，但应用程序的开发和部署必须遵守该平台的规定和限制，如编程语言、编程框架等，通常按照用户或登录情况计费。

3）软件即服务（SaaS）

SaaS 是最常见的云计算服务，位于云计算三层架构的顶端。SaaS 是将软件服务通过网络（主要是互联网）提供给用户，用户只需通过浏览器或其他符合要求的设备接入使用即可。SaaS 所提供的软件服务都是由服务提供商或运营商负责维护和管理，用户根据自身需求进行租用，从而消除了用户购买、构建、维护基础设施和应用程序的过程。SaaS 的概念早已有之，是一种创新的软件应用模式。

5.2.2　云计算的特点

云计算的可贵之处在于高灵活性、可扩展性和高性比等，与传统的网络应用模式相比，其具有以下特点：

1. 虚拟化技术

必须强调的是，虚拟化突破了时间、空间的界限，是云计算最为显著的特点，虚拟化技术包括应用虚拟和资源虚拟两种。众所周知，物理平台与应用部署的环境在空间上是没有任何联系的，正是通过虚拟平台对相应终端操作完成数据备份、迁移和扩展等。

2. 动态可扩展

云计算具有高效的运算能力，在原有服务器基础上增加云计算功能能够使计算速度迅速提高，最终实现动态扩展虚拟化的层次，达到对应用进行扩展的目的。

3. 按需部署

计算机包含了许多应用、程序软件等，不同的应用对应的数据资源库不同，所以用户运行不同的应用需要较强的计算能力对资源进行部署，而云计算平台能够根据用户的需求快速配备计算能力及资源。

4. 灵活性高

目前市场上大多数 IT 资源、软硬件都支持虚拟化，比如存储网络、操作系统和开发软硬件等。虚拟化要素统一放在云系统资源虚拟池中进行管理，可见云计算的兼容性非常强，不仅可以兼容低配置机器、不同厂商的硬件产品，还能够兼容外设获得更高性能计算。

5. 可靠性高

即使服务器出现故障也不影响计算与应用的正常运行，因为单点服务器出现故障可以通过虚拟化技术将分布在不同物理服务器上面的应用进行恢复，或利用动态扩展功能部署新的服务器进行计算。

6. 性价比高

将资源放在虚拟资源池中统一管理在一定程度上优化了物理资源，用户不再需要昂贵、存储空间大的主机，可以选择相对廉价的 PC 组成云，一方面减少费用，另一方面计算性能不逊于大型主机。

7. 可扩展性

用户可以利用应用软件的快速部署条件来更为简单快捷地将自身所需的已有业务以及新业务进行扩展。例如，计算机云计算系统中出现设备的故障，对于用户来说，无论是在计算机层面上，还是在具体运用上均不会受到阻碍，可以利用计算机云计算具有的动态扩展功能对其他服务器进行有效扩展。这样一来就能够确保任务得以有序完成。在对虚拟化资源进行动态扩展的情况下，同时能够高效扩展应用，提高计算机云计算的操作水平。

5.2.3　云计算的应用

1. 金融云

金融云是利用云计算的模型构成原理，将金融产品、信息、服务分散到庞大分支机构所构成的云网络当中，提高金融机构迅速发现并解决问题的能力，提升整体工作效率，改善流程，降低运营成本。

2. 制造云

制造云是云计算向制造业信息化领域延伸与发展后的落地与实现，用户通过网络和终端就能随时按需获取制造资源与能力服务，进而智慧地完成其制造全生命周期的各类活动。

3. 教育云

教育云是云计算的迁移在教育领域中的应用，包括了教育信息化所必需的一切硬件计算资源，这些资源经虚拟化之后，向教育机构、从业人员和学习者提供一个良好的云服务平台。

4. 医疗云

医疗云是指在医疗卫生领域采用云计算、物联网、大数据、5G 通信、移动技术以及多媒体等新技术基础上，结合医疗技术，使用云计算的理念来构建医疗健康服务云平台。

5. 云游戏

云游戏是以云计算为基础的游戏方式，在云游戏的运行模式下，所有游戏都在服务器端运行，并将渲染完毕后的游戏画面压缩后通过网络传送给用户。

6. 云会议

云会议是基于云计算的一种高效、便捷、低成本的会议形式，使用者只需要通过互联网界面，进行简单操作，便可快速高效地与全球各地团队及客户同步分享语音、数据文件及视频。

7. 云社交

云社交（Cloud Social）是一种物联网、云计算和移动互联网交互应用的虚拟社交应用模式，以建立著名的"资源分享关系图谱"为目的，进而开展网络社交。

8. 云存储

云存储是指通过集群应用、网格技术或分布式文件系统等功能，将网络中大量不同类型的存储设备通过应用软件集合起来协同工作，共同对外提供数据存储和业务访问功能的一个系统。

9. 云安全

云安全（Cloud Security）通过网状的大量客户端对网络中软件行为的异常进行监测，获取互联网中木马、恶意程序的新信息，推送到服务器端进行自动分析和处理，再把病毒和木马的解决方案分发到每一个客户端。

10. 云交通

云交通是指在云计算之中整合现有资源，并针对未来的交通行业发展整合所需的各种硬件、软件、数据。

 视频学习资源：云计算

5.3 物联网

5.3.1 物联网概述

1. 物联网的定义

物联网（The Internet of Things，IOT）是新一代信息技术的重要组成部分，也被称为泛互联，意指物物相连，万物万联。由此，"物联网就是物物相连的互联网"。这有两层意思：第一，物联网的核心和基础仍然是互联网，是在互联网基础上的延伸和扩展的网络；第二，其用户端延伸和扩展到了任何物品与物品之间进行信息交换和通信。因此，物联网是指利用无线射频识别、红外感应器、卫星导航系统、全球定位系统、激光扫描器等信息传感设备，按约定的协议，将各种物品连接到网络，进行信息交换和通信，以实现对物品的智能化识别、定位、跟踪、监控和管理的一种网络。

2. 物联网的体系结构

物联网的体系结构主要由三个层次组成：感知层、网络层和应用层。其中，网络层又称为传输层，包括接入层、汇聚层和核心交换层；应用层又分为管理服务层和行业应用层。物联网的体系结构如图5-5所示。

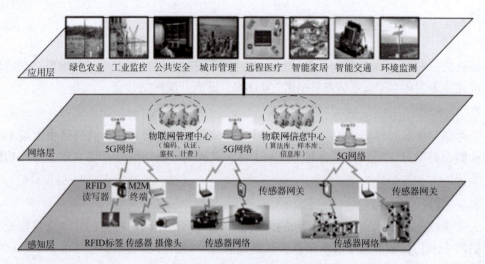

图5-5 物联网的体系结构

1）感知层

作为物联网系统的基础结构，感知层由读写器、摄像头、GPS（全球定位系统）、射频识别等设备构成，从而由此实现对于相关数据的采集。一般而言，感知层主要由两部分组成，分别是数据采集和数据短距离传输。该层次的构建能够最大限度地为数据的后台处理打好基础。

2）网络层

网络层往往是立足于互联网技术构建的，该层在运行过程中往往肩负数据传输功能。一般而言，网络层的构建能够实现数据资料的远距离传输；但事实上，由于我国互联网技术的不完善，导致物联网的发展受到一定程度的阻碍。基于此，为了促进物联网的全面发展，必须对现有的互联网技术进行整合和更新。

3）应用层

作为物联网构建、发展的目的，应用层的构建往往能够将感知层与网络层采集传输的数据进行全面的分析和处理，并以此为基础作出正确的控制，以便实现实际上的管理和应用。一般而言，应用层的出现往往能够实现人机互动。目前，应用层在运行过程中主要分为两个层次，分别是应用程序层和终端设备层。上述两个层次之间的协调合作，能够促进物联网跨领域、跨行业的应用。

5.3.2 物联网的特征及关键技术

1. 物联网的特征

①整体感知——可以利用射频识别、二维码、智能传感器等感知设备感知获取物体的各类信息。

②可靠传输——通过对互联网、无线网络的融合，将物体的信息实时、准确地传送，以便信息交流、分享。

③智能处理——使用各种智能技术，对感知和传送的数据、信息进行分析处理，实现监测与控制的智能化。

2. 物联网的关键技术

物联网的关键技术主要包括射频识别技术、无线传感网络技术、M2M 系统框架、云计算、信息安全技术等。

1）射频识别技术

射频识别（Radio Frequency Identification，RFID）技术是一种简单的无线系统，由一个询问器（或阅读器）和很多应答器（或标签）组成。标签由耦合元件及芯片组成，每个标签具有扩展词条唯一的电子编码，附着在物体上标识目标对象，它通过天线将射频信息传递给阅读器，阅读器就是读取信息的设备。RFID 技术让物品能够"开口说话"，这就赋予了物联网一个特性即可跟踪性，即人们可以随时掌握物品的准确位置及其周边环境。

2）无线传感网络技术

无线传感网络技术是利用无线传感器网络实现对环境、设备或个体的信息感知和采集。无线传感器网络是一项通过无线通信技术把数以万计的传感器节点以自由式进行组织与结合进而形成的网络形式。构成传感器节点的单元分别为数据采集单元、数据传输单元、数据处理单元以及能量供应单元。其中数据采集单元通常采集监测区域内的信息并加以转换，比如光强度跟大气压力与湿度等；数据传输单元主要进行无线通信和交流信息，以及发送接收采集进来的数据信息；数据处理单元通常处理全部节点的路由协议和管理任务以及定位装置等；能量供应单元为缩减传感器节点占据的面积，会选择微型电池的构成形式。

3）M2M 系统框架

M2M（Machine-to-Machine/Man）是一种以机器终端智能交互为核心的、网络化的应用与服务，它将使对象实现智能化的控制。M2M 技术涉及五个重要的技术部分：机器、M2M 硬件、通信网络、中间件、应用。基于云计算平台和智能网络，可以依据传感器网络获取的数据进行决策，对对象的行为进行控制和反馈。如家中老人戴上嵌入智能传感器的手表，在外地的子女可以随时通过手机查询父母的血压、心跳是否稳定；智能化的住宅在主人上班时，传感器自动关闭水电气和门窗，定时向主人的手机发送消息，汇报安全情况。

4）云计算

云计算旨在通过网络把多个成本相对较低的计算实体整合成一个具有强大计算能力的完美系统，并借助先进的商业模式让终端用户可以得到这些强大计算能力的服务。云计算的一个核心理念就是通过不断提高"云"的处理能力，不断减少用户终端的处理负担，最终使其简化成一个单纯的输入输出设备，并能按需享受"云"强大的计算处理能力。物联网感知层获取大量数据信息，经过网络层传输以后，放到一个标准平台上，再利用高性能的云计算对其进行处理，赋予这些数据智能，才能最终转换成对终端用户有用的信息。

5）信息安全技术

在信息安全方面，物联网与互联网的信息安全协议类似，包括恶意入侵检测、通道信息加密、故障和恶意节点的识别等。在信息安全保证方面，物联网为了保证信息的安全，采取了通信扩频、传感器节点接入认证、信号鉴权、传输数据水印加密等技术，落实信息安全技术的主要目的还是增强数据采集和传输的安全性和稳定性。

5.3.3 物联网的应用

1. 智能交通

智慧交通，是将物联网、互联网、云计算为代表的智能传感技术、信息网络技术、通信传输技术和数据处理技术等有效地集成，并应用到整个交通系统中，在更大的时空范围内发挥作用的综合交通体系。智慧交通是以智慧路网、智慧出行、智慧装备、智慧物流、智慧管理为重要内容，以信息技术高度集成、信息资源综合运用为主要特征的大交通发展新模式。

物联网技术在道路交通方面的应用比较成熟。随着社会车辆越来越普及，交通拥堵甚至瘫痪已成为城市的一大问题。对道路交通状况实时监控并将信息及时传递给驾驶人，让驾驶人及时作出出行调整，有效缓解了交通压力；高速路口设置道路自动收费系统(简称ETC)，免去进出口取卡、还卡的时间，提升车辆的通行效率；公交车上安装定位系统，能及时了解公交车行驶路线及到站时间，乘客可以根据搭乘路线确定出行，免去不必要的时间浪费。

2. 智能家居

智能家居是利用先进的计算机技术、智能硬件(氢氪 WiFi、Zigbee、蓝牙、NB-iot等)、物联网技术、通信技术，将与家居生活的各种子系统有机结合起来，通过统筹管理，让家居生活更舒适、方便、有效与安全。随着宽带业务的普及，智能家居产品涉及方方面面。家中无人，可利用手机等产品客户端远程操作智能空调，调节室温，甚者还可以学习用户的使用习惯，从而实现全自动的温控操作，使用户在炎炎夏季回家就能享受到冰爽带来的惬意；通过客户端实现智能灯泡的开关、调控灯泡的亮度和颜色等；插座内置 WiFi，可实现遥控插座定时通断电流，甚至可以监测设备用电情况，生成用电图表让用户对用电情况一目了然，安排资源使用及开支预算等。

3. 智慧城市

智慧城市就是运用信息和通信技术手段感测、分析、整合城市运行核心系统的各项关键信息，从而对包括民生、环保、公共安全、城市服务、工商业活动在内的各种需求作出智能响应。其实质是利用先进的信息技术，实现城市智慧式管理和运行，进而为城市中的人创造更美好的生活，促进城市的和谐、可持续成长。

随着人类社会的不断发展，未来城市将承载越来越多的人口。我国处于城镇化加速发展的时期，部分地区"城市病"问题日益严峻。为解决城市发展难题，实现城市可持续发展，建设智慧城市已成为当今世界城市发展的潮流。

智慧城市的建设在国内外许多地区已经展开，并取得了一系列成果，国内的如"智慧上海""智慧双流"，国外的如新加坡的"智慧国计划"、韩国的"U-City 计划"等。

 视频学习资源：物联网

5.4 人工智能

5.4.1 人工智能的概述

1. 人工智能的定义

如同蒸汽时代的蒸汽机、电气时代的发电机、信息时代的计算机和互联网，人工智能正赋能各个产业，推动着人类进入智能时代。

1956年夏，麦卡锡、明斯基等科学家在美国达特茅斯学院开会研讨"如何用机器模拟人的智能"，首次提出"人工智能"这一概念，标志着人工智能学科的诞生。

关于人工智能(Artificial Intelligence，AI)的定义，人工智能领域的开创者之一、斯坦福大学的尼尔逊(Nils John Nilsson)提出："人工智能是关于知识的学科——怎样表示知识以及怎样获得知识并使用知识的科学。"而美国麻省理工学院的温斯顿(Patrick Winston)认为："人工智能就是研究如何使计算机去做过去只有人才能做的智能工作。"这都反映了人工智能学科的基本思想和基本内容，即人工智能是研究人类智能活动的规律，构造具有一定智能的人工系统，研究如何让计算机去完成以往需要人的智力才能胜任的工作，也就是研究如何应用计算机的软硬件来模拟人类某些智能行为的基本理论、方法和技术。

人工智能的研究目的是通过探索智慧的实质，扩展人类智能——促使智能主体会听(语音识别、机器翻译等)、会看(图像识别、文字识别等)、会说(语音合成、人机对话等)、会思考(人机对弈、专家系统等)、会学习(知识表示、机器学习等)、会行动(机器人、自动驾驶汽车等)。一个经典的AI定义是："智能主体可以理解数据及从中学习，并利用知识实现特定目标和任务的能力(A system's ability to correctly interpret external data, to learn from such data, and to use those learnings to achieve specific goals and tasks through flexible adaptation)。"

2. 人工智能的发展历程

人工智能的发展历程划分为以下六个阶段：

1)1956年—20世纪60年代初期——起步发展期

人工智能概念提出后，相继取得了一批令人瞩目的研究成果，如机器定理证明、跳棋程序等，掀起人工智能发展的第一个高潮。

2)20世纪60年代—70年代初期——反思发展期

人工智能发展初期的突破性进展大大提升了人们对人工智能的期望，人们开始尝试更具挑战性的任务，并提出了一些不切实际的研发目标。然而，接二连三的失败和预期目标的落空(例如，无法用机器证明两个连续函数之和还是连续函数、机器翻译闹出笑话等)，使人工智能的发展走入低谷。

3)20世纪70年代初期—80年代中期——应用发展期

20世纪70年代出现的专家系统模拟人类专家的知识和经验解决特定领域的问题，实现了人工智能从理论研究走向实际应用、从一般推理策略探讨转向运用专门知识的重大突破。专家系统在医疗、化学、地质等领域取得成功，推动人工智能走入应用发展的新高潮。

4)20世纪80年代中期—90年代中期——低迷发展期

随着人工智能的应用规模不断扩大，专家系统存在的应用领域狭窄、缺乏常识性知识、知识获取困难、推理方法单一、缺乏分布式功能、难以与现有数据库兼容等问题逐渐暴露出来。

5)20世纪90年代中期—2010年——稳步发展期

由于网络技术特别是互联网技术的发展，加速了人工智能的创新研究，促使人工智能技术进一步走向实用化。1997年IBM深蓝超级计算机战胜了国际象棋世界冠军卡斯帕罗夫，2008 年 IBM 提出"智慧地球"的概念。

6）2011 年至今——蓬勃发展期

随着大数据、云计算、互联网、物联网等信息技术的发展，泛在感知数据和图形处理器等计算平台推动以深度神经网络为代表的人工智能技术飞速发展，大幅跨越了科学与应用之间的"技术鸿沟"，诸如图像分类、语音识别、知识问答、人机对弈、无人驾驶等人工智能技术实现了从"不能用、不好用"到"可以用"的技术突破，迎来爆发式增长的新高潮。

3. 人工智能的特点

人工智能已经成为当今世界科技领域的重要发展方向，具有以下特点：

1）自主学习和适应能力

人工智能系统可以根据不断增加的数据进行自主分析，进而自主学习并调整自身的算法模型，具备更强的适应能力。例如，机器学习技术的广泛应用就是人工智能系统学习与掌握新知识的重要方式。

2）高效的数据处理能力

人工智能系统可以处理大量数据，进行快速、准确的信息抽取、分类、挖掘和分析，从而帮助用户进行各种决策。例如，在金融领域中，人工智能系统可以对大量的股票、期货、外汇等金融数据进行分析和预测，为用户制订更有效的投资策略。

3）决策能力和自主规划能力

人工智能系统可以基于先前获得的知识和信息，自主进行推理和决策，提供更高效的解决方案。例如，在游戏领域，人工智能系统可以通过自主规划和决策，智能地攻击、防御或逃跑。

4）多领域的应用能力

人工智能技术被广泛应用于医疗、金融、游戏、物流、教育、智能家居等领域。人工智能系统在自动化、机器人、物联网等领域都得到了广泛的应用。

5）人机交互与自然语言处理能力

人工智能系统可以通过人机交互方式，如语音识别、音频识别、视觉交互等，来更好地与人类沟通和交互。人工智能系统还具有自然语言处理能力，可根据人类的自然语言输入，完成自然语言分析、语义理解等工作。

6）自动化和智能化

人工智能技术可以实现机器的自动化和智能化。例如，机器人可以通过人工智能控制完成物品搬运、监控、巡检等工作，从而减轻人类劳动强度。

7）保密性和安全性

在人工智能中，保密性和安全性是非常重要的。人工智能系统需要在保证数据完整性和隐私性的前提下，进行数据交互和应用。例如，在银行和医疗领域，人工智能系统必须保障数据的安全性，防止数据泄露、篡改等问题。

4. 人工智能的分类

1）弱人工智能

弱人工智能（Artificial Narrow Intelligence，ANI）是擅长于单个方面的人工智能。比如有能战胜象棋世界冠军的人工智能阿尔法狗，但是它只会下象棋，如果问它其他问题，那

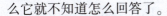

么它就不知道怎么回答了。

2）强人工智能

强人工智能（Artificial General Intelligence，AGI）是一种类似人类级别的人工智能，它在各方面都能和人类比肩，人类能干的脑力活它都能干。创造强人工智能比创造弱人工智能难得多，现在还做不到。强人工智能就是一种宽泛的心理能力，能够进行思考、计划、解决问题、抽象思维、理解复杂理念、快速学习和从经验中学习等操作，并且在进行这些操作时应该和人类一样得心应手。

3）超人工智能

超人工智能（Artificial Super Intelligence，ASI）被定义为在几乎所有领域都比最聪明的人类大脑聪明很多，包括科学创新、通识和社交技能。超人工智能可以是各方面都比人类强一点儿，也可以是各方面都比人类强万亿倍。

5.4.2　人工智能研究的基本内容

1. 认知建模

一般认为，认知是为了一定的目的，在一定的心理结构中进行的信息加工过程。认知科学（思维科学）是研究人类感知和思维信息处理过程的一门学科。认知科学是人工智能的重要理论基础，对人工智能的发展起着根本作用。

2. 机器感知

所谓机器感知，就是要让计算机具有类似人的感知能力，如视觉、听觉、触觉、嗅觉、味觉等。机器感知是智能系统获取外部信息的最主要的途径，也是机器智能不可缺少的重要组成部分。对计算机视觉与听觉的研究，目前已在人工智能中形成了一些专门的研究领域，如计算机视觉、模式识别、自然语言理解等。

3. 机器思维

所谓机器思维，就是计算机能够对感知到的外界信息和自己产生的内部信息进行思维性加工。由于人类智能主要来自大脑的思维活动，因此机器的智能也主要应该通过机器的思维功能来实现。机器思维是机器智能的重要组成部分。

4. 机器学习

所谓机器学习，就是让计算机能够像人那样自动地获取新知识，并在实践中不断完善自我和增强能力。机器学习是机器具有智能的根本途径，也是人工智能研究的核心问题之一。目前，人们已经研究出不少机器学习的方法，如机械学习、类比学习、归纳学习、发现学习、遗传学习、连接学习等。

5. 机器行为

所谓机器行为，就是让机器能够具有像人那样的行动和表达能力。机器人学作为人工智能的一个研究领域，包含了机器行为方面的研究。

6. 智能系统和智能计算机

无论是人工智能的近期目标还是远期目标，都需要建立智能系统或构造智能机器，因此需要开展对系统模型、构造技术、构造工具及语言环境等方面的研究。

5.4.3　人工智能的应用

1. 无人驾驶汽车

无人驾驶汽车是智能汽车的一种，也称为轮式移动机器人，主要依靠车内以计算机系统为主的智能驾驶控制器来实现无人驾驶。无人驾驶中涉及的技术包含多个方面，例如计算机视觉、自动控制技术等。

美国、英国、德国等发达国家从 20 世纪 70 年代开始就投入无人驾驶汽车的研究中，中国从 20 世纪 80 年代起也开始了无人驾驶汽车的研究。

2005 年，一辆名为 Stanley 的无人驾驶汽车以平均 40 千米/时的速度跑完了美国莫哈维沙漠中的野外地形赛道，用时 6 小时 53 分 58 秒，完成了约 282 千米的驾驶里程。

Stanley 是由一辆大众途锐汽车经过改装而来的，由大众汽车技术研究部、大众汽车集团下属的电子研究工作实验室及斯坦福大学一起合作完成，其外部装有摄像头、雷达、激光测距仪等装置来感应周边环境，内部装有自动驾驶控制系统来完成指挥、导航、制动和加速等操作。

2006 年，卡内基梅隆大学又研发了无人驾驶汽车 Boss，Boss 能够按照交通规则安全地驾驶通过附近有空军基地的街道，并且会避让其他车辆和行人。

近年来，伴随着人工智能浪潮的兴起，无人驾驶成为人们热议的话题，国内外许多公司都纷纷投入自动驾驶和无人驾驶的研究中。百度 Apollo 全球领先的自动驾驶出行服务平台的萝卜快跑落地应用，在无人驾驶领域扮演着先行者和创新者的角色。萝卜快跑通过高级传感器融合技术，实现了对环境的全方位、高精度感知。其六代技术中，多传感器数据融合架构设计能够有效整合激光雷达、摄像头、雷达等异构传感器的数据，提高环境感知的实时性和准确性。特斯拉的全自动驾驶（Full Self-Driving，FSD）系统中，硬件与 Autopilot 软件的协同是其在无人驾驶领域的一大亮点。特斯拉的 FSD 硬件套装包括 8 个环绕车身的摄像头，提供 360 度视野，以及超声波传感器和毫米波雷达，形成多传感器融合的感知系统。

2. 人脸识别

人脸识别也称人像识别、面部识别，是基于人的脸部特征信息进行身份识别的一种生物识别技术。人脸识别涉及的技术主要包括计算机视觉、图像处理等。

人脸识别系统的研究始于 20 世纪 60 年代。之后，随着计算机技术和光学成像技术的发展，人脸识别技术水平在 20 世纪 80 年代得到不断提高。20 世纪 90 年代后期，人脸识别技术进入初级应用阶段。目前，人脸识别技术已广泛应用于多个领域，如金融、司法、公安、边检、航天、电力、教育、医疗等。

3. 机器翻译

机器翻译是计算语言学的一个分支，是利用计算机将一种自然语言转换为另一种自然语言的过程。机器翻译用到的技术主要是神经机器翻译技术（Neural Machine Translation，NMT），该技术当前在很多语言上的表现已经超过人类。

随着经济全球化进程的加快及互联网的迅速发展，机器翻译技术在促进政治、经济、文化交流等方面的价值凸显，也给人们的生活带来了许多便利。例如在阅读英文文献时，可以方便地通过有道翻译、Google 翻译等网站将英文转换为中文，免去了查字典的麻烦，提高了学习和工作的效率。

4. 声纹识别

生物特征识别技术包括很多种，除了人脸识别，目前用得比较多的有声纹识别。声纹识别是一种生物鉴权技术，也称为说话人识别，包括说话人辨认和说话人确认。

声纹识别的工作过程：系统采集说话人的声纹信息并将其录入数据库，当说话人再次说话时，系统会采集这段声纹信息并自动与数据库中已有的声纹信息做对比，从而识别出说话人的身份。

相比传统的身份识别方法（如钥匙、证件），声纹识别具有抗遗忘、可远程鉴权的特点，在现有算法优化和随机密码的技术手段下，声纹也能有效防录音、防合成，因此安全性高、响应迅速且识别精准。同时，相比人脸识别、虹膜识别等生物特征识别技术，声纹识别技术具有可通过电话信道、网络信道等方式采集用户声纹特征的特点，因此它在远程身份确认上极具优势。

目前，声纹识别技术有声纹核身、声纹锁和黑名单声纹库等多项应用案例，可广泛应用于金融、安防、智能家居等领域，落地场景丰富。

5. 智能客服机器人

智能客服机器人是一种利用机器模拟人类行为的人工智能实体形态，它能够实现语音识别和自然语义理解，具有业务推理、话术应答等能力。

当用户访问网站并发出会话时，智能客服机器人会根据系统获取的访客地址和访问路径等，快速分析用户意图，回复用户的真实需求。同时，智能客服机器人拥有海量的行业背景知识库，能对用户咨询的常规问题进行标准回复，提高应答准确率。

智能客服机器人广泛应用于商业服务与营销场景，为客户解决问题、提供决策依据。同时，智能客服机器人在应答过程中，可以结合丰富的对话语料进行自适应训练，因此，它在应答话术上将变得越来越精确。

随着智能客服机器人的垂直发展，它已经可以深入解决很多企业的细分场景下的问题。比如电商企业面临的售前咨询问题，对大多数电商企业来说，用户所咨询的售前问题普遍围绕价格、优惠、货品来源渠道等主题，传统的人工客服每天都会对这几类重复性的问题进行回答，导致无法及时为存在更多复杂问题的客户群体提供服务。而智能客服机器人可以针对用户的各类简单、重复性高的问题进行解答，还能为用户提供全天候的咨询应答、解决问题的服务，它的广泛应用也大大降低了企业的人工客服成本。

6. 智能外呼机器人

智能外呼机器人是人工智能在语音识别方面的典型应用，它能够自动发起电话外呼，以语音合成的自然人声形式，主动向用户群体介绍产品。

在外呼期间，它可以利用语音识别和自然语言处理技术获取客户意图，然后采用针对性话术与用户进行多轮交互会话，最后对用户进行目标分类，并自动记录每通电话的关键点，以成功完成外呼工作。

从2018年年初开始，智能外呼机器人呈现出井喷式兴起状态，它能够在互动过程中不带有情绪波动，并且自动完成应答、分类、记录和追踪，助力企业完成一些烦琐、重复和耗时的操作，从而解放人工，减少大量的人力成本和重复劳动力，让员工着力于目标客群，进而创造更高的商业价值。当然智能外呼机器人也带来了另一面，即会对用户造成频繁的打扰。

为了维护用户的合法权益，促进语音呼叫服务端健康发展，2020 年 8 月 31 日工信部下发了《通信短信息和语音呼叫服务管理规定（征求意见稿）》，意味着外呼服务，无论人工还是人工智能，都需要持证上岗，而且还要在监管下进行，这也对智能外呼机器人的用户体验和服务质量提出了更高的要求。

7. 智能音箱

智能音箱是语音识别、自然语言处理等人工智能技术的电子产品类应用与载体，随着智能音箱的迅猛发展，它也被视为智能家居的未来入口。究其本质，智能音箱就是能完成对话环节的拥有语音交互能力的机器，通过与它直接对话，家庭消费者能够完成自助点歌、控制家居设备和唤起生活服务等操作。

支撑智能音箱交互功能的前置基础主要包括将人声转换成文本的自动语音识别（Automatic Speech Recognition，ASR）技术，对文字进行词性、句法、语义等分析的自然语言处理（Natural Language Processing，NLP）技术，以及将文字转换成自然语音流的语音合成（Text To Speech，TTS）技术。

在人工智能技术的加持下，智能音箱也逐渐以更自然的语音交互方式创造出更多家庭场景下的应用。

8. 个性化推荐

个性化推荐是一种基于聚类与协同过滤技术的人工智能应用，它建立在海量数据挖掘的基础上，通过分析用户的历史行为建立推荐模型，主动给用户提供匹配他们需求与兴趣的信息，如商品推荐、新闻推荐等。

个性化推荐既可以为用户快速定位需求产品，弱化用户被动消费意识，提升用户兴致和留存黏性，又可以帮助商家快速引流，找准用户群体与定位，做好产品营销。

个性化推荐系统广泛存在于各类网站和 App 中，本质上，它会根据用户的浏览信息、用户基本信息和对物品或内容的偏好程度等多因素进行考量，依托推荐引擎算法进行指标分类，将与用户目标因素一致的信息内容进行聚类，经过协同过滤算法，实现精确的个性化推荐。

9. 医学图像处理

医学图像处理是目前人工智能在医疗领域的典型应用，它的处理对象是由各种不同成像机理生成的医学影像，如在临床医学中广泛使用的核磁共振成像、超声成像等。

传统的医学影像诊断，主要通过观察二维切片图去发现病变体，这往往需要依靠医生的经验来判断。而利用计算机图像处理技术，可以对医学影像进行图像分割、特征提取、定量分析和对比分析等工作，进而完成病灶识别与标注，针对肿瘤放疗环节影像的靶区自动勾画，以及手术环节的三维影像重建。

该应用可以辅助医生对病变体及其他目标区域进行定性甚至定量分析，从而大大提高医疗诊断的准确性和可靠性。另外，医学图像处理在医疗教学、手术规划、手术仿真、各类医学研究、医学二维影像重建中也起到重要的辅助作用。

10. 图像搜索

图像搜索是近几年用户需求日益旺盛的信息检索类应用，分为基于文本的和基于内容的两类搜索方式。传统的图像搜索只识别图像本身的颜色、纹理等要素，基于深度学习的图像搜索还会计入人脸、姿态、地理位置和字符等语义特征，针对海量数据进行多维度的分析与匹配。

该技术的应用与发展，不仅是为了满足当下用户利用图像匹配搜索以顺利查找到相同或相似目标物的需求，更是为了通过分析用户的需求与行为，如搜索同款、相似物比对等，确保企业的产品迭代和服务升级在后续工作中更加聚焦。

视频学习资源：人工智能

本章小结

本章详细介绍了大数据、云计算、物联网、人工智能等现代信息技术的基本概念、特点、关键技术以及应用领域。

大数据是指不依赖随机抽样，而采用所有数据进行分析的方法；具有 Volume、Variety、Velocity、Veracity、Value 的"5V"特征；在教育、交通、电商等领域有广泛应用。

云计算是一种提供计算资源的服务模式，用户通过网络按需获取；包括公有云、私有云、社区云、混合云；主要有三种服务模式：基础设施即服务、平台即服务、软件即服务；具有按需自助服务、广泛的网络访问、资源池、快速弹性、可评测服务等特性；在金融、制造、教育、医疗等领域有广泛应用。

物联网是将物品通过信息传感设备连接到网络，实现智能化识别和管理的网络；由感知层、网络层、应用层组成；具有整体感知、可靠传输、智能处理的特性；其关键技术包括射频识别、无线传感网络、M2M 系统框架、云计算、信息安全等；在智能交通、智能家居、智慧城市等领域有广泛应用。

人工智能是研究、开发用于模拟、延伸和扩展人的智能的理论、方法、技术及应用系统的学科；经历了起步、反思、应用、低迷、稳步、蓬勃发展六个阶段；包括弱人工智能、强人工智能、超人工智能三种；研究内容包括认知建模、机器感知、机器思维、机器学习、机器行为、智能系统和智能计算机；具有自主学习、高效处理数据、决策规划、多领域应用、人机交互、自动化智能化、保密安全等特征；在无人驾驶、人脸识别、机器翻译、声纹识别、智能客服、智能外呼、智能音箱、个性化推荐、医学图像处理、图像搜索等领域有应用。

这些技术正快速发展并相互融合，推动着社会进入网络化、数字化、智能化的新阶段，为各行各业带来深刻的变革。

课堂讨论

1. 请举例说明大数据应用的意义。
2. 请结合具体的实例说明人工智能应用的领域。

分组任务

　　通过书刊、网络等方式收集大数据、云计算、物联网或者人工智能等新技术在管理中应用的案例，重点对这些案例进行分析，总结新技术应用对企业管理的影响。

复习思考题

　　1. 简述大数据的概念与特点。
　　2. 简述云计算的三种服务模式。
　　3. 简述物联网的概念及应用的关键技术。
　　4. 简述人工智能研究的主要内容。

课后案例分析

 课后案例：智慧城市：风筝之乡潍坊

 课后案例的分析要点

第 3 篇　系统开发

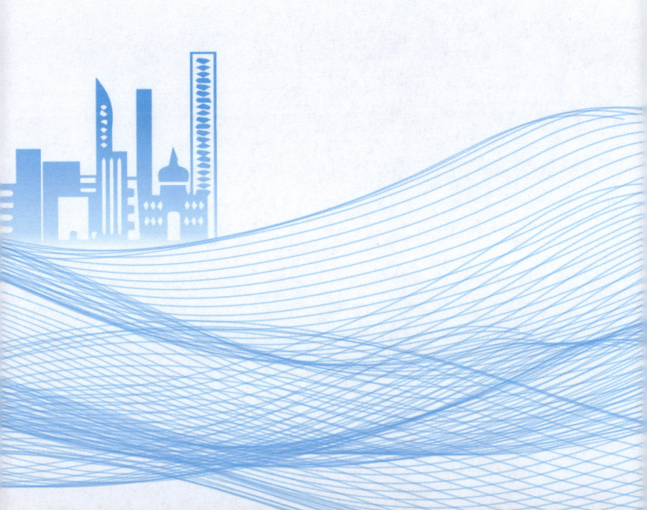

6 管理信息系统开发方法

 教学目标

知识目标	能力目标	价值目标
1. 掌握信息系统开发的任务与特点，理解并把握信息系统开发的基本原则； 2. 掌握管理信息系统开发的各种方式，阐述各种方式的优缺点； 3. 重点掌握管理信息系统开发的各种方法，阐述各种开发方法的优缺点以及适用范围； 4. 重点掌握结构化开发方法的阶段划分，阐述各个阶段的任务和成果； 5. 掌握原型法的流程	1. 能够理解信息系统开发的任务及特点，体会信息系统开发的重要性； 2. 能够分析结构化开发方法在实际案例中的应用，提升分析问题的能力，提升对系统开发方法重要性的认识	1. 多维度掌握信息系统的开发方法，增强对系统开发的信心，加强系统开发的认识； 2. 培养安全意识，理解系统开发对企业信息化的重要性； 3. 增强责任意识，认识企业信息化中系统开发人员的责任的重要性

关键术语

系统开发生命周期(Systems Development Life Cycle，SDLC)；
结构化的开发方法(Structured Development Methodology，SDM)；
原型法(Prototyping)；
面向对象(Object-oriented，OO)；
计算机辅助软件工程(Computer Aided Software Engineering，CASE)

引导案例

广州标致汽车公司的管理信息系统

广州标致汽车公司位于中国南疆的大型汽车工业基地，组建于1985年。公司成立不久，在法方专家的支持和建议下，公司开始着手MRPⅡ（制造资源计划）项目，目标是实现全公司订单、生产、库存、销售、人事、财务等的统一管理，以提高公司运行效率，增进企业经济效益。

由于中法合资，法方总经理和专家在决策层中起决定作用。他们照搬法国标致汽车公司的模式，决定投资MRPⅡ，设计网络使用20年。法国的BULL公司凭借地利人和，加之可提供系统汉化，击败DEC、IBM等其他对手，开始了与广东标致汽车公司的合作。首先组建了自己的企业信息网，整个网络结构由两台BULL公司的DPS7000主机构成，操作系统采用GCOS7，终端通过Modem与主机通信，主要的MRPⅡ软件是IMS7（工业管理系统）以及自行开发的人事管理系统（PMS）。后来又实施了比利时MSG公司的MACH7财务系统以及零配件销售管理系统（SMS）。在八年多时间里，总投入达到2000多万法郎。

然而，广州标致汽车公司的企业信息系统事实上已陷入进退两难的境地。主系统IMS7包含了库存管理、物料清单、工作中心、成本管理、资源管理、主生产计划、订单和需求管理、物料需求计划、制造管理、静态分析、采购管理和KANBAN/JIT等十几个功能模块，已经启用的仅有非生产件的库存管理模块MHF，不到该软件内涵的十分之一，慢慢地就没有多大进展；MACH7财务系统仅完成凭证录入、过账、对账、关账等功能，报表只能用微机处理；人事管理系统准确地说只是一个数据库，只有输入、修改、删除功能（没有查询功能），报表及各种统计均靠微机进行。整体来看，投下巨额资金，网络的效益却与当初的宏图大略相去甚远。

该公司管理信息系统失败的主要原因大致为以下几个方面：

1. 决策支持

任何一个MRPⅡ项目的成功都离不开企业决策层的直接参与和支持，因为MRPⅡ是个管理项目，它带给企业的是一种全新的管理思想。这种管理思想与企业现有的管理机构、管理体制不能很好地融为一体，就需要对已有的管理机构加以调整，对管理体制加以改造。这些工作已经完全超出了技术部门管辖的范围。总经理或副总经理的直接参与、部门经理的积极配合，加上技术人员的努力工作，所有这些才能构成应用实施成功的必要条件。目前正在运行中的财务系统MACH7，正是在当时法方经理的支持和配合下，按照该软件的管理思想，对财政部的组织机构进行重整，收到的效益是很明显的。但更为主要的IMS7软件却因为投资巨大、实施时间长而得不到这种支持，决策层出于各种原因，在看不到明显效果的时候便削弱甚至停止了投资，导致项目的失败。

2. 系统原因

GCOS7是一套相对封闭的专用系统，终端通过2400~9600bps的Modem与主机通信，其速度与现在相比明显太慢。由于外界电磁干扰，导致终端经常性死机，用户方面的反应比较强烈。目前在中国地区只有一家尚在使用GCOS7操作系统，供应商已不再在中国继续对其投资。在MS7实施之初，GCOS7已勉为其难。从几年前开始，供应商就难以提供有效的维护。基本操作系统采用GCL命令语言和作业递交来完成，比较复杂。IDS数据库是网状型，没有成熟的理论支持，自行开发困难。其数据查询系统OS操作不便，开发及使用人员都需经过长期的、昂贵的专业培训才能正常工作。设备庞大，系统性能提升困难，耗资巨大，效果却不明显。在亚洲地区，早在三四年前供应商公司就难以提供正常的系统维护，更谈不上在实施进程中，能积极参与并且一直提供专业支持。所以，广州标致汽车公司能得到的设备维护及系统软件实施方面的支持都十分有限，严重阻碍了 MRPⅡ 项目的发展。

3. 人员管理

在项目计划实施中，公司在各大院校招聘了一批富有才华的计算机人员，出于计算机技术与管理结合的考虑，有的还被送往北京进修 MBA 学位。凭着这一支可以称得上高素质专业队伍，在 MRPⅡ 项目的分析和发展初期阶段，取得了相当大的成绩。但随着计算机技术的迅猛发展，公司内部的电脑应用技术与外界相比显得越来越老化，报酬与劳务市场的差距也越来越大。在既不能提高专业水准，又不能获得较高报酬的前提下，这支队伍在工作上缺乏积极性，随之，出国的、跳槽的、调离的，能走的大都走了，在 IBM、DEC、ORACLE、HP、SSA 等公司都有他们的身影。新招聘的人员流动性也很大，系统上的经验不但不能积累起来，而且越来越单薄。这种局面，使应用工作陷入被动之中。

4. 应用实施

应用实施阶段战线拉得过长，也是导致项目失败的一个重要原因。在 IMS7 还处在实施初期阶段，适逢电脑中心专家更替，不仅没有争取加大 IMS7 的实施力度，反而其他项目一哄而上，公司相继购买了财务系统 MACH7、零配件管理系统，还自行开发了人事管理系统，不但耗费了财力、物力，而且分散了计算机技术人员的开发实力。这种无规划、无步骤的、没有重点突破的实施手段，只能导致更大的财力、物力的浪费，最终造成处处开花，但处处不结果的局面。

考虑到 GCOS7 系统实施的彻底失败，公司决策层已经决定放弃该系统以避免更大的浪费，但 MRPⅡ 项目还是要继续下去，正在积极寻求新的供应商，以求得到好的方案。面对这些失败的地方，广州标致汽车公司应该采取以下一些方法来弥补这失败的局面：MIS 立项要有正确的目标和需求；系统选用合适的开发方式和开发方法。只有在这些方面研究好才能使企业的管理系统再次立于不败之地。GCOS7 系统的经验和教训：只有一个好的方案是远远不够的；更重要的是，端正各个层次的态度，摆正 MRPⅡ 项目的位置，把它放到和生产同一高度，甚至更高的层次，制订发展的战略规划，出台适合 MRPⅡ 实施的有利政策，按照"效益驱动、总体规划、重点突破、分步实施、推广应用"的方针来指导项目的顺利发展。只有这样，才能真正发挥 MRPⅡ 在企业中的作用。

（资料来源：百度–百家号，https://baijiahao.baidu.com/s?id=1730066919982015647&wfr=spider&for=pc，有改动）

结合案例请思考：

1. 为什么广州标致汽车公司的 MRPⅡ 项目在实施过程未能达到预期目标？

2. 在 MRPⅡ 项目中，广州标致汽车公司是如何更好地确保决策层参与和支持的？

 导入案例的分析要点

6.1 管理信息系统开发概述

管理信息系统开发是一项复杂的综合性工程，需要投入大量的人力、物力、财力。为了确保项目开发能以最小的投入获得理想的效果，必须从进度管理、质量过程管理、文档管理、内部监督机制等方面加强对管理信息系统开发过程的控制和管理。

6.1.1 管理信息系统开发的任务与特点

1. 管理信息系统开发的任务

管理信息系统开发的任务是根据企业管理的目标、内容、规模、性质等具体情况，从系统论的观点出发，运用软件工程和系统工程的方法，按照管理信息系统发展的规律，为企业建立起计算机化的管理信息系统，其中最核心的工作是开发出一套适合于现代企业管理要求的应用软件系统。

2. 管理信息系统开发的特点

管理信息系统开发的成果或产品主要是一套应用软件系统。与一般技术工程相比，管理信息系统开发的特点主要有：

①复杂性高。管理信息系统是面向管理的系统，需要的信息量大，形式多样，来源复杂；一个完整的管理信息系统要支持各层次各部门的管理，规模大，结构复杂；另外，管理信息系统是现代信息技术与现代管理理论相结合的产物，它涉及计算机技术、通信与网络技术、数据库技术、人工智能技术、各种现代管理技术和决策方法等，掌握这些技术和方法，合理地应用以达到预期效果，其难度远远超过一般技术工程。

②系统开发是集体的创造性活动。

③质量要求高。

④产品是无形的。

⑤历史短，经验不足。

6.1.2 管理信息系统开发的原则

信息系统开发是一项系统工程活动，系统工程是为了合理进行开发、设计和运用系统而采用的思想、步骤、组织及方法的总称。信息系统的开发是运用系统论的观点、数学的方法和计算机技术应用的综合实践，把握这三个方面的要素是系统开发的指导原则。

软件工程是研究如何应用系统性的、规范化的、可定量的过程化方法开发和维护软件，以及如何把经过时间考验而证明正确的管理技术和当前能够得到的最好的技术方法结合起来，用工程化方法构建和维护有效的、实用的和高质量的软件的学科。系统工程是为了合理地进行开发、设计和运用系统而采用的思想、步骤、组织和方法的总称。管理信息系统的开发属于软件工程和系统工程的范畴，深入分析系统的特征，根据系统发展的规律建立管理信息系统，成为系统开发的指导原则。其主要原则如下：

①系统的目的性原则。应明确系统开发的目的，确立面向用户的观点。

②系统的整体性原则。强调系统的整体性，采用先确定逻辑模型，再设计物理模型的开发思路。具体做法如下：

一是详细了解原系统信息处理过程，包括各种处理的物理细节，得出原系统的物理模型。

二是对原系统的物理模型进行综合和抽象，去掉物理细节，分析原系统的逻辑功能，得出原系统的整体逻辑模型。

三是对原系统的逻辑模型进行改进和完善，补充管理需要的、人工系统难以实现的新的功能，形成新系统的逻辑模型，解决新系统应当"做什么"问题。

四是建立新系统的物理模型，即确定新系统实现逻辑模型的技术方法和手段，解决新系统"如何做"的问题。

③系统的相关性原则。管理信息系统是由多个子系统（功能）组成的，这些子系统相互配合，或者前后衔接，或者主从搭配，共同实现系统的目标。

④系统的环境适应性原则。应该适应环境变化的要求，开发易扩展、易维护的系统。

⑤工作成果文档化、图表规范化原则。软件是程序，数据以及开发、使用和维护这些程序所需的所有文档，要及时按照一定规范产生各种文档，做到工作成果文档化、图表规范化。这些文档的主要作用如下：

一是各种调查分析的结果和设计的技术细节以书面形式记录下来，以供查阅和核对。

二是开发人员之间、开发人员与用户之间，可利用书面的、超越各自专业的共同语言——文档的形式有效地进行交流。文档形式以规范化、标准化的图表为主，其表达效果在很多情况下比文字叙述简洁、形象、真实。

三是系统开发要经过一定的过程，后一阶段的工作要在前一阶段的基础上，也就是在前期工作文档的基础上继续进行。

6.1.3 管理信息系统的开发管理

信息系统的开发是一项费时、费力又艰巨复杂的系统工程。由于管理工作存在许多不确定的因素且还具有一定的艺术成分，导致信息系统的开发难度往往要大于技术系统的开发。信息系统的开发和运行涉及机构、体制和管理方式等问题，还涉及人的观念和人的心理，所以对人文因素的重视，统一对系统的认识是非常重要的一个环节。由于主管部门对正在开发的系统不够理解，系统开发得不到应有的重视和必要的支持，造成人力和资金上的困难，将直接影响系统开发的成败和质量。

系统开发管理的对象是系统工程项目，它涉及的范围覆盖了整个项目工程。为使系统开发项目获得成功，必须对系统开发项目的工作范围、遇到的风险、需要的资源（人、硬件、软件）、实现的任务、经历的里程碑、花费的成本以及进度的安排做到心中有数。通过系统开发项目管理可以提供这些信息，这种管理始于技术工作开始之前，在系统从概念到实现的过程中持续运用，最后终止于系统工程开发的结束。

系统开发项目管理包括系统开发方式的选择、计算机系统软硬件的选择、工程项目合同的签署、开发人员和管理人员的项目培训、项目开发的风险估计、项目开发进度安排，以及系统开发过程中的追踪和控制。

视频学习资源：信息系统的开发概述

6.2 管理信息系统开发方式

管理信息系统开发方式主要有自行开发、联合开发、委托开发、购买商品化的软件四种。

6.2.1 自行开发方式

用户具有开发系统的基本必要条件，而且技术力量比较雄厚，可以采用自行开发的方式。这种方式需要有强有力的领导及进行一定的咨询。这种方法一般周期较长，但可以得到适合本单位满意的系统，并能培养和锻炼企业本身的开发队伍。但是，就我国企业目前的状况看，绝大多数企业尚不具备自行开发的能力，如果硬要自行开发，往往会走弯路，造成不应有的损失或返工。

6.2.2 联合开发方式

由用户和开发单位共同完成系统建设任务。这种方式能够建成较准确反映企业需求的系统，其优点是双方取长补短，用户在此过程中培养了一支队伍。在开发过程中，用户应充分明确自身的职责。

6.2.3 委托开发方式

用户对管理信息系统建设的规划、目标等方面的要求明确、突出，可以采用招标等方式委托开发单位，通过签订合同的方式来完成开发任务。在开发中应配备精通业务的人员参加，并进行监督、检查和协调。还应注意做好培训工作，为保证系统的正常运行和维护做好准备。这种方式的缺点是风险较大，对开发单位需要进行深入的调查，签订的开发合同条款需要细致、明确。

6.2.4 购买商品化的软件

目前，软件开发正在向专业化方向发展，出现了不少商品化的软件。因此为了避免重复开发，提高系统的经济效益，缩短系统建设周期，可以从市场上购买适合的软件。这种方式的优点是软件的质量可靠，技术资料齐备，维护可靠。但市场上的系统往往具有通用性，对于组织的特殊情况难以充分考虑，需要进行二次开发，而这往往具有一定的技术难度，没有相关产品供应商的协助是难以进行的。

总之，不同的开发方式各有不同的特点，企业需要根据自身的实际情况进行选择，也可综合使用各种开发方式。表6-1对上述四种开发方式进行了简单的比较。

表 6-1 四种开发方式的比较

项目	自行开发	联合开发	委托开发	购买商品化的软件
分析设计能力的要求	较高	逐渐培养	一般	较低
编程能力的要求	较高	需要	不需要	较低
系统维护难易程度	容易	较容易	困难	较困难
开发费用	少	较少	多	较少
特点描述	开发时间较长，但可得到适合本企业的系统，并培养自己的系统开发人员，该方式需要强有力的领导及进行一定的咨询	通常在具备一定编程力量的基础上进行联合开发，合作方有培训义务且成果共享，双方的沟通非常重要	最省事，开发费用高，必须配备精通业务的人员，需要经常进行监督、检查和协调	要有鉴别与校验软件功能及适应条件的能力，需编制一定的接口软件

 视频学习资源：信息系统的开发方式

6.3 管理信息系统开发方法

6.3.1 结构化开发方法

结构化开发方法是一种最为常用的管理信息系统开发方法，又称为结构化生命周期法。管理信息系统的开发是一项投入大、耗时长、涉及面广且影响因素很多的系统工程，管理信息系统开发过程中需要理论来指导。

1. 结构化开发方法的基本思想

结构化系统开发方法的基本思想是从系统观点出发，把信息系统看作功能模块的集合，这些功能模块由一定的系统结构相联系，系统分析的过程是一个"自上而下"的功能分解的过程，而系统设计的过程就是一个"自下而上"的功能结合的过程。这样，有利于把一个复杂的大系统分解成许多子系统来求解。结构化系统开发方法强调严格的规范管理和系统开发步骤，每一步工作的成果要求文档化、标准化。

2. 结构化开发的过程

结构化系统开发方法的一个重要思想就是认为任何管理信息系统的开发过程都是一个完整的管理信息系统的生命周期，系统的生命周期一般要经历系统规划、系统分析、系统设计、系统实施和系统维护等五个阶段。新系统是在原有信息系统的基础上改进的，新系统继承了旧系统合理的部分，同时又有了创新。新系统的开发过程如图 6-1 所示。

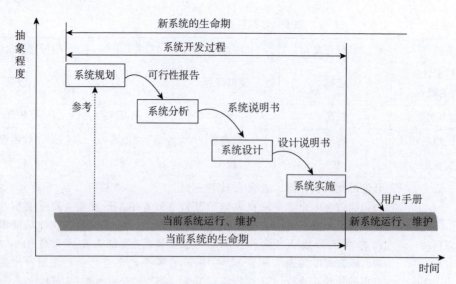

图 6-1　系统开发的过程

系统开发过程中各阶段的主要工作有：

1）系统规划阶段

在系统规划阶段，根据用户的系统开发请求，系统开发人员进行初步调查，明确问题，确定系统目标和总体结构，确定分阶段实施进度，然后进行可行性研究。系统开发人员将组成专门的新系统开发领导小组，制订新系统开发的进度和计划，提交可行性分析报告。该阶段虽不属于系统分析与设计的正式工作阶段，却是不可缺少的重要阶段，它决定了项目是否启动。

2）系统分析阶段

系统分析阶段是新系统的逻辑设计阶段。系统分析人员在对现行系统进行调查研究的基础上，使用一系列的图表工具进行系统的目标分析，分析业务流程，分析数据与数据流程，分析功能与数据之间的关系，划分子系统以及功能模块，构造出新系统的逻辑模型，确定其逻辑功能需求，交付新系统的逻辑设计说明书。系统分析也是新系统设计方案的优化过程。数据流程图是新系统逻辑模型的主要组成部分，它在逻辑上描述新系统的功能、输入、输出和数据存储等，从而摆脱了所有的物理内容。

3）系统设计阶段

系统设计阶段又称为新系统的物理设计阶段。系统分析人员根据新系统的逻辑模型进行物理模型的设计，具体选择一个物理的计算机信息处理系统。这个阶段的任务是总体结构设计、代码设计、输入/输出设计、模块设计，根据设计要求购置与安装一些设备，进行试验，最终给出设计方案。

系统设计与系统分析阶段的不同在于：后者指出要做什么（What），它并不关心在什么信息技术的支持下完成；而前者解决如何做（How），即技术方案，它要考虑采取什么信息技术。因此该阶段需要相关人员具有更多的信息技术方面的知识，而不强调管理理论知识；用户参与程度要低于在系统分析中的参与度。

4）系统实施阶段

系统实施阶段是新系统付诸实施的实践阶段，主要是实现系统设计阶段所完成的新系

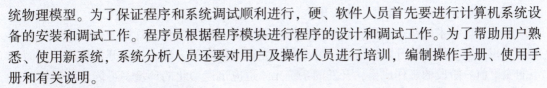

统物理模型。为了保证程序和系统调试顺利进行，硬、软件人员首先要进行计算机系统设备的安装和调试工作。程序员根据程序模块进行程序的设计和调试工作。为了帮助用户熟悉、使用新系统，系统分析人员还要对用户及操作人员进行培训，编制操作手册、使用手册和有关说明。

5）系统运行维护和评价阶段

系统的维护和评价是系统生命周期的最后一个阶段，也是很重要的阶段，新系统是否有长久的生命力取决于此阶段的工作。这一阶段的任务是进行系统的日常运行管理、评价、建立审计三部分的工作，然后分析运行结果。

以上全过程就是系统开发的一个生命周期。在每一阶段均有小循环，在不满足要求时，修改或返回到起点。

3. 结构化开发方法的优缺点

1）结构化开发方法的主要优点

（1）树立面向用户的观点

结构化开发方法强调的重点是用户的积极参与，树立用户第一的观点。系统的需求是由用户提出来的，用户对系统的满意度是评价管理信息系统开发是否成功的唯一标准。系统开发人员要准确恰当地理解用户的需求，就必须与用户进行不断的交流。

（2）严格划分工作阶段

结构化开发方法严格区分各个开发阶段，每个阶段均有明确的任务和目标，强调开发过程必须一步一步地进行，并且每一步工作都要及时地总结，每个阶段的成果必须通过用户的评审，及时地发现、反馈和纠正问题，每个阶段成果一旦通过评审就不可修改，作为下一阶段的任务书。后一阶段的工作总是建立在前一阶段工作成果的基础上，从而使每一阶段的工作都有可靠的依据，避免开发过程的盲目状态，使系统开发的成功率得到提高。

（3）开发方法结构化

结构化开发方法开发系统时采用结构化、模块化，自上而下进行分析和设计，使得系统中的各个子系统相对独立，便于系统的分析、设计、实施与维护。

（4）文档的标准化和规范化

文档是现代软件产品的一个重要组成部分，是开发工作的依据，同时也是系统维护阶段的重要工具。结构化开发方法非常重视文档工作，要求每个阶段的工作完成以后，都需要完成相应的文档报告和图表。每一阶段对文档的审查都是对本阶段工作的评定，使这一阶段的错误难以传递到下一阶段，以确保各个工作阶段顺利进行。

2）结构化开发方法的主要缺点

（1）开发周期长

结构化开发方法要求系统开发必须按照系统生命周期的阶段顺序依次进行，严格的阶段划分和文档编写要求造成开发周期长。

（2）文档撰写烦琐，使用工具落后

采用结构化开发方法开发系统需要制作大量的文档和图表，编写这些图表的工作量极大。虽然目前已经有很多 CASE 工具可以支持这一工作，但仍有许多图表的制作难以用计算机完成，必须通过手工绘制，耗费大量的人力和时间。

（3）不能充分预料可能发生的变化

随着信息技术的快速发展，企业生存的环境也随之发生变化，这些变化要求系统必须能与之相适应。结构化开发方法是一种必须预先定义需求的方法，不仅开发周期长，而且不能变更前一阶段的工作成果，开发的系统无法适应迅速变化的环境，可能导致最终开发出来的系统脱离实际。

（4）开发过程不直观，用户最后才能看到真实模型

采用结构化开发方法开发系统，用户在系统规划、系统分析和系统设计阶段看到的都只是文档资料，只有进入系统实施阶段，用户才能看到实际能够使用的系统。在系统实施阶段之前的时间里，用户由于长时间看不到实际系统，会产生疑惑，开发热情减退，影响用户与开发人员之间的交流。

尽管结构化开发方法存在一定的缺点，但其严密的理论基础和系统工程方法仍是系统开发中所不可缺少的，对于复杂系统的开发往往必须采用结构化方法。目前，结构化开发方法仍然是一种被广泛使用的系统开发方法，而且随着大量开发工具的引入，系统开发的工作效率得到很大的提升。除此之外，结构化开发方法可与其他开发方法结合使用，互相取长补短，提升系统开发的效果。

6.3.2　原型法

结构化开发方法一个最大的缺点就是要求用户和系统开发人员在系统开发初期就要对整个系统的功能有全面深刻的认识，并且制订出每一阶段的计划和说明。在实际的管理信息系统开发过程中，用户在项目开发初期就能非常清楚地陈述其需求几乎是不可能的，用户的需求也是随着对系统理解的不断加深而不断变化及完善的，若用户需求定义出现错误，将严重影响管理信息系统的开发。在这种情况下，一种具有全新设计思想和开发工具的系统开发方法——原型法应运而生，到 20 世纪 80 年代中期，原型法已成为一种被广泛应用的管理信息系统的开发方法。

1. 原型法简介

原型法是通过对原型的反复构造、使用、评价和修改完善，给用户和开发人员提供一个不断沟通和操作使用的参照平台，从而产生对系统新需求的认识与对系统功能不断完善的过程。

在信息系统中，原型表现为系统的一个早期可运行版本，它能反映新系统的部分重要特征和功能。不要求用户提出完整的需求以后再进行设计和编程，而是先按用户最基本的需求，迅速地开发出一个原型，然后将原型交给用户使用。通过用户的使用启发出用户的进一步需求，并根据用户的意见对原型进行修改完善，用户再对改进后的系统提出新的要求。这样不断地反复修改，直至最后完成一个满足用户需求的系统。

2. 原型法的开发流程

与结构化开发方法对问题需求首先要进行严格定义截然不同，原型法把需求定义看成开发人员与用户不断沟通和反复交流并逐渐达成共识的过程。它允许用户在开发过程中分阶段地提出更合理的要求，开发者根据用户的要求不断地对系统进行完善，其实质是一种循环迭代的开发过程。原型法的基本开发流程如图 6-2 所示。

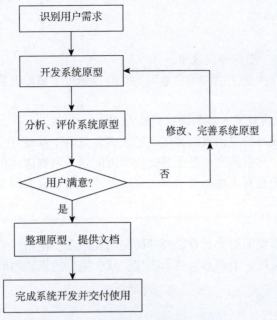

图 6-2 原型法的基本开发流程

3. 原型法的特点

作为开发管理信息系统的一种方法，原型法从理论到流程都非常简单。但正是这样一种简单的方法，却备受推崇，无论从方法论的角度还是从实际应用的角度，对原型法的讨论都非常热烈，在实际应用中也取得了巨大的成功。与结构化开发方法相比，原型法开发管理信息系统具有以下特点：

①由于原型法循环反复、螺旋式上升的工作方法更多地遵循了人们认识事物的规律，因而更容易被人们掌握和接受。

②原型法强调用户的参与，特别是对模型的描述和系统运行功能的检验，都强调了用户的主导作用，这样沟通了人们的思想，缩短了用户和系统开发者的距离。在系统开发过程中，需求分析更能反映客观实在，信息反馈更及时、准确，潜在的问题能尽早发现、及时解决，增加了系统的可靠性和适用性。用户参与了研制系统的所有阶段。在系统开发过程中，通过开发人员与用户之间的相互作用，使用户的要求得到较好的满足。结构化开发方法中用户与开发者之间的信息反馈较少，往往导致用户对研制成的系统抱怨不止。

③原型法提倡使用工具开发，即使用与原型法相适应的模型生成和修改、目标的建立和运行等一系列的系统开发生成环境，使整个系统的开发过程摆脱了老一套的工作方法，提高了时间、效率、质量等方面的效益，增强了系统对内外界环境的适应能力。

④原型法将系统调查、系统分析和系统设计合二为一，使用户一开始就能看到系统开发后是一个什么样子，并且用户参与系统全过程的开发，知道哪些是错误的，哪些是需要改进的，消除了用户的心理负担，打消了他们对系统何时才能实现以及实现后是否适用等疑虑，提高了用户参与开发的积极性。同时用户使用该系统后，对系统的功能容易接受和理解，有利于系统的移交、运行和维护。

4. 原型法的优缺点

1）原型法的优点

（1）减少开发时间，提高开发效率

原型法减少了制作大量文档和用户培训的时间，缩短了系统开发周期，降低了系统开发成本。

（2）改进用户与系统开发人员的信息交流方式

管理信息系统在设计阶段出现的许多问题大多数是由于系统开发人员对于用户需求理解的不够准确造成的，归根结底就是信息交流出现问题。原型法将原型提供给用户，让用户能够在参与的过程中更直观地感受系统，及时发现问题和反馈问题，从而减少系统设计错误。

（3）用户满意度高

原型法让用户不需要面对大量难以理解的文档和图表，使用一个用户易于接受的直观的原型系统，可以激发用户主动参与的积极性，减少用户的培训时间，从而提升用户的满意度。

（4）应变能力强

原型法是在迭代中不断完善的，无论是现代信息技术的进步还是企业经营环境的变化，都能及时地体现在系统中，使系统能够实际适应飞速变化的环境。

2）原型法的缺点

（1）开发工具要求高

原型法需要开发人员快速地开发出系统原型，开发工作量大，需要有现代化的开发工具和技术的支持。

（2）不适用于大型系统或复杂性高的系统

对于大型或复杂的系统，不经过系统分析和整体的规划很难直接模拟整个系统，而且复杂系统的功能多并且技术纷杂，开发人员一时很难全面理解。由于分析和设计的深度不够，导致设计的原型需要反复迭代，使开发周期变长，成本增加，失去了原型法的优势。

（3）对组织的管理水平要求高

原型法要求用户的管理水平达到一定要求，要求组织结构清晰、业务流程合理以及数据处理准确等。

5. 原型法的适用范围

原型法适用于小型、局部系统的开发，业务处理过程比较简单或不太复杂的系统，业务需求相对较为确定（不一定非常明确）的系统。具有较丰富系统开发经验的人员采用原型法较多。

6.3.3 面向对象的开发方法

1. 面向对象开发方法的主要概念

20世纪90年代，面向对象（Object-Oriented，OO）技术和程序设计语言取得了成功，成为计算机领域中开发软件的主流技术，因而管理信息系统的开发较多采用面向对象的程序设计语言和支持面向对象的数据库管理系统。传统的结构化方法是把数据和过程作为相互独立的实体，其软件不支持复用和维护，而面向对象的技术把对象的属性/数据和处理/

方法封装在一起，通过子类对父类的继承，使软件便于维护和扩充，提高软件的可复用性。面向对象的开发方法包括面向对象分析、面向对象设计及面向对象程序设计，应用于系统分析、系统设计和系统实施三个阶段，构成系统的逻辑模型、物理模型和计算机可执行模型。

面向对象的开发方法规定了一套专门的术语，这些术语是理解面向对象方法的基础。

1）对象

客观世界中的任何事物都可以在一定前提下看成是对象，要解决的问题不同，面向的对象也就不同。面向对象方法认为，每种对象都有各自的内部状态和运动规律，不同对象之间的相互联系和相互作用构成了不同的系统。对象是一个封闭体，它是由一组数据和施加于这些数据上的一组操作构成的，对象的本质就是数据与操作的封装。对象由标识、数据、操作和接口四部分组成。

2）类

类是面向对象的基本概念之一，类是具有相同属性的对象的集合。具有一致数据结构和行为（即操作）的对象抽象成类。类具有层次性，类的上层叫超类，类的下层叫子类，一个类可以有多个超类，也可以有多个子类。类由标志、继承、数据结构、操作、接口五部分组成。

3）消息

消息是对象之间相互作用、相互协作的一种机制，对象之间的相互操作、调用和应答是通过发送消息到对象的外部接口来实施的。消息是为了完成某些操作而向对象发送的命令和命令说明。系统可以简单地看成是一个彼此通过传递消息而相互作用的对象集合。

4）继承

继承是指一个类因承袭而具有另一个类的能力和特征的机制，继承是面向对象法特有的机制。父类具有通用性而子类具有特殊性，子类继承父类所定义的属性、操作和约束规则，并可有自己新的内容。

继承具有传递性，继承性使相类似的对象可以共享程序代码和数据结构，从而大大减少程序的冗余度，简化对软件的修改。继承机制主要是支持程序的重用以及保证结构的一致性。

5）封装

封装又称信息隐藏，把对象及对象的方法、操作的实现封闭在一起。对象的封装性是面向对象技术的一个重要特征，这实际上是一种信息隐藏技术，使对象的使用者只能看到封装界面上的信息，对象的内部是隐蔽的。

继承和封装两个概念并不矛盾：封装是指将数据某类的一个具体对象封装起来，使其数据和操作成为一个整体；继承仅仅是针对类的属性和操作。而继承和封装都是共享代码的手段，继承是一种静态共享代码的手段，而封装是一种动态共享代码的手段。

6）多态

多态是指不同对象收到同一消息后可能产生完全不同的结果。在使用多态时，用户可以发送一个通用消息，而实现的细节则是由接收的对象自行决定，同一消息可以调用不同的方法。多态的实现还受到继承性的支持，利用类继承的层次关系，将具有通用功能的消息存放在较高层次，将实现这一功能的不同行为存放在较低层次，使得在低层次上生成的对象能够对通用消息作出不同的响应。

2. 面向对象开发方法的基本思想

面向对象方法是 20 世纪 90 年代发展起来的最新的信息系统开发方法。面向对象方法可理解为：客观世界中事物都是由对象组成的，对象是在各种事物基础上抽象的结果。任何复杂的事物都可以通过对象的某种组合构成，对象由属性和方法组成，属性反映了对象的信息特征，方法则是用来定义或改变属性状态的各种操作。用对象这个概念及其方法来完整反映客观事物的静态属性和动态属性。面向对象方法以类、类的继承等概念描述客观事物及其联系，通过这些对象的组合来创建具体的应用系统。面向对象方法按照人们习惯的思维方式建立问题模型和构造系统，力图用更自然的方法反映客观世界事物的运动和相互作用，使应用软件系统更易于理解和维护，因而，面向对象方法开发的系统有较强的应变能力、较好的重用性。

面向对象技术为了实现从客观世界中的对象到目标系统中的对象的转换，将对象表示为一个封装了数据和操作的整体。数据用于描述对象的状态或特征、属性；操作用于完成对自身封装数据的处理和对象内部数据同外界的交互，从而改变对象的状态。

3. 面向对象的开发流程

面向对象的开发流程按照系统开发的一般过程分为四个阶段，即系统调查和需求分析、面向对象分析、面向对象设计及面向对象程序设计。

1）系统调查和需求分析

对管理信息系统即将面临的具体管理问题及用户对于系统开发的具体需求进行调查，就是弄清楚要"做什么"的问题。

2）面向对象分析

面向对象分析（Object-oriented Analysis，OOA）是在分析整理系统调查资料的基础上，针对面向对象方法所需要的素材进行归类分析和整理，抽象识别对象及其行为、结构、属性和方法等，即分析问题的性质以及求解问题。

使用面向对象分析方法分析事物时，一般分为五个基本步骤，分别为确定对象和类、确定结构、确定主题、确定属性及确定方法，具体步骤如表 6-2 所示。

表 6-2　面向对象分析的步骤

步骤	内容	说明
第一步	确定对象和类	对象是对数据及其处理方式的抽象，反映系统保存和处理现实世界中某些事物信息的能力。 类是多个对象的共同属性和方法的集合描述，包括如何在一个类中建立对一个新对象的描述
第二步	确定结构	结构指的是问题域的复杂性和连接关系；类成员结构反映了泛化与特化的关系，整体部分结构反映整体和局部之间的关系
第三步	确定主题	主题是事物的总体概貌和总体分析模型
第四步	确定属性	属性是指数据元素，可用来描述对象或分类结构的实例，可在图中给出，并在对象的存储中指定
第五步	确定方法	方法是在收到消息后必须进行的一些处理方法，方法需要定义，并且在对象的存储中指定

3) 面向对象设计

面向对象设计(Object-oriented Design, OOD)是对面向对象分析阶段的分析结果作进一步抽象、归类和整理，并最终以范式的形式确定。其主要作用是将面向对象分析的结果进一步规范化整理，以便能被面向对象编程直接使用。

面向对象设计的主要内容包括对象定义规格的分析整理、数据模型和数据库设计及优化。

4) 面向对象程序设计

面向对象程序设计(Object-oriented Programming, OOP)是将面向对象设计阶段的范式直接映射为应用程序软件，分为可视化设计和代码设计两个阶段。可视化设计阶段的主要任务是进行用户界面设计，将管理信息系统的所有功能与界面中的命令联系起来；代码设计阶段的主要任务是为对象编写所需相应的代码，发挥对象必要的功能并建立不同对象之间的连接关系。

4. 面向对象方法的优缺点

1) 面向对象方法的优点

①面向对象方法使系统描述和信息模型的表述与客观实体意义一一对应，符合人们的思维习惯，有利于管理信息系统开发过程中用户与开发人员的交流，缩短系统开发周期，提升系统开发的效率和准确性。

②系统开发的基础统一于对象上，减少了各阶段工作中的许多中间转换环节，避免多余劳动，加速系统的开发进程。

③面向对象技术中的各种概念和特性，大大提高了软件的一致性、模块独立性、模块继承性，以及代码的共享和重用，同时与分布式处理、多级先同意及网络通信等发展相适应，应用前景广阔。

2) 面向对象方法的缺点

①必须依靠软件的支持，对系统分析和设计人员要求较高。

②不适合应用于大型的管理信息系统开发，可能会造成系统结构不合理以及系统各部分关系不协调等问题。

6.3.4 计算机辅助软件工程

1. 计算机辅助软件工程的思想

计算机辅助软件工程(Computer Aided Software Engineering, CASE)，严格地讲，只是一种开发环境而不是一种开发方法。它是20世纪80年代末从计算机辅助编程工具、第四代语言及绘图工具发展而来的。目前，计算机辅助软件工程仍是一个发展中的概念，开发出的各种软件也较多，没有统一的模式和标准。采用计算机辅助软件工程中的工具进行系统开发，必须结合一种具体的开发方法，如结构化开发方法、原型法或面向对象的开发方法等。因此，计算机辅助软件工程的实际工作原理是把原先由手工完成的开发过程转变为以自动化工具和支撑环境支持的自动化开发过程。

2. 计算机辅助软件工程的特点

①解决了从客观对象到软件系统的映射问题，支持系统开发的全过程。
②提高了软件质量和软件重用性。

③加快了软件开发速度。

④简化了软件开发的管理和维护。

⑤自动生成开发过程中的各种软件文档。

现在，计算机辅助软件工程中集成了多种工具，这些工具既可以单独使用，也可以组合使用。计算机辅助软件工程的概念也由一种具体的工具发展成为开发信息系统的方法学。

3. 计算机辅助软件工程的工具

为提高软件开发效率和减轻开发人员的劳动强度而设计的软件称为软件工具。软件工具是为支持计算机软件的开发、维护、模拟、移植或管理而研制的程序系统。软件工具涉及很多方面，种类繁多，目前分类方法也很多，较为流行的分类方法是按生命周期分类，通常分为以下五大类：

①软件需求分析工具。其利用形式化语言描述，与自然语言相近，可产生需求分析的文档和相关的图形。例如，问题描述语言（PSL）和问题分析器（PSA）都是软件需求分析工具。

②软件设计工具。其主要包括两种工具，一种是图形、表格、语言的描述工具，如结构图、数据流程图、判定表、判定树等；另一种是转换与变换工具，如程序设计语言，可实现算法描述到接近可执行代码的描述转换。

③软件编码工具。例如各种高级语言编译器、解释器、编辑连接程序和汇编程序等。软件编码工具是软件开发的主要工具。

④软件测试和验收工具。例如静态分析程序（DAVE）、程序评测系统（PET）等。

⑤软件维护工具。常见的软件维护工具有 PERT、TSN 和 GANTY 图等。

另外，有些软件工具支持多个软件开发阶段，因此难以明确归入上述五类中的哪一类。对于依赖数据库技术的管理信息系统开发，目前主要采用面向对象的开发方法。很多数据库管理系统支持多个软件开发阶段，既作为系统开发平台，又作为系统开发编程工具。

 视频学习资源：信息系统的开发方法

本章小结

本章详细介绍了管理信息系统开发的任务、特点、原则，着重介绍了管理信息系统开发的方式以及开发的方法。

管理信息系统开发是基于企业管理需求，运用软件工程和系统工程方法，开发计算机化的管理信息系统，一般具有高复杂性、集体创造性活动、高质量要求、产品无形、历史短、经验不足等特点。管理信息系统开发应遵循目的性、整体性、相关性、环境适应性以及文档化和规范化的原则。

管理信息系统开发的方式有自行开发、联合开发、委托开发和购买商品化软件四种。

管理信息系统开发的方法有结构化开发方法、原型法、面向对象的开发方法和计算机辅助软件工程四种。

结构化开发方法是分阶段进行，强调规范管理和文档化；原型法是通过迭代开发原型，逐步完善系统，适用于小型或局部系统；面向对象的开发方法是以类和对象为基础，提高软件复用性和维护性；计算机辅助软件工程是使用工具支持软件开发全过程，提高软件开发的效率。

管理信息系统开发是一个多阶段、多方法、多工具的复杂过程，需要综合考虑组织需求、技术能力、成本效益和用户参与。随着技术的发展，新的开发方法和工具不断涌现，为信息系统的开发提供了更多的选择和可能性。

课堂讨论

1. 企业管理信息系统的最好开发方式是什么？
2. 讨论各种管理信息系统开发方法的适用范围。

分组任务

通过书刊、网络等方式收集管理信息系统开发方法案例，集中对这些案例进行讨论分析，总结目前管理信息系统开发方法的应用情况以及各种开发方法的特点和应用范围。

复习思考题

1. 管理信息系统开发一般遵循哪些原则？这些原则应如何贯彻？
2. 系统开发的生命周期包括哪几个阶段？各个阶段的主要任务是什么？
3. 简述原型法的开发过程及适用范围。
4. 什么是对象和类？
5. 面向对象的开发方法的基本思想是什么？
6. 管理信息系统开发的各种方法的优缺点如何？

课后案例分析

 课后案例：清华同方股份有限公司开发方式的选择

 课后案例的分析要点

7 系统规划

知识目标	能力目标	价值目标
1. 掌握信息系统规划的概念、目标和任务，理解并把握信息系统规划的主要内容； 2. 掌握信息系统发展阶段理论模型——诺兰模型，说明各个阶段的特点，阐述诺兰模型的意义； 3. 重点掌握管理信息系统规划的各种方法，阐述各种规划方法的基本思想以及规划的过程，尤其是企业系统规划法（BSP）； 4. 掌握可行性分析的内容，编写可行性分析报告； 5. 掌握业务流程重组的概念与应用	1. 能够理解信息系统规划的任务及意义，体会信息系统规划的重要性； 2. 能够分析系统规划的方法在实际案例中的应用，提升分析问题的能力，提升对系统规划重要性的认识	1. 多维度掌握信息系统的规划方法，增强对系统规划的信心，加强系统规划的认识； 2. 培养安全意识，理解系统规划对企业信息化的重要性； 3. 增强责任意识，认识企业信息化中系统规划人员的责任和专业素养的重要性； 4. 强化规范化意识，了解与系统规划相关的标准和规范，尤其是可行性分析报告和规划报告的规范性

关键术语

系统规划（System Planning，SP）；

信息系统规划（Information System Planning，ISP）；

关键成功因素法（Critical Success Factors，CSF）；

战略目标集转化法（Strategy Set Transformation，SST）；

企业系统规划法（Business System Planning，BSP）；

▶ **7 系统规划**

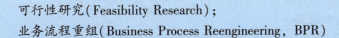

可行性研究（Feasibility Research）；

业务流程重组（Business Process Reengineering，BPR）

引导案例

南京大学的学生公寓物业智能化管理

1. 传统公寓管理模式存在的主要问题

①管理效率低：传统公寓管理模式以人工管理为主，缺乏科学的管理手段和工具，导致管理效率低下。

②信息传递不及时：传统公寓管理模式中，管理人员需要通过口头或书面方式传达信息，导致管理决策滞后，影响管理效果。

③缺乏个性化服务：传统公寓管理模式中，管理主要以标准化统一化的方式进行，无法满足不同学生的个性化需求，导致服务质量不高。

④安全风险高：传统公寓管理模式中，存在火灾、盗窃等安全风险隐患。

⑤缺乏数据支持：传统管理模式下无法充分利用管理系统中的大数据监控分析，管理决策缺乏科学依据。

因此，为解决传统公寓管理模式存在的问题，必须采用智能化管理手段和思维，革新公寓管理模式，以更好地满足大学生需求，保障高校公寓的安全和稳定运行。

2. 高校学生公寓物业管理智能化的可行性

①技术可行性：随着教育信息化的发展，各种智能化技术已经得到广泛应用，具有较高的可行性和实用性。

②资源可行性：现代高校已经具备了网络基础设施和信息技术支持，可以为学生公寓物业管理提供必要的资源支持。

③经济可行性：尽管智能化系统和设备的投资较大，但从长远来看，智能化管理可以减少人力成本，提高管理效率，这将对物业管理产生积极的经济影响。

④管理可行性：将智能化动态系统和管理系统结合起来，通过大数据分析和监控，公寓管理者可以及时了解学生的住宿情况和生活问题，提供及时、有效的解决方案。

因此，高校学生公寓物业管理智能化是可行的，有助于提高管理效率和服务质量，保障学生的安全和福祉。同时，也为进一步推动高校公寓管理向更高水平发展提供了可能。

3. 打造以智能化为核心的高校学生公寓管理模式

1）云技术应用于办公

学生公寓可以使用基于云技术的网络办公平台，向无纸化办公转型。平台以学生公寓的布局为背景，以具体工作内容为基础，以信息共享为核心，构建成一个高效的办公系统。平台按工作需要创建多个分类文件夹，如安全、质量、宣传、管理文件和规章制度等；每个文件夹内再设分支，如工作计划、流程、总结、员工管理、成本管控、应急预案、绩效考核、基础数据、住宿信息等，涵盖学生公寓所有日常事务。

在云办公的支持下，公寓管理者可以使用云平台进行日常办公，如文档编辑与存储、会议管理、任务分配等。各管理者可以随时随地进行协作与交流，提高工作效率。

通过云平台实现的办公，可以进行权限管理，确保只有相关人员可以访问相关信息和操作。此外，云平台还可以进行数据备份和防护措施，保障学生信息的安全。

2) 线上"一站式"服务平台的搭建

通过建立一个便捷、高效、安全、可靠、全天候平台，可以实现学生在不同时间、地点进行线上操作和自助服务。

①搭建线上"一站式"服务平台需要具备一个完善的系统架构和功能模块，包括学生入住登记、信息查询、校园卡充值、查询电费网费、各类费用缴纳、报修服务、安全管理、意见反馈等功能。系统需要提供简洁、直观的用户界面，同时具备高效、稳定的数据支持。

②平台可通过对学生进行实名认证，并采用数据加密等技术，确保信息传输和存储过程的安全。

③平台应支持多种功能和多种人员的在线操作。比如：平台上的报修模块，学生可以在线提交报修申请，查看维修进度，与物业人员进行沟通；物业人员可以通过任务抢单功能，实现维修的便捷。再如：平台上的调宿模块，可设置成三维动态图，每个学生在入住登记时在平台系统内填写好自己的作息、习惯等，当有学生提出调宿申请时，系统基于大数据分析能够对学生申请情况进行综合评估和智能匹配；通过对以往调宿数据的分析，系统还可以自动判断学生的优先级和合适的调宿方案，从而提高调宿的准确性和合理性。平台通过与公寓管理系统的对接，实现调宿信息的实时同步，方便管理人员进行调度和安排。

④平台可以提供在线办公和事务处理的功能。比如，学生可以在线提交各类申请，参与公寓管理相关的在线评选和问卷调查等。同时，学生也可以通过平台在线预约洗衣机、自习室等公共服务设施，提前查询设备和空间的使用情况。

综上所述，通过线上"一站式"服务平台，学生可以随时随地进行线上操作、办公和自助服务；对于管理者而言，这也是一个集中管理、监控和分析数据的平台，便于他们了解学生的住宿情况和各类需求，及时解决问题，提升公寓管理的质量和效果。

3) 人脸识别智能门禁与晚归查寝系统的应用

通过人脸识别技术，可以将学生的面部特征与数据库中的信息进行对比，实现进出公寓的自动识别和门禁控制。

①相比传统的门禁系统，人脸识别技术可以准确地辨识每个学生的身份，避免了使用传统卡片或密码易被冒用的问题，可以有效防止非法人员进入公寓，保障学生居住环境的安全。

②学生无须携带门禁卡或记住密码，只需通过人脸识别即可进出公寓，极大地提高了进出速度和便利性。

③如外人需要进入宿舍楼，进入者在平台登记申请并进行人脸录入，进入宿舍楼后摄像头会实时追踪其位置信息，确保进入者按照其申请办事路线行走，实现在没有宿管员陪同时也能做到安全监督。

④人脸识别智能门禁系统与晚归查寝智能系统联动。学生需要早出晚归时，应在"一站式"服务平台上提前申请获得辅导员批准，学生进入后通过人脸识别身份，确认本人后方可允许进入，这样的目的就是增加识别安全，并在一定程度上对学生晚归起到安全监督。

⑤系统通过对学生的进出记录进行分析，可以了解学生入住公寓的时间和频次，及时发现异常情况，将晚归、不归的学生信息上传至公寓管理系统，方便管理人员进行后续

处理。

总之，人脸识别智能门禁和晚归查寝智能系统的应用能够提高管理的效率和安全性，为学校提供准确的数据支持，为学生提供更加安全和便捷的居住环境。

4）智能门锁的使用

智能门锁的主要功能是通过人脸识别或密码输入等方式，完成对进户门的控制。相比传统的门锁方式，智能门锁可以自动识别住户身份，避免了物理钥匙的遗失风险；还可以记录住户进出公寓的时间和频次，提供实时的出入记录，方便管理者进行监控和管理；当有不明人员闯入时，智能门锁会立即触发报警机制，保障学生的安全。

智能门锁的应用不仅提升了安全性，还带来了许多便利。学生无须携带实体钥匙，只需通过人脸识别或密码验证即可顺利进出寝室。此外，智能门锁可以与其他智能设备进行联动，如与智能门禁、晚归查寝系统结合使用，通过互联互通，学生的生活体验将更加便捷和高效。

4. 高校学生公寓物业智能化管理下一步规划

为推动公寓管理向更高水平发展，可以进一步研究和应用其他智能化技术，如人工智能、物联网等；可以深入研究大数据在高校公寓管理中的应用，以帮助管理者作出更准确的决策和提供更优质的公寓服务；可以进一步探讨高校学生公寓管理的安全性与隐私保护，以确保学生公寓管理的可靠性和合法性；可以通过问卷调查和实地调研等方法，了解学生对于智能化管理系统的接受程度和改进意见，以进一步完善和提升学生公寓管理服务的质量。

总之，可以进一步探索和应用新兴的智能化技术，并关注学生公寓管理的安全性和用户满意度，以提高公寓管理的服务质量和管理效率。同时，需要将理论研究与实际应用相结合，不断完善和推动高校学生公寓管理的智能化发展。

（资料来源：南京大学后勤服务集团，https://hqjt.nju.edu.cn/ldwygl/bd/d0/c4717a638416/page.htm，有改动）

结合案例请思考：

1. 如何在高校学生公寓物业的智能化管理中体现技术可行性？
2. 在高校学生公寓物业管理智能化中如何实现管理可行性？

 导入案例的分析要点

7.1　系统规划概述

管理信息系统的规划是关于管理信息系统发展的长远计划，是企业战略规划的一个重要部分。良好的系统规划，对企业来说，可以考核信息系统人员的工作，明确他们的方向，将信息资源合理分配和使用；对企业领导来说，可以改进管理方式，为企业创造更多的利润。

7.1.1　系统规划的概念

信息系统规划（Information System Planning，ISP），又称信息系统的战略规划或者信息系统的总体规划，是根据组织的战略目标和用户提出的需求，从用户的现状出发，经过调查，对所要开发的信息系统的技术方案、实施过程、阶段划分、开发组织和人力资源、投资规模、资金来源和工作进度，用系统的、科学的、发展的观点进行全面部署和计划。信息系统规划是面向组织中信息系统发展愿景的系统开发计划，可帮助组织充分利用信息系统及其潜能来规范组织内部管理，提高组织的工作效率和顾客满意度，为组织获取竞争优势，实现组织的宗旨、目标和战略。

信息系统规划是关于信息系统长远发展的规划，其主要解决以下四个问题：

①如何保证管理信息系统规划的目标与其所服务的组织的整体战略方向一致？

②怎样为该组织设计出一个管理信息系统的总体结构，并基于此结构来设计和开发应用系统？

③对于相互竞争的应用系统，应该如何拟订优先开发计划和运营资源分配计划？

④面对前三个阶段的工作，应该如何选择并应用行之有效的方法论？

信息系统规划是信息系统生命周期中的第一个阶段，也是系统开发过程的第一步，其质量直接影响着系统开发的成败。正是由于信息系统规划是一项耗资巨大、技术复杂、开发周期长的系统工程，因而需要一个高层的战略规划，也就是以整个系统为分析对象，从战略上把握系统的目标和功能的框架。在现代社会中，信息已成为企业的生命线，信息资源是企业的一项重要财富，信息管理是企业管理的重要组成部分，信息系统的运行与企业的运营方式息息相关，所以，不仅要在资源上、经费上、时间上给予充分考虑，更要在观念上给予高度重视，作出全方位的规划。

7.1.2　系统规划的目标

系统规划的目标是：制订同组织发展战略目标相一致的信息系统发展战略目标。

目前，在信息系统的规划工作过程中，主要存在着两种性质不同的发展战略：一种发展战略是通过更多、更快、更好的软硬件来增强信息系统的数据处理能力；另一种发展战略是强调建立更优的组织模式，从而给计划和控制工作提供良好的管理信息。无论是哪一种战略，都必须根据以往的情况来预测系统规划执行期间的技术和管理上的进展，而且也要考虑将来的组织结构、产品情况和业务系统，更重要的是，要确保所制订的系统规划目标与组织的战略规划目标相一致。

7.1.3　系统规划的任务

系统规划主要有以下三项任务：

1. 制订信息系统的发展战略

信息系统服务于企业管理，其发展战略必须与整个企业的战略目标协调一致。首先要调查分析企业的目标和发展战略，评价现行信息系统的功能、环境和应用状况，再确定信息系统的使命，制订信息系统的战略目标及相关政策。

2. 制订信息系统的总体方案，安排项目开发计划

在调查分析企业信息需求的基础上，提出信息系统的总体结构方案。根据发展战略和

总体结构方案，确定系统和应用项目开发次序及时间安排。

3. 制订系统建设的资源分配计划

提出为实现系统开发计划所需要的硬件、管理软件、数据通信设备、人员、技术、服务、资金等资源计划，作出系统建设的概算。

7.1.4　系统规划的内容

系统规划包括企业和企业管理信息系统的战略目标、政策和约束，还包括应用系统或系统的功能结构、信息的组织、人员、管理和运行等。系统规划是企业战略规划的一个重要部分，是一项耗资且耗时的复杂的工程。一般来说，整个系统规划包括下面四项主要内容：

1. 系统的目标、约束与总体结构

系统规划包括企业的战略目标、外部环境、内部环境、内部约束条件、信息系统的总目标和计划以及信息系统的总体结构等。其中，信息系统的总目标为信息系统的发展方向提供准则，而计划则是对完成工作的具体衡量标准。信息系统的总体结构规定了信息的主要类型以及主要的子系统，为系统开发提供了框架。

2. 当前的能力状况

系统规划包括硬件情况、通用软件情况、应用系统及人员情况、硬件与软件人员及费用的使用情况、项目进展状况及评价等。

3. 对影响计划的信息技术发展的预测

系统规划自然要受到当前和未来信息技术发展的影响，应能够准确觉察计算机硬件技术、网络技术、数据库技术以及办公自动化技术的发展趋势并在战略规划中有所反映。软件的可用性和方法论的变化、周围环境的发展以及它们对信息系统产生的影响也应该在考虑因素之内。这些都是信息系统有较强生命力的保证。

4. 近期计划

在系统规划适用的几年中，应对即将到来的一段时期(如一年)作出具体安排，主要应包括硬件设备的采购时间表、应用项目开发时间表、软件维护与转换工作时间表、人力资源的需求以及人员培训时间安排、财务资金需求等。

系统规划需要不断修改。人员的变化、技术的变革、组织自身的变化都可能影响整个规划，甚至一种新的硬件或软件的推出也能影响规划。除此之外，修改规划的原因还可能来自信息系统之外的事物，如财务限制、政府的规章制度、竞争对手采取的行动等。

7.2　系统规划的阶段模型

在信息系统的开发理论中，用来描述信息系统发展进程的是阶段理论，其代表模型主要是诺兰模型。

诺兰模型描述了信息系统的发展阶段，并使信息系统的各种特性与系统发展的不同阶段对应起来，从而成为系统规划工作的框架。根据这个模型，只要一个信息系统存在某些特性，便可以知道它处在哪一阶段。这一理论的基本思想是：一个组织的信息系统在能够转入下一阶段之前，必须首先经过系统生长的前几个阶段。因此，如果能够诊断出一个企业目前

所处的成长阶段，就能够对战略规划提出一系列的限制条件并做出针对性的规划方案。

7.2.1 诺兰模型概述

1973 年，美国管理信息系统专家诺兰（Richard L. Nolan）通过信息系统的实践和经验提出了著名的信息系统发展的阶段模型，即诺兰模型。诺兰指出，任何组织的信息系统的发展，都存在着一定的发展道路和规律，一般经历从初级到成熟的阶段。诺兰的信息系统发展四阶段论中，按时间顺序将时间横轴划分成四个区间，即开发期、普及期、控制期和成熟期，称为信息系统的发展阶段，同时用纵轴来表示与信息系统相关联的费用支出。

1980 年，诺兰将信息系统的发展划分为六个阶段，分别是初始阶段、蔓延阶段、控制阶段、集成阶段、数据管理阶段和成熟阶段，如图 7-1 所示。诺兰指出，任何组织的信息系统的发展都必须从一个阶段到下一个阶段，不能实现跳跃式发展。

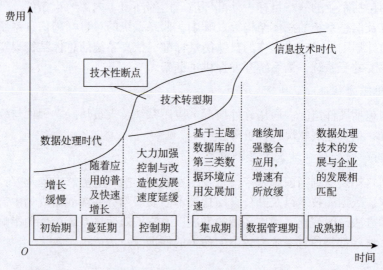

图 7-1 诺兰的六阶段模型

7.2.2 诺兰的六阶段模型

诺兰将信息系统的发展划分为以下六个阶段：

第一阶段为初始阶段。企业购置第一台用于管理的计算机，表明了信息系统开发初始阶段的开始。在这一阶段，各级管理人员对信息系统从不认识到有点认识，支持、组织开发出了一两个简单的应用系统。初始阶段的计算机一般用在会计、统计等部门。这些简单的应用系统运行所产生的效益和效率使得人们对信息系统的认识大大提高，于是逐渐进入了第二阶段。

第二阶段是蔓延阶段。这一阶段是数据处理发展最快的一个阶段，用户感到计算机在事务处理上的方便之处，计算机的利用率不断提高，各部门都开发了大量的应用程序。但这时由于缺乏综合系统开发，出现了信息冗余、代码不一致、信息难以共享等混乱局面。20 世纪 60 年代，美国多数公司经历了这个阶段，当时由于无控制的技术刺激和松弛的管理，使计算机应用猛增，只有小部分收到实际的效益。

第三阶段是控制阶段。由于广大管理人员都认识到了计算机信息系统的优越性，纷纷购置设备，开发支持自身管理的信息系统，使得硬件、软件的投资和开发费用急剧增长，增长到一定程度便会受到控制，即进入控制阶段。这个阶段除了各项投资费用受到控制，还要求完善各个子系统的功能以提高现有计算机应用的效益，其发展速度与前两个阶段相比要缓慢得多。随着应用项目不断积累，客观上也要求加强组织协调，于是，就出现了由企业领导和职能部门负责人参加的领导小组，对整个企业的系统建设进行统筹规划，特别是利用数据库技术解决数据共享问题。这时，严格的控制阶段便代替了蔓延阶段。诺兰认为，第三阶段将是实现从以计算机管理为主向以数据管理为主转换的关键，一般发展得较慢。

第四阶段是集成阶段。由于发现系统不能互通、信息不能共享等一系列由分散开发所形成的问题，就产生了从全局出发，建立一个支持全企业的信息系统的需求，即进入了集成阶段。在集成阶段，信息系统的开发首先应考虑总体，面向数据库建立稳定的全局数据模型，基于稳定的全局数据模型实现各子系统的功能需求，进而发挥信息"黏合剂"和"倍增剂"的作用。这种开发支持全局信息系统的需求，势必带来各项投资费用的增长，但开发速度加快了。

第五阶段是数据管理阶段。诺兰认为，在集成阶段之后才会真正进入数据管理阶段。这时，数据真正成为企业的重要资源。鉴于 20 世纪 80 年代美国多数企业还处在第四阶段，诺兰对第五阶段还无法给出详细的描述。

第六阶段是成熟阶段。一般认为，信息系统的成熟表明它可以满足企业各管理层次的要求，从操作层的事务处理(TPS)到中间管理层的控制管理(MIS)再到支持高级管理层的决策支持(DSS)，真正实现了信息资源的管理。

诺兰模型的前三个阶段具有计算机数据处理时代的特征，后三个阶段则显示出信息技术时代的特点，前后的转折区间是整合期。由于办公自动化的普及、终端用户计算环境进展而导致了发展的非连续性，这种非连续性又称为技术性断点。

诺兰的六阶段模型还包括了信息系统发展过程中的六种要素：
①计算机硬软资源：从早期的磁带向分布式计算机发展。
②应用方式：从批处理方式到联机分析处理方式。
③计划控制：从短期的、随机的计划到长期的、战略性的计划。
④MIS 在组织中的地位：从附属于别的部门发展为独立的部门。
⑤领导模式：开始时，技术领导是主要的；随着用户和上层管理人员越来越了解MIS，上层管理部门开始与 MIS 部门一起决定发展战略。
⑥用户意识：从作业管理级的用户发展到中、上层管理级的用户。

因此，无论是确定开发信息系统的策略，或者是制订系统规划，都应首先明确本组织当前处于哪一阶段，进而根据该阶段特征来指导 MIS 建设。

7.2.3　诺兰模型的意义

诺兰模型是对计算机信息系统发展历程的总结。诺兰曲线是一种波浪式的发展过程，反映了一定的发展规律，跳过某个或某几个阶段是不大可能的。但是，随着人们对信息系统认识的提高，可以压缩有些阶段的时间，特别是蔓延阶段的时间。诺兰的阶段理论既可以用于判断当前信息系统处在哪个生长阶段、向什么方向前进、怎样管理对研制最有效，也可以用于对各种变动进行安排，进而以一种可行方式转至下一生长阶段。虽然信息系统生长现象是连续的，但各阶段是离散的。在制订战略规划过程中，根据各阶段之间的转换和随之而来的各种特性的逐渐出现，运用诺兰模型来辅助制订规划，将其作为系统规划指南是十分有益的。

视频学习资源：系统规划的概述和诺兰模型

7.3　系统规划的主要方法

系统规划的方法很多，主要有关键成功因素法（Critical Success Factors，CSF）、战略目标集转化法（Strategy Set Transformation，SST）和企业系统规划法（Business System Planning，BSP）。另外，还有几种用于特殊情况，或者作为整体规划的一部分使用，如企业信息分析与集成技术（BIA&IT）、产出/方法分析（E/MA）、投资回收法（ROI）、零点预算法等。这里主要介绍三种常用的系统规划方法：关键成功因素法、战略目标集转化法和企业系统规划法。

7.3.1　关键成功因素法

1970 年，哈佛大学教授威廉姆·赞恩（William Zani）在信息系统的模型中用到了关键成功变量，这些变量成为确定信息系统成败的因素。10 年后，麻省理工学院教授琼·罗卡特（Jone Rockart）将关键成功因素法提升为信息系统的规划方法。

关键成功因素是关系到组织的生存与组织成功与否的重要因素，它们是组织最需要得到的决策信息，是管理者重点关注的活动区域。关键成功因素法是一套用以定义组织信息需求的方法，其目的是确定企业成功的关键因素。运用这种方法，可以对企业成功的重点因素进行辨识，确定组织的信息需求，了解信息系统在企业中的位置。

关键成功因素法的基本思想是通过分析找出促使企业成功的关键因素，围绕这些因素确定信息系统的需求，对信息系统进行规划。

1. 关键成功因素法的步骤

①通过对企业进行初步调查，了解企业对新信息系统的需求，从中分析出明确的企业目标。

②明确企业目标之后，了解和分析与实现目标相关的业务和人员，从中识别出与企业目标密切相关的关键成功因素。

③确定了信息系统的若干关键成功因素之后，分别分析出各个关键成功因素的性能指标并设定不同标准。

④根据每个关键成功因素的不同性能指标和标准，找出能够衡量关键成功因素性能的数据，并定义与这些数据相关的数据字典。

关键成功因素法的步骤如图 7-2 所示。

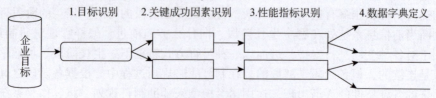

图 7-2　关键成功因素的步骤

2. 关键成功因素的确定

对于不同的企业，关键成功因素也随之不同。在众多影响企业发展的要素中，要确定哪些才是企业的关键成功因素，可以通过考虑下列几方面的问题：

①确保企业具有竞争能力的关键因素。

②不同类型的业务存在不同的关键成功因素。

③企业处于不同发展时期，关键成功因素也可能变化。

④企业所处的外部环境变化时，可能引起关键成功因素的变化。

⑤不同的高层管理人员，对于企业关键成功因素的定义和想法也会不同。

企业的高层管理人员是决定关键成功因素法的主要群体，而关键成功因素同样成为高层管理人员管理控制企业信息系统的基础。关键成功因素就是要识别与系统目标相关联的主要数据类以及关系，而识别关键成功因素的主要工具是因果分析图（也称为树枝图或鱼刺图）。图 7-3 是利用因果分析图画出的影响某大学成为一流大学的各种因素，以及影响这些因素的子因素。

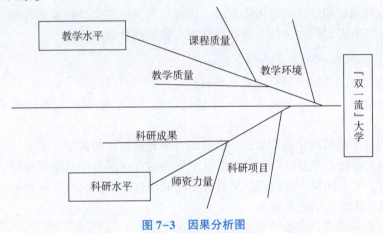

图 7-3 因果分析图

7.3.2 战略目标集转化法

威廉姆·肯（William King）于 1978 年提出了战略目标集转化法。战略目标集转化法的基本思想是把整个战略目标看成"信息集合"（使命、目标、战略、管理复杂性、环境约束等），信息战略规划的过程就是把组织的战略目标转化为信息系统战略目标的过程。

战略目标集转化法是通过下面的两步形成信息系统战略规划的：

1. 识别组织的战略集

先考查一下该组织是否有成文的战略计划，如果没有，就要去构造这种战略集合。可以采用以下步骤：

①描述组织关联集团的结构。"关联集团"是与该组织利益相关的人员，如客户、股东、雇员、管理者、供应商等。

②识别关联集团的目标。

③定义组织相对于每个关联集团的任务和战略。

2. 将组织战略集转化成 MIS 战略

MIS 战略应包括系统目标、约束以及设计原则等。这个转化的过程是：先对组织战略集的每个元素识别对应的 MIS 战略约束，然后提出整个 MIS 的结构，最后选出一个方案交给领导。

不同的企业由于经营战略、企业规模和管理水平的不同，以及处在信息化建设的不同阶段，制订信息技术战略的出发点不同，可能会采取不同的方法，也可以综合运用几种方法。但是，无论采用哪种方法，都要从企业经营战略出发而不是从信息系统的需求出发，避免陷入脱离目标而进行盲目建设的困境；要着眼于引进现代管理理念、模式和方法，从经营管理的变革出发而不是从技术的变革出发；这样有利于充分利用企业的现有资源来满足关键需求，避免信息系统无法有效地支持组织的决策。

7.3.3 企业系统规划法

企业系统规划法（Business System Planning，BSP）是 20 世纪 70 年代初期 IBM 公司用于内部系统的一种规划和设计的结构化方法，该方法基于信息支持企业运行的思想，帮助企业形成信息系统的规划机制，并改善对信息需求和数据处理的使用。

1. 企业系统规划法的基本思想

1）一个信息系统必须支持企业的战略目标

基于这种思想，可以将 BSP 看成一个转化过程，即将企业的战略转化成信息系统的战略。

2）一个信息系统的战略应当表达出企业的各个管理层次的需求

一般认为，在任一企业内同时存在着三个不同的管理层，即战略管理层、战术管理层和操作管理层，对不同层次的管理活动有着不同的信息需求。因此，有必要建立一个合理的框架，并据此来定义信息系统。

3）一个信息系统应该向整个企业提供一致的信息

由于计算机正在发展中，各种单项数据处理系统的分散开发形成了信息的不一致性，包括信息形式上的不一致、定义上的不一致和时间上的不一致，因而为了保证信息的一致性，有必要制订关于信息一致性的定义、技术实现以及安全性的策略与规程。

4）一个信息系统应该经得起组织机构和管理体制的变化

信息系统应具有对环境变更的适应性，即应当有能力在企业的组织机构和管理体制的变化中发展自己而不受到大的冲击。为了实现上述目的，企业系统规划法采用定义企业过程的概念与技术，这种技术使信息系统独立于组织机构中的各种因素，即与具体的组织体系和具体的管理职责无关。

5）一个信息系统应是先"自上而下"识别，再"自下而上"设计

对大型信息系统规划时，企业系统规划法所采用的基本方法是"自上而下"地识别系统目标、识别企业过程、识别数据和"自下而上"地分步设计系统，这样既可以解决大规模的企业信息系统难以一次设计完成的困难，也可以避免自下而上分散设计可能出现的数据不一致、重新系统化和相互无关的系统设计问题。企业系统规划法的基本思想如图 7-4 所示。

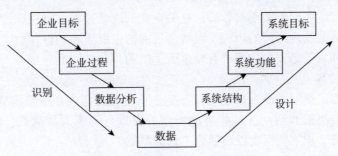

图 7-4　企业系统规划法的基本思想

2. 企业系统规划法的步骤

企业系统规划法是将企业目标转化成信息系统目标战略的全过程，其详细步骤如图 7-5 所示。

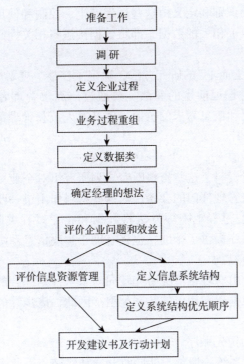

图 7-5　企业系统规划法详细步骤

企业系统规划是一项系统工程，其步骤大致可分为 11 个阶段。

1) 准备工作阶段

系统规划的任务下达后，首先进行准备工作。首先成立由最高领导牵头的委员会，下设一个规划研究组。其次应当是研究计划的制订，内容包括研究计划、采访日程表、复查时间表、研究报告大纲以及必要的经费确定。所有这些都得到委员会的认可，准备工作才算落实。准备工作十分重要，大量事实证明，在未做好准备工作的情况下仓促上阵，结果是欲速则不达，危害整个项目。

2) 调研阶段

调研企业情况包括三个方面：第一，明确规划的目标、期望的成果和企业的远景及企业的活动等；第二，调研有关资料并讨论有关企业的决策过程、组织职能、开发策略等问题；第三，调研数据处理部门的历史、现状、目前的主要活动和存在的主要问题。通过调研，达到对企业和对信息支持的要求有较全面了解的目的。

3）定义企业过程

定义企业过程是企业系统规划法的核心。企业过程是指在企业资源管理中所需要的、逻辑上相关的一组决策和活动，这些活动将作为安排与管理人员面谈、确定信息总体结构、分析现行系统、识别数据类以及随后工作的基础。

4）业务过程重组

对企业的经营过程作根本性的再思考和彻底性的再设计，以便使企业在成本、质量、服务、速度等表征企业业绩的重大特征上获得巨大的改善，并强调通过充分利用信息技术使企业业绩取得巨大提高。

5）定义数据类

定义企业过程后，要识别和定义由这些过程产生、控制和使用的数据。数据类是指支持企业过程所必需的逻辑上相关的数据，即将数据按逻辑相关性归成类。

6）确定经理的想法

企业系统规划法"自上而下"的研究方法，决定了在整个规划过程中必须考虑管理人员对系统的要求，特别是对长远前途的看法。要通过与高层管理者的对话来明确目标、问题、信息需求，以及问题和信息需求的价值，使开发人员和管理部门间建立新的、更密切的关系。

7）评价企业问题和效益

通过采访可获得大量资料，这些资料随着规划研究组对企业了解的深入而进一步得到扩充和完善，最后通过与管理部门的会谈，对这些材料作出进一步确认和解释。接着，对问题进行分析，使用问题/过程矩阵等方法将数据和企业过程关联起来。通过关联分析，不仅为安排项目的优先顺序提供了帮助，也将有助于解决信息系统的效益改进问题。

8）定义信息系统总体结构

定义信息总体结构是由对现行情况研究转向对未来计划综合的主要步骤。信息总体结构构建出未来的信息系统框架和相应的数据类型。因此，该步骤的核心是子系统划分，具体做法是利用 U/C 矩阵。

9）确定总体结构中的优先顺序

一个规模较大的信息系统一般都不能同时开发和实施，因此需要确定系统开发的优先顺序，即对信息总体结构中的子系统或其子项目根据所规定的准则进行重要性评价，从而排定开发顺序。

10）评价信息资源管理

为了实现更完善的信息管理体系，使信息系统能有效、迅速地开发、实施和运行，就需要对与信息系统相关的信息资源的管理加以评价和优化，并使其能不断随企业战略的变化而改变。

11）制订建议书和开发计划

建议书用来帮助管理部门对所建议的项目作出决策。项目是由信息总体结构优先顺序和信息管理部门的建议来决定的，开发计划则要确定具体的资源、日程、估计工作规模等。

3. 定义企业过程的方法

企业过程是指为企业各类资源管理所需要的、逻辑相关的一组决策和活动。整个企业的管理活动由一系列企业过程组成，例如院前急救、临床诊断、临床检验、临床检查、麻醉与手术、临床护理、药品管理、跟踪服务等都是医院的业务过程。

企业的管理活动是由许多个企业过程组成，通过识别企业过程能够对企业完成其目标的可能性有更深刻的了解，并且能识别构成信息系统的信息基础。按照企业过程所建立的管理信息系统，可以应对企业组织发生的变化，换句话说，管理信息系统相对独立于组织业务。

定义企业过程首先要识别企业过程的三类主要来源：计划/控制、产品/服务、支持资源。任何企业的活动均与这三方面有关并由这三方面导出。定义企业过程的步骤如图7-6所示。

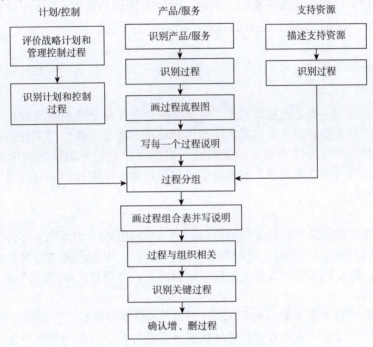

图7-6 定义企业过程的步骤

第一类企业过程源——计划/控制。它可以定义企业战略规划和管理控制方面的过程。战略规划方面的过程有经济预测、组织计划、政策开发等。管理控制方面的过程有资金计划、运营计划、人员计划等。

第二类企业过程源——产品/服务。由于产品都有其生命周期，即需求、获得、服务、退出，在每一阶段都需要一些过程对其进行管理。如在需求阶段，所需过程为市场计划、预测、定价、材料需求计划等；在获得阶段，所需过程为产品说明、材料购买、生产运行与调度等；在服务阶段，所需过程为库存控制、质量检测等；在退出阶段，所需过程为销售、运输等。因此，可以沿着生命周期分析这些过程。

第三类企业过程源——支持资源。它的识别方法和产品/服务相类似。一般来说，企业支持资源包括人（人事）、财（资金）、物（材料与设备），这些资源也都有其生命周期。

对"人"而言，生命周期中的需求、获得、服务、退出的对应过程为人事计划、招聘、补充、退休；对"财"而言，对应过程为财务计划、资金获得、财务管理、会计支付；对"物"而言，对应的过程为生产材料和设备需求、购买材料和设备、库存控制与机器维修、订货控制与设备报废等。

完成上述过程识别后，还要进行过程分组，应合并同类过程并减少过程在层次上的不一致。然后画出过程组合表，即将每一过程组合和它的过程都列在一张表上，之后，再用建立过程/组织矩阵的方法，把企业组织机构与企业过程联系起来，从而说明每一过程与机构的联系。下一步开始识别关键过程，即识别企业成功的关键过程。识别关键过程是为了决定要对企业的哪些部门进行更详细的研究。

定义企业过程是企业系统规划法成功的关键步骤，本步骤做完后应产生如下文档：

①分别列出计划/控制、产品/服务、支持资源所导出的过程。第一类按战略规划和管理控制列出，第二类、第三类按生命周期列出。

②分别对每一过程作出简单说明。例如，对生产计划的说明"为生产满足需求预测的产品"而对材料、人员、设备所进行的计划活动。

③作产品/服务过程流程图。

④列出关键过程名称。

4. 定义数据类的方法

定义数据类的第一步是识别数据类。数据类指的是支持企业业务过程所需的与逻辑相关的一组数据，即在企业的业务过程之中产生和使用的数据。其目的主要是：了解当前支持企业过程的数据的准确性和提供的及时性；识别在建立信息总体结构中要使用的数据类；发现企业过程间的数据共享；发现各个过程所产生、使用和缺少的数据等。数据的分类主要有以下两种方法：

1）实体法

实体法首先识别信息系统的实体（如产品、物资及凭证等）和每个实体的生命周期阶段所产生的数据（包含计划、统计、存储和业务四种类型）；其次利用这四种类型的数据类来描述每个实体；最后把实体和数据类的联系绘制成表，便得到实体/数据类表。

2）企业过程法

利用已经识别的企业过程，分析每个过程利用了什么数据，生成什么数据，换句话说，就是分析每个过程的输入数据和输出数据分别是什么，然后用输入—处理—输出图来描述，最后定义出信息系统的数据类。

5. 定义信息系统的总体结构

识别出数据类和企业业务流程之后，就可以定义管理信息系统的总体结构。定义管理信息系统总体结构的目的是建立待开发的管理信息系统框架和对应数据类，其主要任务是根据信息的产生和使用来划分子系统，其划分原则是尽量把信息产生的企业过程和使用该信息的企业过程划分在同一子系统中，减少子系统之间的信息交换。

企业系统规划法是根据信息的产生和使用来划分子系统的，它尽量把信息产生的企业过程和使用的企业过程划分在一个子系统中，从而减少了子系统之间的信息交换。划分子系统的步骤如下：

1）作 U/C 矩阵

利用定义好的功能和数据类产生一张功能/数据类表格，即 U/C 矩阵。矩阵中的"列"表示数据类，"行"表示功能，并用字母 U（use）和 C（create）表示功能对数据类的使用和产生。交叉点上标 C 的表示这个数据类由相应的功能产生，标 U 的表示这个功能使用这个数据类。例如，产品预测功能需要使用有关产品、客户、销售区域和计划方面的数据，则在这些数据下面的销售一行对应交点标上 U；而计划数据产生于经营计划功能，则在对应交叉点上标 C，如表 7-1 所示。

表 7-1　功能/数据关系(1)

功能	数据类															
	客户	订货	产品	加工路线	材料表	成本	零件规格	原材料库存	成品库存	职工	销售区域	财务	计划	设备负荷	材料供应	工作令
经营计划						U						U	C			
财务规划						U				U		U	U			
产品预测	U		U								U		U			
产品设计开发	U		C		U		C									
产品工艺			U		C		U	U								
库存控制								C	C						U	U
调度			U											U		C
生产能力计划				U										C	U	
材料需求			U		U										C	
作业流程				C										U	U	U
销售区域管理	C	U	U													
销售	U	U	U									C				
订货服务	U	C	U													
发运		U	U						U							
会计	U		U									U				
成本会计		U				C										
人员计划										C						
人员招聘考核										U						

2）数据正确性分析

进行数据正确性分析的目的是进一步确认系统中所有数据的完整程度、一致性程度和无冗余程度。U/C 矩阵的数据正确性验证由以下三方面组成：

（1）一致性检验

每列有且只有一个 C，即一个数据只能有一个产生源。一般来说，一个数据由一个业务产生，某一列若没有 C，可能是数据收集时出现错误。若有多个 C，一种可能是在数据汇总时出现错误，将其他使用该数据的业务误认为是数据产生源；另一种可能是该数据项是一类数据的总称，在这种情况下应该将数据项细分。

（2）完整性检验

每列至少有一个 U，即一个数据至少为一种业务使用。数据的产生应该是为业务服务的，每个业务服务都必须能使用数据类，若某一列没有 U，可能是在调查数据或者建立 U/C 矩阵时出现错误。

（3）无冗余性检验

不能出现空列和空行。出现空列和空行可能有下列原因：数据项或者业务流程的划分出现冗余、在系统或者是建立 U/C 矩阵的过程中漏掉了两者之间的联系，或者现有系统的业务划分或数据设置不合理。

按照以上原则对业务和数据进行分析整理之后，最大限度上保证数据的一致性、完整性和无冗余性。利用 U/C 矩阵方法不仅能够检验数据的正确性，还能协助系统分析人员对系统进行子系统的划分，有助于系统划分的合理性。

3）调整功能/数据类矩阵

开始时数据类和过程是随机排列的，U 和 C 在矩阵中的排列也是分散的，必须加以调整。首先，功能这一列按功能组排列，每一功能组中按资源生命周期的四个阶段排列。其次，排列"数据类"这一行，使得矩阵中 C 最靠近主对角线。在不破坏功能的逻辑性基础上，可以适当调整功能分组，使 U 也尽可能靠近主对角线。

4）划分子系统

把 U 和 C 比较集中的区域用粗线条框起来，这样形成的框就是一个个子系统，如表 7-2 所示，起个名字，这就是子系统，如表 7-2 所示。

表 7-2　功能/数据关系（2）

功能		数据类															
		计划	财务	产品	零件规格	材料表	原材料库存	成品库存	工作令	设备负荷	材料供应	加工路线	客户	销售区域	订货	成本	职工
经营计划	经营计划	C	U													U	
	财务规划	U	U													U	U
技术装备	产品预测	U		U									U	U			
	产品设计开发			C	C	U							U				
	产品工艺			U	U	C	U										
生产制造	库存控制						C	C	U		U						
	调度			U						C	U						
	生产能力计划									C	U	U					
	材料需求			U		U					C						
	作业流程								U	U	U						
销售	销售区域管理			U									C		U		
	销售			U									U	C	U		
	订货服务			U									U		C		
	发运			U				U							U		
财会	会计			U									U			U	U
	成本会计														U	C	
人事	人员计划															C	
	人员招聘考核																U

5) 用箭头把落在框外的 U 与子系统联系起来，表示子系统之间的数据流

例如，数据类"成本"，由经营计划产生，经营计划子系统要用到这一数据类，如表 7-3 所示。

表 7-3 功能/数据关系(3)

功能		数据类															
		计划	财务	产品	零件规格	材料表	原材料库存	成品库存	工作令	设备负荷	材料供应	加工路线	客户	销售区域	订货	成本	职工
经营计划	经营计划	经营计划子系统														U	
	财务规划															U	U
技术装备	产品预测	U		产品工艺子系统									U	U			
	产品设计开发												U				
	产品工艺						U										
生产制造	库存控制																
	调度			U			生产制造计划子系统										
	生产能力计划																
	材料需求			U		U											
	作业流程																
销售	销售区域管理			U													
	销售			U									销售子系统				
	订货服务			U													
	发运			U				U									
财会	会计			U									U			1	U
	成本会计														U		
人事	人员计划																2
	人员招聘考核																

注：1-财会子系统；2-人事子系统。

从使用 U/C 矩阵进行子系统划分的步骤来看，整个划分过程中人为的主观因素起到了很大的作用，比如功能组合、数据类的排位、"C"较密集区域的划分等，因此，不同的分析人员划分的结果可能是不一样的。

6. 定义总体结构中的优先顺序

管理信息系统的开发不可能所有项目一起进行，要遵循先后顺序，在确定优先顺序时应该考虑以下四个标准：

1) 潜在利益

在近期内该项目的实施是否能够节省开发费用，长期内是否能够对投资回收有力，是否能够明显地增加企业的竞争优势。

2）对企业的影响

该项目是否是企业的关键成功因素或者是亟待解决的主要问题。

3）成功的可能性

分别从技术、开发时间、组织情况、风险情况以及可利用的资源等方面分析项目成功的可能性。

4）需求

充分考虑用户需求、项目价值以及该项目与其他项目之间的关系。

7. 撰写研究报告

企业系统规划法的研究报告是信息系统建立的具体方案，其内容包括信息系统架构、子系统划分、信息系统的信息需求和数据结构，以及信息系统的开发计划。

7.3.4　系统规划主要方法的比较

通过对三种系统规划方法的介绍，可知三种方法各有利弊，具体差异如表7-4所示。

表7-4　系统规划方法比较

系统规划方法	特点	优势	劣势
关键成功因素法	抓住主要因素，使目标的识别突出重点	与传统方法衔接好，适用于高层管理者确定管理目标	对中层管理者不适合，自由度较小
战略目标集转化法	将组织内外各种人的需求转化为系统目标的结构化方法	保证系统目标识别的全面性，减少遗漏	重点目标不突出
企业系统规划法	从定义企业过程的角度将企业目标转化为系统目标	强大的数据结构规划能力，简单易懂	数据处理的难度大、成本高，难以解决规划管理及控制问题

在实际的系统规划工作中，可以将三种方法综合起来使用，即 CSB 法。先用 CSF 方法来确定企业目标，然后用 SST 方法补充完善企业目标，并将这些目标转化成信息系统的目标，最后用 BSP 方法核对两个目标，并确定信息系统的结构，这样虽然可以更全面准确地进行系统规划工作，但又过于复杂耗时。因此，企业在选择系统规划方法时，要根据具体情况具体分析，选取适当的方法。

 视频学习资源：系统规划的方法

7.4　初步调查与可行性分析

7.4.1　现行系统的初步调查

系统初步调查使系统开发人员对现行系统的运行方式有一个比较全面的了解，初步调查工作的目的就是明确系统总体目标，对企业的环境给出一个概括性的描述，以便进行系统的可行性分析。

可行性研究是任何大型项目在正式投入建设之前都必须进行的一项工作，这对于保证资源的合理使用、避免浪费是十分必要的，也是项目开始以后能顺利进行的必要保证。对于信息系统开发而言，可行性研究的目的是解决新系统开发"是否可能"和"有无必要"的问题，可行性研究是在对现行系统初步调查的基础上，根据组织当前的实际情况和环境条件，运用经济理论和技术方法，从各个方面对建立管理信息系统的必要性和可能性进行详细完整的分析讨论。

系统调查的目的是确定系统要开发什么，即完成问题获取的工作，是后期系统分析和设计的基础。具体来说，初步调查主要调查组织概况，组织目标，现行系统运行概况，企业的产品、产量、产值、体制及改革情况，人员基本情况，外部环境，组织的中长期计划及存在的主要困难等，使系统分析人员对组织的认识有一个初步轮廓。

在系统初步调查阶段，采用的方法常常是阅读资料以及同企业组织领导和有关部门领导进行面谈或座谈，也可根据情况设计各种调查表辅助调查。调查时所投入的人力不必太多，但要求这些人具有相当丰富的工作经验。

7.4.2 可行性分析

可行性分析是所有项目在开始阶段都必须进行的一项工作，它既保证所有资源能够合理利用，避免浪费，又能保证项目在开始之后能够顺利地进行下去。可行性分析是解决新的管理信息系统开发"是否可能"的问题，是在充分了解现行组织的基础上，根据实际的组织业务活动以及内外部环境，从不同方面对于建立新管理信息系统的可行性进行全面详细的分析。

1. 可行性分析的定义

可行性（Feasibility）分析是指在项目正式开始之前，依照一定标准，从经济、技术以及社会等方面对项目开发的必要性、可能性、合理性和项目所面临的重大风险进行分析评估。

信息系统可行性分析工作的内容重要且复杂。首先，要对亟待开发的信息系统总体规划进行可行性的论证；其次，要对在信息系统建设的过程中，各阶段投入开发的子项目的可行性分析；最后，随着环境、需求以及技术的发展变化，要及时根据变化对信息系统建设的影响进行可行性分析。

2. 可行性分析的内容

一般来说，信息系统开发过程中的可行性分析包括系统开发的必要性、系统目标和方案的可行性、技术可行性、经济可行性以及社会可行性五个方面。

1）系统开发的必要性

可行性分析包括对系统的可能性和必要性的分析。若企业目前使用的信息系统能够满足企业信息管理的需求，又或者企业的高层管理者认为目前使用的信息系统没有必要进行升级，那么，信息系统的开发工作就不具备可行性。因此，信息规划人员需要根据现行信息系统的运行状况及管理层对业务工作的要求，综合分析和论证开发信息系统的必要性。

2）系统目标和方案的可行性

首先要确定系统目标是否明确，是否与企业目标和用户需求相一致；其次分析信息系统的开发方案是否切实可行，是否能够满足企业进一步发展的要求等。

3）技术可行性

技术可行性（Technical Feasibility）指在特定条件下，技术资源的可用性以及这些资源用于解决信息系统问题的可能性和现实性。

在分析技术可行性的过程中，首先应全面考虑信息系统在开发过程中可能涉及的所有技术问题。系统分析人员应该收集系统性能、可靠性以及可维护性等方面的信息，通过这些信息来分析确认系统功能和性能所需要的各种设备、技术、方法及过程。其次在技术选用时应尽可能采用成熟技术，引用先进技术时要慎重，同时分析这些技术在使用过程中可能存在的风险以及估算技术问题对开发成本的影响。最后要合理搭配具体的开发环境和开发人员，特别是必须配备能熟练使用信息系统的开发人员，否则毫无可行性而言。

4）经济可行性

在所有信息系统的开发过程中，经济成本是企业管理人员和系统开发人员考虑的主要问题。经济可行性（Economic Feasibility）分析需要分析用于开发与维护新系统所需的费用能否正常提供，其分析的主要问题是新系统投入运行之后带来的经济效益能否超过其开发和维护的总费用，以此来论证开发此信息系统是否划算。

信息系统的总成本主要包括系统开发成本和运行成本，其中分为购置计算机硬件和计算机软件的费用、研发费用以及系统在投入使用之后运行维护等费用。特别需要提醒分析人员，在预算费用时，不能只考虑硬件设备的费用，还要考虑软件和系统在运行和维护中的费用。

信息系统的效益主要包括直接经济效益和间接社会效益。直接经济效益是信息系统直接获取并能用资金来度量的效益。而间接社会效益是能整体提高企业的信誉和影响力，优化企业管理，但不能简单地或无法用资金度量的效益。在估算利益时，切不可忽视信息系统给企业带来的间接社会利益。

5）社会可行性

社会可行性（Social Feasibility）主要是分析社会或者人的因素对信息系统的影响。由于信息系统存在于社会大环境中，因此必须适应社会的发展和要求。社会影响包括政治体制、方针政策、经济结构、法律道德、宗教民族、妇女儿童及社会稳定性等因素；人的影响包括参与信息系统的各级管理人员是否能够支持相关工作，以及人员具备的知识和技术等因素。

3. 可行性分析报告

信息系统的可行性分析工作结束后，需要对整个工作进行分析总结并编写成文档，即可行性分析报告。可行性分析报告是信息系统开发人员对现行信息系统进行可行性分析之后得出的结论，客观反映了信息系统开发人员对新系统开发的需求与设想。可行性研究报告一般要提交到有企业决策者、部门领导及主要业务骨干参加的正式会议上讨论，报告一旦正式通过，并且经过有关领导审核批准，可行性研究即宣告结束。

一般可行性研究报告应包括以下内容：

1）系统概述

简单地说明与系统开发有关的各种情况和因素，主要包括系统开发的背景、必要性和意义。

2）拟建系统的方案

说明初步调查的全过程，提出拟建系统的候选方案，包括系统应达到的目标、系统的主要功能、系统的软硬件配置、系统的大致投资、系统开发进度的安排。

3）可行性论证

对信息系统建设方案的必要性和可行性分析进行论证，最后应写明论证的结论。

可行性分析的结论一般分为三种：第一种是条件成熟，可以立即进行新系统的研制开发工作；第二种是暂缓开发新系统，原因之一是需要追加投资资金或等到某些条件成熟后才能开始开发工作，原因之二是要对系统目标做某些修改后再进行系统开发；第三种是因条件不具备，或经济上不划算，或技术条件不成熟，或上级领导不支持，或现行系统还可以使用，而不能或没有必要进行新系统的开发工作。

7.5　业务流程重组

7.5.1　业务流程重组的概述

业务流程重组（Business Process Reengineering，BPR）最早于 1993 年由美国麻省理工学院的计算机教授迈克尔·汉默（Michael Hammer）和 CSC 管理顾问公司董事长詹姆斯·钱普（James Champy）提出。他们给 BPR 下的定义是：对企业过程进行根本的再思考和彻底的再设计，以求企业关键的性能指标获得巨大的提高，如成本、质量、服务和速度。这种巨大的增长是在原来线性增长基础上的一个非线性跳跃，是量变基础上的质变。抓住跃变点对 BPR 是十分关键的。

迈克尔·汉默和詹姆斯·钱普认为，传统的企业生产方式已经不适应现在的社会和企业。分工工作方式、金字塔形的职能组织机构、以提高企业的产品生产量为中心等传统方法曾经是美国经济迅速发展的法宝，但是随着信息产业的发展和技术手段的引进，这些传统的法宝却变成了阻碍经济发展的绊脚石。他们认为：在今天的市场中，不容忽视的三种力量是 3C，即顾客（Customer）、竞争（Competition）、变化（Change）。为了适应这三种力量，企业要想发展，最重要的就是以工作流程为中心，重新组织工作。所谓"改造企业"，就是"彻底地抛弃原有的作业流程，针对顾客的需要，重新规划工作，提供最好的产品和一流的服务"。

实现 BPR 必须依靠 IT、组织、管理者共同来完成。BPR 之所以能得到巨大的提高，是因为充分发挥了 IT 的潜能，即利用 IT 改变企业的过程，简化企业过程。另一个方法就是变革组织结构，达到组织精简、效率提高的效果。此外，企业领导的抱负、知识、意识和艺术也是非常重要的。领导的责任在于克服中层的阻力，改变旧的传统。领导只有给BPR 营造一个好的环境，BPR 才能成功。

BPR 的主要技术在于简化和优化过程。总的来说，BPR 过程简化的主要思想是战略上精简分散的过程，职能上纠正错位的过程，执行上删除冗余的过程。

BPR 在利用 IT 技术简化过程上有一些原则，这些原则包括：

①横向集成，跨部门的工作按流程压缩。例如，大客户部的客户代表代替销售人员和客服人员的工作。

②纵向集成，权力下放，压缩层次。

③减少检查、校对和控制，变事后检查为事前管理。

④单点对待顾客，用入口信息代替中间信息。

⑤单库提供信息，建好统一共享信息库，把相互打交道变成对信息库打交道。

表7-5给出了一些运用信息技术对业务流程进行创新的实例，它们改变了企业的一些传统过程。

表 7-5　信息技术对传统流程的改变

传统流程	信息技术	新的选择
信息只能在一个地方出现或只能出现一次	共享数据库	人们可在不同地方共享信息，共同完成一个项目
要经常查看库存状态以防止发生缺货	远距离通信网 EDI 技术	准时制交货与零库存供应
人工处理单据	自动化	取代或减轻手工处理任务
用固定分工和技能专业化来提高绩效	决策支持系统	支持灵活的工作任务，简化决策过程

7.5.2　业务流程重组应用的案例：改进企业内部票据流程

企业的票据工作是企业管理的基础工作，对票据的简化及流程的改革是一项重要的工作。据国外报道，在处理票据流程中90%的时间是在传递、审核、签字，可以说，预防措施极为严格，但问题仍层出不穷。票据及流程改革的要点是：先考察票据、报表、公文的走向，简化合并票据，将票据部门之间的接触点减少到最小限度，建立标准作业程序，减少工作环节，减少调整及纠错工作。在可能的情况下，采用自动化技术传递票据，缩短传递时间，加快流速。

福特汽车公司是美国三大汽车巨头之一，但是到了20世纪80年代初，福特像许多美国大企业一样面临着日本竞争对手的挑战，因而想方设法削减管理费用和各种行政开支。

位于北美的福特汽车公司，有2/3的汽车部件需要从外部供应商购进，为此需要相当多的雇员从事应付账款管理工作。当时，公司财会部有500多名员工，负责审核并签发供应商供货账单的应付款项。按照传统观念，这么大一家汽车公司，业务量如此之大，有500多名员工处理应付账款是合情合理的。

促使福特公司认真考虑"应付账款"工作的是日本马自达公司。这是一家福特公司占有22%股份的公司，有5位职员负责应付账款工作。尽管两家公司在规模上存在一定的差距，但按公司规模进行数据调整后，福特公司仍多雇用了5倍的员工，5∶500这个比例令福特公司的经理再也无法泰然处之了。福特公司决定对与应付账款相关的整个业务流程进行彻底重组。进行业务流程重组之前，管理人员计划通过业务流程重组和应用计算机系统，将员工裁减到最多不超过400人，实现裁员20%的目标。

福特汽车公司原付款流程是：财会部门接受采购部门送来的采购订单副本、仓库的验货单和供应商的发票，然后将三张票据一起进行核对，查看其中的 14 项数据是否相符，核对相符后，财会部门才予以付款。财会部门要花费大量的时间核对三张单据上 14 项数据是否相符。

重组前的付款业务处理流程如图 7-7 所示。第一，采购部向供货商发出订单，并将订单的副本送往应付款部门；第二，供货商发货，福特的验收部门收检，并将验收报告送到财会部；第三，供货商同时将产品发票送至财会部。

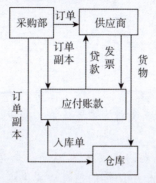

图 7-7 重组前的付款业务流程

针对上述流程进行重组后，财会部不再需要发票，需要核实的数据项减为三项：零部件名称、数量和供应商代码。采购部和仓库分别将采购订单和收货确认信息输入计算机系统后，由计算机进行电子数据匹配。重组后的业务流程如图 7-8 所示。

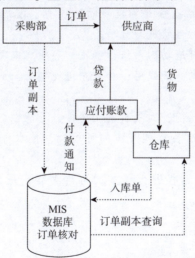

图 7-8 重组后的业务流程

新的流程中包含两个工作步骤：第一，采购部门发出订单，同时将订单内容输入联机数据库；第二，供货商发货，验收部门检查来货是否与数据库中的内容相符合，如果符合就收货，并在终端上按键通知数据库，计算机会自动生成付款单据。

福特公司的新流程采用的是"无发票"制度，大大地简化了工作环节，取得以下效果：①以往财会部需在订单、验收报告和发票中核查 14 项内容，如今只需核查 3 项零件名称、数量和供货商代码；②有 125 位员工负责应付账款工作，财会部门减少了 75% 的人力资源，而不是计划的20%；③由于订单和验收单的自然吻合，使得付款也必然及时而准确，从而简化了物料管理工作，并使得财务信息更加准确。

视频学习资源：初步调查与可行性分析以及业务流程重组

本章小结

本章详细介绍了系统规划的概念、目标、任务、内容，以及信息系统发展阶段模型——诺兰模型。重点介绍了系统规划的主要方法、初步调查与可行性分析，以及业务流程重组的概念与应用。

系统规划是一个组织战略规划的重要组成部分，是有关管理信息系统长远发展的规划；是将组织目标、支持组织目标所必需的信息、提供这些必需信息的信息系统以及这些信息系统的实施等诸要素集成的信息系统方案，是面向组织中信息系统发展愿景的系统开发计划。系统规划的目标是制订与组织发展战略目标一致的信息系统发展战略目标。信息系统规划的任务包括制订信息系统的发展战略；制订信息系统的总体方案和项目开发计划；制订系统建设的资源分配计划。

系统规划的主要内容包括：企业管理现状的调查、用户需求调查与分析、新系统规划、新系统的实施计划和可行性研究与分析。

系统规划的方法有：关键成功因素法，确定影响组织成功的关键因素；战略目标集转化法，将组织战略转化为信息系统战略；企业系统规划法，从企业过程角度转化企业目标为系统目标。

可行性分析是在项目开始前，对项目的必要性、可能性、合理性进行分析评估；内容包括系统开发的必要性、系统目标和方案的可行性、技术可行性、经济可行性和社会可行性。

业务流程重组是对企业过程进行根本的再思考和彻底的再设计，以显著提高企业效率。

课堂讨论

1. 在信息系统的规划工作中，信息主管（CIO）应当担负什么样的责任？
2. 讨论管理信息系统规划的各种方法的适用范围。

分组任务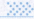

1. 通过书刊、网络等方式收集企业应用管理信息系统开发的案例，集中对这些案例进行讨论分析，总结目前企业在建立管理信息系统之初如何对系统进行规划。

2. 结合自身的专业，运用关键成功因素法分析管理信息系统在开发过程中的成功因素和关键成功因素，并用树枝图表示。

复习思考题

1. 为什么需要对管理信息系统的开发进行规划？
2. 简述系统规划的内容。
3. 试比较三种系统规划方法的优缺点。
4. 简述企业系统规划法的流程。
5. 简述关键成功因素的来源。
6. 可行性研究主要包括哪些方面？
7. 简述业务流程重组的概念，并说明业务流程重组与信息系统规划的关系。

课后案例分析

 课后案例：智慧校园，以人为本——学生公寓智能化规划

 课后案例的分析要点

8 系统分析

教学目标

知识目标	能力目标	价值目标
1. 掌握系统分析阶段的主要任务和主要内容； 2. 了解系统详细调查的原则，熟悉系统详细调查常用的方法； 3. 掌握组织结构与功能分析方法，绘制组织机构图、功能结构图以及组织/功能联系表； 4. 重点掌握业务流程分析的内容，绘制业务流程图； 5. 重点掌握数据流程分析的内容，绘制数据流程图；熟悉数据字典的概念以及内容； 6. 掌握业务逻辑的表达工具——决策树和决策表，绘制决策树和决策表； 7. 掌握新系统逻辑方案的设计和系统分析报告的撰写	1. 能够理解系统分析的主要任务，体会系统分析在整个系统开发过程中的重要性； 2. 能够分析系统，尤其是分析系统的组织机构、功能结构、业务流程、数据流程；提升分析问题的能力，提升系统分析应用能力	1. 掌握系统分析的过程，增强对系统分析的信心，提升对系统分析的认识； 2. 培养安全意识，理解系统分析对企业信息系统开发的重要性； 3. 增强责任意识，认识企业信息化中系统分析人员的责任和专业素养的重要性； 4. 强化规范化意识，了解与系统分析相关的标准和规范，尤其是系统分析报告的规范性

关键术语

系统分析(System Analysis，SA)；

逻辑模型(Logic Model，LM)；

组织结构(Organization Structure，OS)；

业务流程图（Transaction Flow Diagram，TFD）；

数据流程图（Data Flow Diagram，DFD）；

数据字典（Data Dictionary，DD）；

决策树（Decision Tree，DT）；

决策表（Decision Table，DT）；

系统分析报告（System Analysis Report，SAR）

引导案例

江铃国际集团的管理信息系统的应用分析

江铃国际集团是江铃集团两大组成部分之一，在国内外有下属单位14家，涉及商贸、工业、旅游业等行业。江铃国际集团主要经营汽车进出口业务、国内外旅游业务、旅行车制造业务、化工产品生产业务、汽车专用技术开发业务、计算机应用程序开发。江铃国际集团组织结构如图8-1所示。

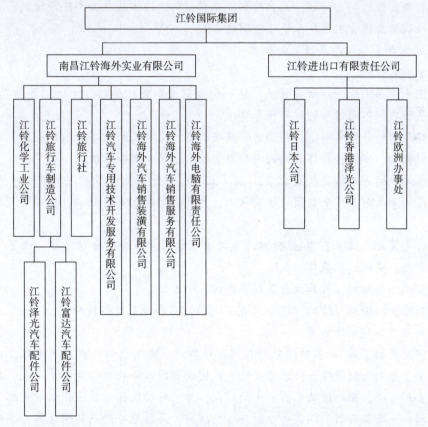

图8-1　江铃国际集团组织结构

1. 企业信息化建设动因分析

随着IT技术的飞速发展，企业面临的竞争环境发生了根本性变化，如顾客需求瞬息万变，技术创新不断加速，竞争日趋激烈。在这种形势下，企业管理必须转变，从粗放经营向成本控制转变，从部门管理到企业级协同管理转变。

1）技术落后无法满足现行经营管理的需求

随着业务水平、管理水平和应用水平的提高，原有系统只能在局域网上运行，不能进行远程处理，经常出现数据混乱的现象，不能准确对账，而且重复录入性工作多，特别是银行对账单不能直接引入，需要手工录入。这种财务系统已远远满足不了业务管理的需要。

2）财务核算不能实现数据共享和传递

原有系统最大不足之处在于存在信息孤岛，不能满足集团公司对财务整体状况进行监控、统计和内部对账等管理的需要。

3）事前、事中控制困难

由于原有系统功能简单，财务不能完全甩账，只能作事后分析，不能进行事前计划和事中控制，难以较好发挥财务监控的作用。

因此，江铃国际集团通过一系列的分析，决定更新原有的财务系统，建设一套具有本企业特色，先进、实用、可靠的管理信息系统，以适应集团的总体发展战略。于是集团内部组织人员通过对用友软件、金蝶软件等进行现场演示选型，最后选中了用友软件V8.12 Web 版。经过制订计划、用户培训、正式运行、评审验收四个阶段近两个月的实施过程，江铃国际集团管理信息系统已顺利运行。

2. 江铃国际管理信息系统解决方案

1）系统建设目标

①集团内部采用统一的财务系统，统一会计制度和会计原则，方便财务信息的采集，同时适应集团内部不同行业的财务核算要求。

②组建集团财务信息网络，集团内部数据共享，上级机构对下级机构的财务从计算机上做到即时查询、审计，严格集团的内部监管制度，强化财务管理。

③集团内部财务数据能及时自动上报，上级机构能对上报数据进行汇总、合并和分析，使集团领导及时掌握全集团的经营状况，为其提供决策支持数据，提高集团的市场应变能力。

④财务电算化系统具有 Web 功能，支持远程录入、查询、会计凭证、账簿、报表等有关会计数据，实现远程操作。

⑤能实现预算编制、预算执行和预算评价三个过程。

⑥能对资金的使用、结构、安全、成本(含利息)和效益进行控制。

2）网络硬件环境解决方案

江铃国际集团下属 14 家单位分布在国内外各地，集团总部设在江西南昌，内地主要分两个区域，分别为凯莱区和技术开发区，集团所有的账务处理常用集中处理，凯莱区在同一座办公楼办公。整个区域已有一个局域网，为了给管理信息系统提供硬件环境，公司在财务部增加一台服务器，组成一个财务小局域网，再与原有的局域网连接，形成一个大局域网，最后与互联网连接。

3）应用解决方案

(1)软件方案

江铃国际集团采用用友软件 V8.12 Web 版，其功能结构如图 8-2 所示。

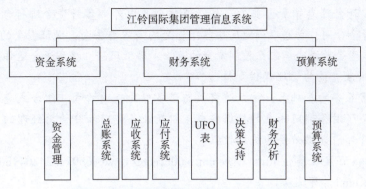

图 8-2　江铃集团管理信息系统的功能结构

（2）业务流程具体解决方案

管理信息系统通过集中建账、统一基础科目设置、集中数据管理、远程实时查账等手段，全面支持了江铃国际集团的集中式管理模式。

统一规范的基础设置，实现集团信息统一管理和横向对比分析。在管理信息系统中，集团建立统一会计科目，制订统一基础设置规范，统一采用新的企业会计制度，这样就能够保证整个集团在基础设置上的统一规范，为实现多组织的集中管理奠定良好基础。

另建一套费用账进行集中报账。各单位单独设立账套，另外设一套费用账（以单位设凭证类别），单独核算、控制费用，在财务分析中编制费用预算，日常各单位发生费用统一在费用账中反映，能控制个人在各单位报销的费用，便于及时平衡各单位盈亏。月末将费用账中的凭证分类别地输出，然后利用总账工具分别引入各单位账中进行核算。

3. 效果评析

1）统一设置基础科目实现集团信息可比性

在原来的分散账务信息系统下，由于信息传递速度低、不准确，经常出现集团上下科目设置不一致的情况，给集团财务管理和各营业部之间业务的对比分析与管理带来很大困难。适应集团应用特点和财务信息可比性需要，江铃国际集团利用系统中统一科目的功能，这样就解决了总部对下属单位的财务核算、预算、资金的实时监控和对比分析等问题，以便整合集团内外部资源，发挥总部的计划与控制作用。

2）数据的集中管理，保证了集中式管理模式的实现

江铃国际集团管理信息系统集团以总部为中心，各下属单位集中建账，两个区域之间采用互联网进行传递数据，总部对整个集团的财务信息可以一目了然，方便地实现了账、证、表数据的高度集成，保证了集团集中式管理的实现。

3）实现异地实时查询与统计分析，充分发挥领导的监控职能

基于 Web 功能的管理信息系统提供了远程查账功能，集团可以根据报表反映出来的结果追溯到业务发生的最原始单据，系统使财务报表上报制度大为简化，财务报表传递周期明显缩短；还具备了财务预算、异地实时查询、统计、分析和监督管理等在传统桌面型财务软件中无法有效完成的功能。领导能对各单位的财务状况进行实时监控；在不影响单位工作的前提下，领导能够及时获取有效信息，及时发现各单位在财务管理中存在的问题并及时解决，充分发挥领导监控财务的职能。

4）强化资金的集中管理

利用系统中的资金管理子系统，江铃国际集团能够很好地处理各类筹资、投资、担保、

内部资金拨付、资金计息等资金业务，并能够对企业内外部各种资金进行预测、控制、分析，管理各种资金合同，动态准确地反映各项资金的来源与去向，保证资金的运作效率。并且，集团实现了资金的统一调配，控制资金的流出，降低风险，提高资金运作效益。

5）丰富的报表查询为管理提供支持

在完成日常业务的基础上，该系统提供灵活多样的查询方式、组合式查询条件，这些报表的提供满足了财务部门账表的数据要求，以及业务部门和分管总经理的查询与汇总要求，同时为统计部门提供必要的统计数据。

（资料来源：百度文库，https://wenku.baidu.com/view/4630733348649b6648d7c1c708a1284ac9 5005c8.html，有改动）

结合案例请思考：江铃集团应用管理信息系统的原因有哪些？具体解决方案如何？

 导入案例的分析要点

8.1 系统分析概述

在管理信息系统的结构化开发过程中，紧接着系统规划阶段的是系统分析阶段。系统分析（System Analysis）是信息系统开发过程中的一项重要工作，是在对现有系统进行需求分析和具体的业务分析的基础上，确定信息系统的总体逻辑方案，为系统设计阶段的工作提供依据。

系统分析阶段要求：系统开发人员与用户一起，通过对系统规划阶段得到的数据进行分析，充分理解用户需求，从而在原有系统的基础上得到新系统的逻辑方案。逻辑方案不同于物理方案，它解决的是系统"做什么"的问题，而物理方案解决的是系统"怎么做"的问题。也就是说，系统分析阶段解决的是系统"做什么"的问题，而"怎么做"的问题将由系统开发的下一阶段——设计阶段来完成。

8.1.1 系统分析的任务

系统分析是在系统规划的指导下，运用系统的观点和方法，对系统进行深入详细的调查研究，通过问题识别、系统调查、系统化分析等工作来确定新系统的逻辑模型（Logic Model，LM）。系统分析，也称为逻辑设计（Logical Design），逻辑设计是指在逻辑上构造新系统的功能，解决系统"做什么"的问题。

系统分析是确定新系统逻辑设计方案的关键阶段，要完成这个目标，系统分析必须从现行系统入手，调查系统的组织结构和各机构间的内在联系，分析组织的职能，详细了解每个业务过程和业务活动的工作流程及信息处理流程，理解用户对信息系统的需求，包括对系统功能、性能方面的需求，以及对硬件配置、开发周期、开发方式等方面的意向和打算。在详细调查的基础上，系统分析员运用各种系统的开发理论、开发方法和开发技术，确定系统应具有的逻辑功能，经过与用户反复讨论、分析和修改后产生一个用户比较满意

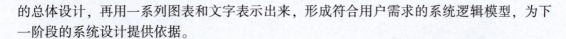
的总体设计，再用一系列图表和文字表示出来，形成符合用户需求的系统逻辑模型，为下一阶段的系统设计提供依据。

8.1.2　系统分析的过程

系统分析主要包括以下几个阶段：

1. 现行系统的详细调查

现行系统的详细调查是通过各种方式和方法对现行系统做详细、充分和全面的调查，弄清现行系统的边界、组织机构、人员分工、业务流程、各种计划、单据和报表的格式、处理过程、企业资源及约束情况等，使系统开发人员对现行系统有一个比较深刻的认识，为新系统开发做好原始资料的准备工作。

2. 组织结构与业务流程分析

在详细调查的基础上，用图表和文字对现行系统进行描述，详细了解各级组织的职能和有关人员的工作职责、决策内容对新系统的要求、业务流程各环节的处理业务及信息的来龙去脉。其目的是把系统的内在关系分析清楚，以便确定形成新系统的逻辑模型。

3. 系统数据流程分析

在对业务流程分析的基础上，分析数据的流动、传递、处理与存储过程，用数据流程图进行描述，建立数据字典。

4. 业务处理逻辑的分析

在业务流程和数据流程分析的基础上，重点分析业务的处理过程，应用决策树、决策表和结构化语言等方式描述业务处理的逻辑。

5. 建立新系统的逻辑模型

在系统调查和系统化分析的基础上建立新系统的逻辑模型，采用一组图表工具来表达和描述新系统的逻辑模型，使新系统的概貌清晰地呈现在用户面前，方便分析人员和用户对模型进行交流讨论，在与用户充分的交流下使新系统的逻辑模型得到完善。

6. 提出系统分析报告

对前面的分析结果进行总结，编制系统分析阶段的成果文档，完成系统分析报告。系统分析报告是系统分析阶段的成果和总结，是向开发单位有关领导提交的正式书面报告，也是下一工作阶段系统设计的工作依据。

在系统分析过程中，一定要从用户的需求出发，做大量细致的工作。用户对开发的系统是否满意取决于系统是否满足用户的需求，因此，需求分析是系统分析阶段一项非常重要的工作，是整个信息系统开发的基础。系统分析深入的程度将是影响管理系统成败的关键问题，要深刻地理解和体会用户需求的途径就要与用户进行充分的交流，从很大程度上说，系统分析过程是一个系统开发人员与用户交流的过程，双方的交流是系统分析的一个重要组成部分。

视频学习资源：系统分析的概述

8.2　详细调查

系统的详细调查是在初步调查和可行性研究的基础上对现行系统进行全面调查和分析，弄清楚现行系统的运行状况，发现其薄弱环节。初步调查只是在宏观上对现行系统进行调查，不是很细致，调查的目的是对新系统的开发进行可行性分析，论证企业是否有必要开发新系统，因此调查工作是一种概括的、粗略的调查，调查所掌握的资料不足以满足新系统逻辑设计的需要。系统分析阶段的详细调查，涉及企业各个部门的各个方面，是一项深入、细致、详尽的调查，必须从上而下、从粗到细、由表及里地对现行系统的基本功能和信息流程进行详细调查。详细调查的过程是大量原始素材的汇集过程，分析人员通过对这些材料进行整理、研究和分析，与用户进行反复讨论和研究，力求在短期内对现行系统有全面而详细的认识。

8.2.1　详细调查概述

1. 详细调查的目的

系统分析阶段的首要工作就是详细调查。详细调查的目的是深入了解企业管理工作中信息处理的具体情况和存在的具体问题，为提出新系统的逻辑模型提供可靠的依据，因此其细微程度要比初步调查高得多，工作量也要大得多。

2. 详细调查的原则

在系统调查过程中应遵循一定的原则，确保调查工作的高效率、正确性及客观性。系统调查工作应遵循以下原则：

1）自上而下全面展开

系统调查工作应严格按系统化的观点自上而下全面展开，应从全局的角度出发，从决策层到业务层整体了解和规划新系统。

2）采用工程化的工作方式

对于一个大型系统的调查，一般都是由多人同时进行的，因此，按工程化的方法进行调查可以避免一些工作中可能出现的问题。所谓工程化的方法，就是将开发中的每一步工作事先都做好计划，对多个人的工作方法和调查所用的图表都采取统一、规范化的标准与形式，使群体之间能方便地相互沟通和协调工作。另外，所有调查结果都进行规范化整理后归档，以便下一步工作时使用。

3）全面铺开与重点调查相结合

如果是开发整个组织的综合性管理信息系统，开展全面的调查工作是必要的。如果近期内只需开发组织内某一局部的信息系统，这就必须坚持全面铺开与重点调查相结合的方法。全面铺开的目的是要了解企业的全貌，以便为新系统预留下功能扩充的接口。重点调查是针对目前即将开发的系统而言的。例如，根据企业的具体情况，近期内只开发用于提高客户满意度的客户关系管理系统，这时调查工作的重点是与客户直接接触的市场部门、销售部门和服务部门，但是也要了解企业内部其他部门（如财务部门）与这三个部门的关系。

4）主动沟通和亲和友善的工作方式

系统调查是一项涉及组织内部管理工作的各个方面、各种不同类型的人的工作，所

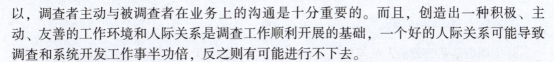

以，调查者主动与被调查者在业务上的沟通是十分重要的。而且，创造出一种积极、主动、友善的工作环境和人际关系是调查工作顺利开展的基础，一个好的人际关系可能导致调查和系统开发工作事半功倍，反之则有可能进行不下去。

3. 详细调查的范围

详细调查的范围应该是围绕组织内部信息流所涉及领域的各个方面。但应该注意的是，信息流是通过物流而产生的，物流和信息流又都是在组织中流动的，因此所调查的范围就不能仅仅局限于信息和信息流，还应该包括企业的生产、经营、管理等各个方面。

系统开发小组的分析人员要向企业用户的各级领导、业务人员以及其他有关人员进行多种调查，调查大致从以下几个方面进行：

1）系统界限和运行状态

调查现行系统的发展历史、生产规模、经营效果、业务范围以及与外界的联系等，以确定系统界限、外部环境，了解现有的管理水平等。

2）组织机构及其功能划分

调查现行系统的组织机构中各部门的设置、部门与部门间的关系及各部门的业务职责，尤其是领导关系、人员分工等情况，从而了解现行系统的构成、业务分工以及人力资源的情况，同时还可以发现组织和人事等方面的不合理现象。

3）业务和业务流程

现行系统中进行着各种各样的业务处理过程。系统分析人员要全面细致地调查整个系统各方面的业务流程，以及物流、资金流和信息流的状况，对各种输入、输出、处理时间、处理速度和处理量以及处理过程的逻辑关系都要进行详尽的了解。在了解各部门具体业务的基础上，进一步了解业务与业务之间的关系以及每个业务的处理过程。

4）数据和数据流程

详细调查组织中现有数据、数据与数据间的关系以及每个数据的处理过程。调查中要收集各类计划、单据和报表，了解它们的来龙去脉及其各项内容的填写方法和时间要求，以便得到完整的信息流程。例如，财务管理中，涉及的数据有原始数据、凭证、账本、报表等。

5）可用资源和限制条件

新系统应充分利用现有的硬件资源，以免造成不必要的浪费；应尽可能地集成现有的软件资源，并使现有软件资源与新系统之间实现无缝衔接；应积极挖掘企业现有的人力资源，减少人员培训工作量，缩短人员培训时间。另外，充分了解企业内外环境对新系统的限制，这是新系统未来能否良好运行的保证；调查了解现行系统在人员、资金、设备、处理时间以及处理方式等各方面的限制条件和规定。

6）管理方面的条件

企业的管理方式、方法，与系统功能及结构的设置也有密切的联系。企业的管理方式、方法不同，企业的业务流程不同，所对应的信息处理过程也不同。如果新系统将用于辅助企业决策，则应了解现行企业各管理层次的决策过程，以便新系统能提供与之相适应的辅助决策功能。

7）薄弱环节和用户要求

现行系统的薄弱环节正是新系统所要解决的，因此调查中最为关心的主要问题是新系统目标的重要组成部分。在调查中，要注意收集用户的各种要求，善于发现问题并找到问题的关键所在。

8.2.2 详细调查的方法

详细调查是系统分析人员与用户进行广泛、深入的交流的一种活动。因此，在开始调查活动之前，应对企业中的各级管理人员、业务人员进行动员或培训，使企业中的有关人员对开发工作具有正确的认识，并得到他们积极的支持与配合。系统分析人员通常采用的详细调查方法有以下几种：

1. 重点询问调查方法

重点询问调查方法是指列举若干可能的问题，自上而下尽可能全面地对用户进行提问，然后对询问的结果分门别类进行归纳总结，找出其中真正关系到此项工作成败的因素。例如，可以先准备好调查方案和问题，然后按照方案和问题分别对各方面人员（包括管理层和操作层）进行访问，并分类整理结果，则得到各管理部门（或岗位）的具体情况，在此基础上形成下一步工作的设想和方案。重点询问一般要提前准备好提问的问题。在实际调查中，要了解的问题很多，应根据具体调查的对象做相关的准备，提问要灵活，问题要有针对性。

2. 问卷调查方法

问卷调查方法是指针对所需调查的各项内容，绘制出相应形式的图表（问卷），通过这些图表对企业管理岗位上的工作人员进行全面的需求调查，然后分析整理这些图表，逐步得出需要调查和研究的内容。问卷调查方法可以用来调查系统普遍性的问题。

一个好的调查表应该具备有效、可靠和易于评估的特点。有效是指通过调查表能够得到想要得到的信息；可靠是指同一信息是通过对多个问题的回答得到的，所得到的信息确实反映被调查者的意思。

采用问卷调查方法进行调查，可以缩短调查时间，易于沟通被调查者和调查者之间对所调查内容的理解。根据所需调查的内容，可以设计制作多种调查表。

3. 深入实际的调查方法

通过问卷和填表的方法调查后，要及时整理调查结果。如果在整理中发现各个不同工作岗位上的调查结果不一致或前后矛盾时，就必须带着问题深入具体的工作岗位中做实际调查，摸清详细的业务和数据流程以及具体的工作细节，弄清问题之所在，并予以解决。

4. 面谈法

面谈法是指系统分析人员通过口头提问的方式收集现行系统的有关资料。面谈的对象是企业领导、管理人员和业务人员等各个岗位的工作人员。对某些特殊问题或细节的调查，可对有关的业务人员作专题访问，仔细了解每一步骤、方法等细节。采用这种方法采集信息时，被访问者就在现场，能对所了解的情况立即作出反应，系统分析人员能够引导被访问者，得到所需要的信息。

5. 资料调查法

资料调查是指查看企业现存的有关文件和表格，主要包括企业的规章制度、工作流程、操作规程，以及各种单据、表格和统计报表等。阅读资料的主要优点是了解的信息量大、客观、具体、详细。系统分析人员可通过阅读工作流程文件，详细了解每个业务的具体工作过程；通过每种单据，了解这种单据中具体包括了哪些信息等。阅读资料的主要缺点是，现存的资料可能无法反映已经变化了的情况和用户潜在的观点与想法。

调查的方法多种多样，其他还有抽样统计分析、专家调查、召开调查会、个别访问、由用户的管理人员向开发者介绍情况等方法，可以根据系统调查的具体需要确定调查方法。不管采用何种调查方法，都是以了解清楚企业现状为最终目标的。

8.2.3 详细调查的注意事项

系统的详细调查过程中，应该注意以下事项：

1. 调查前做好准备工作

准备工作包括制订调查计划和对用户进行培训。根据系统需求对调查任务进行规划，留出必要的调查大纲，并制订每步调查的时间、地点、内容和方法等。调查前对用户进行培训或者发放调查说明，让用户能提前了解调查的目的及工作流程，更好地参与整个调查工作。

2. 保证调查的客观性

系统调查要从系统的实际现状出发，避免先入为主，必须结合组织业务的实际情况得到调查资料，并保证调查结果的客观性。

3. 调查与分析相结合

系统调查需要深入现行组织的各个部门，注重细节，分析整理得到的资料，对现行组织有一个全面完整的认识。

4. 统一规范调查图表工具

在整个调查过程中应该使用统一规范且简单易懂的图表工具，以便开发人员和用户对系统调查中得到的结果和总结的问题进行讨论分析。

5. 注意与初步调查的区别

系统分析阶段的详细调查与系统规划阶段的初步调查的区别在于其调查目的和内容。

初步调查的目的是明确系统开发所要解决的主要问题和目标，论证系统开发的必要性和可行性。详细调查的目的是弄清楚现行系统的基本功能及信息流程，为新系统逻辑模型的建立提供基础和依据。

初步调查的重点是了解现行系统的概要情况及与外部的关系，包括资源情况、能力情况、外部影响情况等。详细调查的重点在于更详细、更具体的内部情况，从而可以提供在新系统建设时改进或更换的内容。新系统的建立总是以现有系统为基础的，只有弄清楚现有系统中哪些是合理的、必要的，哪些是需要改进的、增加的，才能建立合适的新系统。

因此详细调查是建立新系统的前期和基础工作，系统分析人员一定要做好系统的详细调查。

 视频学习资源：详细调查

8.3 组织结构与功能分析

组织结构与功能分析是系统分析工作中的一个环节。组织结构与功能分析主要有三部分内容：组织结构分析、业务功能分析、业务过程与组织结构之间的联系分析。其中，组织结构分析通常是通过组织结构图来实现的，是将调查中所了解的组织结构具体地描绘在图上，作为后续分析和设计的参考。业务功能分析通常是绘制功能结构图，是把组织内部各项管理业务功能用一张表的方式罗列出来，它是今后确定新系统拟实现的管理功能和分析建立管理数据指标体系的基础。业务过程与组织结构之间的联系分析通常是通过组织/业务联系表来实现的，是利用详细调查中所掌握的资料着重反映管理业务过程与组织结构之间的关系，它是后续分析和设计新系统的基础。

8.3.1 组织结构分析

现行系统中的信息流动是以组织结构为基础的。各部门之间存在着各种信息和物质的交换关系，只有理顺了各种组织关系，系统分析才能更好地按照系统工程的方法自上而下地进行分析。

组织结构图是对组织机构分析的结果，将在详细调查中得到的关于企业组织的资料进行整理，用图的形式反映企业内部组织部门的划分以及各部门之间的隶属关系。组织结构图通常采用树状结构，用矩形框表示组织机构，用线条表示领导关系。

例如，图 8-3 是某企业的组织结构图，从图中可见，该企业的组织分为三层：企业领导决策层、业务管理层和业务执行层。企业领导决策层是总经理，其主要职责是决定企业目标、确定经营方针、作出生产经营的具体决策。业务管理层包括计划科、生产科、财务科和销售科等机构，其主要职能是按照经营方针，在规定的职权范围内对各项业务进行管理。业务执行层由车间、班组等生产第一线的组织机构组成，完成日常的生产、业务和调度。

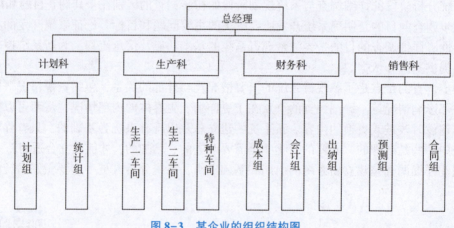

图 8-3　某企业的组织结构图

8.3.2 功能结构分析

为了实现管理目标，根据分工的原则，组织中的管理工作必然存在分工协作。所谓功能指的是完成某项工作的能力，而管理功能则具体指管理工作中的具体项目与分类。功能结构分析可用功能结构图来描述，如图 8-4 所示。

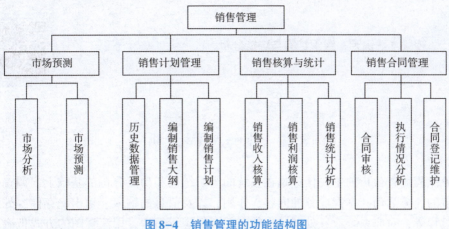

图 8-4 销售管理的功能结构图

8.3.3 组织/功能关系分析

组织结构图反映了组织内部的上下级关系，但没有反映出组织内部各部门之间业务上的联系。组织/功能关系分析常用组织/功能联系表来表示。组织/功能联系表进一步指出组织内各部门与业务的关系及各部门之间发生的业务联系，如表 8-1 所示。组织/功能联系表中的横向栏表示业务功能，纵向表示各组织部门名称，中间栏填写组织在执行业务过程中的作用。

表 8-1 某企业的组织/功能联系表

序号	功能	组织							
		计划科	总工室	技术科	生产科	供应科	销售科	人事科	…
1	计划	*	×		√	√	√		
2	销售						*		
3	供应	×			√	*			
4	人事							*	
5	生产	×	*	√	*	√	×		
	……	……	……	……	……	……	……	……	……

注："＊"表示该部门是对应业务的主管部门；"√"表示该部门为完成该业务的辅助部门；"×"表示该部门为协调该业务的相关部门。

通常将组织/业务联系表同组织结构图画在一张图上，以便对照、比较、分析它们之间的各种联系。运用组织/业务联系表可以对组织/业务进行调整和分析。分析的内容有：

①现行系统中的组织结构是否合理，不合理的地方在哪里？

②不合理的部分对组织整体目标的影响有哪些？表现在哪些方面？

③不合理现象产生的历史原因是什么？

④哪些部门需要整改？改进措施是什么？

⑤对整改涉及的部门和有关人员的利益产生哪些影响？

组织/功能联系分析的目的是要找出现行系统中组织结构和功能存在的问题，研究解决这些问题的方法和措施，进一步理顺组织的功能，让组织和信息系统更好地适应。

视频学习资源：组织结构与功能分析

8.4 业务流程分析

业务流程调查分析的主要任务是在系统的组织结构和功能分析的基础上，调查分析系统各环节的业务活动，掌握业务的内容、作用，以及信息的输入、输出、存储、处理方式及处理过程等，对原系统业务处理过程的有关资料进行整理，用流程图的方式把企业的具体管理活动和业务的处理过程绘制出来。

业务流程调查一般是顺着原系统信息流动的过程逐步地进行，分析企业各工作环节的业务活动。由于业务流程调查的工作量很大，而且非常烦琐，因此在详细调查过程中，系统开发人员与用户之间需要进行良好的沟通，保持密切的联系，做耐心细致的工作，才能真正掌握现行系统的业务活动状况。通常用业务流程图反映现实的业务活动。

8.4.1 业务流程图的绘制

业务流程图（Transaction Flow Diagram，TFD）就是用一些规定的符号及连线来表示某个具体业务处理过程。业务流程图的绘制是按照业务的实际处理步骤和过程进行的，它是系统分析人员、管理人员、业务操作人员相互交流思想的工具。因此，绘制业务流程图的过程是全面了解业务处理的过程，是进行系统分析的依据。系统分析人员可通过业务流程图分析业务流程的合理性。

业务流程图的画法目前还没有统一的标准，但都大同小异，只是在一些具体的规定和所用的图形符号方面有所不同。不管采用什么标准和符号，目的都是明确地反映业务流程。在同一个系统开发过程中，要采用统一的图形符号和标准来描述系统业务处理的具体方法、规程与过程。业务流程图的基本符号如图8-5所示。

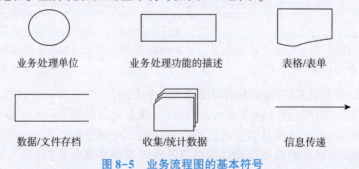

图 8-5 业务流程图的基本符号

图8-6是某企业物资管理的业务流程图，其处理过程是：车间填写领料单到仓库领料，库长根据用料计划审批领料单，未批准的领料单退回车间。库工收到已批准的领料单后，首先查阅库存账，若有货，则通知车间前来领取所需物料，并登记用料流水账，否则将通知采购员缺料。采购员根据缺料通知，查阅订货单（合同），若已订货，则向供货单位发出催货请

求，否则就临时申请补充订货。供货单位发出货物后，立即向订货单位发出提货通知。采购员收到提货通知单后，就可办理入库手续。接着是库工验收入库，并通知车间领料。此外，仓库库工还要依据库存账和用料流水账定期生成库存报表，呈送有关部门。

由于业务流程图是以业务为核心进行的调查，当某个员工在管理活动中担负多项业务活动时，必然会使业务流程图显得交错复杂，需要读图的人一项项地分析与拆解。

例如，在图 8-6 中，库工的任务有领料处理、缺料处理、入库处理、库存报表填制，每项业务所使用的数据源、形成的数据结果都在业务流程图中反映，需要逐项分析。

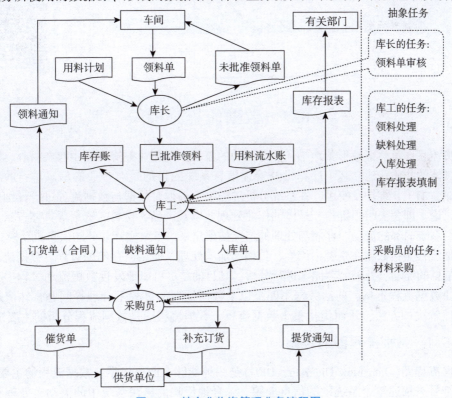

图 8-6　某企业物资管理业务流程图

8.4.2　业务流程的分析

对业务流程进行分析的目的是发现现行系统中存在的问题和不合理的地方，优化业务处理过程，以便在新系统建设中予以克服或改进。对业务流程进行分析是掌握现行系统状况，确立新系统逻辑模型不可缺少的一个重要环节。系统中存在问题的原因可能是管理思想和方法落后，也可能是在手工状态下或在原系统的技术水平下，业务流程虽不尽合理但只能这么处理。在对业务流程进行分析的时候，不仅要找出原业务流程不合理的地方，还要充分考虑信息系统的建设为业务流程的优化带来的可能性，在对现有业务流程进行认真、细致分析的基础上进行业务流程重组，产生新的更为合理的业务流程。

业务流程图正是根据系统调查表中所得到的资料和问卷调查的结果，按业务实际处理过程且用给定的符号将它们绘制在同一张图上。在绘制业务流程图的过程中发现问题，分析不足，优化业务处理过程，所以说绘制业务流程图是分析业务流程的重要步骤。业务流程图的绘制并无严格的规则，只需简明扼要地如实反映实际业务过程。

业务流程分析过程如下：

①对现行业务流程进行分析。对现行系统业务流程的各处理过程进行分析讨论，看看原有的业务流程是否合理，产生不合理的业务流程的历史原因是什么。

②对现行业务流程进行优化。现行业务流程中哪些过程可以按计算机信息处理的要求进行优化，改进措施有哪些，改进会涉及哪些方面，流程的优化可以带来什么好处。

③确定新的业务流程。也就是画出新系统的业务流程图。

 视频学习资源：业务流程分析

8.5 数据流程分析

业务流程图虽然能够形象地描述业务活动的流程，但在业务流程图中存在材料、资金和产品等具体的物质。建立基于计算机的管理信息系统的目的是对企业的信息进行收集、传递、存储、加工、维护及使用，在系统分析过程中，必须对数据与数据流程进行详细的调查和分析讨论，即舍去组织机构、具体的作业处理，以及产品、材料、资金等具体背景，把数据在现行系统内部的流动、存储与处理的情况抽象出来，考察实际业务的信息流动模式。

数据流程是指数据在系统中产生、传输、加工处理、使用、存储的过程。数据流程分析主要对信息的流动、处理、存储等进行分析，其目的是尽可能地发现数据流动过程中存在的问题，如数据流程不畅、前后数据不匹配以及数据处理的过程不合理等问题，并依据问题找出加以解决的方法，从而优化整个数据流程。数据流程图是数据流程分析的主要工具。

8.5.1 数据流程图的绘制

数据流程图（Data Flow Diagram，DFD）是一种能够全面描述系统数据流程的主要工具，用一组符号来描述整个系统中的信息全貌，综合地反映信息在系统中的流动、处理和存储等情况。

数据流程图具有抽象性和概括性两个特点。抽象性指的是数据流程图去除如组织机构和工作场所等具体物质，只描述数据和信息的产生、存储、流动、加工以及使用的情况。概括性是指数据流程图能从整体上考虑系统对各种业务处理过程之间的联系，反映出数据流之间的总体情况。

1. 数据流程图的基本符号及含义

数据流程图中包括四个基本元素：外部实体、数据流、数据处理和数据存储。其图例如图 8-7 所示。

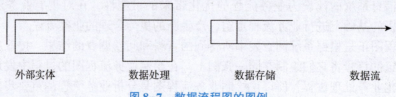

图 8-7　数据流程图的图例

1) 外部实体

外部实体表示与系统有关的人员或者单位，其向系统提供输入并接受系统的输出。例如，学校管理信息系统中教师或学生均为外部实体。

2) 数据处理

数据处理是对数据进行的操作，将输入的数据流转换成输出的数据流。数据流程图中的数据处理用矩形表示。数据处理的名称一般是由动词和宾语表示，动词表示加工处理的动作，宾语表示被加工处理的数据。一张数据流程图中通常有多个加工处理，因此需要用编号来标识，不同的数据处理使用不同的编号。例如 P1，P2，…。数据处理的图例一般分为两层，上层为数据处理的编号，下层为加工处理的名称。

3) 数据存储

数据存储是用来标识需要暂时或长久保存的数据，是系统产生的数据存放的地方。数据存储是对数据文件的读写处理，通过数据流与外部实体和加工处理产生联系，当数据流的箭头指向数据存储时，表示将数据流的数据写入数据存储；反之，则表示从数据存储中读取数据。数据存储的图例分为两部分，左边为标识，例如，F1，F2，…，右边为具体的数据存储名称。

4) 数据流

数据流是由一组数据组成，例如"成绩单"作为一个数据流，由学生姓名、班级、院系、课程名以及课程成绩等数据组成。数据流用带有名字的箭线标识，名称为数据流的名称，箭头表示数据流向。

2. 数据流程图的绘制步骤

1) 识别系统的输入输出，画出顶层数据流程图

在系统分析的初期，系统的功能需求尚未明确，为防止遗漏，可先将描述范围扩大。系统的边界确定之后，越过边界的数据流就是系统的输入或输出，将两者用数据处理符号连接起来，并标明输入数据来源和输出数据的去向，便形成了顶层数据流程图。

2) 明确系统内部的数据流、加工以及文件，画出一级数据流程图

按照从系统输入端到系统输出端的顺序（反之亦可），逐步用数据和加工连接起来，当数据流发生变化时，应在此处画出"处理"符号，同时还应该画出文件来反映各处数据的存储，并标明数据流是写入文件还是由文件输出。最后需要重新检查系统的边界，补画遗漏的有价值的输入输出并删除没有被系统使用的数据流。

3) 对数据处理进一步分解，画出二层数据流程图

运用与第二步相同的方式由外向内对每个加工处理进行分析，若该加工处理内部存在数据流，则可将该加工处理分解成若干子加工处理，并用数据流将子加工连接起来，即为二层数据流程图。二层数据流程图既可在一层数据流程图的基础上绘制，也可单独画出该加工处理的二层数据流程图，因此，二层数据流程图也被称为该加工的子图。

4) 其他注意事项

① 在绘制过程中一般应先给数据流命名，再根据输入/输出的数据流名称为加工处理命名。名称含义要确切，要能反映相应的整体。

② 按照从左至右的顺序画出数据流程图，其中左侧为数据源，右侧为终点，中间为一

系列的数据处理和数据存储。

③规范的数据流程图应该尽量避免交叉线，且图中的各种符号位置分布应合理匀称。

3. 数据流程图的绘制方法

以成绩管理信息系统的数据流程图为例，逐步说明数据流程图的绘制方法。

1）确定系统数据的源点和终点

本系统的数据来源包括学工处和教师，数据输出点包括教务处、班主任和学生，学工处和教师通过成绩管理将数据分别输出给教务处、班主任和学生，画出系统的顶层数据流程图，如图8-8所示。

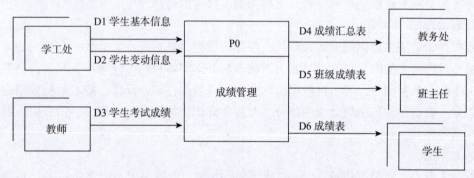

图8-8　成绩管理的顶层数据流程图

2）对顶层数据流程图的加工处理

将"成绩管理"分解成三个加工处理，依据数据的流向和存储，在过程中添加对应的数据存储文件并且标注数据流的名称，画出系统的一层数据流程图，如图8-9所示。

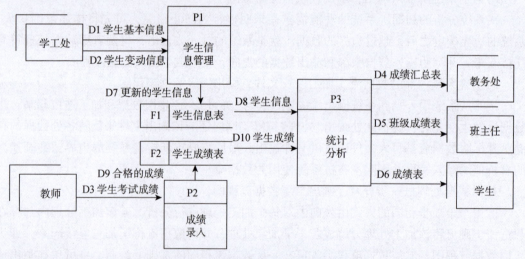

图8-9　成绩管理的第一层数据流程图

3）对于第一层数据流程图的加工处理

将"学生信息管理"进行进一步细分，并依据学生信息数据的流向在图中添加数据存储文件，标注数据流的名称，得出关于"学生信息管理"这个加工处理的第二层数据流程图，如图8-10所示。

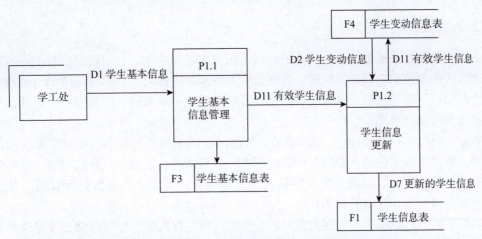

图 8-10　成绩管理的第二层数据流程图——学生信息管理的子图

4. 绘制分层数据流程图的注意事项

1)合理编号

分层流程图的顶层称为 0 层,是 1 层流程图的父图,而 1 层流程图既是 0 层数据图的子图,也是 2 层数据图的父图,以此类推。一般来说,约定顶层图的加工处理编号为 0,1 层图的加工处理编号为 1,2,3,…,2 层图的加工处理编号为 1.1,1.2,1.3,…,以此来标记不同层流程图的加工处理之间的关系。数据存储和数据流的编号则以其出现的先后顺序依次编号,不可重复。

2)注意平衡下层图和上层图的数据流

分层的数据流程图中最重要的就是上下层数据流程图之间的数据流必须达到平衡,这里的平衡是指下层图中的输入与输出的数据流必须与上层图中对应加工处理的输入与输出的数据流相一致。但是有两种情况是被允许的:一种情况是下层图的输入与输出数据流要比上层图中相对应的加工处理的输入与输出数据流描述得更细致;另一种情况是在考虑系统的整体平衡时,可忽略某些支节性的数据流。

3)分解程度

对于规模较大的系统分层数据流程图来说,若把所有的加工处理直接分解成基本的加工处理,一张图上出现过多的加工处理会导致用户或开发人员难以理解,同时也增加了系统分解的复杂性;反之,如果每次分解产生的子加工太少,会使分解的层次过多而增加画图的工作量,同时也不利于阅读。据以往绘制系统数据流程图的经验,一个加工处理一次的分解量最多不超过七个,并且分解过程中要注意遵守以下原则:

①分解应自然,且概念上应合理清晰。

②由于上层图是综合性描述,对数据流程图的可读性影响较小,对加工处理的分解可以快些,对下层图中的加工处理的分解应慢些并慎重考虑。

③在不影响流程图可读性的情况下,可以适当地多分解成几部分,从而减少分解的层数。

④一般来说,当加工处理只有单一的输入/输出数据流时,应该停止对与该加工处理的分解。

8.5.2 数据字典

数据流程图抽象地描述了系统的分解和系统数据处理的概貌。但数据流程图还不能完整地表达一个系统的全部逻辑特征，特别是有关数据的详细内容。只有当图中出现的每一种成分都给出详细定义后，才能比较完善、准确地描述一个系统，因此需要一些其他工具对数据流程图加以补充。

数据字典（Data Dictionary，DD）就是对数据流程图上的各种成分给予定义和说明的文字集合。数据字典描述的主要内容包括数据项、数据结构、数据流、数据存储、处理逻辑和外部实体等，其中数据项是组成数据流的基本成分。数据字典是数据流程图的辅助资料，对数据流程图起注解的作用。

数据字典有六类条目，分别是数据项、数据结构、数据流、数据存储、处理逻辑和外部实体。不同的条目需要描述的属性不同。

1. 数据项

数据项（Data Element），也称数据元素，是信息系统中最基本的数据组成单位，也是不能进行再分解的数据单位，例如，学号、姓名、性别等。数据字典中，每个数据项需要描述的属性有名称、别名，以及类型、长度和值域等。

每个数据项的名称唯一地标识出这个数据项，以区别于其他数据项。名称应尽量反映数据项的具体含义，以便理解和记忆。对于同一数据项，其名称可能不止一个，以适应多种场合下的应用。在这种情况下，还对数据项的别名加以说明。

数据项的类型说明其取值属于哪种类型，如数值型、字符型或逻辑型等；长度规定该数据项所占的字符或数字的个数；值域指数据项的取值范围以及每一个值的确切含义。

图 8-11 为数据项描述的一个实例。

数据项编号：DI0001
数据项名称：学号
简述：成绩信息管理系统中的学生编号
别名：学生编码
类型：char
长度：10
取值/含义：aabbccddee aa-入学年份 bb-院系编号 cc-专业编号 dd-班级编号 ee-流水号

编写：　　　　日期：　　　　审核：　　　　日期：

图 8-11　数据项描述实例

2. 数据结构

数据结构是由两个或者两个以上互相关联的数据项或者其他数据结构组成的，例如，学生基本信息、课程基本信息及教师基本信息等。数据结构用来定义数据项之间的组合关系，是对数据的一种逻辑描述。数据字典中，数据结构需要描述的属性有编号、名称和组成等。

数据结构的编号必须唯一标识这个数据结构，数据结构的名称应使用相关业务的专业术语命名，其命名不可重复。在数据结构的组成中，若存在数据项，则直接列出所包含的数据项，并在数据项后用括号标明该数据项的类型和长度；若包含了数据结构，则只需列出数据结构的名称或编号即可。图8-12是对成绩管理信息系统中的数据结构"学生基本信息"的描述。

数据结构编号：DS0001
数据结构名称：学生基本信息
简述：成绩信息管理系统中的学生固有属性
别名：学生情况
数据结构组成：DI0001+姓名（char/8）+性别（logic/1）+出生日期（date/8）+民族（char/8）+家庭住址（char/28）
相关数据流或数据结构：DF0004，DS0006
相关的处理逻辑：P0002，P0005

编写：   日期：   审核：   日期：

图8-12 数据结构描述实例

3. 数据流

数据流表明数据项或数据结构在信息系统中的传输路径。在数据字典中，数据流需要描述的属性有来源、去向、组成、流通量和峰值等。

数据流的来源即数据流的源点，它可能来自系统的外部实体，也可能来自某一个处理过程或数据存储。数据流的去向即数据流的终点，它可能终止于外部实体、处理过程或数据存储。数据流的组成是指它所包含的数据元素或数据结构。一个数据流可能包含若干个数据结构，这时，需要在数据字典中加以定义。如果一个数据流仅包含一个简单的数据元素或数据结构，则该数据流无须专门定义，只需在数据元素或数据结构的定义中加以说明。数据流的流量指在单位时间内，该数据流的传输次数。有时还需描述高峰时的流通量（峰值）。

图8-13是对成绩管理信息系统中数据流"学生信息"的描述。

数据流编号：DF0001
数据流名称：学生信息
简述：成绩信息管理系统中的学生信息
数据流来源：学生
数据流去向：统计分析
数据流组成：DS0001+学生变动信息
数据流量：8000张/年
高峰期及流量：1000张/2月，5000张/9月

编写：   日期：   审核：   日期：

图8-13 数据流描述实例

4. 数据存储

数据存储是数据暂存或者被永久保存的地方，也是数据流的来源和去向之一。在数据字典中，只描述数据存储的逻辑结构，不涉及其物理结构。数据字典中数据存储的内容有

编号、名称、组成、存取分析及关键字的说明。数据存储的编号和名称应该具有唯一性，并且与数据流程图中的编号和名称保持一致。在不同数据流程图中出现的同一数据存储也应该标示相同的编号和名称。数据存储的关键词应该是唯一确定一条记录的数据项。图8-14是对成绩管理信息系统中数据存储"学生成绩表"的描述。

数据存储编号：DB0001

数据存储名称：学生成绩表

简述：成绩信息管理系统中的学生各科成绩

别名：成绩一览表

数据存储组成：班级+课程编号+课程名称+考试时间+DI0001+姓名+成绩

关键词：课程编号/DI0001

记录长度：96B

记录数：50000 条

容量：5688KB

相关的处理逻辑：P0001

编写：　　　　　日期：　　　　　审核：　　　　　日期：

图 8-14　数据存储描述实例

5. 处理逻辑

处理逻辑用来描述数据流程图中数据的基本处理过程。由于数据流程图的逻辑较复杂，在数据字典中仅仅对数据流程图中最底层的处理逻辑作说明。在数据字典中，处理逻辑主要描述编号、名称、处理过程，以及该处理过程的输入数据流、输出数据流等。例如，学生的期末成绩是由出勤率、平时作业成绩、课堂表现和期末试卷成绩来确定，但是出勤率、平时作业成绩、课堂表现和期末试卷成绩各自所占的权重各不相同。图8-15是对成绩管理信息系统中处理逻辑"学生成绩计算"的描述。

处理逻辑编号：P0001

处理逻辑名称：学生成绩计算

层次号：P2.2

简述：依据学生出勤率、平时作业成绩、课堂表现和期末试卷成绩所占的权重计算学生成绩

输入数据源：出勤率、平时作业成绩、课堂表现、期末试卷成绩

输出数据流：成绩单

处理：出勤率占 5%，平时作业成绩占 15%，课堂表现占 10%，期末试卷成绩占 70%

处理过程：根据考勤的次数确定出勤率的成绩，根据平时作业的次数及成绩确定平时作业成绩，根据课上回答问题情况及学习积极性确定课堂表现成绩，根据试卷确定期末试卷成绩。

计算公式：学生成绩＝出勤率×5%+平时作业成绩×15%+课堂表现×10%+期末试卷成绩×70%；按照学生成绩的计算公式计算每一位学生的成绩，填写学生成绩单。

编写：　　　　　日期：　　　　　审核：　　　　　日期：

图 8-15　处理逻辑描述实例

6. 外部实体

外部实体是数据的来源和去向。数据字典中，外部实体主要描述编号、名称、简述及有关的数据流。在成绩管理系统中，学生、教师、班主任、学工处和教务处等都是外部实体。图 8-16 是对成绩管理信息系统中外部实体"学生"的描述。

```
外部实体编号：E0001
外部实体名称：学生
简述：在学校中接受教育的对象
输入数据源：学生名单
输出数据流：成绩单

编写：        日期：        审核：        日期：
```

图 8-16 外部实体描述实例

 视频学习资源：数据流程分析

8.6   处理流程的逻辑描述

数据流程图中比较简单的处理逻辑可以在数据字典中给出定义，但还有很多比较复杂的处理，需要运用描述处理逻辑的特殊工具加以说明。描述处理逻辑的工具是对数据字典的补充，是对数据流程图中处理逻辑的进一步解释。

常用的描述处理逻辑的工具有决策树、决策表和结构化语言。

8.6.1   决策树

决策树（Decision Tree），也称判断树，是采用树形结构来表示处理逻辑的一种方法。当某业务的执行不是只依赖于一个条件，而是与若干个条件有关时，可使用决策树来表示不同条件下的不同处理，从而对业务逻辑进行描述。

决策树的左边为树根，从左向右依次排列各条件，左边的条件比右边的优先考虑。根据每个条件的取值不同，树可以产生很多分支，各分支的最右端为不同的条件取值状态下采取的行动。

例如，某公司对不同交易额、不同信誉的新老客户采取不同的折扣政策：年交易额在 5 万元以下的客户不给予折扣；年交易额在 5 万元或 5 万元以上的客户，如果最近 3 个月无欠款，则折扣为 15%；如果最近 3 个月有欠款，而且与本公司的交易关系在 20 年以上，则折扣为 10%；如果最近 3 个月有欠款，而且与本公司的交易关系在 20 年及以下，则折扣为 5%。例子中的折扣政策可以用图 8-17 所示的决策树来描述。

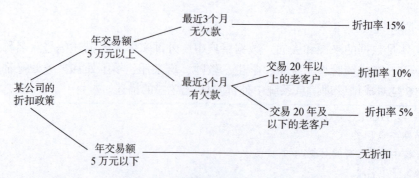

图 8-17　决策树描述的折扣政策

决策树的优点是直观清晰，易于检查和修改，寓意明确，没有歧义性，但是对于复杂的条件组合关系的表达不太适合。复杂的条件组合关系的表达可以用决策表来解决。

8.6.2　决策表

决策表（Decision Table），也称判断表，可在复杂的情况下，用二维表格直观地表达具体条件、决策规则和应当采取的行动策略之间的逻辑关系。决策表的内容由条件说明、行动说明、条件组合和行动选择构成，用"Y"表示条件满足，用"N"表示条件不满足，用"X"表示采取的行动。上面例子中的折扣政策可以用表 8-2 来描述。

表 8-2　决策表描述的折扣政策

	决策规则号	1	2	3	4	5	6	7	8
条件	年交易额 5 万元以上	Y	Y	Y	Y	N	N	N	N
	最近 3 个月无欠款	Y	Y	N	N	Y	Y	N	N
	交易 20 年以上的老客户	Y	N	Y	N	Y	N	Y	N
应采取的行动	折扣率 15%	X	X						
	折扣率 10%			X					
	折扣率 5%				X				
	无折扣					X	X	X	X

从表 8-2 可以看出，有些条件组合有相同的行动，有的条件组合则没有实际意义。对于那些有相同行动的条件组合，可以采取合并的方式；对于没有意义的条件组合则可以删除，达到优化决策表的目的。因此，在原决策表的基础上，进行一系列的整理和综合分析工作，最后得到简单明了、具有实际意义的决策表。表 8-3 是优化后的决策表，表中"—"的意思既可以是"Y"，也可以是"N"（表示与相应的条件无关）。

表 8-3　优化后的决策表

	决策规则号	1	2	3	4
条件	交易额 5 万元以上	Y	Y	Y	N
	最近 3 个月无欠款	Y	N	N	—
	交易 20 年以上的老客户	—	Y	N	—

续表

决策规则号		1	2	3	4
应采取的行动	折扣率 15%	X			
	折扣率 10%		X		
	折扣率 5%			X	
	无折扣				X

8.6.3　结构化语言

结构化语言（Structured Language）是介于自然语言和程序设计语言之间的一种语言，没有严格的语法，采用很简洁的词汇来表述处理逻辑，既可以用英语表达，也可以用汉语表达。在我国，通常采用用户和开发人员双方接受的结构化汉语。

上面例子折扣政策处理可以用结构化语言描述如下：

If 交易额 >= 5 万元
  Then If 最近 3 个月无欠款
    Then 折扣率 = 15%
    Else
     If 交易时间 >= 20 年
     Then 折扣率 = 10%
     Else 折扣率 = 5%
Else 折扣率 = 0%

决策树较适用于含有 5~6 个条件的复杂组合，条件组合过于庞大则将造成不便；决策表适用于行动在 10~15 的一般复杂程度的决策；结构化语言适用于涉及具有判断或循环动作组合顺序的问题。决策表和决策树也可用于系统开发的其他阶段，并被广泛地应用于其他学科。

 视频学习资源：业务处理逻辑的表达

8.7　新系统的逻辑模型

通过系统详细调查，深入分析现行系统的业务流程、数据流程及处理逻辑，并且对原有系统进行大量的分析和优化，得出的结果就是新系统拟采用的信息处理方案。因而对原系统分析后提出的系统建设方案，就是建立新系统的逻辑模型。新系统逻辑模型是管理信息系统在系统分析阶段的重要结果，也是系统设计阶段和系统实施阶段的指导性文件。

新系统的逻辑模型的主要内容包括确定新系统的目标、新系统的业务流程、新系统的数据流程、新系统的总体功能结构及子系统的划分、业务处理的逻辑描述等，是系统分析阶段系统分析结果的综合体现。

1. 系统目标

系统目标是指实现系统目的所需完成的具体事项。通过对现行系统进行详细调查，根据其调查结果对可行性分析报告中所提出的系统目标再次进行检查，重新考虑项目的可行性和必要性，并根据对系统建设环境和条件的调查结果对系统目标进行修正，使系统目标更好地适应组织的管理需求和战略目标。

系统目标主要包含系统功能目标、系统技术目标及系统经济目标。

1）系统功能目标

系统功能目标是指系统所能处理的特定业务以及处理这些业务的质量。常用的衡量系统功能目标的指标包括管理信息系统能够为管理人员提供的信息数量和质量、管理人员对管理信息系统提供信息的满意度；管理信息系统应用之后能够为管理人员提供哪些之前无法提供的服务等。

2）系统技术目标

系统技术目标是指管理信息系统应该具备的技术性能和应该达到的技术水平。常用的衡量系统技术的指标包括系统运行效率、系统响应速度、系统吞吐量，以及系统的可靠性、灵活性、可维护性和可操作性等。

3）系统经济目标

系统经济目标是指管理信息系统开发的预期投资费用和预期经济效益。预期投资费用可以从研发阶段和运行维护阶段这两方面的投资进行估算；预期经济效益则应从直接经济效益和间接经济效益这两方面进行预测，其中直接经济效益能够直接用货币金额进行度量，而间接经济效益则不易量化，主要是从提高企业管理水平、优化企业管理方法以及提高客户满意度等方面进行评价。

2. 确定新系统的业务流程

这部分是反映业务流程分析工作的主要结果，其具体内容包括以下四个方面：

①删除了哪些多余的业务处理过程以及合并了哪些重复的业务处理过程。

②优化和修改了哪些业务处理过程？优化和修改的原因是什么？优化和修改之后会带来哪些益处？

③绘制出最终确定的业务流程图。

④在业务流程图中标注哪些部分是新建立的管理信息系统能够完成的，哪些部分需要用户完成或用户协助新系统完成。

3. 确定新系统的数据流程

这部分是反映数据流程分析工作的主要结果，其具体内容包括以下五个方面：

①系统分析人员与用户确认最终的数据指标和数据字典。其确认的内容主要包括数据指标体系是否全面合理以及数据精度是否满足用户需求等。

②删除了哪些多余的数据处理过程以及合并了哪些重复的数据处理过程。

③优化和修改了哪些数据处理过程？优化和修改的原因是什么？优化和修改之后会带来哪些益处？

④绘制出最终确定的数据流程图。

⑤在数据流程图中标注哪些部分是新建立的管理信息系统能够完成的，哪些部分需要

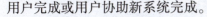

用户完成或用户协助新系统完成。

4. 确定系统的功能模型

确定系统的功能模型实际上就是对新系统进行子系统的划分。系统分析人员在进行住址结构域功能分析时，已经对系统必须具备的功能进行了详细的调查分析，但在确定新系统逻辑模型时，必须再次进行讨论分析，最后确定新系统的总体功能模型。

8.8 系统分析报告

系统分析报告是管理信息系统在系统分析阶段的成果，它不仅能够充分展示系统调查的结果，还能反映系统分析的结果，即新系统逻辑方案。系统分析报告必须经过组织各个方面的人员(如组织领导、相关管理人员、专业技术人员以及系统分析人员等)的论证分析，尽可能地发现报告中存在的问题、误解和疏漏，对其中的问题和疏漏及时纠正，对有争议的问题进一步深入调查和分析，确保系统分析报告的准确性和合理性。

系统分析报告完成并被用户认可后，成为下一阶段系统设计工作的指导文件以及今后系统验收工作的检验标准。系统分析报告简要提纲如图 8-18 所示。

系统分析报告

1 现行系统概况
    1.1 组织目标与结构
    1.2 组织的业务功能
    1.3 新系统的开发背景
2 现行系统运行概况
    2.1 现行系统的目标和主要功能
    2.2 现行系统的组织与业务流程分析
    2.3 现行系统的数据流程分析
    2.4 现行系统的数据字典
    2.5 现行系统存在的问题
3 新系统目标
    3.1 新系统所能完成的功能
    3.2 新系统所能满足的需求
4 新系统的逻辑方案
    4.1 新系统的功能模型
    4.2 新系统的信息模型
    4.3 新系统采用的管理方法、算法及模型
    4.4 新系统开发资源与开发进度预估

图 8-18 系统分析报告简要提纲

由图 8-18 可知，系统分析报告包括现行系统概况、现行系统运行概况、新系统目标和新系统的逻辑方案。

1)现行系统概述

主要是对组织的基本情况进行简单的介绍，包括组织目标、组织结构、组织的工作过程及性质、与其他组织之间存在的物质和信息的交换关系、新系统的目标以及背景等。

2）现行系统运行概况

主要说明现行系统现状的调查说明。通过现行系统的组织/业务联系表、业务流程图、数据流程图及数据字典等图表工具，说明现行系统的目标、主要功能、业务流程、数据流与数据存储，以及系统薄弱环节和存在的问题。

3）新系统目标

根据已经得出的对于现有系统运行的结果，并综合用户对新系统提出的具体需求来制订新系统的目标，并确定新系统所需完成的具体功能。

4）新系统的逻辑方案

新系统的逻辑方案是新系统分析报告的主要部分，其内容主要包括以下四个方面：一是对系统的功能进行分析，提出明确的功能目标，并与现行系统之间进行比较；二是确定系统的逻辑模型，对各个层次的数据流程图、数据字典和加工说明进行详细绘制，并确定在各个业务处理环节拟采用的管理模型；三是确定新系统的一些设置，如系统的输入输出格式、启动和推出等；四是针对目前新系统无法满足的用户需求，给用户提供今后解决的措施和途径。

 视频学习资源：新系统的逻辑模型和系统分析报告

本章小结

系统分析是在系统规划的基础上，建立新系统的逻辑模型。本章详细介绍了管理信息系统分析的任务、内容和过程，重点介绍系统分析时如何构建新系统的概念模型。

系统分析是在系统规划阶段之后，确定管理信息系统的总体逻辑方案，为系统设计提供依据。系统分析阶段得到的新系统的逻辑方案解决系统"做什么"的问题，而设计阶段得到的物理方案解决"怎么做"的问题。

系统分析的过程包括：①现行系统详细调查，全面了解现行系统的运行状况，为新系统提供依据；②组织结构与业务流程分析，分析组织的职能和业务流程；③数据流程分析，分析数据的流动、传递、处理与存储过程；④业务处理逻辑的分析，应用决策树、决策表和结构化的语言描述业务处理的逻辑；⑤建立新系统的逻辑模型，形成符合用户需求的系统逻辑方案；⑥提出系统分析报告，总结分析结果，编制系统分析阶段的成果文档。

组织结构分析：通过组织结构图描述企业的组织结构。功能结构分析：通过功能结构图描述管理功能。组织/功能关系分析：通过组织/功能联系表反映管理业务过程与组织结构之间的关系。业务流程分析主要借助业务流程图实现，业务流程图是用规定的符号及连线表示具体业务处理过程。数据流程分析借助数据流程图，描述系统中的来源、去向、流动、处理和存储。数据字典是对数据流程图上的各种成分给予定义和说明。

系统分析报告包括现行系统概况、现行系统运行概况、新系统目标和新系统的逻辑方案；其作为系统设计和系统验收的指导文件和检验标准，具有重要的意义。

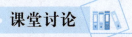

课堂讨论

1. 在管理信息系统开发的分析工作中，系统分析人员应当担负什么样的责任？
2. 为什么要采用业务流程图和数据流程图等来描述管理信息系统的逻辑模型？

分组任务

1. 通过书刊、网络等方式收集企业应用管理信息系统开发的案例，集中对这些案例进行讨论分析，总结目前企业在建立管理信息系统时如何对系统进行分析。
2. 对自己所在学校进行调查分析，绘制学校的组织结构图和功能结构图。

复习思考题

1. 系统分析阶段的主要工作有哪些？
2. 管理信息系统在分析阶段为何要进行详细调查？
3. 简述系统详细调查的原则及方法，并结合实例说明这些原则如何贯彻。
4. 简述业务流程分析的内容。
5. 简述数据流程图的基本组成，并说明其绘制的步骤。
6. 简述数据字典的组成。
7. 一份完整的系统分析报告应包含哪些内容？

课后案例分析

 课后案例：某企业人力资源管理的系统分析

 课后案例的分析要点

9 系统设计

教学目标

知识目标	能力目标	价值目标
1. 掌握系统设计阶段的主要任务，理解并把握系统设计的主要内容； 2. 熟悉系统概要设计的内容，掌握系统详细设计的内容； 3. 掌握物理配置方案设计的依据，熟悉其设计的主要内容； 4. 重点掌握代码设计的原则、代码的种类及其特点； 5. 重点掌握数据库设计的过程，绘制概念模型 E-R 图，熟练掌握概念模型转化为逻辑模型； 6. 掌握输入输出设计的内容及原则； 7. 掌握系统设计报告的内容	1. 能够理解系统设计的主要任务，体会系统设计在整个系统开发过程中的重要性； 2. 能够通过实际案例的分析培养系统设计能力，尤其是代码设计、数据库的设计能力；提升分析问题的能力，提升对系统设计的应用能力	1. 掌握系统的设计过程，增强对系统设计的信心，加强系统设计的认识； 2. 培养安全意识，理解系统设计对企业信息系统开发的重要性； 3. 增强责任意识，认识企业信息化中系统设计人员的责任和专业素养的重要性； 4. 强化规范化意识，了解与系统设计相关的标准和规范，尤其是系统设计说明书和系统设计报告的规范性

关键术语

系统设计(System Design，SD)；

概要设计(General Design，GD)；

详细设计(Detail Design，DD)；

物理配置方案设计(Physical Configuration Scheme Design，PCSD)；

代码设计（Code Design，CD）；

数据库设计（Database Design，DD）；

输入输出设计（Input/Output Design，IOD）；

程序设计说明书（Programming Instructions，PI）；

系统设计报告（System Design Report，SDR）

引导案例

基于5G物联感知的城市智慧环卫系统设计

随着我国环卫产业的发展，人们对环境的要求也越来越高，传统环卫管理方式，已不能满足环卫管理对信息处理的需要。政府部门对低成本的控制要求越来越高，同样对城市环境卫生的标准也越来越高，要求环卫公司实时、动态掌握相关信息，遇到突发事件能够快速调度人员。目前，我国的环卫产业已上升到国家战略层面，智能化的需求愈加明显，已经对环卫产业产生了重大影响，已有数以万计的传感器开始监测环境卫生，半无人驾驶的环卫车正在测试，机器人技术和先进的自动化技术正在成为新的环卫处理设施的重要组成部分，无人驾驶飞机已经用于环保废弃物填埋监测，3D打印机正在测试回收不同类型的塑料。在环卫产业互联网平台方面也有部分企业尝试，逐渐出现轻量级环卫大数据平台、环卫设备物联网接入平台，为环卫行业赋能。在此背景条件下，基于"5G+物联网"的城市环保卫生服务创新应用，与大数据、云计算人工智能等新技术相结合，打造"5G+物联网"智慧环卫管理解决方案，实现从"数字环卫"到"智慧环卫"的跨越。

从智慧环卫的总体架构整体来看，网络是基础，平台是核心，应用是导向，数据是资源，安全是保障。方案技术架构包含物联感知层、全域感知网络层、智慧环卫平台、智慧调度中心，以及配套的安全和运维保障体系。智慧环卫的总体架构图如图9-1所示。

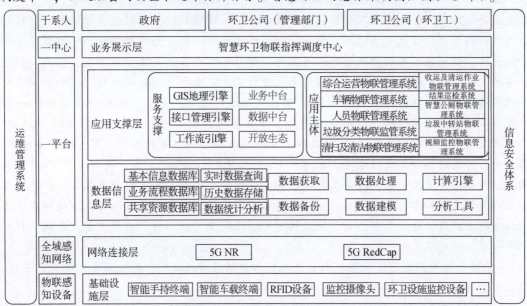

图9-1 智慧环卫的总体架构图

1. 目标设计

方案综合应用 5G、云计算、大数据、物联网等技术，形成"全覆盖、全感知、全自动、全智能"的系统化管理新机制，打造环卫监管新模式，落实定人、定岗、定量、定责的环卫机制，完善精细化、规划化、标准化的环卫管理体系，实现常态化管理。具体解决如下问题：

(1)环卫设施管理。通过信息化传感设备、电子标签、视频监控等手段，实现对公厕、垃圾桶、中转站等环卫设施位置、使用情况等管理，实现公厕保洁、车辆准入、垃圾计量、环境监测、运行工况的全过程智能化监管，支撑生活垃圾高效规范转运。通过数字化手段评估垃圾分类实施效果，对涉及垃圾分类的人、车、物、事进行全过程实时管理，有效提升垃圾减量化、无害化、资源化程度，实现城市环卫系统与再生资源系统两个网络有效衔接和融合发展。结合物联网设备数据的采集和分析，进行关键指标提炼，建立环卫考核和评价体系，同时结合计算引擎和分析工具，实践自动研判的智能考核、随机抽样的任务考核以及现场监察的自主考核。运用数据分析及数据挖掘技术，实现对不同考核主体的考核和综合评价。

(2)人员作业管理。利用 GPS 技术、巡检技术、GIS 技术、无线传输技术，实现了对保洁巡查、保洁过程、保洁质量、人员到岗情况、作业区域规划、工作量考核、巡更、人员调度、安全培训、环卫人员关怀、应急指挥等管理。

(3)环卫车辆管理。针对机扫、洒水、清洗、干扫等车辆的作业里程、作业油耗、视频监控、数据采集分析、车辆调度、轨迹规划等进行管理，综合监控实时位置、清扫状态、作业轨迹、水耗检测、清扫里程、违规情况、清扫质量等，实现环卫车辆越界报警、超速报警、违规作业报警、油量异常报警、作业状态记录、规划内工作量统计、事件处置工作量统计、作业过程行为分析记录等，并针对紧急情况进行车辆的调度管理。

2. 业务设计

按照"一中心、一平台"搭建智慧环卫指挥中心，实现环境卫生、垃圾分类、综合评价三大板块和综合运营物联管理、车辆物联管理、人员物联管理、垃圾分类物联监管、清扫及清洁物联管理、收运及清运作业物联管理、结果巡检、智慧公厕物联管理、垃圾中转站物联管理、视频监控物联管理十个应用主体。智慧环卫平台满足海量数据安全接入，按照标准性、开放性、扩展性、经济性和安全性进行设计。业务角度分数据信息层和应用支撑层两层进行设计。技术角度核心是 PaaS 层，又细分为通用 PaaS、工业 PaaS。通用 PaaS 技术架构实现资源灵活组织、功能封装复用、计算资源调度高效加速，为其上层设备连接、应用开发与部署等提供服务，采用 Kubernetes、Service Mesh 为代表的容器、微服务技术，提高平台功能解耦和集成的效率。在通用 PaaS 架构上进行二次开发，实现工业 PaaS 层的构建，为环卫产业用户提供海量工业数据的管理和分析服务，并能够积累沉淀环卫产业不同领域内技术、知识、经验等资源，实现封装、固化和复用，在开放的开发环境中以工业微服务的形式提供给开发者，用于快速构建定制化环卫工业 App。应用主体业务功能设计如下：

(1)综合运营物联管理：实现人员与车辆作业绩效考评分析、站厕固定设备设施管理、环卫应急管理和调度及领导驾驶舱大数据分析等功能。

(2)车辆物联管理：实现智能规划作业规则、路线等功能，并对车辆作业过程进行全方位可视化监管等功能。

（3）人员物联管理：实现基层环卫管理人员作业网格管理（智能考勤、自动排班、任务管理、一键拍照上传等）功能。

（4）垃圾分类物联监管：实现生活垃圾分类投放、收集、运输、处理的可视化集中展示、管理及实时调度等功能。

（5）清扫及清洁物联管理：智能识别机械车辆清扫和清洁作业结果，实现作业规则设置、作业排班管理、监控车辆行驶路线等功能。

（6）收运及清运作业物联管理：系统实现垃圾收运过程实时监管、收运点分布信息管理、车辆收运路线偏离报警、收运路线自定义设定等功能。

（7）结果巡检：系统通过在线调取监控视频数据，实现对环卫工人、环卫车辆、环卫管理人员的工作结果进行视频巡检、问题整改、统计分析等功能。

（8）智慧公厕物联管理：通过智能水电表、信息化传感器等设备，实现公厕内环境数据（剩余蹲位、氨气、硫化氢、PM2.5、温度和湿度）的实时监测，提供每日违规情况（臭氧超标、人员脱岗、滞留超时）、公厕能耗监测、设施台账统计、位置查找导航等各类公厕（一类、二类、三类和其他）智能化管理。

（9）垃圾中转站物联管理：通过安装监控摄像头、智能水电表以及氨气传感器等监控设备，实现监控垃圾站的进出车辆、垃圾堆放，垃圾清理频率统计，水电能耗监测，垃圾异味探测除臭等功能。

（10）视频监控物联管理：系统为管理人员提供实时展示的视频监控数据，如车辆作业监控、街道环卫监控、中转站作业监控等，便于随时查看或回放历史信息、进行案件取证统计等。对应智慧环卫平台功能设计，指挥调度中心设计安全生产管理、服务监督、管理部门联系、政府部门联系、精准调度、轨迹跟踪、事件上报、员工关怀、安全培训和一键救助十大主要模块。通过功能点对环卫人员、作业车辆、环卫设施进行实时监管和环卫作业的可视化、现场调度、大数据展示与分析，方便实时调取数据、重要信息和预警提示，帮助了解总体情况，实现科学指挥调度和辅助决策。通过对讲终端、智能终端，实现指挥中心调度人员，实时跟踪人员调度单呼、群呼，环卫监督人员快速采集现场信息、将图片上传给指挥中心，实现事件派遣、上报、处置、反馈。

3. 效益分析

方案的创新发展主要体现在以下三个方面：

①社会方面，促进政府创新管理与服务模式，提高效能提升城市品牌形象；提升环卫公司智能化、平台化技术的实现，能够改善环卫工人作业环境、缓解未来环卫工人人力资源短缺的社会问题；数据支撑决策，降低管理成本、关注环境、治安等指标，满足智慧城市发展的需要。

②经济方面，平台应用的统一化，避免重复建设，减少环卫平台化建设的总体投入；另外平台的核心为降本增收，提升环卫作业质量，降低环卫运营成本，提高生产效率，促进环卫产业发展。

③环境方面，实现对废弃物全过程生命周期管控，促进节能减排和物质循环利用，提升居住环境质量，为公众生存环境的健康良性发展提供保障。对市区环境情况进行监测并展现，根据监测情况实时发布信息并对热点区域进行标注，通过对各站点的实时监测，可实现气象、环境预警机制。

（资料来源：陈新，吴秀. 基于5G物联感知的城市智慧环卫方案设计[J]. 广东通信

技术，2024（5）：45-49，有改动）

结合案例请思考：

1. 智能环卫系统的主要功能模块包括哪些？

2. 在设计智能环卫系统时，如何确保系统的安全性和数据的保密性？

 导入案例的分析要点

9.1　系统设计概述

在已经获得批准的系统分析报告的基础上，进行新系统设计。系统设计包括两个方面，首先是总体设计，其次是详细设计。系统设计的主要目的就是为下一阶段的系统实现（如编程，调试、试运行）制订蓝图。系统设计阶段的主要任务就是在各种技术和实施方法中权衡利弊，精心设计，合理地使用各种资源，最终勾画出新系统的详细设计方案。

系统设计阶段的主要依据是系统分析报告和开发者的知识与经验。系统设计的主要内容包括新系统总体结构框架设计、代码设计、数据库设计、输入/输出设计、处理流程及模块功能的设计。系统设计的结果是一系列的系统设计文件，这些文件是实现一个信息系统（包括安装硬件设备和编制软件程序）的重要基础。

在系统分析阶段，明确了新系统的功能结构及信息结构，也就是系统的逻辑模型，对新系统回答了"做什么"的问题。在系统设计阶段需要回答的中心问题是"怎么做"，即通过给出新系统物理模型的方式描述如何实现在系统分析中规定的系统功能。

9.1.1　系统设计的任务和内容

1. 系统设计阶段的任务

在现行系统分析的基础上，根据新系统的设想，进行总体结构设计和详细设计，确定具体的实施方案，即根据新系统的逻辑模型建立新系统的物理模型，解决怎么做的问题。系统设计阶段的主要任务就是在各种技术和实施方法中权衡利弊，合理地使用各种资源，最终确定新系统的详细设计方案。

2. 系统设计阶段的内容

1）系统总体设计

总体设计也就是设计系统的总体框架，具体工作包括划分子系统和功能模块，并用功能结构图描述划分结果。

2）系统的详细设计

在总体框架出来后，还要针对每个子系统、每个模块进行详细的实现方案设计，具体包括：

①代码设计：包括编码对象的分类和代码的种类选定等。

②系统的物理配置方案设计：包括系统的运行平台和开发平台的方案设计，主要指网

络的形式及其软硬件的选取，终端配置的选定，还有数据库管理系统的选择等。

③数据库的设计：包括数据库的物理模型设计和数据库的安全保密性设计等。

④输入/输出设计：包括输入/输出设备的确定、输入/输出格式的设计、输入的校验设计等。

⑤编写程序设计说明书：系统设计人员要为下一步系统实施中程序员的程序设计编写相应的说明书，该说明书是程序员进行程序设计的指导性文档。

⑥编写系统设计报告：系统设计报告应记载上述各项设计的全部成果，全面描述出新系统的物理结构，从总体上回答新系统该怎样做的问题。同时还要作为指导下一步系统实施、订购系统所需各类设备、安排人员培训等各项工作的技术依据。

9.1.2　系统设计的原则

系统设计得到的方案将成为后续系统实施的重要依据，因此系统设计的好坏将直接影响系统能否顺利实施以及实施后系统的性能。一个完善的系统物理方案的设计应该遵循以下设计原则：

1. 整体性原则

在设计各个子系统和模块时，要从系统整体的角度考虑问题，不要为了局部的利益而影响整体方案的最优。此原则具体体现在整个系统的代码设计要统一、数据存储要统一、软件的界面风格要统一、数据要能全局共享、设计规范要标准等方面。

2. 安全可靠性原则

安全可靠是最基本的原则，设计物理方案应予以重点考虑，应采用优良的系统和可靠的系统配置来保障系统运行的可靠、安全。

3. 易用性原则

管理信息系统开发好以后是要交付给各层管理人员使用的，他们未必都精通计算机操作，而且他们在使用原系统的过程中已养成了某种习惯。因此在设计系统时要考虑用户是否方便，考虑用户原有的习惯。

4. 灵活性原则

由于外界环境是不断变化的，因此，要求设计出的系统要有良好的环境适应性，即尽量不受或少受外界环境变化的影响。此原则具体体现在整个系统应具有良好的开放性，系统的各个部分应具有较高的独立性，以便于系统的维护和改进。另外，设计方案要留有升级的余地和与其他系统集成的接口。

5. 经济性原则

在满足系统功能的前提下，应尽可能地设计低成本的系统，设计时不仅考虑实施成本，还要兼顾运行使用成本。

 视频学习资源：系统设计的概述

9.2　系统总体结构设计

9.2.1　结构化系统设计

1. 结构化系统设计方法

结构化系统设计方法由美国 IBM 公司的 Stevens、G. Myers 和 L. Constantine 等人提出，是在结构化思想的基础上发展起来的一种用于复杂系统结构设计的技术，它运用一套标准的设计准则和工具，采用模块化的方法进行系统结构设计，适合系统设计的总体设计阶段。

2. 结构化系统设计的基本思想

结构化系统设计采用分解的思想，将系统结构分解成为多个功能单一的模块，以系统分析阶段的数据流程图、数据字典、处理逻辑等为基础，借助标准的设计准则和图表工具，通过"自上而下"和"自下而上"反复划分，把系统逐层划分为多个大小适当、功能明确、具有一定独立性且容易实现的子系统或模块，从而把复杂系统的设计转变为多个简单模块的设计。

从功能的角度来看，模块是组成系统的基本单元，也就是说系统的功能都是靠一个个模块来实现的。每个模块都有自己独立的功能，当一个模块要使用另一个模块的功能时，可以通过调用的方式来实现，当然一个模块的功能要被别的模块使用时，它也可以被调用。调用和被调用是模块之间建立关系的主要方式。

3. 结构化系统设计的特点

1）相对独立、功能单一的模块结构

由于模块之间相对独立，每个模块可以单独地被理解、编写、测试、纠错和修改，可以防止错误在模块之间扩散和蔓延，提高系统的质量（可维护性、可靠性等），同时大大简化系统的研制工作。

2）模块内联系大、模块间联系小

这是结构化设计中衡量模块"相对独立性能"的标准，即"高内聚，低耦合"。

3）采用模块结构图描述

模块结构图是继数据流程图之后，系统开发过程中又一个重要的工具，它用简单的图形工具描述系统结构的组成。模块结构图用于描述系统的分层模块结构、每个模块的功能，可以直观地反映模块内、模块间联系。模块结构图有利于系统结构的优化，使设计出的系统比较容易实现且有较好的可维护性。

9.2.2　功能结构图设计

当子系统和各功能模块都划分好以后，需要用功能结构图对系统的功能结构进行描述。功能结构图是按层次绘制的系统功能从属关系图，自上而下，既描述了系统及模块的分解结果，又反映了功能（模块）的调用关系。由于功能结构图是依据系统数据流程图得到的，因此，功能结构图中的各功能应与系统数据流程图中的处理相对应。功能结构图的一般形式如图 9-2 所示。

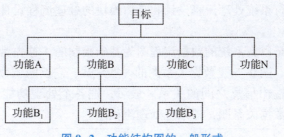

图 9-2　功能结构图的一般形式

功能结构图中每一长方框代表一种功能。目标可看成系统，第二层功能可看作子系统，再下面表示被分解的各项更具体的功能。将系统划分为若干子系统和功能模块，所依据的是系统分析阶段形成的数据流程图。操作时，可以参照数据处理模型，即认为数据流程图描述了数据的输入、存储、传输、处理及输出等过程。可把系统分为数据输入、数据处理、信息输出与系统管理四大部分。这就把系统看成一个大的，具有多环节的数据变换。系统管理子系统承担系统的自身管理与维护职能，如用户的用户名与口令的分配和管理、系统的运行准备、数据的备份、数据库的跨年度管理以及打印机参数的设定等。

对于综合性的企事业管理信息系统，进行子系统划分时，可以将管理职能作为主要因素。图 9-3 是按职能划分的企业管理信息系统功能结构图。在此基础上，可以进一步划分功能模块，形成某一个子系统的功能结构图。图 9-4 是工资管理子系统功能结构图，图中建立主文件相当于数据输入，打印相当于信息输出，其余部分属于数据处理。

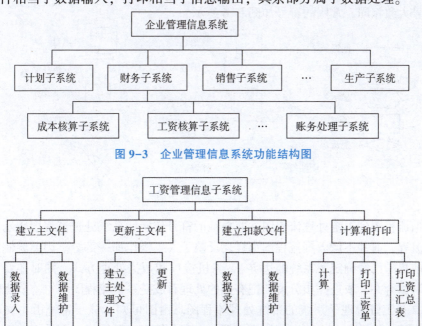

图 9-3　企业管理信息系统功能结构图

图 9-4　工资管理子系统功能结构图

9.2.3　系统处理流程图设计

系统结构设计的重点在于描述系统的功能特征及其各功能模块之间的调用关系，但并未表达各功能之间的数据传递关系。因此，为了进一步表达系统的处理过程和系统中数据传递关系，还必须进行系统处理流程设计和具体模块的处理流程设计，以便为程序设计提供详细资料。

系统处理流程图是以新系统的数据流程图为基础绘制的。首先为数据流程图中的处理功能画出数据关系图。图 9-5 是数据关系图的一般形式，它反映了数据之间的关系，即输入数据、中间数据和输出信息之间的关系。最后，把各个处理功能的数据关系图综合起来，形成整个系统的数据关系图，即系统处理流程图。

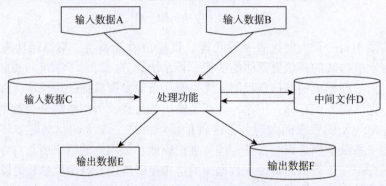

图 9-5　数据关系图的一般形式

绘制系统处理流程图应当使用统一符号。目前我国国家标准 GB 1526—79《信息处理流程图符号》和国际标准化组织标准 ISO 1028、ISO 2636 以及美国国家标准协会（ANSI）中的图形符号大致相同，常用的符号如图 9-6 所示。

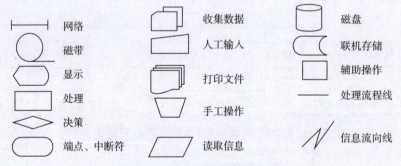

图 9-6　系统流程图常用的符号

从数据流程图到系统处理流程图并非单纯的符号变换，系统处理流程图表示的是计算机的处理流程，而并不像数据流程图那样还反映了人工操作那一部分。因此绘制系统处理流程图的前提是已经确定了系统的边界、人-机接口和数据处理方式，同时还要考虑哪些处理功能可以合并，或进一步分解，把有关的处理看成是系统流程图中的一个处理功能。

图 9-7 是工资管理子系统的系统处理流程图。由图可知，该子系统由主文件更新模块、形成扣款文件模块、计算和打印模块等三个部分组成。系统把工资数据分为固定数据和变动数据两大部分。相对固定的数据长期存储在主文件中，每月只做少量更新工作。对变动很大的变动数据，每月从键盘重新输入，暂时保存在磁盘的扣款文件上。最后由计算和打印程序自动到主文件和扣款文件中去找出每个职工的有关数据，计算后打印出工资单和工资汇总表。

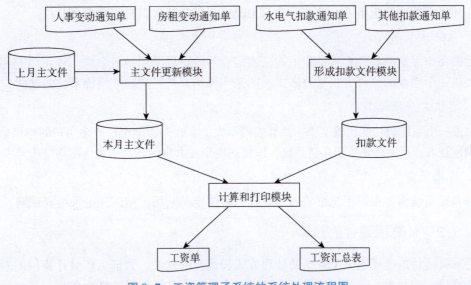

图 9-7　工资管理子系统的系统处理流程图

9.3　物理配置方案设计

9.3.1　物理配置方案设计的依据

在进行信息系统的物理配置方案设计时，需要从系统吞吐量、系统的响应时间、系统的可靠性、数据管理方式、集中式还是分布式、单机系统还是多机系统、地域范围等几个方面考虑。

1. 系统的吞吐量

每秒钟执行的作业数称为系统的吞吐量，用 TPS（Transaction Per Second）表示。系统的吞吐量越大，则 TPS 的值越大，同时也说明系统的处理能力越强。系统的吞吐量与系统的硬件、软件的选择有着直接的关系。如果要求系统具有较大的吞吐量，就应当选择具有较高性能的计算机和网络系统。

2. 系统的响应时间

从用户向系统发出一个作业请求开始，经系统处理后，再给出应答结果的时间称为系统的响应时间。一个系统的响应时间越短，则计算机的运算速度越快，并且通信线路的传递速率也越高。

3. 系统的可靠性

系统的可靠性可以用连续工作的时间来表示。例如，每天需要 24 小时连续工作的系统，则系统的可靠性就应该很高，这时可以采用双机双工系统的结构方式。

4. 数据管理方式

如果用文件系统管理数据，则操作系统应具备文件管理功能；如果用数据库方式管理数据，那么系统中应配备 DBMS 或分布式 DBMS 系统软件和其他网络管理软件。

5. 系统的处理方式

如果一个系统的处理方式是集中式，则信息系统可以采用单机系统，也可以是网络系统。如果一个系统的处理方式是分布式，则采用网络系统更能有效发挥系统的性能。

6. 单机系统还是多机系统

如果一个系统的功能比较简单，并且规模不大，那么采用单用户或多用户的单机系统就可以满足要求；否则就要采用多机系统，以便解决资源共享问题，通常为网络结构形式。

7. 地域范围

分布式系统需要根据系统覆盖的地域范围来决定是采用广域网还是采用局域网。

9.3.2　计算机硬件的选择

计算机硬件的选择取决于数据的处理方式和运行的软件。管理工作对计算机的基本要求是速度快、容量大、通道能力强、操作灵活方便。但是计算机的性能越高，其价格也就越昂贵。因此，在计算机硬件的选择上应全面考虑。

一般来说，如果系统的数据处理是集中式的，系统应用的主要目的是利用计算机强大的计算能力，则可以采用主机-终端系统，以大型机或中小型机作为主机，可以使系统具有较好的性能。若对企业管理等应用，其应用本身就是分布式的，而且使用大型主机主要是为了利用其多用户能力，则不如计算机网络更为灵活、经济。

确定了数据的处理方式后，在计算机型号的选择上则主要考虑应用软件对计算机处理能力的需求，包括计算机主存、CPU 时钟、输入输出，以及通信的通道数目、显示方式、外接转储设备及其类型等。对于硬件设备的选择，应列出硬件设备明细表并绘制硬件配置图。最好准备几种设备配置方案及类型，召开各种方案论证会，请各方面有关人员和专家参加分析讨论，提出意见。

9.3.3　系统软件的选择

系统软件的选择工作，实际上是对确定的硬件结构中的每台计算机指定相应的计算机软件，包括操作系统、数据库管理系统、应用服务器系统、开发工具软件等。

1. 操作系统的选择

操作系统是最靠近硬件的低层软件。操作系统是控制并管理计算机硬件和软件资源、合理地组织计算机工作流程并方便用户使用的程序集合，它是计算机和用户之间的接口。客户机上的操作系统一般是采用易于操作的图形界面的操作系统，现在多数选择 Windows 系列。

网络操作系统是网络用户和计算机网络的接口，它管理网络上的计算机硬件和软件资源，如网卡、网络打印机、大容量外存等，为用户提供文件共享、打印共享等各种网络服务以及电子邮件、WWW 等专项服务。服务器上的操作系统一般选择多用户网络操作系统，如 Unix、Netware、Windows NT 等。其中，Unix 的特点是稳定性及可靠性非常高，但缺点是系统维护困难、系统命令枯燥。Netware 适用于文件服务器/工作站工作模式。Windows NT 安装、维护方便，具有很强的软硬件兼容能力，并且与 Windows 系列软件的集成能力也很强，一般被认为是最有前途的网络操作系统。

2. 应用服务器系统软件及开发工具的选择

管理信息系统的工作模式在很大程度上决定了系统的应用服务器软件及开发工具。如果系统确定开发的应用为 B/S 模式，就应选择支持 B/S 模式的应用服务器软件及开发工具。例如，如果网络操作系统选择的是 Windows NT，则微软公司的 Internet Information Server(IIS)是建立支持 Web 应用的首选应用服务器软件。B/S 模式应用的开发工具很多，如 JSP、ASP、Power Builder 的较高版本都支持 B/S 模式应用的开发。管理信息系统采用 B/S 模式，则客户端计算机上还需安装浏览器软件，现在 Windows 操作系统一般都安装有 IE 浏览器。

如果系统确定的应用为 C/S 模式，则开发工具及运行环境需要安装在客户端计算机上，服务器端只需要安装数据库管理系统。用于 C/S 模式应用开发的系统工具软件，用得较多的有 Power Builder、Visual Basic、VC++等。

3. 数据库管理系统的选择

管理信息系统以数据库管理系统为基础，一个好的数据库管理系统对管理信息系统的应用有着举足轻重的重要影响。在数据库管理系统的选择上，主要考虑数据库的性能、数据库管理系统的系统平台、数据库管理系统的安全保密性能以及数据类型等。

目前，市场上数据库管理系统较多，流行的有 Oracle、Sybase、SQL Server、Informix、FoxPro 等，Oracle、Sybase 均为大型数据库管理系统，运行于客户机/服务器模式，是开发大型管理信息系统的首选，FoxPro 在小型中最为流行，其性价比也最优。近年来，微软推出的 SQL Server 在大型管理信息系统开发中也获得了大量的应用，而 Informix 则适用于中型管理信息系统的开发。

4. 应用软件的选择

随着计算机产业的发展，出现了许多商品化的软件，这些软件技术成熟，设计规范，管理思想先进。直接应用商品化的软件既可以节省投资，又能够规范管理过程，加快系统应用的进度。选择应用软件应考虑：

①软件是否能够满足用户的需求？根据系统分析的结果，验证软件在功能上能否满足数据表示、数据存储量和查询等方面的要求。

②软件是否具有足够的灵活性？由于管理需求的不确定性，系统应用环境可能发生变化，因此应用软件要有足够的灵活性，允许修改。

③软件是否能够获得长期、稳定的技术支持？对于商品化软件，稳定的技术支持是必需的，一方面是为了保证软件能够满足需求的变化，另一方面是便于今后随着系统平台的升级而不断升级。

9.3.4 计算机网络的选择

计算机网络是利用通信线路把分布在不同地点的多个独立的计算机系统连接起来的系统。网络的目的：一是让广大用户共享网络中的硬件、软件和数据等资源，二是让广大用户可以方便地进行通信。目前，计算机网络已发展到较高水平，应用也十分普遍。绝大多数管理信息系统都是运行于计算机网络之中，因此网络设计已成为管理信息系统设计的重要组成部分。

计算机网络设计是将初步规划中的各个子系统从内部用局域网连接起来，以及合理地与外部系统相连接，但并不是去设计或开发一个网络，而是根据实际业务的需要考虑如何配置和选用网络产品，主要包括建设目标确定、网络主干设计、办公大楼网络设计、实时系统与联网设计、相关子网设计、零散用户联网设计、软硬件平台的选择等。

1. 网络设计准备

在进行计算机网络设计之前，应该在管理信息系统的系统分析阶段完成以下工作：

①调查并分析系统内部组织机构及信息处理功能的物理分布情况，包括其所处的建筑物名称、各部门（子系统）之间布线的实际距离。

②确定使用计算机网络的相关组织与人员。

③确定网络的处理能力，包括数据传送能力的确定和网络响应时间的确定。

数据传送能力是指单位时间内能够传送的数据量。响应时间一般是指某一要求从产生到得到回答的时间。在网络中，响应时间是从终端输入动作完成开始，到中心处理完将电文输出这段时间。基于传感器的实时系统，要求保证严格的响应时间。由于此类系统的事件产生在几秒以下，往往要求在几十毫秒内迅速应答，因此在网络设计上要避免发生等待。主机系统的程序应常驻内存，使用高速网络，以保证快速响应。大多数实时系统，如银行信息系统，对80%~90%事务的响应时间在2~3秒就可以了。

2. 网络拓扑结构

网络拓扑结构一般有总线型、星型、环型、树型等。在网络选择上应根据应用系统的地域分布、信息流量进行综合考虑。一般来说，应尽量使信息流量最大的应用放在同一网段上。

3. 网络的逻辑设计

通常首先按软件将系统从逻辑上分为各个分系统或子系统，然后按需要配备设备，如主服务器、主交换机、分系统交换机、子系统集线器、通信服务器、路由器和调制解调器等，并考虑各设备之间的连接结构。

4. 网络设计

网络设计按照下列步骤进行：

①确定网络建设目标。充分考虑建网单位的生产、经营与管理特点，地理分布状况以及未来发展需要来确定网络建设目标。如某跨行业多种经营的特大型国有企业，已形成了以水电为主，兼顾十多个工业和服务企业的集团，其管理信息系统网络建设的目标是在集团内部建成以浏览器/服务器结构为基础的内联网，通过卫星与国家部门信息网相连，并通过数字数据网（Digital Data Network，DDN）等多种方式连入互联网。

②网络主干设计。网络主干作为整个系统的数据交换中心，应具有较强的数据交换能力。设计依据是数据量与响应时间的具体要求。

③办公大楼网络设计。一般单位的办公大楼是信息中心所在地，服务器的信息流量较大。在网络设备的选择与连接上，要解决通信的瓶颈问题。

④实时系统与网络的互联设计。大部分企业近年来已建成了计算机监控、调度以及过程控制等系统，这些系统的实时数据应能连接到企业的管理信息系统上，与有关管理部门共享。

⑤相关子网建设。部分企事业单位还包括下属二级单位，为了各自的相对独立性和全网的安全性，可在二级单位内部建立局域网。考虑到距离较远，室外须严防雷击、电磁干

扰等因素，多用单模光纤将相关子网与主干网连接起来。

　　⑥零散用户联网设计。距离远、规模较小的二级单位或零散用户可采用集团程控电话网与网络中心相连。为提高访问速度，可采用远程访问服务器。

　　⑦软硬件平台的选择。目前，可供选择的软硬件平台产品较多。原则上要按网络的响应时间、数据传输率及用户工作需要和投资额来选择。硬件平台的关键是服务器的配置。选用运算速度快、数据存储容量大的双 CPU 的服务器作为 SQL Server，选用运算功能、处理能力稳定的机型作为 WWW、E-mail 服务器。此外，还应选用性能稳定、具有较大存储容量的计算机作为代理服务器(Proxy Server)。网络操作系统、网络数据库软件、邮件服务器软件以及代理服务器软件可选微软的系列软件，也可选 Linux 系列软件或 NOVELL 系列软件。如可用 Windows NT Server 作为网络操作系统，用 MS SQL Server 作为网络数据库软件，用 Microsoft Exchange Server 作为邮件服务器软件，用 Microsoft Proxy Server 作为代理服务器软件。

 视频学习资源：系统总体设计和物理配置方案的设计

9.4　代码设计

　　代码是代表客观存在的事物名称、属性和状态等的符号。代码的符号可以是数字、字母或者是由数字和字母混合组成。

9.4.1　代码的功能

　　①使用代码可以提高计算机处理的效率和精度。计算机可以十分迅速地按代码对事物进行分类、合并、更新、检索。

　　②利用代码可以节省计算机的存储空间，提高运算速度。例如在物资管理系统中，通过相应的代码就可以反映出物资的种类、规格、型号等内容，因此可以减少计算机处理的数据量，提高处理速度，并可以节省存储空间。

　　③利用代码可以提高系统的可靠性。通过在代码中加入校验码，可以在输入数据时利用计算机进行检验，以保证输入的数据准确可靠，从而可以提高整个系统的可靠性。

　　④利用代码可以提高数据的全局一致性。对同一事物，即使在不同场合有不同的叫法，都可以用代码统一起来，减少了因数据不一致而造成的错误。

　　⑤代码是人和计算机的共同语言，是两者交换信息的工具。现代企业的编码系统已由简单的结构发展成为十分复杂的系统。为了有效地推动计算机应用和防止标准化工作走弯路，我国十分重视制订统一编码标准的问题，并已公布了中华人民共和国行政区划代码、信息处理交换的七位编码字符集等一系列国家标准编码，在系统设计时要认真查阅国家和部门已经颁布的各类标准。

　　代码设计在系统分析阶段就应当开始。由于代码的编制需要仔细调查和多方协调，因此是一项很费事的工作，需要经过一段时间，在系统设计阶段才能最后确定。

9.4.2　代码设计的原则

合理的编码结构是信息处理系统是否具有生命力的一个重要因素。在代码设计时，应遵循以下基本原则：

①唯一性原则。每一个代码只能唯一地代表系统中的一个实体或实体属性，而一个实体或实体属性也只能唯一地由一个代码来表示。

②标准性原则。代码设计要尽量采用国际或国家的标准代码，以方便信息的交换和共享，并可为以后对系统的更新和维护创造有利条件。

③合理性原则。代码设计必须与编码对象的分类体系相适应，以使代码对编码对象的分类具有标识作用。

④可扩充性原则。编码时要留有足够的备用代码，以适应今后扩充代码的需要。但备用代码也不能留得过多，以免增加处理的难度。

⑤简明性原则。代码结构要简明，要尽量缩短代码的长度，以方便输入，提高处理效率，并且便于记忆，减少读写的差错。

⑥实用性原则。代码设计要尽量反映编码对象的特点，以便于识别和记忆，方便用户使用。

⑦规范性原则。代码的结构、类型、编码格式必须严格统一，以便于计算机处理。

9.4.3　代码的种类

代码的种类如图9-8所示，图中列出了最基本的代码类型。在实际应用中，根据需要采用两种或两种以上基本代码的组合。

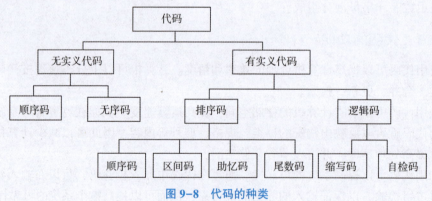

图9-8　代码的种类

从编码对象实际状况和使用方便两个方面进行考虑，常用的代码主要有以下几种：

1. 顺序码

顺序码是用一串连续的数字来代表系统中的客观实体或实体属性。例如，一个大学里面的各个学院可以采用顺序编码，如表9-1所示。

表9-1　顺序码示例

编码对象	管理学院	商学院	理学院	……	机械工程学院
代码	01	02	03	……	10

顺序码的优点是简单、易处理。缺点是不能反映编码对象的特征，代码本身无任何含

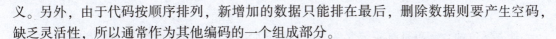

义。另外，由于代码按顺序排列，新增加的数据只能排在最后，删除数据则要产生空码，缺乏灵活性，所以通常作为其他编码的一个组成部分。

2. 区间码

区间码是按编码对象的特点把代码分成若干个区段，每一个区段表示编码对象的一个类别。例如，全国行政区邮政编码即为典型的区间码，这种代码共有 6 位数字，分成三个区段：第 1 位和第 2 位表示省级顺序码；第 3 位和第 4 位表示地市级顺序码；第 5 位和第 6 位表示县或区级顺序码。因此，通过一个代码就可以反映出一个地区所在的省、市和县。

区间码的优点是从结构上反映了数据的类别，便于计算机分类处理，排序、分类、插入和删除也比较容易；缺点是代码的位数一般都比较多。区间码往往要和顺序码混合使用。

区间码有以下几种类型：

①多面码。一个数据项可能具有多方面的特性，在码的结构中，为这些特性各规定一个位置，就形成多面码。

比如，对于螺钉，可作表 9-2 的规定，代码 1234 就表示材料为不锈钢、直径为 1.0 毫米、六角形状、表面上漆处理的螺钉。

表 9-2 多面码示例

材料	螺钉直径/ mm	螺钉头形状	表面处理
1 不锈钢	1 Φ0.5	1 圆头	1 未处理
2 黄铜	2 Φ1.0	2 平头	2 镀铬
3 钢	3 Φ2.5	3 六角形状	3 镀锌
		4 方形头	4 上漆

②上下关联区间码：由几个意义上相关的区间码组成，其结构一般由左向右排列。例如，在会计上，用最左位代表核算种类，下一位代表核算会计项目。

③十进位码：由上下关联区间码发展而成，相当于图书分类沿用已久的十进位分类码。如 820.645，小数点左边的数字组合代表主要分类，小数点右边的数字代表子分类。子分类划分虽然很方便，但是所占位数长短不齐，不适于计算机处理；但是只要把代码的位数固定下来，仍然可以用计算机处理。

3. 助忆码

助忆码是指用可以帮助记忆的字母和数字来表示编码对象。例如，表示电视机可以用代码：TV-B-30 表示 30 英寸黑白电视机，TV-C-51 表示 51 英寸彩色电视机。

助忆码的优点是直观，便于记忆和使用；缺点是不利于计算机处理，当编码对象较多时，也容易引起联想出错。所以这种编码主要用于数据量较少的人工处理系统。

4. 缩写码

缩写码是把人们习惯使用的缩写字母直接用于代码。例如：kg——千克，cm——厘米。

缩写码的优点是简单、直观，便于记忆和使用。但是，由于缩写字符有限，所以它的使用范围也有限。

5. 尾数码

让末尾位的数字码具有一定含义，可以不增加主要代码位数而进行分类，即利用末尾位数字修饰主要代码。例如，用 02801 表示 280 毫米，用 02802 表示 280 厘米。

9.4.4　代码的校验

作为数据的一个组成部分，代码校验是系统的重要输入内容之一，它的正确与否直接影响到整个处理工作的质量。特别是人们需要重复抄写代码和通过手工将它输入到计算机中时，发生错误的可能性就比较大，为了保证输入代码的正确性，人们在设计代码时，可以在原有代码的基础上再加上一个校验位，使其成为代码的一个组成部分。校验位通过事先规定好的数学方法计算出来。当带有校验码的代码输入到计算机中时，计算机也利用同样的计算方法计算代码的校验位，并将它和输入的代码校验位进行比较，以检验输入是否正确。

利用代码校验位可以检测出以下各种在代码使用中产生的错误：

①抄写错误，如 1 写成 7。

②易位错误，如 12345 写成 12534。

③双易位错误，如 36819 写成 31869。

④随机错误，由以上两种或三种错误综合形成的错误。

校验码通常是一组数字的最后一位，由前面的数字通过某种运算得出，用以检验该组数字的正确性。常见的校验码有中华人民共和国居民身份证的最后一位、ISBN 号码的最后一位、组织结构代码的最后一位以及数据传输的正确性验证码等。代码作为计算机的重要输入内容之一，其正确性直接影响整个处理工作的质量。

确定校验位值的步骤如下：

首先，对原代码的每一位赋予权数因子，且与相应的原代码相乘后，对乘积求和。

设原代码有 n 位：C_1，C_2，C_3，$\cdots$，C_n；

对应的权数因子：P_1，P_2，P_3，$\cdots$，P_n；

它们的乘积之和：$S = C_1P_1 + C_2P_2 + C_3P_3 +$，$\cdots$，$+ C_nP_n$。其中，权数因子可取不同的数序列。当权数因子取自然数列 1，2，3，$\cdots$，n，则称此法为算数级数法；当权数因子取几何级数 2，4，8，$\cdots$，$2n$，则称此法为几何级数法；当权数因子取质数 2，3，5，7，11，$\cdots$，则称此法为质数级数法。

其次，乘积之和除以模数，取余数。

$$R = S_{\mathrm{mod}}(M)$$

其中，R 表示余数，S 为乘积之和，M 为模数，可选用 10 或 11 等数。

最后，用模数减去余数即得校验码。

$$C_{n+1} = M - R$$

其中，C_{n+1} 表示校验位，M 表示模，R 表示余数。

下面举例说明校验码的设计过程：

设原代码为：12345；

对应的权数：32，16，8，4，2；

求乘积之和：$S = 1×32 + 2×16 + 3×8 + 4×4 + 5×2 = 114$；

取模（设模为 11）：$R = S_{\mathrm{mod}}(11) = 4$；

得校验码：$C_6 = 11 - 4 = 7$；

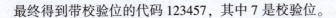

最终得到带校验位的代码 123457，其中 7 是校验位。

9.4.5 代码的维护

制订编码规则、设计代码以及对代码进行校验都是系统实施前期的一项复杂而耗时的工作。代码的复杂性和分类方法，给后期代码的维护带来了很多困难。与此同时，代码本身是动态和变化的，无论代码设计如何完善，在系统运行时也需要对代码进行维护。

代码维护的主要内容包括代码的一般性维护、代码的调整维护及代码校验维护三个方面。

1. 代码的一般性维护

代码的一般性维护主要包括代码的增加、修改、删除、更新、浏览及查询等。其中最为重要的是对代码的修改和删除等维护操作，因为这些操作将涉及所有使用过该代码的数据文件。需要对这些数据文件进行同步更新，以此来保证数据的一致性和完整性；否则，对于系统中的数据和数据文件均有较大的影响。

2. 代码的调整维护

代码的调整维护主要是由于代码分类不完善、编码规则存在缺陷以及预留的编码空间不合理等，对代码进行局部调整或批量修改。这些维护操作不仅需要修改代码本身以及对修改的代码重新校验，而且需要同步更新所有使用过该代码的数据文件，并打印更新后的代码表，避免日后出现数据录入错误。

3. 代码校验维护

上述两种对代码所作的修改或优化的操作，都涉及在修改代码之后对代码进行重新校验，对于代码校验的维护是代码维护中的一项基础工作。

9.4.6 代码设计的示例

代码设计时，首先填写代码设计任务书。代码设计任务书作为代码设计的主要依据，是系统文档资料的一个重要组成部分，需要妥善保管。代码设计任务书示例如表 9-3 所示。

表 9-3 代码设计任务示例

系统设计 资料编码	代码设计任务书 年 月 日		代码设计 任务书编写
编码对象名称	编码方式	位数	校验位
会计科目	区间码	8	有
编码对象数量	使用时间	适用范围	
	2024.6.1	财务管理信息系统	
代码化目的	1. 便于输入和检验 2. 便于计算机分类处理		
构成	第 1~3 位表示一级科目；第 4、5 位表示二级科目；第 6、7 位表示三级科目；第 8 位是校验位		
编码要求	1. 一级科目编码采用国家会计制度规定的统一编码 2. 校验位采用几何级数法设计		

续表

序号	代码			意义		
	一级科目	二级科目	三级科目	一级科目	二级科目	三级科目
1	101	01	00	现金	人民币	无意义
2	101	02	00	现金	美元	无意义
3	102	01	00	银行存款	人民币	无意义
4	102	02	00	银行存款	美元	无意义
……	……	……	……	……	……	……

下面根据代码设计任务书的要求说明会计科目代码设计的过程。

由代码设计任务书可以看到，会计科目代码由 8 位数字组成。其中，前 7 位数字是基本代码，按区间码设计，第 1~3 位表示一级科目，第 4~5 位表示二级科目，第 6~7 位表示三级科目；第 8 位是校验位，按几何级数法计算得到。

1. 一级科目代码设计

对于一级科目的编码，利用国家会计制度中对会计科目的统一编号来实现。一级科目代码由 3 位数字组成。其中，100~199 表示资产类会计科目；200~299 表示负债类会计科目；300~399 表示所有者权益类会计科目；400~499 表示成本类会计科目；500~599 表示损益类会计科目。在一级科目的编码中，第一位数字表示了科目的大类，第二位和第三位数字表示了科目的小类和序号。在某些会计科目之间留有空号，供增设会计科目时使用。

2. 明细科目代码设计

明细科目反映的内容极为广泛，并且由于企业不同，明细科目的名称也不尽相同。因此，代码设计必须考虑到各企业会计核算系统的特点和管理上的要求。这里是在一级科目编码的基础上，添加两位数字表示一级科目下属的二级科目代码，二级科目代码按顺序方式设计。三级科目代码是在每一个二级科目代码后再用两位数字表示，三级科目代码仍然按顺序码设计。

3. 校验位的设计

原代码设计完成之后，就可以进行校验位设计。校验位的权数按几何级数排列，模数取 11。由于会计科目代码较多，为了减少计算的工作量和保证代码校验位的正确性，可以设计一个专门的计算机程序，以自动完成校验位的计算并将计算结果自动添加到原代码的后面。

 视频学习资源：代码设计

9.5 数据库设计

9.5.1 数据库设计概述

数据库设计是指在给定的应用环境中，提供一个确定数据模型和处理模型的逻辑设计，以及一个确定数据库存储结构和存取方式的物理设计，从而建立其不仅能反映现实世界的信息和管理信息系统之间的数据联系，还能满足用户对数据和加工数据方法的要求。数据库设计的目的是对系统分析阶段中数据存储的初步设计做进一步细化，针对已选定的计算机硬件与软件的性能要求，完成数据存储的详细设计。

数据库设计阶段主要包括以下步骤：用户需求分析、概念结构设计、逻辑结构设计、物理结构设计、数据库实施阶段、数据库运行和维护阶段。数据库设计的前四个阶段与系统分析和设计的阶段相对应，如图9-9所示。

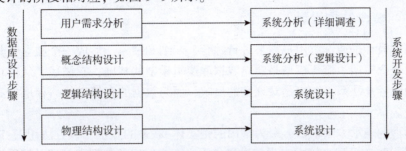

图9-9 数据库设计与系统开发阶段对照

1. 用户需求分析

需求分析阶段描述的是用户对现实世界的具体需求。通过系统详细调查，充分了解原系统的工作概况，明确用户的需求，确定新系统的功能。主要用功能模块图、数据流程图及数据字典等来描述用户需求，向数据库概念结构设计过渡。

2. 概念结构设计

概念结构设计是将用户需求分析阶段得到的用户需求抽象为信息结构，即建立系统的概念模型。概念结构是各种数据模型的共同基础，比数据模型更独立于机器也更抽象，因此也更加稳定。概念结构设计是整个数据库设计的关键，概念模型可用 E-R 模型表示。概念模型设计的主要依据是系统分析的数据流程图和数据字典。

3. 数据库的逻辑结构设计

逻辑结构设计是将概念结构设计阶段完成的概念模型转换成能被选定的数据库管理系统支持的数据模型。根据所选定的数据库管理系统所要求的格式与具体技术细节，再将一般数据模型转成具体的数据库管理系统数据模型。

逻辑结构设计阶段提出的关系数据模型应符合第三范式的要求。如果选用的数据库管理系统是支持层次、网络模型的数据库管理系统，则还需将关系模型转换成层次或网络模型。逻辑结构设计的最后一步，是使用数据库管理系统提供的数据定义语言对数据模型进行模式定义，如数据库名、变量名、变量类型、变量宽度及小数位等。

4. 数据库的物理结构设计

物理结构设计是指为数据模型在设备上选定合适的存储结构与存储方法，以获得数据库的最佳存取效率，具体包括库文件的组织形式(顺序、索引)、存储介质的分配(高速与低速存储介质的选择)以及存储路径的选定等。使用原型法设计的数据库，与系统一起需不断改进、优化，直至用户满意为止。

5. 数据库实施阶段

运用数据库管理系统提供的数据语言、工具及宿主语言，根据逻辑设计和物理设计的结果建立数据库、编制与调试应用程序、组织数据入库并进行试运行。

6. 数据库运行和维护阶段

数据库应用系统经过试运行后即可投入正式运行。在数据库系统运行过程中必须不断地对其进行评价、调整与修改。

数据库实施阶段和数据库运行及维护阶段对应着系统开发过程的系统实施阶段的工作。

9.5.2　概念结构设计

概念结构设计是通过对用户需求进行综合、归纳和抽象，形成一个独立于具体数据库管理系统的概念模型。概念模型是建立数据库逻辑模型的基础，它描述了从用户角度看到的数据库的内容及联系，纯粹是对现实的反映，而与数据的存储结构、存取方式以及具体实现等无关。

概念模型的表示方法很多，最为常用的是实体-联系的方法，该方法用 E-R 模型来描述概念模型。E-R 模型直接面向现实世界，不必考虑给定的数据库管理系统所作的种种限制，它容易被管理人员和业务人员及计算机专业人员所接受，目前正在被广泛应用于数据库设计之中。

构造 E-R 模型实质上就是根据现实世界客观存在的"事物"及其关系所给出的语义要求，首先抽象出实体，并一一命名，再根据实体的属性描述其间的各种联系。一般来说，它包括以下几步：①标识实体；②识别实体之间的联系；③识别属性；④标识关键字；⑤构造 E-R 模型。

应当指出的是，如果所处理的对象是一个比较大的系统，则应先画出各部门的子 E-R 模型，然后再将各子 E-R 模型经过合并，消除同类实体，消除冗余，汇总为整个 E-R 模型。

9.5.3　逻辑结构设计

逻辑结构设计是将概念模型转换为具体数据库管理系统所支持的数据模型的过程。逻辑结构设计的任务是将 E-R 模型中的实体、属性和关系转换为关系模型中的表，并确定表的主键、外键等约束条件。此外，还需要利用范式理论进行模式优化，以提高数据库的存储效率和查询性能。

9.5.4　物理结构设计

物理结构设计是指对于一个给定的数据库逻辑结构，权衡各种利弊因素，研究并确定一种高效的物理存储结构，以达到既能节省存储空间，又能提高存储速度的目的。需要指出的是，随着数据库技术的快速发展，数据库管理系统已能自行处理大多数物理细节，开发人员不必过多考虑。

在逻辑设计和物理设计结束后，就要在计算机上建立起实际数据库结构、导入数据、测试和运行数据库了。数据库投入正式运行，标志着数据库设计与应用开发工作的结束和运行维护阶段的开始。本阶段主要工作包括维护数据库的代表性和完整性、监测并改善数据库的性能等。

9.5.5 数据库设计的案例

按照规范设计的方法，考虑数据库及其应用系统开发的全过程，数据库设计分为以下四个阶段，即用户需求分析、概念结构设计、逻辑结构设计、物理结构设计，然后进行数据库的实施、运行和维护。

1. 用户需求分析

某企业的物资管理系统，主要包括物资的采购、入库、出库、日常管理等活动。实体有物资、供应商和合同。物资实体可以通过物资代码、物资名称、型号、规格、计量单位、物资类别、存放仓库等属性来进行描述；供应商的属性有供应商编号、供应商名称、供应商地址、联系人和供应商账号；合同的属性有合同编号、合同日期和交货日期等。订货联系涉及的实体有物资、供应商和合同。一种物资可以由多家供应商供应，签订多笔合同；一家供应商可以供应多种物资，也可能签订多笔合同，这种联系在图中用 L：M：N 来表示。在订货联系中的属性有订货数量和订货价格。

2. 概念结构设计

根据该企业物资管理中的实体和实体间联系，构建概念模型，如图 9-10 所示。这里只给出了局部的 E-R 图，可以进一步根据具体企业的实际情况，补充其他实体，建成一个综合的物资管理的 E-R 图，实现企业物资管理的整体概念结构的设计。

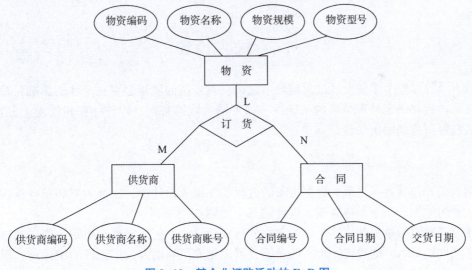

图 9-10 某企业订购活动的 E-R 图

3. 逻辑结构设计

根据数据库设计原则，将 E-R 模型转换为关系数据模型：
物资(<u>物资代码</u>，物资名称，型号，规格，计量单位，物资类别)；
供应商(<u>供应商代码</u>，供应商名称，地址，联系人，供应商账号)；
合同(<u>合同编号</u>，合同日期，交货日期)；
订货(<u>物资代码，供应商代码，合同编号</u>，订货数量，订货价格)；
每个关系都经过规范化分析，符合第三范式。

4. 物理结构设计

数据库的物理设计通常分为两步：确定数据库的物理结构，在关系型数据库中主要指存取方法和存储结构；对物理结构进行评价，评价的重点是时间和空间效率。

不同的数据库产品所提供的物理环境、存取方法和存储结构有很大差别，能供设计人员使用的设计变量、参数范围也不相同，因此没有通用的物理设计方法可遵循，只能给出一般的设计内容和原则。如果希望设计优化的物理数据库结构，使在数据库上运行的各种事务响应时间少，存储空间利用率高，事务吞吐率大；则首先对要运行的事务进行详细分析，选取物理数据库设计所需要的参数，其次要充分了解所用的关系型数据库管理系统的内部特征，特别是系统提供的存取方法和存储结构。

5. 数据库实施和维护

完成数据库的物理设计之后，设计人员就要用关系型数据库管理系统提供的数据定义语言和其他实用程序，将数据库逻辑设计和物理设计结果严格描述出来，成为数据库管理系统可以接受的源代码，再经过调试产生目标模式。

视频学习资源：数据库设计

9.6　输入设计

输入设计是整个系统设计的关键环节之一，对系统的质量起着决定性的影响。输入数据的正确性直接决定处理结果的正确性，如果输入数据有误，即使计算和处理十分正确，也无法获得可靠的输出信息。

9.6.1　输入设计的原则

输入设计包括数据规范和数据准备的过程。在输入设计中，提高效率和减少错误是两个最根本的原则，以下是指导输入设计的几个原则：

①设计好原始单据的格式。原始单据的格式设计，必须按照便于填写、便于归档保存和便于操作的基本原则进行。输入的单据，可以是专门为输入数据设计的记录单，但这样要经过一次抄转和编码；也可以直接从原始单据上输入数据，这样可以减少填写输入记录单的工作量和抄写错误。不管采用哪一种形式，作为输入的数据，其内容要和屏幕上显示的内容一致，格式也要尽量一致，以便提高输入速度和减少输入差错。

②控制输入量。在输入设计中，应尽量控制输入数据总量。在输入时，只需输入基本信息，其他可通过计算、统计、检索得到的信息则由系统自动产生。

③减少输入延迟。输入数据的速度往往成为提高信息系统运行效率的瓶颈，为减少延迟，可采用周转文件、批量输入等方式。

④输入过程应尽量简化。输入设计在为用户提供纠错和输入检验的同时，要保证输入过程简单易用，不能因为查错、纠错而使输入复杂化，增加用户负担。

⑤减少输入错误。输入设计中应采用多种输入校验方法和有效性验证技术，减少输入错误。

9.6.2 输入方式设计

输入方式设计主要是根据总体设计和数据库设计的要求来确定数据输入的具体形式。常用的输入方式有键盘输入、模/数或数/模输入、网络数据传送、磁/光盘读入等几种形式。通常在设计新系统的输入方式时，应尽量利用已有的设备和资源，避免大批量的数据重复多次地通过键盘输入，因为键盘输入不但工作量大、速度慢，而且出错率较高。

1. 键盘输入

键盘输入方式（Key-in）包括联机键盘输入和脱机键盘输入（一种通过键到盘、键到带等设备，将数据输入磁盘/带文件中然后再输入系统的设备）两种方式。它们主要适用于常规、少量的数据和控制信息的输入以及原始数据的录入，不大适合大批中间处理性质的数据的输入。

2. 数模/模数转换方式

数模/模数转换方式（A/D，D/A）是目前比较流行的基础数据输入方式。这是一种直接通过光电设备对数据进行采集并将其转换成数字信息的方法，是一种既省事又安全可靠的数据输入方式。这种方法最常见的有以下几种：

①条码输入。利用标准的商品分类和统一规范化的条码贴（或印）于商品的包装上，然后通过光学符号阅读器（Optical Character Reader，OCR，亦称扫描仪）来采集和统计商品的流通信息。这种数据采集和输入方式现已普遍地被用于商业企业、市场监督管理、质检、海关等的信息系统中。

②扫描仪输入。这种方式实际上与条码输入是同一类型的。它大量地被用于图形/图像的输入，文件、报纸的输入，标准考试试卷的自动阅卷，投票和公决的统计等。

③传感器输入。利用各类传感器和电子平衡器接收和采集物理信息，然后再通过 A/D/A 板将其转换为数字信息。这也是一种用来采集和输入生产过程数据的方法。

3. 网络传送数据

网络传送数据既是一种输出信息的方式，又是一种输入信息的方式，对下级子系统它是输出，对上级主系统它是输入。使用网络传送数据既安全、可靠、快捷，又可避免下级忙于设计输出界面，上级忙于设计输入界面的盲目重复开发工作。网络传送有两种方式，第一种利用数字网络直接传送数据，第二种利用电话网络（通过 Modem）传送数据。

4. 磁盘传送数据

磁盘传送数据是数据输出和接收双方事先约定好待传送数据文件的标准格式（这一点在上节数据整体结构中就可以确定下来），然后再通过软盘/光盘传送数据文件。这种方式不需要增加任何设备和投入，是一种非常方便的输入数据方式，它常被用在主、子系统之间的数据连接上。

9.6.3 输入检验

输入设计的目标是要尽可能减少数据输入中的错误，因此，对于输入数据的过程中可能出现的错误，要采取相应的检验措施，以保证输入数据的正确性。

1. 输入错误的种类

在输入数据的过程中，出于各种原因可能会出现这样或那样的错误。因此在输入设计时，必须充分考虑到可能会出现的各种错误，并采取有效的防范和补救措施。在输入数据时，常见的错误可以分成以下几类：

1）数据本身的错误

这主要是指原始单据的填写错误或者在输入数据时产生的错误。

2）数据不足或多余

在数据收集过程中产生的差错，如数据（单据、卡片等）的散失、遗漏或重复等引起的数据差错。

3）数据的延误

这是指在数据收集过程中，由于提供数据的时间延误所产生的错误。虽然它在数据量和内容上都可能是正确的，但是由于数据在时间上延误，可能会使输出的信息变得毫无价值。

4）数据出错的校验方法

数据的校验方法有人工直接检查、计算机程序校验，以及人与计算机两者分别处理后再相互查对校验等多种方法。常用的方法有以下几种，可单独使用，也可组合使用。

①重复输入检验。将同一数据由两个人先后输入一次，由计算机比较两次输入的结果，以判断输入的数据是否正确。如两次输入的不一致，计算机显示或打印机打印出错信息。

②视觉检验。输入的同时，由打印机打印或屏幕显示输入的数据，并由人工逐一核对，以检查输入的数据是否正确。

③控制总数检验。先由人工计算出输入数据的某数据项总值，然后在输入过程中再由计算机统计出该数据项的总值，比较两次计算结果以验证输入是否正确。

④记录数点计检验。通过计算输入数据的记录个数来检验输入的数据是否有遗漏和重复。

⑤格式校验。即校验数据记录中各数据项的位数和位置是否符合预先规定的格式。例如，姓名栏规定为 18 位，而姓名的最大位数是 17 位，则该栏的最后一位一定是空白。该位若不是空白，就认为该数据项错误。

⑥逻辑校验。即根据业务上各种数据的逻辑性，检查有无矛盾。例如，月份最大不会超过 12，否则出错。

⑦界限校验。即检查某项输入数据的内容是否位于规定范围之内。例如，商品的单价若规定在 100~500 元，则检查是否有比 100 元小或比 500 元大的数目即可。凡在此范围之外的数据均属出错。

⑧顺序校验。即检查记录的顺序。例如，要求输入数据无缺号时，通过顺序校验可以发现被遗漏的记录。又如，要求记录的序号不得重复时，通过顺序校验即可查出有无重复的记录。

⑨平衡校验。平衡校验的目的在于检查相反项目间是否平衡。例如，会计工作中检查

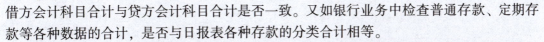

借方会计科目合计与贷方会计科目合计是否一致。又如银行业务中检查普通存款、定期存款等各种数据的合计，是否与日报表各种存款的分类合计相等。

⑩对照校验。对照校验就是将输入的数据与基本文件的数据相核对，检查两者是否一致。例如，为了检查销售数据中的用户代码是否正确，可以将输入的用户代码与用户代码总表相核对。当两者的代码不一致时，就说明出错。

2. 出错的改正方法

出错的改正方法应根据出错的类型和原因而异。

①原始数据错。发现原始数据有错时，应由产生错误的单位进行改正，不应由操作员想当然地予以修改。

②机器自动检错。当由机器自动检错时，出错的恢复方法有三种：第一种，将错误改正后再进行处理；第二种，将错误数据剔出，只处理正确的数据，这种方法适用于趋势调查分析，这时不需要太精确地输出数据，例如预测求百分比等；第三种，只处理正确的数据，出错数据待修正后再进行处理。

③出错表的设计。为了保证输入数据正确，数据输入过程中通过程序对输入数据进行校验，如果发现数据有错时，程序应当自动打印出错信息内容(即出错表)。

9.6.4 用户界面设计

从屏幕上通过人机对话输入是目前广泛使用的输入方式。因为是人机对话，既有用户输入，又有计算机输出。输入输出界面通常有以下几种：

1. 菜单式

通过屏幕显示出可供选择的功能和功能代码，由操作者根据需要进行选择。将菜单设计成层次结构，则可以通过层层调用引导用户使用系统的每一个具体功能。随着软件技术的发展，菜单设计也向着既美观又方便的方向发展。

2. 填表式

填表式屏幕设计通常用于需要通过终端向系统中输入数据。系统将要输入的项目显示在屏幕上，然后由用户逐项填入有关的数据。另外，填表式屏幕设计也可用于系统的输出。如果要查询系统中的某些数据时，可以将数据的名称按一定的方式排列在屏幕上，然后由计算机将数据的内容自动填写在相应的位置上。由于这种方法设计的画面简单易读，并且不容易出错，所以它是通过屏幕进行输入输出的主要形式。

3. 选择性问答式

选择性问答式屏幕设计是指当系统运行到某阶段时，通过屏幕向用户提问，系统根据用户回答的结果决定下一步执行什么操作。这种方法通常用在提示操作人员确认输入数据的正确性，或者询问用户是否继续某项处理等方面。例如，当用户输入完一条记录后，可以通过屏幕向用户询问"输入是否正确(Y/N)"，计算机根据用户的回答来决定是继续输入数据还是对刚输入的数据进行修改。

9.7　输出设计

输出设计的目的是使系统能输出满足用户需要的有用信息。对于大多数用户来说，输出是系统开发的目的和评价系统开发成功与否的标准。因此，输出设计的出发点是保证系统输出的信息能够方便地为用户所使用，能够为用户的管理活动提供有效的信息服务。

9.7.1　输出设计的内容

1. 确定输出内容

确定输出设计的内容要考虑以下方面：

①输出信息使用方面的内容，包括信息的使用者、使用目的、报告量、使用周期、有效期、保管方法和复写份数等。

②输出信息的内容，包括输出项目、位数、精度、数据形式（文字、数字等）、数据来源与生成算法等。

2. 确定输出格式

确定输出格式，如表格、图形或文件等。输出信息的格式设计，是为了给用户提供一种清晰、美观、易于阅读和理解的信息。因此，输出信息的格式必须考虑到用户的要求和习惯，要尽量与现行系统的形式相一致。如果必须作出更改，则要由系统设计人员、系统分析人员和使用人员共同协商后，经过各方面人员的同意才能进行。表格的输出设计工作可由专门的表格生成器软件完成，图形的输出设计也有专门的软件。

3. 选择输出设备和确定输出介质

信息的用途决定了输出设备和输出介质。需要送给其他有关人员或者需要长期存档的材料，必须使用打印机打印输出；若是需要作为以后处理用的数据，可以输出到磁盘上；如果只是需要临时查询的信息，则可以通过屏幕显示。输出设备主要是指打印机和显示器。表9-4为输出设备和介质一览表。

表9-4　输出设备和介质一览表

输出设备	行式打印机	卡片或纸带输出机	磁盘机	终端	绘图仪
介质	打印机	卡片或纸带	磁盘	屏幕	图纸
用途和特点	便于保存，费用低	可代其他系统输入之用	容量大，存取和更新方便	响应灵活的人机对话	精度高，功能全

9.7.2　输出报告

报告是系统设计的主要内容之一，它定义了系统的输出。输出报告中既标出了各常量、变量的详细信息，也给出了各种统计量及其计算公式、控制方法。设计输出报告时应考虑以下几点：

①方便使用者。能为使用者提供及时、准确、全面的信息，输出的图形或表格便于用户阅读和理解。

②要考虑系统的硬件性能。

③尽量利用原系统的输出格式，如需修改，应与有关部门协商，征得用户同意。

④输出的格式和大小要根据硬件能力认真设计，并试制输出样品，经用户同意后才能正式使用。

⑤输出表格要考虑系统的发展。例如，输出表格中是否为新增项目留有相应的位置。设计输出报告之前应收集好各项有关内容，填写到输出设计书上（表9-5），这是设计的准备工作。

表9-5　输出设计书

资料代码	GZ-01	输出名称		工资主文件一览表	
处理周期	每月一次	形式	行式打印表	种类	0-001
份数	1	报送		财务科	
项目编号	项目名称	位数及类型		备注	
1	部门代码	X(4)			
2	工号	X(5)			
3	姓名	X(12)			
4	级别	X(3)			
5	基本工资	9 999.99			
6	房费	999.99			

为了提高系统的规范化程度和编程效率，在输出设计上应尽量保持输出流内容和格式的统一性；也就是说，同一内容的输出，对于显示器、打印机、文本文件和数据库文件应具有一致的形式。显示器输出用于查询或预览，打印机输出提供报表服务，文本文件格式用于为办公自动化系统提供剪辑素材，数据库文件可满足数据交换的需要。在打印输出时，报告纸有专用纸和通用白纸两种。专用纸上事先已印有表头和文字说明等格式，使用时可直接套打，通用白纸则需打印表头、格式及说明信息。

 视频学习资源：输入输出设计

9.8　系统设计报告

系统设计阶段的总结文档是程序设计说明书，它是用来给处理过程下定义的书面文件，由各种设计方案和设计图标组成。程序设计说明书以每个处理过程为单位，由系统设计人员编写并交给系统开发人员使用。

为了增加程序的可读性，需要给出程序设计说明书。程序设计说明书是对程序框图注释性的书面文件，以帮助程序设计人员进一步了解程序的功能和设计要求。程序设计说明书由系统设计人员编写，交给程序设计人员使用。因此程序设计说明书必须写得清楚明确，以便增加程序设计人员对所要设计的程序的处理过程和设计要求的理解。程序设计说明书主要包括以下内容：

①程序名称。它包括反映程序功能的文字名称和标识符。

②程序所属的系统和子系统名称。

③编写程序所用的语言。

④输入数据的方式与格式。当有多种数据输入时，应当分别对每种数据的输入方式和格式作出具体而详细的说明。

⑤输出信息的方式与格式。当有多种信息按不同方式输出时，应当分别说明按各种方式输出时的格式要求。

⑥程序处理过程说明。它包括在程序中使用的计算公式、数学模型和控制方法等。

⑦程序运行环境的说明。它主要是指针对保证程序能够正常运行所需要的输入、输出设备的类型和数量，内部存储器的容量，以及支持程序运行的操作系统等内容进行说明。

对编写程序设计说明书的工作必须引起系统设计人员的充分注意，并作为一项重要的工作内容来完成。因为程序设计说明书不仅是程序设计人员进行程序设计时的重要参考，也是系统修改和维护的技术依据。即在系统投入运行之后，由于要经常根据情况的变化对系统进行调整和修改，如果没有完善的文档资料，将既不利于程序的设计工作，也不利于对系统的修改和维护工作。

系统设计的目标是建立目标系统的物理模型，如何表述物理模型则成为系统设计最后阶段的重要任务。系统设计阶段的最后一项工作是将系统设计的各项成果编辑成一套完善的文档资料，即系统设计说明书。设计说明书是整个系统设计的完整描述，是系统设计的阶段性成果的具体体现，也是系统实施的最重要依据。

系统设计说明书的主要项目包括系统概述、系统总体设计、物理系统配置、代码设计、数据库设计、输入输出设计、系统实施方案以及其他相关内容。每个项目的具体内容如下：

1. 系统概述

对系统的整体情况进行介绍，包括系统名称、系统设计目标、系统主要功能、待设计的系统在计算机软硬件和运行环境方面的要求、系统安全方面的要求以及系统中专业术语的说明。

2. 系统总体设计

对系统设计的整体情况进行介绍，包括系统总体结构图、系统模块结构图、子系统结构图及各个模块的 IPO 图(输入加工输出图)。

3. 物理系统配置

物理系统配置的内容包括系统的总体模式、计算机系统的地域分布与配置设计、其他相关设备的配置设计、主机/外设/终端/辅助设备及网络结构的配置设计、系统操作系统/数据库管理系统/软件开发工具的选择与设备，以及网络组成/网络拓扑结构/网络协议的选择与配置。

4. 代码设计

代码设计的内容包括代码设计原则和设计方案，以及包含各类代码类型、名称、功能、使用范围及使用要求的代码设计说明书。

5. 数据库设计

数据库设计的内容包括数据库设计的目标、数据库的功能和性能要求、数据库的总体结构设计(含表与表之间的关系结构设计及表内部结构设计)、数据库逻辑设计方案、数据库物理设计方案及数据库运行环境的要求。

6. 输入输出设计

用户界面设计的内容包括系统主题界面的风格、样式、色系以及语句设计；输入设计的内容包括输入人员选择、主要功能要求设计以及输入校验；输出设计的内容包括输出项目设计、输出接收者分析以及输出要求的满足(包含输出设备、介质和格式的设计)。

7. 系统实施方案

系统实施方案的内容包括系统的实施计划(包含实施工作任务的分解、实施进度安排和经费预算)和实施方案的审批。

8. 其他相关内容

其他相关内容包括系统安全性设计、系统故障对策及人员培训等。

 视频学习资源：系统设计报告

本章小结

本章主要介绍信息系统设计。系统设计是管理信息系统开发的关键阶段，它在系统分析的基础上，进行新系统的物理模型设计。

系统设计分为总体设计和详细设计，主要目的是制订新系统的物理模型，解决"怎么做"的问题，具体设计内容包括系统总体结构设计、代码设计、数据库设计、输入/输出设计等。系统设计遵循整体性、安全可靠性、易用性、灵活性、经济性的原则。

系统总体结构设计常用结构化系统设计方法，采用模块化设计。子系统划分基于功能/数据的分析方法(U/C 矩阵法)。模块结构设计是使用模块结构图描述系统内模块的组成和层次。

物理配置方案设计是根据系统吞吐量、响应时间、可靠性等需求选择硬件。系统软件选择包括操作系统、数据库管理系统等。代码设计应具有唯一性、标准性、合理性、可扩充性、简明性、实用性、规范性。数据库设计包括用户需求分析、概念结构设计、逻辑结构设计、物理结构设计、数据库实施和维护。输入设计包括输入方式设计、输入检验、用户界面设计，目标是减少输入错误。输出设计是确定输出内容、格式、设备和介质，设计报告以满足用户需求。

系统设计报告包括系统概述、总体设计、物理配置、代码、数据库、输入输出设计、实施方案等。系统设计阶段是确保系统满足用户需求和系统性能的关键步骤，需要综合考虑技术实现的各个方面，以建立高效、可靠、易用的信息系统。

课堂讨论

1. 在信息系统开发的设计工作中，系统设计人员应当担负什么样的职责？
2. 代码设计中为什么要设计校验位？校验位设计的方法有哪些？

分组任务

1. 通过书刊、网络等方式收集企业应用管理信息系统开发的案例，集中对这些案例进行讨论分析，总结目前企业在建立管理信息系统时如何对系统进行设计。

2. 请调查图书馆的业务流程，设计一个小型系统，完成以下系统设计的要求：系统概述、计算机系统配置、系统功能结构设计和处理流程设计、数据库设计、编码设计和输入输出设计。

复习思考题

1. 什么是系统设计？系统设计的主要内容有哪些？
2. 代码的类型有哪些？
3. 系统总体设计包括哪些内容？
4. 系统详细设计包括哪些内容？
5. 数据库设计的步骤是怎样的？
6. 系统输入输出设计的主要内容是什么？
7. 系统设计说明书的主要内容是什么？
8. 数据库的设计：设某商业集团数据库中有三个实体集。一是"商店"实体，属性有商店编号、商店名、地址等；二是"商品"实体，属性有商品号、商品名、规格、单价等；三是"职工"实体，属性有职工编号、姓名、性别、年龄等。商店与商品之间存在"销售"关系，每个商店可销售多种商品，每种商品也可放在多个商店销售，每个商店销售商品有月销售量；商店与职工存在"聘用"关系，每个商店职工人数为 20～100 人，每个职工只能在一个商店工作，商店聘用职工有聘期和月薪。

（1）画出 E-R 图，并在图上注明相关属性。

（2）将 E-R 图转换为关系模型，并注明主码和外码。

课后案例分析

 课后案例：基于"5G+智慧物流装备"的智能仓储管理系统设计　

 课后案例的分析要点

10 系统实施

知识目标	能力目标	价值目标
1. 掌握信息系统实施阶段的主要任务，理解并把握信息系统实施的主要内容； 2. 熟悉物理系统实施的内容； 3. 掌握程序设计的基本要求； 4. 重点掌握系统测试的方法； 5. 重点掌握系统切换的方式及其适用情况； 6. 了解人员培训的内容	1. 能够理解信息系统实施的主要任务，体会信息系统实施在整个系统开发过程中的重要性； 2. 能够通过实际案例的分析，培养在实际案例中系统实施的能力，尤其是系统测试与系统切换能力；提升分析问题的能力，提升对系统实施的应用能力	1. 掌握信息系统实施的内容，增强对系统实施的信心，加强系统实施的认识与理解； 2. 培养安全意识，理解系统实施对企业信息系统开发的重要性； 3. 增强责任意识，认识企业信息化中系统测试人员的责任和专业素养的重要性； 4. 强化规范化意识，了解与系统实施相关的规范，尤其是系统实施报告的规范性

关键术语

系统实施(System Implementation，SI)；

程序设计(Program Design，PD)；

结构化程序设计(Structured Programming，SP)；

顺序结构(Sequential Structure，SS)；

选择结构(Select Structure，SS)；

循环结构(Loop Structure，LS)；

系统测试(System Testing，ST)；

黑盒测试（Black-box Testing，BBT）；

白盒测试（White-box Testing，WBT）；

系统转换（System Conversion，SC）

◈ 引导案例

智能设计　生态打造　数字质量管理助力波司登创新与实践

波司登羽绒服装有限公司（以下简称"波司登"）始创于 1976 年，是全球知名的羽绒服装品牌企业。47 年专注羽绒服主业，波司登以"国际标准管理、精益求精质量、满足用户需求、积极持续改进"为质量方针，持续发力品质提升，通过中国环境标志认证、ISO 14001 环境管理体系、ISO 9001 质量管理体系、SA 8000 社会责任体系以及 OHSMS 18001 职业健康安全管理体系认证，承担国际羽绒羽毛局（IDFB）中国理事单位、国际标准化组织/服装尺寸系列和代号技术委员会（ISO/TC133）秘书处、全国服装标准化技术委员会羽绒服装分技术委员会（SAC/TC219/SC1）秘书处工作，参与 24 项国际标准、13 项国家标准、4 项行业标准等的制（修）订，成为羽绒服行业未来趋势的引领者。

波司登加速推进数字化变革，将新一代数字技术和羽绒服传统的经营模式深度融合，实现了以消费者为中心的数字化"研产供销服"全链路协同，建成国家级智能制造示范工厂，以及行业领先的中央智能配送中心，获得"中国世界名牌产品""中国工业大奖""中国优秀工业设计金奖"等荣誉，位列中国制造业 500 强、中国民营企业 500 强、中国制造业民营企业 500 强。

2007 年以来，波司登以提升企业及品牌价值为目标，以数字化变革推动品质升级。波司登依托品牌引领优势，全面推进数字化质量管理创新，持续提升品牌力、产品力、零售力。波司登牢固树立质量第一意识，率先探索高端品牌服装全生命周期数字化质量管理，获评全国质量奖、江苏省质量奖、首届苏州市市长质量奖等荣誉。企业数字化探索实践得到国家权威部门的高度肯定，先后获得国家首批"数字领航"企业、国家级智能制造试点示范工厂、工信部企业上云典型案例企业、全国供应链创新与应用示范企业、长三角 G60 科创走廊工业互联网标杆工厂、江苏省工业互联网发展示范企业、"江苏精品"认证获证企业等荣誉。

1. 波司登数字化实施的创新

波司登高度重视企业数字化质量管理创新升级，成立了企业数字化质量管理变革领导小组，由总裁担任组长，并充分落实组织保障，在进行扁平化、网状协同组织再造的前提下，明确以创造顾客价值为导向，让大数据贯穿品牌产品的整个生命周期，实现全过程质量管理和信息追溯，最大化地创造和捕获顾客价值。

1）创新数字化产品模型

质量设计是从源头上查找并消除引起产品质量缺陷的因素，能够有效地减小波动并改变以往依靠检验进行事后质量管理的工作方式。波司登坚持"质量是设计出来"的理念，从商品设计和产品企划源头开始导入数字化质量管理理念，将大数据、人工智能技术应用在商品生命周期预估、顾客画像等领域，应用数字化三维设计、3D 打版、产品数据管理系统等，以终端消费洞察数据驱动产品研发，创新端到端数字化设计模式，实现人体数据采集、虚拟试衣、样板和工艺的自动生成、柔性加工生产的无缝链接，以可视化、在线化、智能化的新设计方式有效提升了研发效率，形成了大数据驱动的服装精准设计研发新模式。

2）升级服装数字化制造

波司登积极推进数字化智能工厂建设，建成了国家级智能制造示范工厂，工厂自主研发了自动充绒、自动包装、自动模板等关键技术装备，关键环节的质量提升到100%，装备数控化率超过90%，自主研发了GIMS智能生产管理平台，形成"数据集成—实时可视—智能分析—快速决策"高效闭环，可按市场需求柔性生产、动态交付、库存周转平衡，在羽绒服短暂的旺季销售中，将快反周期提升到7~14天，快速响应能力行业遥遥领先。通过自动化、智能化装备的应用和数字化改造，工厂质量管理能力和产品质量显著提升。

3）构建数字化质量评价体系

波司登检验检测中心是羽绒服装行业服务量最大的专业检测平台，获得国家认可委员会（CNAS）认证和国际羽绒羽毛局授权实验室认证。该中心以羽绒服新国标实施为契机，引入新国标相关行业领先的智能化、自动化检测设备，下设布料、理化、羽绒、辅料4个检验室，长期服务于原辅材料供应商，提供面料外观、面料理化、羽绒、辅料等检测项目，每年平均提供检测服务近7万份，实施比对性检测15次以上，检测准确率达到99%以上。极地气候室、恒温恒湿实验室、新工艺研究室、智能面辅料仓储室，以及3D研发室、数智化外观检测系统等，进一步提升原材料和成衣的智能质量、效率追溯管理水平。

4）打造供应链生态平台

波司登建立以自身为龙头、配套企业为基础、战略合作为驱动的供应链战略联盟，加快构建覆盖上游供应商和下游加工厂的供应链生态平台。以数字化打通大商品计划价值链，与核心供货商之间的数据信息达成无缝链接、数据传输与商务服务的高效准确对接。

波司登强化采购全周期管理，形成一体化、全品类、集约化采购管控方式，从源头提升产品的健康、安全性能。波司登从材料—生产—成品—订单—补货实时数据可视化，推进业务在线协同、过程透明监控、资质认证、质量提升、产品追溯等共享协同，从而实现科学排产、优质生产和降本增效，快速满足市场需求。

5）赋能零售运营一体化

波司登基于市场和消费者的需求，通过打通研供产销全价值链、精准预测、用户需求分析画像、采集顾客行为数据、门店商品数据、导购销售数据，形成"智慧门店+线上云店"的全域零售新模式，建立基于消费者洞察的"顾客研究—设计研发—供应链服务—仓储配送—品牌营销—顾客反馈"全链路精细化协同体系，实现营销能力升级和营销模式创新。

6）拓展数据及信息技术服务

波司登发挥产业链链主企业作用，通过工业互联网平台、云平台、服装智能制造平台、营销管理平台、大数据分析平台、工业App等，链接与服务上中下游2000多家供应商、加工厂和加盟商经销商，4000多家零售网点，1500多万个会员用户，以数字化赋能全员全过程全方位质量管理，实现产品定制化和质量管控的及时性，提升用户服务过程中产品质量的全程溯源。

2. 成效与启示

波司登以数字化质量管理赋能产品创新，变革零售模式，发力数智经营，生产效率提高44%，运营成本降低21%，产品研制周期缩短25%，产品不合格品率降至5.4%，退残率降低至 0.27%，综合能耗降低 27%，服务满意度显著提升。主营业务收入、利润持续增长，波司登羽绒服产品市场占有率 24.11%，市场销售份额达 51.61%，品牌价值达 885.69 亿元，品牌第一提及率、净推荐值及品牌美誉度等稳居行业第一位，主营产品羽绒服连续 28 年(1995—2022 年)在中国市场销量排名第一，规模总量全球领先。

在当前制造业"由大变强"、现代服务业内涵提升的关键时期，推进数字化质量管理创新升级不仅促进了波司登自身转型升级和破解发展瓶颈问题，也带动产业链相关合作方的转型升级，从"设计引领，以大数据集成应用提升产品前瞻开发竞争力；智造引领，助力纺织服装产业向敏捷制造转型升级；路径引领，精益协同构建全产业链智慧供应生态平台"三个层面，为纺织服装行业向高质量发展转型积累经验、提供示范。

（资料来源：中国质量新闻网，https://www.cqn.com.cn/pp/content/2023-12/01/content_9005517.htm，有改动）

结合案例请思考：波司登是如何实施数字化转型的？

导入案例的分析要点

10.1　信息系统实施概述

系统设计说明书经审核批准后，即进入系统实施阶段——新系统付诸实现的实践阶段。系统实施是指将新系统的设计方案转换成实际运行系统的全过程。经过系统分析和系统设计阶段，已经得到了有关系统的全部设计信息，接下来的工作就是将文档中的逻辑系统变成真正能够运行的物理系统。因此，必须制订系统实施计划确定系统实施的方式、步骤及进度、费用等，以保证系统实施工作的顺利进行。

系统实施的主要任务是将新系统的物理模型转换为可实际运行的物理系统。系统实施主要工作的内容包括：

①物理系统的实施——设备购置安装，软硬件环境调试；

②基础数据的收集与录入；

③程序设计与调试；

④系统调试与验收；

⑤系统运行准备；

⑥人员培训；

⑦系统转换；

⑧系统实施报告。

系统实施是一项涉及面广、占时间长，耗费资源多的工作，而且涉及管理体制、管理方法和工作流程的变革，所以必须加强组织领导，统筹安排，周密计划及时协调。注意以下几点：首先，应成立实施领导小组，由用户单位的最高层领导担任组长；其次，应合理安排实施计划；最后，加强验收。

10.2　物理系统的实施

管理信息系统物理系统的实施是计算机系统和通信网络系统设备的订购、机房的准备和设备的安装调试等一系列活动的总和。

1. 计算机系统的实施

随着计算机技术的不断发展，不同厂家、型号的计算机产品为信息系统的应用提供了重要的基础，但也给系统的实施带来了一定的复杂性。人们必须从这些计算机产品中选择最适合应用需要的计算机系统。购置计算机系统的基本原则是能够满足管理信息系统的设计要求，此外，还应该考虑以下问题：

①计算机系统是否具有合理的性能价格比；
②系统是否具有良好的可扩充性；
③能否得到来自供应商的售后服务和技术支持。

作为精密电子设备，计算机对周围环境相当敏感，尤其在安全性较高的应用场合，对机房的温度、湿度等都有特殊要求。通常，机房要安装双层玻璃门窗，并且要求无尘。硬件通过电缆线连接至电源，电缆走线要安放在防止静电感应的耐压有脚的活动地板下面。另外，应安装配备不间断电源。计算机设备到货，按合同开箱验收。安装与调试任务主要应由供货方负责完成；系统运行用的常规诊断校验系统也应由供货方提供，并负责操作人员的培训。

2. 网络系统的实施

管理信息系统通常是一个由通信线路把各种设备连接起来组成的网络系统。管理信息系统网络有局域网和广域网两种。局域网通常指一定范围内的网络，可以实现楼宇内部和邻近的几座大楼之间的内部联系。广域网设备之间的通信，通常利用公共电信网络，实现远程设备之间的通信。

网络系统的实施主要是通信设备的安装、电缆线的铺设及网络性能的调试等工作。常用的通信线路有双绞线、同轴电缆、光纤电缆，以及微波和卫星通信等。

10.3　程序设计

1. 程序设计的目标

随着计算机产业的发展，硬件的价格不断下降，而软件则越来越复杂，费用呈上升趋势。因此，对程序设计的要求也相应地发生了变化。小型程序设计强调程序的正确性和效率，而大型程序则首先考虑程序的可维护性、可靠性和可理解性，然后才是效率。

1) 可维护性

信息系统的需求是不断变化的，系统分析阶段分析和确定组织目前的信息需求以及估计未来一段时期内的信息需求。但是未来系统信息需求会随着环境的变化而变化，相应地，系统功能必须不断地完善和调整。因此，在系统实施过程中，要不断地对程序进行补充或修改，进行系统维护和数据管理。另外，计算机软硬件的更新换代也促使应用软件和应用程序做相应的升级。

管理信息系统的寿命一般是 3 年至 10 年时间，软件系统和程序的维护工作量相当大。一个不易维护的软件系统或程序，用不了多久就会因为不能满足应用需要而被淘汰，因此，可维护性是对程序设计工作的一种重要的要求。

2）可靠性

程序应具有较好的容错能力，不仅正常情况下能正确工作，而且在意外情况下应便于处理，以防产生意外的操作而造成严重损失。

3）可理解性

程序不仅要求逻辑正确，计算机能够执行，而且应当层次清楚，可读性好。这是因为程序的维护工作量很大，程序维护人员经常要维护他人编写的程序，一个不易理解的程序将会给程序维护工作带来困难。因此，有必要在程序中加入简明扼要的程序功能与变量说明。

4）效率

效率有两种解释：程序效率和人工效率。程序效率指程序能否有效地利用计算机资源。由于硬件的性价比不断地提高，程序效率即软件效率已在很大程度上由计算机硬件性能及效率来实现。而程序设计人员的工作效率则日益重要，因为人工成本普遍较高。改进人工效率不仅能降低软件开发成本，而且可明显降低程序的出错率，进而减轻维护人员的工作负担。程序效率与可维护性、可理解性通常是矛盾的，片面地追求程序的运行效率有时不利于程序设计质量的全面提高。在实际编程过程中，宁可占用更多的系统资源来尽量提高系统的可理解性和可维护性。

2. 结构化程序设计方法

应用软件的编程工作量大，而且要经常维护、修改。应该遵循正确的规律，利用工程化的方法进行软件开发，通过建立软件工程环境来提高软件开发效率。

1）自上而下的模块化设计

系统分析和设计阶段都使用了自上而下的方法。每个系统都分解成相应的功能模块形成层次结构。底层的模块一般规模较小，功能较简单，完成系统某一方面的处理功能。在设计中使用自上而下方法，目的在于一开始能从总体上理解和把握整个系统，而后对于组成系统的各功能模块逐步求精，从而使整个程序保持良好的结构，提高软件开发的效率。在模块化程序设计中应注意以下几点：

①模块应相互独立，减少模块间的耦合，即信息交互，以便于将模块作为一个独立子系统。

②模块大小和模块中包含的子模块数要合适，既便于模块的单独开发，又便于系统重构。

③模块功能要简单，底层模块一般应完成一项独立的处理任务。

④共享模块应集中，应集中可供各模块共享的处理功能在一个上层模块，供各模块引用。

2）结构化程序设计（Structured Programming，SP）

自上而下的模块化方法描述了大程序设计的原则，在具体编程中，则应采用结构化程序设计方法。这种方法起源于 20 世纪 70 年代，有助于解决由程序中的不同过程的控制和数据传输引起的波动效应问题：某程序中的第一个错误会在程序的其他部分引发第二个错误，第二个错误又会引发第三个错误，依次类推。结构化程序设计采用以下三种基本逻辑结构来控制不同的处理过程：顺序结构（Sequential Structure，SS）、循环结构（Loop Structure，LS）和选择结构（Select Structure，SS）。

①顺序结构，是一种线性有序的结构，由一系列依次执行的语句或模块构成。

②循环结构，是由一个或几个模块构成，程序运行时重复执行，直到满足某一条件为止。

③选择结构，是根据条件成立与否选择程序执行路径的结构。

在 20 世纪 70 年代后期，一种称为结构化预排（Structured Walkthrough）的组织策略为程序设计人员提供了仔细审核工作的机会。采用这种方法和策略，许多错误在系统分析和系统设计阶段就会被发现，预排参与者提出的意见是中肯的而非责难的，可以改进工作质量，加快系统开发进度。

视频学习资源：系统实施的概述

10.4 系统测试

10.4.1 系统测试概述

系统测试是根据系统开发各阶段的规格说明和程序的内部结构而精心设计一批测试用例，并利用这些测试用例去运行系统，以发现系统错误的过程。好的测试方案是尽可能地发现至今尚未发现的错误的测试方案。成功的测试则是发现至今尚未发现的错误的测试。测试并不能保证程序是完全正确的，成功的测试也不应是没有发现错误的测试。

在管理信息系统开发及实施过程中，系统测试是保证系统得以顺利运行的关键一步，它是提高软件质量和可靠性的有效手段。管理信息系统涉及管理、软件、硬件、人员等各方面以及软件开发活动的一系列过程，尽管人们采取了许多消除缺陷发生的措施，甚至将 55% 以上的开发力量投入系统测试中，但错误仍不可避免地发生。本节将对目前系统测试中所使用的战略、主流技术以及规范化的测试文档作详细介绍，其中，软件测试是核心。

1. 系统测试的目的

结合经济效益和技术手段两方面的考虑，系统测试的目的是以最少人力、物力和时间投入，尽可能早、尽可能多地找出软件中潜在的各种错误和缺陷。由此目的所带来的附加收获是，它能证明软件的功能和性能与需求相符合。

2. 系统测试的原则

在测试过程中还要注意以下一些原则：

①所有的测试都应追溯到系统说明书，或者更进一步就是用户需求。因为系统测试的

目标在于揭示错误，而最严重的错误是那些无法满足用户需求的错误，导致的后果就是用户不满意，不接受，甚至要求赔偿。

②尽早地、不断地进行系统测试。由于系统的复杂性和抽象性，以及软件开发各个阶段的多样性等，使得开发的每个环节都可能产生错误，把测试贯穿开发过程的始终，坚持软件开发的阶段评审，从而可以尽早发现和预防错误，达到减少开发费用和提高质量的目的。

③系统测试是有风险的行为。如果不去测试所有的情况，那就是选择了风险。但是穷举法又是绝对不可取的，因为任何一个小程序的完全测试数目都是一个天文数字。这时的主要测试原则就是把无边无际的可能减少到可以控制的范围，以及针对风险作出明智抉择，去粗取精。

④找到的错误越多，说明系统缺陷越多。系统缺陷几乎是成群出现，发现一个，附近就会有一群。原因有很多，比如程序员疲劳、同一个程序员往往犯同样的错误、系统网络架构的不合理等。在这里也要注意，并非所有的错误都能修复。

⑤除检查系统应完成的任务外，还应检查系统是否做了它不应该做的事。尤其是在网络环境下要注意流出与流入数据的检验与加密，以保证系统和数据的安全。

10.4.2 系统测试过程

系统测试过程如图 10-1 所示。

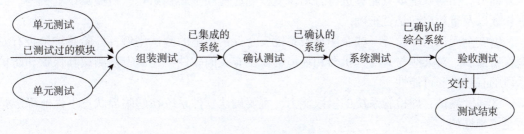

图 10-1 系统测试过程

1. 单元测试

单元测试主要以模块为单位进行测试，即测试已设计出的单个模块的正确性。单元测试的主要内容包括：

①模块接口，即测试模块之间的信息是否能够准确地流进、流出。

②数据结构，即在工作过程中，测试模块内部的数据能否保持完整性，包括内部数据的内容、形式及相互关系是否正确。

③边界条件，即测试为限制数据加工而设置的边界处模块能否正常工作。

④覆盖条件，即测试模块的运行能否达到满足特定的逻辑覆盖。

⑤出错处理，即在工作中发生错误时，测试模块的出错处理措施是否有效。

2. 组装测试

在每个模块完成单元测试后，需按照所设计的结构图把它们连接起来，进行组装测试。组装测试的内容包括：

①各模块是否无错误地连接。

②能否保证数据有效传输及数据的完整性和一致性。

③人机界面及各种通信接口能否满足设计要求。

④能否与硬件系统的所有设备正确连接。

3. 确认测试

组装测试完成后，在各模块接口无错误并满足软件设计要求的基础上，还需进行确认测试。确认测试的主要内容有：

①功能方面应测试系统输入、处理、输出是否满足要求。

②性能方面应测试系统的数据精确度、时间特性（如响应时间、更新处理时间、数据转换及传输时间、运行时间等）、适应性（在操作方式、运行环境及其他软件的接口发生变化时应具备的适应能力）是否满足设计要求。

③其他限制条件的测试，如可使用性、安全保密性、可维护性、可移植性、故障处理能力等。

4. 系统测试

在软件完成确认测试后，应对软件与其他相关部分或全部软硬件组成的系统进行综合测试。系统测试的内容包括对各子系统或分系统之间的接口正确性的检查和对系统的性能、功能的测试。系统测试一般通过以下几种测试来完成：

①恢复测试，即采取各种人工方法让软件出错，使其不能正常工作，进而检验系统的恢复能力。如果系统本身能够进行自动恢复，则应检验重新初始化、检验点设置机构、数据恢复以及重新启动是否正确。

②安全测试，即设置一些企图突破系统安全保密措施的测试用例，检验系统是否有安全保密漏洞。对某些与人身、机器和环境的安全有关的软件，还需特别测试其保护和防护手段的有效性和可能性。

③强度测试，即检验系统的极限能力，主要确认软件系统在超临界状态下性能降级是否是灾难性的。

④性能测试，即测试安装在系统内的软件的运行性能，这种测试需与强度测试结合起来进行。为了记录性能，需要在系统中安装必要的测量仪表或度量性能的软件。

5. 验收测试

系统测试完成，且系统试运行了预定的时间后，企业应进行验收测试，确认已开发的软件能否达到验收标准，包括对测试有关的文档资料的审查验收和对程序测试验收。对于一些关键性的软件，还必须按照合同进行一些严格的特殊测试，如强化测试和性能降级执行方式测试等。验收测试应在软件投入运行后所处的实际工作环境中进行。验收测试的内容包括：

①文档资料的审查验收，即检查所有与测试有关的文档资料是否编写齐全，并得到分类编目。这些文档资料主要包括各测试阶段的测试计划、测试申请及测试报告等。

②余量要求。必须实际考察计算机存储空间，输入、输出通道和批处理时间的使用情况，要保证它们至少都有20%的余量。

③功能测试。必须根据系统实施方案中规定的功能对被验收的软件逐项进行测试，以确认该软件是否具备规定的各项功能。

④性能测试。必须根据系统实施方案中规定的性能对被验收的软件进行逐项测试，以

确认该软件的性能是否得到满足。

⑤强化测试。必须按照 GB 8566 软件开发规范中的强化测试条款进行，开发单位必须设计强化测试用例，其中包括典型运行环境、所有运行方式及在系统运行期间可能发生的其他情况。

以上五类测试是一个商品化系统不可缺少的，每种测试都要事先设计，事后写报告归档。测试完成的标准为：由于难以判定软件是否还有错误，因此，什么时候停止测试就难以断言。增加测试可以增加可靠性，但测试费用也增加。通常停止测试的情况是在规定的测试时间以后没有再发现问题，或者是执行完所有测试用例以后没有再发现问题。

除了上述测试，在交付测试的系统正式投入测试之前应进行一定范围的人工测试，这不是上机实际运行，而是测试小组的会审（Inspections）和走查（Walkthroughs）。在程序的人工测试中，程序会审由作者读他的程序，3~4 个有经验的测试人员听取他的解释。事实证明，这种方法可以发现 30%~70% 的逻辑设计和编码错误，但对定义分析错误收效甚微。

走查和会审类似，但不是由程序员读他自己的程序，而是走查小组的测试人员事先把程序在纸面上"执行"一次，提出执行中发生的问题，以便发现重大的逻辑错误。开走查会议时，对于有问题的部分，测试人员和程序作者一起在黑板上运行，以求找出问题的症结。

IBM 公司的人工测试效率高达 80%，就是说，在所有测出的错误中 80% 是在人工测试中发现的。这就证实了计算机心理学家温伯格（Weinberg）的断言——人工读程序是非常必要的。

10.4.3 系统测试技术

1. 黑盒子测试

不深入代码细节的软件测试方法称为黑盒子测试。它是动态的，因为程序正在运行——软件测试员充当客户来使用它；它是黑盒子，因为测试时不知道程序如何工作。测试工作就是进行输入、接收输出、检验结果。黑盒子测试常常被称为行为测试，因为测试的是软件在使用过程中的实际行为。软件测试人员不关心程序内部是如何实现的，而只是检查程序是否符合它的"功能说明"。所以使用黑盒子法设计的测试用例完全是根据程序的功能说明来设计的。

1）黑盒测试的主要内容

①菜单/帮助测试。在软件产品开发的最后阶段，文档里发现的问题往往是最多的。因为在软件测试过程中，开发人员会修复测试人员发现的错误，而且可能会对软件的一些功能进行修改，同时项目经理也会根据情况调整软件的特性。所以，在软件开发和测试过程中，所有的功能和特性都不是固定不变的，都会进行调整。

②Alpha/Beta 测试。Alpha 测试是由一个用户在开发场所进行的，用户在开发人员的"指导"下对软件进行测试，开发人员负责记录使用中出现的错误。Beta 测试是由软件的最终用户在一个或多个用户场所进行的，开发人员通常不会在场。因此，Beta 测试是软件在一个开发人员不能控制的环境中的"活的"应用，用户记录下所有在测试中遇到的问题，并报告给开发人员，然后开发人员对系统进行最后的修改。在此过程中，产品特征不断地被修改。当发现错误后，在开发人员更正的同时，项目经理也会对产品计划作出相应的调

整，产品计划不是一成不变的。

③回归测试。回归测试的目的就是保证以前已经更正的错误在软件交付前不会再出现。实际上，许多错误都是在回归测试时发现的。在此阶段，首先要检查以前找到的错误是否已经更正了。值得注意的是，有的错误经过更正之后可能又产生了新的错误，回归测试可以保证已更正的错误不再重现，而且不产生新的错误。

④RTM 测试（Release to Manufacture Testing）。这是为软件真正的交付做好准备的测试。

2）黑盒子测试法的技巧

①等价类划分法。这种方法根据黑盒法的思想，在所有可能的输入数据中取一个有限的子集作为测试用数据，通常是将模块的输入域划分成有效等价类和无效等价类两种。所谓有效等价类，是指对程序的功能要求而言有意义的、合理的输入数据所构成的集合；而无效等价类是指那些不合理的或非法的输入数据所构成的集合。例如，某模块的合理输入是 0~100，大于 0 且小于 100 的数据属于有效等价类，小于 0 或大于 100 的数据为无效等价类，测试数据可以从这两个等价类中抽取。

②边界条件测试法。边界条件是特殊情况，因为编程从根本上说不怀疑边界有问题。软件是极端的——或者对或者不对。但是，许多软件在处理大量中间数据时都是对的，但是可能在边界处出现许多问题。如果软件测试问题包含边界条件，那么数据类型可能是数值、字符、位置、数量、速度、地址和尺寸。同时，考虑这些类型的下述特征：第一个/最后一个、开始/完成、空/满、最慢/最快、最大/最小、超过/在内、最短/最长、最高/最低。如果要选择在等价分配中包含哪些数据，就根据边界来选择。

③次边界条件测试。有些边界在软件内部，最终用户几乎看不见，但是软件测试仍有必要检查，这样的边界称为次边界条件或者内部边界条件。寻找这样的边界不要求软件测试员是程序员或者具有阅读源代码的能力，但是确实要求大体了解软件的工作方式。常见的次边界条件测试发生在 2 的乘方和 ASCII 表这两方面。

④默认、空白、空值和零值测试。这种情况在软件说明书中常常被忽视，程序员也经常遗忘，但是在实际使用中却时有发生。好的软件会处理这种情况，它通常将输入内容默认为合法边界内的最小值或者合法区间内的某个合理值，或者返回错误提示信息。这些值一般在软件内进行特殊处理，所以不要把它们与合法情况和非法情况混在一起，而要建立单独的等价区间。在这种默认情况下，如果用户输入 0 或 -1 作为非法值，就可以执行不同的软件处理过程。

⑤错误推测法。测试人员也可以通过经验或直觉推测程序中可能存在的各种错误，从而有针对性地编写检查这些错误的程序。错误推测法在很大程度上依赖直觉和经验进行。它的基本思想是列出程序中可能有的错误和容易发生错误的特殊情况，并且根据它们选择测试方案。

2. 白盒子测试

白盒子测试即结构测试，它与程序内部结构有关，需要利用程序内部结构设计测试实例。它将测试程序设计风格、控制方法、源语句、数据库设计和编码细节。

白盒子测试主要考虑的是测试实例对程序内部逻辑的覆盖程度。在实际运用中，程序员按照覆盖程序从低到高进行划分：语句覆盖、判定覆盖、条件覆盖、判定条件覆盖、条件组合覆盖。

①语句覆盖，即选择足够的测试实例，使得程序中的每一个语句都能执行一次。

②判定覆盖，即判定覆盖比语句覆盖严格，它的含义就是设计足够的测试实例，使程序中每个判定至少都获得一次"真值"和"假值"的机会。

③条件覆盖，即对于每个判定中所包含的若干个条件，应设计足够多的测试实例，使判定中的每个条件都取到"真"和"假"两个不同的结果。

④判定条件覆盖，用判定条件覆盖所设计的测试用例，能够使判断中每个条件的所有可能取值至少执行一次，同时每个判断的所有可能判断结果至少执行一次。

⑤条件组合覆盖，在判定条件覆盖测试的基础上，设计足够多的测试实例，使每个判定中条件的各种可能组合都至少出现一次。

⑥路径测试，即设计足够多的测试用例覆盖程序中所有可能的路径。它是由汤姆·麦凯布(Tom McCabe)首先提出来的一种白盒子测试技术，该方法允许测试用例设计者通过分析控制结构的环路复杂性，导出基本可执行路径集合。

值得注意的是，即使是条件组合覆盖的测试也仍然不能发现全部错误，还需要黑盒测试作补充。

3. 强力测试

在各种极限情况下对产品进行测试(例如，很多人同时使用该软件或者反复运行该软件)，以检查产品的长期稳定性。

例如，微软在测试 IE 4.0 的时候，为了测试 IE 4.0 的长期稳定性，开发小组专门设计了一套自动测试程序，它一分钟可以下载上千个页面，用此测试程序对 IE 4.0 进行了连续 72 小时的测试。因为根据微软的经验，如果一个软件产品能通过 72 小时的强力测试，则该产品在 72 小时后出现问题的可能性微乎其微，所以，72 小时是微软产品强力测试时间的标志。

当然，上面只是提到了系统强力测试的一个方面，对于运行中的系统，还要考虑对硬件的强力测试。例如，把输入数据的量提高一个数量级来测试数据库服务器的响应情况、使用在一个虚拟的操作系统中会引起颠簸的测试实例、在网络中对通信阻塞的测试等，目的都是测试系统的长期稳定性。

4. 兼容性测试

随着各生产厂商各种标准的统一，硬件的兼容性测试在系统测试中已经显得不那么重要，在这里重点介绍软件兼容性的问题。

随着用户对各种厂商的各种类型软件之间共享数据能力和同时执行多个程序能力的要求越来越强，测试程序之间能否协作变得越来越重要。现在程序之间大多需要导入和导出数据，在各种操作系统和 Web 浏览器上运行，与同时运行在同一种硬件上的其他软件交叉操作。

软件兼容性测试工作目标是保证软件按照用户期望的方式进行交互，其中包括平台和应用程序的兼容、向前和向后兼容、数据共享兼容性。

这部分的测试比较复杂，需要整体分析产品说明书和所有支持说明书，还需要与程序员讨论，尽可能深入地审查代码以保证软件的使用。

5. 易用性测试

软件编出来是要用的，但是有时开发小组在编写代码的技术方面投入了太多精力，以致忽视软件最重要的方面——最终的使用者。易用性是交互适应性、实用性和有效性的集中体现。

用于与软件程序交互的方式称为用户界面或 UI（User Interface），现在使用的个人计算机都有复杂的图形用户界面（Graphical User Interface，GUI），优秀的用户界面通常通过符合标准和规范、直观性、一致性、灵活性、舒适性、正确性、实用性七个要素体现出来。

①通用标准和规范由软件易用性专家开发，它们是由大量正式测试、经验、技巧和错误得出的方便用户的规则。如果软件严格遵守这些规则，就自然具备优秀用户界面的其他要素。

②在评价直观性的时候通常考虑以下几个问题：用户界面是否洁净？所需功能或者期待的响应是否明显并在预期的地方出现？有多余功能吗？界面整体是否太复杂了？局部是否做得太多？是否感到信息太庞杂？如果其他所有努力失败，帮助系统真能帮忙吗？

③一致性通常是测试软件本身和其他软件的一致性。在从一个程序转向另一个程序时，要注意软件的特性，确保相似操作以相似方式进行。在审查软件时想一想以下几个方面：快捷键和菜单选项，术语和命令，按钮位置和等价的按键。例如，OK 键的位置总是在上方或者左方，Cancel 按钮的等价按键通常是 Esc，这些都需要保持一致。

④灵活性允许用户选择做什么和怎样做。不过其中要注意的是，灵活性可能发展为复杂性。

⑤舒适性就是讲究软件使用的感觉。可以适当地增加一些色彩和音效，在用户执行严重错误的操作前提出警告，并且允许用户恢复由于错误操作导致丢失的数据。在速度性能上应和大多数人的思维保持同步，如果操作缓慢，至少应该向用户反馈操作持续时间，并且显示它正在工作，没有停滞。

⑥正确性就是测试程序是否做了该做的事。正确性的问题一般很明显，在测试系统说明书时就可以发现。

6. 特殊测试

除了上述常规测试，还有一些必要的性能测试。这些测试往往不是针对程序在正常情况下运行的正确与否，而是根据系统需求。主要的测试项目有峰值负载测试、容量测试、响应时间测试、恢复能力测试等。

进行系统程序测试时，不一定要在完全真实的数据量情况下进行。通常采用"系统模型"法，以便以最少的输入数据量完成较全面的软件测试工作。通过对数据的精心选择，大大地减少了输入数据量，不仅可以使处理工作量大为减少，而且也更容易发现错误和确定错误的范围。调试中要严格核对计算机处理和人工处理的两种结果通常是先校对最终结果，发现错误再回到相应中间结果部分校对，直到基本确定错误范围。

系统测试完成后，在交付用户使用之前，还需要进行实况测试。实况测试以过去手工处理方式或在原系统下得出正确结果的数据作为输入，将系统处理结果与手工处理结果进行比较。在这一阶段，除了严格校对结果，主要考察系统运转的合理性、效率和可靠性。系统调试完成后，应编写操作说明书，完成程序框图和打印源程序清单。

10.4.4　测试文档及报告

1. 测试计划

通常，测试计划应包括以下内容：

①概述。测试计划首先应说明该测试是做什么的。

②测试目标和发布标准。测试计划文档中一定要有测试的最终目标，必须使自己和别人明白为什么必须做这个测试，该测试需要达到的目标是什么。测试计划要明确定义发布标准的范围，并为每一个发布标准定义详细的阶段性目标。

③计划将测试的领域。测试计划应列出被测试系统的所有特性，以及每个领域的关键功能，同时，测试计划还应给出对应的每个测试领域的测试规范。

④测试方法描述。从系统测试的总体决定系统的测试方法，如黑盒子测试、白盒子测试、强力测试、兼容性测试等。

⑤测试进度表。测试计划需要为测试的每一个阶段定义详细的进度表，并且该进度表必须与项目经理的要求以及系统开发的进度相一致。实际上，测试进度表依赖项目经理和开发人员制订的进度表。

⑥测试范围和工具。测试计划中必须给出测试所需的测试平台及相关机器配件和网络开发方案，还必须说明将使用的测试工具，测试人员可以利用已有的工具，如果没有合适的，还必须自己开发。

2. 测试规范

所谓测试规范，是指为每一个在测试计划中确定的测试领域所写的文档，用来描述该领域中的测试需求。

在编写测试规范之前，需要参考项目说明书中的系统规范，以及开发人员写的开发计划。在测试计划中主要包括以下一些要素：背景信息、被测试的特性、功能考虑、测试考虑、测试想定。其中，测试想定是一个重要内容，根据测试想定，可以很容易地产生测试案例。

3. 缺陷报告

测试人员在测试过程中记录的缺陷一般通过报告的形式向开发人员报告。一份缺陷报告应该包括以下几个要点：缺陷名称、被测试的软件的版本、优先度与严重性、报告测试的步骤、缺陷造成的后果、预计的操作后果。所有这些信息可以放在一个数据库中，它为系统的调试和以后的维护提供了相当重要的信息。开发小组中的项目经理和决策人员可以根据这些缺陷的统计数字和走势了解系统开发的进度，开发人员可以通过这些缺陷报告中清晰的测试数据很容易地找到问题。

4. 测试报告

测试报告是对测试阶段工作的总结，测试报告的内容主要包括：

①引言。介绍测试的目的、范围，测试的角度和标准，测试结果概要。

②测试计划和配置。包括系统配置、运行配置、测试标准和评价等。

③单元测试。描述对系统各模块测试的结果。

④组装测试。描述系统各部件组合后的功能测试结果、正常数据和过载数据下的测

试，以及在错误数据下的测试和结果。

⑤确认测试。描述系统功能、性能测试的结果。

⑥系统测试。描述软件与其他相关部分或全部软硬件组成的系统综合测试的结果。

⑦验收测试。描述对有关的文档资料和程序的测试验收的结果。

⑧附录。包括参考文献、异常情况小结、测试数据等。

 视频学习资源：系统测试

10.5　系统转换

　　系统实施的最后一步就是新系统的试运行和新旧系统的转换。它是系统测试和检测工作的延续，是一项很容易被人忽视，但对系统运行的安全性、可靠性、准确性来说又是十分重要的工作。

1. 系统的试运行

　　系统的试运行是系统总调的延续。在系统总调时使用的是系统测试数据，这样很难测试出系统在实际运行中可能出现的一些事先预料不到的问题。所以一个系统开发完成后让它实际地运行一段时间即试运行，才是对系统最好的检验和测试方式。

　　系统试运行阶段的工作主要包括：

①对系统进行初始化，输入各项原始数据。

②记录系统的运行数据和运行状况。

③核对新系统和老系统的输出结果。

④对实际系统的输入方式进行考察。

⑤对系统实际运行、响应速度进行实际测试。

2. 基础数据准备

　　按照系统分析所规定的详细内容组织和统计系统所需的数据。在准备基础数据时应注意以下几方面的问题：

①基础数据统计工作要严格科学化，具体方法应程序化。

②计量工具、计量方法、数据采集渠道和程序都应该固定，有可靠的数据来源。

③各类统计和数据采集报表应标准化、规范化。

3. 系统切换

　　系统切换是指系统开发完成后新老系统之间的转换。一般在系统总调完毕后的基础上，进行系统切换工作。系统切换包括把原来全部用人工处理的系统转换到新的以计算机为基础的信息系统，也包括从旧的信息系统向新的信息系统的转换过程。切换工作还包括老系统的数据文件向新系统的数据文件的转换，人员、设备、组织机构的改造和调整，有关资料的建档和移交等。系统切换的最终形式是将全部控制权移交给用户单位。

系统切换有四种方式，如图 10-2 所示。对于一个大系统，可以根据各子系统的情况不同，采取不同的转换方式。

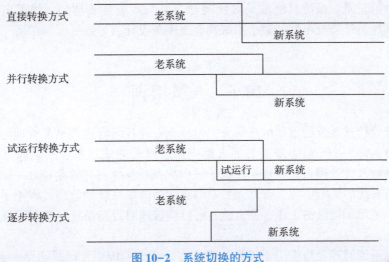

图 10-2　系统切换的方式

1）直接转换方式

直接转换方式就是用新系统直接代替老系统，没有中间过渡阶段。直接转换的优点是转换简便，节省费用，但风险较大。因为系统虽然经过试运行并经联调，但隐含的错误往往是不可避免的。实际应用中应采取加强维护和数据备份等措施以保证新系统的安全运行。这种方式一般适用于一些处理过程不太复杂、数据不很重要的场合。

2）平行转换方式

平行转换方式是使新、老系统并行运行一段时间。并行运行期间，新、老系统同时工作，互相对比校验，以检查新系统中隐含的错误。平行转换的优点是转换安全，但并行运行期间增加用户的工作量，增加了转换费用。这种方式比较适合于银行、财务和一些企业的核心系统。

3）试运行转换方式

试运行转换方式是对一些关键子系统进行一段时间的试运行，待感到有把握时再用新系统正式代替老系统。所以它的安全系数更高一些。

4）逐步转换方式

逐步转换方式是分期分批地以新系统代替老系统，即当缓慢地逐步停止老系统中的某些部分时，缓慢地逐步采用新系统的相应部分。当每个人都确信新系统的运行符合要求时，老系统就可以完全停止。这种方式实际上结合了直接转换方式和平行转换方式的优点，它能防止直接转换产生的危险性，也能减少平行运行方式的费用，但在混合运行过程中，必须事先考虑好它们之间的接口。当新系统与老系统差别太大时，不宜采用此种方式。

无论采用哪一种转换方式，都要注意处理好以下问题：

①新系统的投运需要大量的基础数据，这些数据的整理与录入工作量很大，应及早准备、尽快完成。

②系统切换不仅仅是机器的转换、程序的转换，更难的是人工的转换，应提前做好人

员的培训工作。

③系统运行时会出现一些局部性的问题，这是正常现象，系统工作人员对此应有足够的准备，并做好记录。系统只出现局部性问题，说明系统是成功的；如果出现致命的问题，则说明系统设计质量不好，整个系统甚至要重新设计。

10.6　人员培训

人员是管理信息系统的重要组成部分，包括企业的各级管理人员及管理与维护信息系统的专业人员。每一个与新系统有关的人都应该了解管理信息系统的运作方式和运作过程。培训就是使有关管理人员和技术人员了解和掌握新系统的有效途径之一。因此，培训工作关系到新系统的成败。如果管理人员对即将使用的新系统的管理过程不了解，不能确定新系统是否适用于自己的工作，那么就有可能消极地对待新系统，甚至阻碍新系统的推广应用。

管理信息系统的开发与应用不仅是计算机在企业中的应用，同时也是一种企业变革。由于企业管理的传统思想及方法与管理信息系统的要求之间有着巨大的差异，企业管理人员对这种新的管理思想和管理方法有一个熟悉、适应和转变观念的过程。

对于自行开发管理信息系统的企业来说，通过系统开发过程来培养一批既懂管理业务又懂信息系统的企业专业人员，也应是企业开发信息系统的主要目标之一。

信息系统的知识非常广泛，企业管理人员与企业信息系统专业人员的培训内容应各有侧重。管理人员的培训重点应该是信息技术基本概念与一些结合具体项目的基础知识，具体有：

①信息系统的基本概念，包括信息概念、性质与作用、系统概念与特点、信息系统开发方法与开发过程等。

②计算机基本知识，包括计算机硬件与软件基础知识、常用管理软件的功能与人机界面、网络与通信基本概念等。

③管理方法，例如现代管理的基本思想、数据分析与管理决策的基本概念与常用方法。

④本企业信息系统介绍，包括信息系统目标、功能及总体描述、开发计划、主要事项与配合要求等。

⑤本企业信息系统的操作方法。

应当强调的是，对于管理人员的培训要结合企业实际，通过培训使各级管理人员明确开发与应用信息系统对企业生存与发展的重要意义，在了解与掌握基本概念的基础上打消顾虑，使他们能积极参与信息系统的开发，并为下一步的应用做好准备。

对企业信息管理专业人员的培养应把重点放在系统知识与系统规范方面，培养方法除强调在实践中学习外，还可采取委托培养、进修与外聘专家进行系统授课等方法。

为了保证培训能真正获得成效，培训工作应与管理人员的工作绩效评定结合起来，对培训的效果进行考核。具体操作可以分阶段地在培训后进行考试，也可以采用竞争上岗等方式，促使管理人员处理好当前工作与未来知识储备二者的关系。

用户培训工作的好坏是关系到系统是否成功的因素之一。培训可以采用多种方式，如授课、进行新系统工作方式模拟、利用软件包培训、在使用中进行具体指导等。可根据培训的对象和目的，采用不同的培训方式。

  视频学习资源：系统切换与人员培训

本章小结

本章主要介绍信息系统实施。信息系统实施是一个复杂的过程，涉及多个阶段和任务。

信息系统实施的目的是将设计文档中的逻辑系统转化为实际运行的物理系统，其任务包括物理系统实施、基础数据收集、程序设计、系统调试、人员培训等。

物理系统的实施包括：计算机系统实施，选择合适计算机系统，考虑性能、可扩展性、技术支持；网络系统实施，涉及通信设备安装、电缆铺设、网络性能调试。程序设计的目标是可维护性、可靠性、可理解性和效率。结构化程序设计包括自上而下的模块化设计和顺序、循环、选择结构。

系统测试的目的是发现并修复错误，确保软件质量。测试包括单元测试、组装测试、确认测试、系统测试、验收测试等。

为确保系统成功实施，需对管理人员和技术人员进行培训。培训内容包括信息系统概念、计算机知识、管理方法、企业信息系统介绍。系统转换方式有直接转换、平行转换、试运行转换、逐步转换。

信息系统实施是一个涉及多方面因素的工程，需要综合考虑技术、人员、管理等多方面因素。从系统设计到实施，再到测试和最终的系统转换，每一步都至关重要。成功的实施不仅需要技术保障，还需要良好的组织管理和人员培训。通过这些步骤，可以确保信息系统能够顺利地融入企业运营，提高管理效率和决策质量。

课堂讨论

1. 在信息系统开发的实施工作中，程序员应当担负什么样的责任？
2. 系统测试时中如何设计测试用例？

分组任务

通过书刊、网络等方式收集管理信息系统在系统实施阶段失败的案例，重点对这些案例进行分析讨论，总结系统实施失败的原因。

复习思考题

1. 简述系统实施阶段的工作任务和内容。
2. 程序设计的主要依据是什么？
3. 系统测试包括哪些阶段？每阶段的任务分别是什么？
4. 系统转换的方法有哪些？每种方法的适用场合是什么？

课后案例分析

 课后案例：数据驱动未来——招商银行数据驱动的互联网智能获客系统建设

 课后案例的分析要点

11 系统的运行与管理

知识目标	能力目标	价值目标
1. 掌握系统运行管理阶段的主要任务； 2. 深刻领会运行维护工作的内容和重要意义，重点掌握系统维护的类型及其特点； 3. 掌握系统评价的内容； 4. 理解系统安全性、系统可靠性的含义和主要的保障措施	能够通过实际案例的分析，培养在实际案例中发现问题的能力，尤其是系统维护与评价能力；提升分析问题的能力，提升对系统日常维护和管理的应用能力	1. 掌握系统日常管理的内容，增强对系统维护的信心； 2. 培养安全意识，理解系统日常维护对企业信息系统的重要性； 3. 增强责任意识，认识企业信息化中系统管理人员专业素养的重要性

关键术语

系统评价(System Evaluation，SE)；

系统维护(System Maintenance，SM)；

正确性维护(Corrective Maintenance，CM)；

适应性维护(Adaptive Maintenance，AM)；

完善性维护(Perfective Maintenance，PM)；

预防性维护(Preventive Maintenance，PM)

引导案例

物流智能分拣：DHL 以智能机器人为核心，构建数字化全流程智能分拣系统

1. 物流分拣中存在的问题

物流业务急剧增长，物流分拣效能不足，成本过高，亟待智能技术助力降本增效。随着物联网、人工智能等高新技术的推广及使用，物流分拣行业已经由传统的人工分拣向"无人化""智能化"模式转型。出于安全、便利等因素的考虑，人们越发喜爱"网上购物"，电商行业迎来了快速发展，同时带来了物流需求的爆发。

DHL 作为国际物流巨头，正在经历的智能化升级挑战。由于业务量激增，DHL 等物流企业面临着物件分发、网点拓展、响应提速等对人工的需求越来越大，人工成本越来越高的问题。然而，在人力成本的制约下，激增的业务量对企业在物流分拣的效率和质量提出了更高的要求，要求物流企业向智能化、无人化转型，解决人工成本高、需求量大等问题，实现降本增效。

针对 DHL 存在的业务量剧增、人工成本高等问题，深圳蓝胖子机器智能有限公司（以下简称"蓝胖子"）为其部署了 DoraSorter 智能分拣系统。通过综合运用计算机视觉、运动规划、深度学习等技术，DoraSorter 可针对物流作业中几乎所有类型的包裹实现智能化、无人化的快速且精确分拣，从而实现高效且低成本处理。部署在 DHL 现场的蓝胖子智能分拣机器人 DoraSorte 如图 11-1 所示。

图 11-1　部署在 DHL 现场的蓝胖子智能分拣机器人 DoraSorter

2. 方案架构

DHL 传统的包裹分拣流程总体可分为信息识别、信息处理、包裹分放三个步骤：首先从传送带拿到包裹，其次识别包裹的派送信息，最后将包裹放置到不同的柜口。蓝胖子团队通过拆解其包裹分拣任务，将 DoraSorter 方案设计为三层，分别负责客户与系统对接、流向库位及速度优化与规划，以及执行协同。

1) 客户系统对接层

前端通过基于网页的 UI 和操作员对接，后端通过网络接口和客户系统对接，使系统获取条码信息后可以从客户系统内部获取相应的流向等信息。蓝胖子智能分拣机器人还可与客户的 WMS/ERP 系统集成，实现实时的数据沟通和持续优化。

2) 流向库位及速度优化与规划层

包裹流向对应的物理分拣格口，通过过往数据的统计分析，将高频流向、机械臂运动时间、客户时效、机械臂负载等综合数据，基于深度学习进行提取分析，从而实时调整格口映射、运行速度等参数，以实现精准投放并充分发挥机器人的极限执行速度等。

3) 执行协同层

可控制机械臂可以根据设备通过深度学习技术计算出的最佳优化轨迹，进行较快的、无碰撞的移动，同时协同其他机电设备协同工作完成分拣动作。

3. 方案核心技术及设施

DoraSorter 智能分拣方案主要包含三项核心技术。

1) 物料抓取：特制传送手爪

采用抽屉状的特殊手爪，可以通过与传送带的末端无缝衔接，实现接收每个包裹。该分拣机器人能够处理包括软包、信封、球类等几乎所有类型的包裹，也是当前市面上唯一一款能够达到此目标的机器人。

2) 包裹投放：通过运动规划计算最优路径

蓝胖子团队自研的运动规划算法适用于多种品牌的机械臂，可在保护机器人使用寿命的前提下，满足机械臂关节力矩限制、作业时的避障，以及控制末端执行器的加速度以防止物品甩飞等作业要求。

3) 工作模式优化：通过深度学习技术优化各个环节

通过使用深度学习技术捕获和提取分拣操作上下游流程节拍的细节特征，方案系统可实时调整运行时的各项底层参数，以保证整个分拣流程能够严丝合缝地高效运行，提高分拣工作站稳健性，以及快速适应各类不同的客户场景。

4. 结合机械臂与智能算法，实现物流智能分拣

通过结合蓝胖子独有的特制传送手爪及自研算法，DoraSorter 可实现物流分拣的全场景自动化及智能化。

在信息识别模块，该方案在传送带上放置扫描系统，当包裹在传送带上移动时，3D摄像机及条形码读取器会扫描包裹，将包裹的位置及目的地流向信息发送给机器人，从而完成包裹信息的识别；在信息处理模块，机器人利用 WMS/ERP 系统集成，通过识别出的地址信息等，判断该包裹放置的位置；在包裹分放模块，特制的能够处理各种类型包裹的传送式抽屉状手爪接收包裹后，机器人移动至包裹对应的柜口，底部传送带向外移动将包裹投入柜口。

在物品拣取的运动规划方面，在给定运动范围和目标点后，通过运用视觉技术，方案设施能够运算处置特定对象的最佳策略。根据最佳策略，系统可协调机械臂及机器人末端执行器(即手爪)的移动，并能够让设备实现在自主计算下得到较快的、无碰撞的移动轨迹。在此过程中，设备还能够考虑包括物品方向、加速度等限制参数来调整相应对的运动

策略。

在上述智能分拣方案的基础上，蓝胖子也考虑到 DHL 存在着传统自动化设备铺设成本高等问题，设计的分拣机器人仅占地 40~60 平方米，能够在包含其他自动化设备的仓储环境中快速安装应用，具有较强的灵活性。

5. 应用效果

蓝胖子为 DHL 配备的 DoraSorter 智能分拣系统，融合了计算机视觉、运动规划、深度学习等技术，可自主将不同类别的包裹分拣至对应的目的地格口，能够处理信封、纸箱、软包等各类型包裹，单套每小时可分拣 1000 多件，可同时覆盖 100 多个目的地，分拣准确率 99.99%。

在与蓝胖子的初步试点中，该服务中心每小时分拣的包裹数量增加了约 35%。随后，DHL 又部署了数台蓝胖子包裹分拣机器人，每台机器人每小时可分拣超过 1000 件包裹，相当于 2~3 个人工的效率。当前蓝胖子是 DHL 在智能包裹分拣环节的唯一合作伙伴。在试点环节后，其智能包裹分拣机器人已在 DHL 美国、DHL 新加坡、DHL 韩国完成部署，进入实际运营，并将快速在 DHL 整个亚太区域推广。

（资料来源：脉脉–机器之心 Pro. 案例 100，https://maimai.cn/article/detail? fid = 1693013958&efid=TeInyblQEE8h–Ia7YxJLmg，有改动）

结合案例请思考：DoraSorter 智能分拣系统在实际应用中遇到了哪些挑战？应该如何克服这些挑战？

 导入案例的分析要点

11.1　系统运行管理概述

11.1.1　系统运行管理的任务

信息系统运行管理的目标就是使信息系统能够根据企业的需要，提供持续可靠的业务支持和管理决策服务。这个阶段的管理任务主要有以下四个方面：

1. 建立运行管理机构

企业中信息系统的运行管理需要有专门的管理机构，负责对企业的信息系统和信息资源进行规划协调、服务支持和管理控制，它可以是企业内部的机构，如信息部、网络管理部或信息中心；也可以是接受企业委托的外部机构，如应用服务提供商。企业内部的相应机构在本书中统称信息中心。企业信息中心的运行管理有集中式和分散式两种。

1）集中式运行管理

集中式运行管理是指所有信息资源的规划配置、协调服务和管理控制权都集中于统一的信息中心，支持企业运营的流程以及各个业务部门的信息服务需求都由信息中心负责提

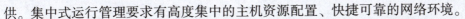

供。集中式运行管理要求有高度集中的主机资源配置、快捷可靠的网络环境。

集中式运行管理的主要优点是：便于对集中运行的企业流程提供经济、高效的服务支持；统一的资源管理和控制，有利于内部信息资源的协调与平衡；便于系统保持整体运行，充分发挥系统的服务潜力；便于贯彻统一的信息标准、操作规程和服务规范；有利于实现数据的完整性和安全性控制。

2）分散式运行管理

分散式运行管理是将信息资源分别置于企业各部门的管理和控制之下，信息系统的开发活动、开发人员、数据存储等都分散进行，信息服务和流程支持尽量由本地提供。分散式运行管理的成功往往需要有优秀的本地资源。

分散式运行管理的主要优点是：便于满足业务部门内部的独特信息需求；部门一级对信息资源的控制、使用和维护比较方便；在业务处理以本地或局部性业务为主的条件下，业务处理成本较低。

3）互相结合

集中式与分散式各有其优点，也可以采取集中与分散相结合的方式。计算机网络和通信技术的迅速发展，使企业可以根据业务流程的特点，合理地选择运行管理方式，并安排数据库资源、处理能力和技术资源的分布。一般情况下，企业信息技术资源的分布与业务管理的流程应相互匹配，以获得较高的经济性和可靠性。

2. 制订运行管理制度

管理规范是系统稳定运行的基本保障，也是信息中心开展各项运行管理工作的依据。要建立必要的运行管理制度，并落实管理责任，明确运行管理任务的工作内容。这些制度中有些是所有信息系统都适用的一般领域的制度，还有一些是针对某些具体应用系统的制度。

系统操作和使用制度是最基本的制度之一。应该为每个投入运营的应用系统建立相应的正确操作和使用规则，如系统的管理流程、使用手册、上岗人员规程等。特别重要的系统还有专门的业务权限设置、数据安全性规定等。这些规则是系统持续可靠运行的基础保障。

3. 系统日常运行管理

信息系统投入使用后，日常的运行管理工作量巨大，其中不仅有对机器设备的管理，更重要的是对人员、数据及软件的管理。运行管理的基本内容包括以下几方面：

1）数据收集与维护

及时完成数据收集任务，迅速、准确地录入数据，并设置数据校验，对输入数据把关，避免错误数据进入系统；维护系统中的管理参数，如技术资源库、资源成本单价、用户权限数据等。

2）例行信息处理

按规程进行数据更新，完成统计分析、报表生成工作，完成数据复制及保存、定期的数据交流等任务。

3）系统运行与维护

安排专职人员负责计算机本身的运行与维护，包括设备的使用管理、定期检修、备品配件的准备及使用，各种消耗性材料（如打印纸）的使用及管理，电源及工作环境的管理等。

4）系统的安全管理

维护企业正当的信息活动，保证信息系统安全运行。

为保证运行管理任务的完成，检验运行管理工作的质量，为运行管理的改善提供切实依据，一项必不可少的常规工作就是，从信息系统投入运行开始，就要对系统运行情况进行规范、详细和完备的记录。这些记录的内容包括以下五个方面：

① 工作的数量信息。如开机的时间、每日（周、月）提供的报表数、每日（周、月）录入数据的数量、系统中积累的数据量、修改程序的数量、数据使用的频率、满足用户临时要求的数量等。

②工作的效率信息。系统完成某项工作时，占用的人力、物力及时间情况，如消耗性材料的使用等。

③系统信息服务的质量信息。使用者对于服务提供的方式是否满意，信息的精确程度是否符合要求，信息提供得是否及时，临时提出的信息需求能否得到满足等。

④系统的维护修改情况。维护工作的内容、情况、时间、执行人员等。

⑤ 系统的故障情况。故障发生时间、故障现象、故障发生时的工作环境、处理方法、处理结果、处理人员、善后措施、原因分析。故障记录还应包括不属于计算机故障的信息，如数据收集不及时、年度报表未能按期生成、采集的原始数据有错等。

4. 系统评价及维护

系统评价及维护是系统可靠持续服务的保证。系统运行环境不断变化，投入运行后的系统需要及时更新；硬件和软件都不可能百分之百地排错，经历一定的运行时间后可能会暴露出缺陷和错误。系统维护也成为系统投入运行后一项经常性的任务。

11.1.2 系统运行管理的机构

1. 信息中心

信息中心是企业中支持信息系统运行管理、承担信息化工具支持服务的职能机构。在企业组织系统中，信息中心的地位与该企业中信息技术的应用范围和深度有密切关系。如图 11-1 所示，一般可分为四种情况：

第一种情况如图 11-2（a）所示，企业没有设立统一管理的信息中心这样的专业机构，各部门以分散和独立的方式使用和管理不同的信息系统和各自的信息技术资源。企业的计算机应用处于早期和起步阶段时往往会采用这种形式。

第二种情况如图 11-2（b）所示，企业已经建立了信息中心，它与其他业务部门地位平行，主要负责信息技术平台和业务系统的运营维护等工作，涉及企业信息技术发展的高层决策则需要由上级管理层来做。

第三种情况如图 11-2（c）所示，企业中的信息中心由高层直接领导，可以充当企业的决策参考支持中心，容易对企业信息资源进行集中调度和管理。

第四种情况如图 11-2（d）所示，信息中心与其他业务部门的下层信息部组成类似矩阵式的联系，既可以比较好地参与上级的信息技术决策，还可以直接管理和支持具体业务部门的信息需求。

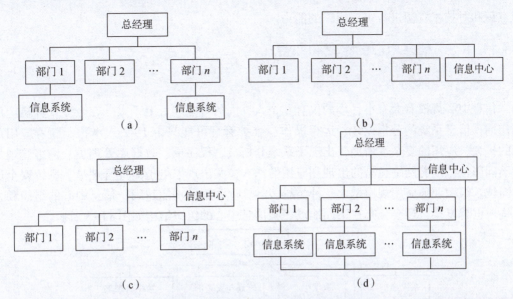

图 11-2　信息中心在企业组织中的地位

信息中心的组建形式需要顺应企业组织的计算机应用发展的要求，与组织的业务战略保持一致。不同的组织形式各有利弊，并没有一种普遍适用的最优方式。如第四种的信息中心是矩阵式组织关系中的一个交叉点，企业本身的结构就比较复杂，信息中心应对企业内部管理和协调的工作任务会比较多，这对信息中心领导的素质要求也较高。如果企业中的应用系统规模较小，或者是局部性的，可以选用第一种形式。

2. 企业的信息主管

那些引入了 ERP 或其他大规模的业务支持系统的企业，为了全面提高集中运作和管理的能力，往往需要建立较大型的信息中心，对组织中的各种应用进行全面的服务管理与集中化的技术支持。此时，企业需要由高级管理者或一名副总裁专门负责信息中心以及各种繁杂而重要的信息管理工作。企业会因此而设立新的信息主管（CIO）岗位，也被称为首席信息官。

CIO 往往直接负责管理信息中心，甚至兼任信息中心主任，但他的职责明显超出信息中心管理者的范畴。CIO 将与企业的财务主管、市场营销主管、生产主管、产品开发与技术主管处于相同层级。CIO 的职责包括以下几个方面：

①以整个企业为目标，着眼企业信息系统、信息技术和信息资源的管理；

②从性能、成本、可控性、复杂性等多个角度，对企业信息系统项目的价值进行评估，不断改善企业信息技术应用的效益；

③准确、及时地收集企业内外部的有用信息，深入开发信息价值，为企业决策提供依据；

④以信息技术带动企业的业务创新和管理创新，提高企业的核心竞争力；

⑤参与企业的高层决策过程，负责企业信息化战略和相关规划的制订。

从人员素质上看，CIO 不仅要精通信息技术，还必须熟悉组织的业务管理现状，富有战略眼光，深入了解组织的目标和业务发展战略；掌握现代管理思想和方法，有洞察力和创新精神；了解信息技术前沿，熟悉信息系统开发和运行管理工作；有较强的资源统筹管理意识和对技术资源进行统一组织的能力。

11.1.3　信息中心的组成和职责

1. 信息中心的组成

信息中心规模有大有小，小的仅有几个人，大的可能成百上千人。在企业计算机应用的初期，信息系统的分析设计、运行操作、维护管理可能只由 1~2 人承担。随着应用范围的扩大，应用的复杂性增加，出现了系统分析员、程序员、数据库管理员、网络管理员等不同岗位。随着网络交易的出现和应用的深入，又出现了电子商务管理员、系统安全员等岗位。组织业务应用规模越大、种类越多、管理和服务功能越细，信息中心的组织和人员构成也越复杂，还会分布在不同地点。某信息中心的组织结构如图 11-3 所示。

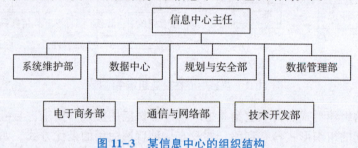

图 11-3　某信息中心的组织结构

其中，各服务部门的主要工作职责如下：

①系统维护部：负责计算机硬件和系统软件的安装及维护，使信息系统的硬件设备处于良好工作状态。

②数据中心：维护和管理组织的共享数据库和数据仓库，集中录入，文档管理，提供安全访问服务。

③规划与安全部：协助制订信息系统的规划，分析企业业务对信息服务的需求，规划应用系统的开发工作，制订与信息系统应用有关的安全策略和服务保障措施。

④数据管理部：与用户协调沟通，利用和开发对企业有用的数据、信息和知识资源。

⑤电子商务部：监控电子商务交易行为，服务商管理，内部用户培训支持，研究电子商务环境的变动对组织的影响。

⑥通信与网络部：负责网络设施的设计、安装、运行、安全和维护工作。

⑦技术开发部：研究信息技术的变动前沿，分析潜在应用领域，对信息系统在企业中应用的价值进行评估。

2. 信息中心的人员及素质要求

随着时代的变动，信息中心的人员和岗位构成变动很快，可能每隔两年就有明显的调整，包括增加新的岗位，撤并低效过时的岗位等。保证信息中心人员的素质是非常关键的，它不仅仅涉及技术方面，而且包括工作态度和责任意识等综合性要求。以下是对信息中心一些重要岗位人员的素质要求：

①系统分析师：需要研究企业对信息系统的需求，负责设计新系统等。系统分析师应熟悉企业业务，关注企业的信息服务应用需求；有管理技能；精通系统分析技术和方法；能够领导开发人员完成系统建设项目；能协调好技术人员、外包人员、业务人员之间的

关系。

②程序员：能够根据系统设计报告，编制、调试和修改程序。程序设计员应有较强的逻辑思维能力与学习能力，熟练掌握相关的计算机程序设计语言；能够创造性地开展工作，有较强的严谨性、科学性和合作意识。程序员还可进一步细分为系统程序员、应用程序员、维护程序员等。

③数据库管理员（DBA）：负责整个企业共享数据资源、核心数据库的建立、运行安全和维护工作，了解数据库底层结构和基本内容，对数据库存取操作权限高。数据库管理员不仅要精通数据库技术知识，而且要熟悉数据的应用环境、网络平台状况和业务应用流程，熟知相关的保密工作条款，工作原则性强，有很强的工作责任心和对资源主动维护的意识。

④协调员：能够把握和分析用户利益，负责建立和维护各种系统安全规程，调查各种安全隐患，及时纠正违规行为等。协调员要有较好的技术知识和实际工作经验，并熟悉业务部门的工作环境，掌握良好的沟通技巧，具有较强的解决冲突的管理能力。

11.2 系统维护

管理信息系统在实施阶段结束并投入正常运行后，就进入了系统运行和维护阶段。一般管理信息系统的使用寿命，短则 4~5 年，长则 10 年以上。在系统的整个服务期内都伴随着系统维护工作的进行。

系统维护是指在系统运行中，为了适应环境的变化，保证系统能持续、正常且可靠运行而从事的各项活动。因此系统维护就是为了保证系统中的各个因素随环境的变化始终处于良好、正确的工作状态。系统维护工作属于"继承性"工作，挑战性不强，成绩不显著，使很多技术人员不安心系统维护工作，从而导致有些信息系统在运行环境中长期与旧系统并行运行不能转换，甚至最后被废弃。所以，系统维护是系统生命周期中一个很重要的阶段，它是系统可靠运行的重要技术保障，是新系统是否具有长久生命力的决定因素，应给予足够重视。

近年来，系统维护的成本逐年增加。现在，在整个生命周期中 2/3 以上的经费用在维护上，所以有人称系统维护是"水下坚冰"。从人力资源的分布看，目前约有 90% 的软件人员在从事系统的维护工作，开发新系统的人员仅占 10%。这些统计数字说明系统维护任务是十分繁重的。重开发、轻维护是造成我国信息系统低水平重复开发的原因之一。

11.2.1 系统维护的内容

系统维护包括以下几方面的内容：

1. 程序的维护

在系统维护阶段，会有一部分程序需要改动，因此，程序的维护指改写一部分或全部程序，程序维护通常都充分利用原有程序。程序维护一般适用于以下几种情况：

①根据运行记录，发现的程序错误需要改正。

②随着用户对系统的熟悉，用户有更高的要求，部分程序需要改进。

③环境发生了变化，部分程序需要修改。

修改后的程序，必须在程序首部的序言性注释语句中进行说明，指出修改的日期、人员。同时，必须填写程序修改登记表，填写内容应包括所修改程序的所属系统名、程序名、修改理由、修改内容、修改人、批准人和修改日期等。

2. 数据文件的维护

数据文件维护是指不定期地对数据文件或数据库进行维护和修改。业务发生了变化，从而需要建立新的数据文件，或者对现有的文件结构进行修改。因此，数据维护的内容主要是对文件或数据库中的记录进行增加、修改和删除等操作。通常采用专用的维护程序模块来进行上述工作。

3. 代码的维护

随着用户环境的变化，原有的代码已经不能继续适应新的要求，这时就必须对代码进行变更。代码的变更（即维护）包括订正、添加和删除等内容。当有必要变更代码时，应由现场业务经办人和计算机有关人员组成专门的小组进行讨论制订，用书面格式写清并事先组织有关使用者学习，然后输入计算机并开始实施新的代码体系。代码维护过程中的关键是如何使新的代码得到贯彻。

4. 机器设备的维护

管理信息系统正常运行的基本条件之一就是保持计算机及其外部设备的良好运行状态。因此，应建立相应的规章制度，有关人员要定期对设备进行检查和保养，应设立专门设备故障登记表和检修登记表，以便设备维护工作的开展。

11.2.2 维护的类型

根据信息系统需要维护的原因不同，系统维护工作可分为四种类型：

1. 完善性维护

在系统的使用过程中，由于业务处理方式和人们对管理信息系统功能需求的提高，用户往往会提出增加新功能或者修改已有功能的要求，例如修改输入格式、调整数据结构、加强系统的安全保密措施等。为了满足这类要求就需要进行完善性维护。

2. 适应性维护

适应性维护是指为了适应外界环境的变化而增加或者修改系统部分功能的维护工作。例如，新的硬件系统问世，操作系统版本更新，应用范围扩大。为适应这些变化，信息系统需要进行相应的维护。

3. 正确性维护

正确性维护主要是指由于发现系统中的错误而引起的维护。工作内容包括诊断问题与改正错误。

4. 预防性维护

预防性维护是指采取主动的预防性措施。对于一些使用寿命较长，目前尚能正常运行，但可能要发生变化的部分进行维护，以适应将来的调整或修改。例如将专用报表功能改成通用报表功能，以适应将来报表格式的变化。

四类维护工作所占的比例如图 11-4 所示。

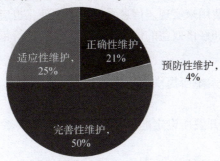

图 11-4 四类维护工作的比例

在许多实际情况中，维护比开发更为困难，需要更多的创造性工作。首先，维护人员必须用较多时间理解别人编写的程序和文档，并且对系统的修改不能影响该程序的正确性和完整性。其次，整个维护工作又必须在所规定的很短时间内完成。

在改变程序的过程中，维护人员往往把注意力集中到改变部分，而忽视了系统中未改变部分，这就容易引起某些"连锁反应"式的错误，因此必须加以注意。此外，对于改变后的程序进行调试和确认是非常必要的。一些研究报告指出，一次修改的成功率很低。据统计，若进行不超过 10 个语句的修改，一次修改的成功率是 50%；当修改约 50 个语句时，一次修改的成功率就下降到 20%。这也从另外一个角度说明了维护工作的困难程度。

 视频学习资源：系统运行评价的概述

11.3 系统评价

一个花费了大量资金、人力和物力建立起来的新系统，其性能和效果如何？是否达到了预期的目的？可以通过系统评价来回答这些用户和开发人员关心的问题。

所谓系统评价，是对一个管理信息系统的性能进行全面估计、检查、测试、分析与评审，并用实际指标和计划指标进行比较，以便确定系统目标的实现，提高投资效益。由于评价目的不同，对评价所做的定义及评价的内容也不同。

①投资者最关心的是投资效益，因此效益评价就成了系统评价的主要内容。

②用户主要关心新系统是否在功能上满足要求，达到预定的目标。

③开发者希望通过系统评价，确定新系统的价值，明确需要进一步改进的地方。

对新系统的全面评价应在新系统运行一段时间后进行，为了避免评价的片面性，常由开发人员和用户共同进行。对于一个管理信息系统来说，大致可以从系统的性能、获得的效益以及文档资料等三方面来进行系统评价。系统评价的结果是形成系统评价报告。

11.3.1 系统评价的目的和内容

任何一个实际应用中的工程项目都具有技术和经济两个方面的考虑。要么是在一定经济条件的限制下，获得尽可能多的系统功能和尽可能高的系统性能；要么在满足一定功能和性能的条件下，以尽可能少的费用来实现。信息系统也不例外，也应从经济和技术两个方面进行评价，即技术性能的评价和经济效益的评价。因此，系统评价包括以下两个方面：

1. 系统的技术性能评价

系统的技术性能评价从系统所提供的功能和具有的技术性能等方面考察系统，包括以下主要内容：

①目标评价：根据系统开发所设定的目标逐项检查，考察系统功能是否达到预期的目标以及实现的程度如何。

②功能评价：根据用户所提供的功能要求，在实际运行环境中，检查系统功能的完成情况，评价用户对功能的满意程度(响应时间、操作方便性、灵活性等)和系统中各项功能的实际效果。

③性能评价：评价系统的技术能力，主要包括系统的稳定性、可靠性、安全性、容错能力、响应时间、存储效率等。

④运行方式评价：指系统中各种资源(人力、物力、时间)是否控制在预定范围内，资源的利用率如何。

对系统进行上述评价的目的是评价系统的实际效能，为系统进一步改进或更新提供决策依据。

2. 经济效益的评价

对信息系统经济效益的评价通过费用分析和效益分析来实现。包括以下主要内容：

1) 系统费用

系统费用是指信息系统在整个生命周期中的全部开支所构成的费用，包括系统开发费用和各种运行维护费用。

2) 系统收益

使用新系统后产生的经济效果是评价新系统的一个决定性因素。但是经济效果的评价是一个非常复杂的问题，因为收集各种定量的指标值需要较长时间，同时，经济效果也不能单纯通过数字来反映。

系统经济效果分成直接和间接两类，下面分别进行讨论。

(1) 直接经济效果

系统的直接经济效果是指可以定量计算的效果，通常可通过以下指标反映：

①一次性投资：包括系统硬件、软件和系统开发费用。其中，硬件费用包括主机设备费用、终端设备、通信设备和机房建设(电源、空调及其他)费用；软件费用包括系统软件、应用软件、试验软件等费用；系统开发费用包括调查研究、系统规划、系统分析和设计、系统实施等阶段的全部费用。

②运行费用：使新系统得到正常运行的基本费用，包括计算机及其外部设备的运行费用、消耗品费用(如磁盘、打印纸等)、人工费用(人员工资)、管理费和设备、配件的折旧费用。

③年生产费用节约额：使用新系统以后，年生产费用的节约额可用一定的公式求得，这也是直接经济效果的重要组成部分。

（2）间接经济效果

间接经济效果主要表现在企业管理水平和管理效率的提高程度上。这是综合性的效果，可以通过许多方面体现，但很难用某一指标来反映间接经济效果，主要体现在以下几个方面：

①提高管理效率：用计算机代替人工处理信息，减轻管理人员的劳动强度，使他们有更多时间从事调查研究和决策工作；由于各类数据集中处理，使综合平衡容易实现；由于采用计算机网络等手段，加强了各个部门之间的联系，提高了管理效率。

②提高管理水平：由于信息处理的效率提高，从而使事后管理变为实时管理，使管理工作逐步走向定量化。

③提高企业对市场的适应能力：由于用计算机提供辅助决策方案，因此当市场情况变化时，企业可及时进行相应决策以适应市场。

总之，管理信息系统的建立，将对企业或部门的管理工作产生很大影响，对这些直接或间接的经济效果必须充分认识，给予肯定。

11.3.2 系统性能的评价指标

对系统评价属于多目标评价问题，因此难度较大。通常是对可以定量分析的给出定量指标，无法定量评价的则给出定性评价。评价系统性能的主要指标有：

①系统平均无故障时间，即系统的可靠性。

②系统的联机响应时间、系统的吞吐量和处理速度。

③系统提供的人机交互能力及操作的方便性、灵活性。

④系统故障诊断、排错及恢复的难易程度。

⑤系统安全保密措施的规范性和有效性。

⑥数据的规范性、完整性、一致性、正确性以及精确程度。

⑦系统的开放性和可扩充性。

⑧系统功能满足业务管理需求的程度。

⑨文档资料的规范、完备和正确性。

11.3.3 系统评价报告

系统评价结束后应形成正式书面文件即系统评价报告。系统评价报告既是对新系统开发工作的评定和总结，也是今后进行系统维护工作的依据。

系统评价报告通常由以下主要内容组成：

1. 引言

①摘要：系统名称、功能。

②背景：系统开发者、用户。

③参考资料：设计任务书等。

2. 评价内容

①性能指标评价：包括整体性评价（设计任务书的要求是否达到，功能设置是否合理）、可维护性评价、适应性评价、工作质量评价（操作的方便性、灵活性，系统的可靠性，设备利用率、响应时间，用户的满意程度）、安全及保密性评价。

②经济指标评价：包括系统开发与试运行费用总和，将它与设计时的预计费用进行比

较，若有不符，则找出原因；新系统带来的直接、间接经济效果；系统后备需求的规模与费用。

③综合性评价：包括文档的完整性和质量评价、开发周期和程序规模、各类指标的综合考虑与分析、系统的不足之处及改进的建议。

11.4 系统的可靠性和安全性

11.4.1 系统可靠性

1. 可靠性的概念

可靠性（Reliability）是衡量信息系统稳定运行水平和能力的基础性指标。系统的可靠性是指信息系统在既定应用环境中正常工作的能力，即信息系统应能够在规定的条件下和时间内完成规定任务的功能。可靠性反映了信息系统为避免内部差错和故障所采取的保护措施的水平，是信息系统评价中最为重要的方面。

提供通信服务的网络信息系统的可靠性往往包括对系统抗毁性、生存性和有效性的测度。其中，抗毁性反映了系统应对人为破坏的能力，如部分线路或节点失效后，系统是否仍然能够提供一定程度的服务；生存性反映了系统应对随机破坏的能力，如系统部件因自然老化会造成失效；有效性测度系统提供业务服务的性能，如在某些部件失效的情况下，满足业务性能的程度，是否有质量指标下降、平均延时增加、网络阻塞等现象出现。

2. 可靠性技术

如果信息系统非常重要，即使发生短暂中断或故障也会损失巨大，就需要借助专门的可靠性技术设计，为系统提供更强的保障，或建立系统自我修复机制，使系统的可靠性更高。常用技术如下：

1）设备冗余技术

冗余是以额外资源配备及消耗换取系统正常运行的技术。如使用两套软硬件设备以双工或双机方式运行，保证信息服务不中断。冗余配备可以是服务器、存储设备、网络接口等重要设备，也可以是整个系统。

在双工方式中，一套设备联机运行而另一套设备脱机后备，后备机定时接收更新数据。当联机设备发生故障时，立即切换为后备机运行。在双机方式中，两套设备并联完成相同任务流程，处理相同信息并自动比较纠错。因为两套设备同时出故障的比例极低，因此双机方式的可靠性水平更高。例如，金融行业重要的计算机系统会采用"一用二备"甚至"一用三备"的服务器配置，一旦遇到停电或机器故障，可自动跳转到正常设备上继续运行，确保系统不停机，数据不丢失。

冗余技术会明显增加信息系统的资金投入和总体运行成本。为了避免一个出现概率不超过0.001%的故障，用户或许要花费两倍以上的投资。因此，企业往往会寻找更为经济的方式。例如，一些数据中心可以提供专业的、多种形式的设备冗余服务，可在一定程度上降低企业自行解决冗余配置的成本。

2) 容错技术

容错就是当系统中出现了数据、文件损坏或丢失时，系统能够自动将这些损坏或丢失的文件和数据恢复到发生事故以前的状态，使系统能够连续正常运行的一种技术。冗余配置无疑可以提高整个系统的容错能力，但容错也可以由单一设备来实现。例如，有容错功能的计算机在出现一个或者几个硬件或软件故障或错误的情况下，能够自行检测出故障并采取容忍措施，继续完成规定的任务。

3) 负荷分布技术

负荷分布是一种普遍采用的可靠性技术。它是将信息系统的信息处理、数据存储以及其他信息管理功能均衡分布在多个设备单元上或不同的时间段上，防止单一设备负荷过大，或某个时段容量超限致使系统瘫痪。负荷分布技术可以将设备故障的影响限制在很小范围内，同时使系统整体受力均匀，减少不必要的偏差。

3. 人的因素和可靠性

信息系统的可靠性不只与硬件、软件、环境等因素有关，更为重要的影响因素是人。人与信息系统的表现直接相关，系统失效的绝大部分原因其实是人为因素造成的。友好的系统界面、良好的工作环境和工作方式、冗余和容错等可靠性设计，都要通过人和人的行为才能起作用。人的行为要受到技术熟练程度、责任心、素质和情绪等多方面的影响，因此，人员的教育、培养、训练和管理一直都是提高信息系统可靠性的重要方面。

11.4.2 系统的安全性

1. 安全性的概念

信息系统的安全性(Security)是指系统防止外部灾害和人为破坏，防止系统资源受到侵害或者被非法使用的能力。

信息系统的安全性与可靠性(以及可用性)密切相关，但又与之有所区别。安全性以可靠性为基础，但它所关注的范围更宽。例如，要保证飞机在服役期内所有的功能完好，能在各种复杂气象条件下顺利完成飞行任务，就需要飞机本身具有可靠性；但可靠性再好的飞机都有可能遭遇劫持、极恶劣天气或者受到破坏，对这类风险的防范和处理就属于安全性的范畴。信息系统是人机系统，系统安全的威胁更多来自各种人为因素。

2. 影响系统安全性的因素

现实中的信息系统都具有脆弱性，影响系统安全性的风险因素非常多，既有故意性安全风险也有非故意性安全风险。任意一个安全因素都可能出问题，而且问题不仅会影响局部，还会以此为突破口出现破坏性后果蔓延，最终殃及整个系统并给组织带来损失。这里分别讨论计算机硬件、操作系统、数据库、网络通信、检测与控制等几个方面的安全问题。

1) 计算机硬件

计算机设备日益向着体积小、重量轻、密集度高、性能综合等方向发展，失窃和被毁坏的风险也随之加大。信息中心等物理设备集中的地点，一旦发生意外情况损失影响面很大。在设备分布式配置的环境下，统一的安全策略和控制水平不易实现，可移动的便携式计算机在带来方便的同时，也明显提高了丢失的风险。

2）操作系统

操作系统是所有计算机必备的系统软件。客观地说，市场上不存在毫无安全漏洞的操作系统。操作系统的程序可以动态链接且支持远程加载，这为远程攻击提供了机会。但是对用户而言，操作系统的真正风险往往不在软件上，而是系统使用者缺乏足够的安全意识。很多用户不能通过正确的行为去降低操作系统的风险，这些行为包括选用正版软件、正确谨慎地进行系统配置、及时安装补丁、重视系统使用和升级服务等。

3）数据库操作系统

数据库是企业的命脉，很容易成为被攻击和窃取的目标。企业数据集中存放在数据库中，海量资源有可能瞬间损失；数据库管理员权限集中，管理员失职或身份被窃可直接引发灾难性后果；数据库用户的密码或身份验证机制比较容易被盗窃、破译或冒充；电子化数据被访问、修改、复制或盗用的过程不易被觉察。

4）网络通信

传输信息的通信线路可能被破坏，无论是架空明线、地下线缆还是无线设备，都会因灾害而中断。电磁辐射可能引发信息泄露；电磁干扰还可扰乱无线通信信道的工作。如果缺乏安全隔离手段，互联的网络无疑给信息泄露、病毒及黑客攻击提供了方便。而且，任何组织或个人都无法因为网络有问题而弃用网络。

5）检测与控制

网络数据的使用和访问机制具有复杂性，容易因设计不到位而留下隐患。网络平台由多个节点互连而成，如果检测与控制不及时，任何一个节点的问题都可能蔓延成灾；网络用户远程分布，其个人行为和操作等并无法准确地被识别和控制；操作行为在不同网络间多次进出后，就可能远离管理员的视线。

11.4.3 系统的安全管理

1. 信息安全等级保护制度

信息系统的安全要求取决于系统的性质、企业对系统的依赖性、系统信息的重要程度、系统受损后造成的影响等多种因素。信息系统安全管理有不同的级别，表11-1是我国目前实行的信息系统的安全保护等级划分。

表11-1 信息系统的安全保护等级划分

保护等级	系统受损的后果
第1级，自主保护	系统受破坏后会对公民、法人和其他组织的合法权益造成损害，但不损害国家安全、社会秩序和公共利益
第2级，系统审计	系统受破坏后会对公民、法人和其他组织的合法权益产生严重损害，或者对社会秩序和公共利益造成损害，但不损害国家安全
第3级，安全标记	系统受破坏后会对社会秩序和公共利益造成严重损害，或者对国家安全造成损害
第4级，结构化	系统受破坏后会对社会秩序和公共利益造成特别严重损害，或者对国家安全造成严重损害
第5级，访问验证	系统受破坏后会对国家安全造成特别严重损害

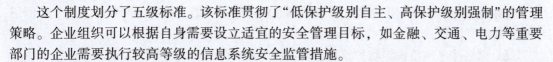

这个制度划分了五级标准。该标准贯彻了"低保护级别自主、高保护级别强制"的管理策略。企业组织可以根据自身需要设立适宜的安全管理目标，如金融、交通、电力等重要部门的企业需要执行较高等级的信息系统安全监管措施。

2. 系统的安全管理措施

系统的安全管理措施可以分为技术性和非技术性两大类。技术性安全管理措施是指通过与计算机系统和通信网络直接相关的技术手段，来防范各种安全风险，约束不良后果扩散。非技术性安全管理措施主要指通过环境、组织和人员等因素的改善来实现系统安全管理的目标。这两方面的安全管理措施是相辅相成的。

1）物理系统的安全

物理系统的安全是指对计算机系统及相应的硬件设备、通信与网络设备、存储媒体设备和人员所采取的保护措施，防止这些设备被损坏、失窃和被非法使用，同时支持必要的灾后恢复机制。具体包括：

①安全环境要求。独立工作的终端设备（如银行 ATM）要坚固可靠，且放置地点没有大的危险因素。

②信息存储介质的安全。要防止移动存储设备丢失、被窃或遭到破坏；对存有机密数据的存储介质要加锁保护；关键运营数据要定期备份和复制；所有设备废弃时应确保清除了全部数据；设备维修时要有专人监管。

③建立灾后恢复预案，配置备用设备和备份数据，并准备好执行计划。

2）数据加密和信息隐藏

数据加密和信息隐藏都是针对数据内容采取的安全技术，可防止信息泄露给非授权个人或实体。数据加密的目的是保护数据在存储状态下和在传输过程中，不被窃取、解读和利用。加密过的数据以密文的形式存在，即使被窃取，没有密钥也无法解读成原文；而合法用户收到密文后，可以用掌握的密钥解密后获得信息。例如，用户在存储和传递比较重要的文件时可以为其加上密码，这种文件必须输入正确的密码后才能打开；一些专用的"智能动态加解密"软件产品还可以对特定类型或特定文件夹中的文档自动加密，可以有效防止用户通过移动存储设备、网络、电子邮件、聊天工具等向外泄密。

信息隐藏是一种伪装技术，即将某种隐秘的信息隐藏在公开的普通信息中，并通过公开信息的传输来传递隐秘信息。那些专门截获密文的非法拦截者无法判断公开信息中是否有隐秘信息，因而无法有针对性地去拦截破译，隐秘信息的传递也得到了有效保护。数字水印是最常用的信息隐藏技术，在网络多媒体产品的版权保护和办公自动化领域都很常用。数字水印可以是一段文字、标识、序列号等，通常是不可见或不可察的。在原始数据（如文档、图像、音频、视频数据）中嵌入水印后，可证实该数据的真伪，或者保护该数据的所有权。

3）操作系统安全

操作系统提供的安全机制主要体现在用户身份认证、访问控制、信息流控制、日志管理、文件保护等方面，要注意及时升级操作系统软件，修补可能的漏洞，并经常注意检查操作系统的安全性水平，及时扫描漏洞，防止黑客入侵。

4）网络安全

网络安全的基本思想是要分等级进行保护。

①根据信息的机密程度对需要保护的信息资产进行分级，将大的网络分为多个子网络（安全域）。

②针对各个子网络确定防护策略，控制用户的访问。

③对子网络的边界进行隔离，防止外部入侵。

④对通信信道和信息流进行保护，如配置加密机或选用 VPN 网。

⑤对子网络内部进行深度保护，如数据保护、漏洞扫描等。

网络安全是信息时代的基石，而访问控制是网络安全的关键组成部分。访问控制负责确定用户在何种条件下、对何种资源进行何种操作。访问控制的主要机制如下：

①入网访问控制，只允许合法用户登录网络并获取网络资源。系统通过用户名验证、密码验证和用户账号缺省检查等步骤鉴定用户合法身份，具体验证方式有密码或用户提问、验证工具（如智能卡）、自然标识（如用户指纹及签名）、用户的动作特征等。

②设定网络权限，将用户分为不同类别（如管理员、用户、审计员），分别确定他们可以访问的资源以及对资源的操作。

③入侵检测是一种主动防御型的网络安全措施，它通过收集和分析网络中若干关键点的信息，检查网络中是否存在违反安全规则的模式和未授权的访问尝试，当发现异常行为和出现系统被攻击的迹象时快速作出反应。

5）数据库安全

数据库安全往往要和操作系统、网络系统的安全结合起来考虑。数据库的安全目标一般包括以下几方面：

①数据库的完整性保证。具体内容如表 11-2 所示。

② 数据库可信性保证。能够拒绝非法访问，保证合法用户在授权范围内操作。

③数据机密性管理。多用户共享条件下机密数据不能泄露，防止经过推导而得到机密数据，必要时对数据加密存储。

④具备可审计性。数据库操作的历史记录可追踪，提供审计信息的机密性和完整性保证。

表 11-2　数据库的完整性保证

完整性保证	完整性保证的内容
数据语义完整性	保证数据逻辑上完整一致，防止数据被偶然或蓄意地删除、修改、伪造、乱序、重放、插入等
数据操作完整性	具备并发控制机制，保证数据存取效率
数据库的完整性	有良好的备份机制和修复能力，能够从中断异常状态中恢复，在发生灾难事故后保护数据的安全

6）非技术性安全措施

软硬件、网络、服务和配置等技术性因素都要通过人、组织、文化与环境等非技术性因素来发挥作用，要高度重视下述一些典型的非技术性安全措施的重要性。

①安全观念。如果用户自己缺乏防范意识，或企业对潜在风险不重视，安全技术措施很难被认可。

②组织的管理战略。安全管理体系从上到下包含多个层面，需要来自高层的重视和

支持。

③管理制度与规范。安全机制需要与组织的管理制度相容才能有效实施。

④部门与人员。严厉的安全策略在松散化的组织中实施会有障碍，某合法用户不愿控制自己的行为，会成为安全隐患。

⑤组织文化。良好的文化沟通和道德风尚会减少很多人为攻击或不当操作行为。

 视频学习资源：系统评价与系统的安全性

本章小结

本章主要介绍信息系统运行与管理。信息系统运行管理是一个复杂且持续的过程，涉及多方面内容，包括建立管理机构、制订管理制度、日常运行服务及管理、系统评价及维护、系统可靠性和安全性管理等。

信息系统运行管理的任务包括建立运行管理机构、制订运行管理制度、系统日常运行服务及管理、系统评价及维护。

信息中心是支持信息系统运行管理的职能机构，地位与企业信息技术应用范围和深度有关。企业的信息主管是负责管理信息中心和各种繁杂而重要的信息管理工作。信息中心包括系统维护部、数据中心、规划与安全部、数据管理部、电子商务部、通信与网络部、技术开发部。

系统的日常维护包括程序的维护、数据文件的维护、代码的维护、机器设备的维护。维护的类型有完善性维护、适应性维护、正确性维护、预防性维护。系统维护的过程：理解系统、建立维护方案、修改程序、重新调试和修改文档。

系统性能的评价指标有系统平均无故障时间，系统的联机响应时间、系统的吞吐量和处理速度，系统提供的人机交互能力及操作的方便性、灵活性，系统故障诊断、排错及恢复的难易程度，系统安全保密措施的规范性和有效性，数据的规范性、完整性、一致性、正确性以及精确程度，系统的开放性和可扩充性，系统功能满足业务管理需求的程度，文档资料的规范、完备和正确性。系统评价报告：包括引言、评价内容、综合性评价。

系统可靠性是衡量信息系统稳定运行水平和能力的基础性指标。系统安全目标是防止外部灾害和人为破坏，防止系统资源受到侵害或者被非法使用的能力。系统安全管理包括信息安全等级保护制度、系统的安全管理措施。

课堂讨论

1. 假如你是企业的信息主管，你将如何开展信息系统的日常维护工作？
2. 请讨论系统安全的重要性，如何保证新系统的安全？

分组任务

1. 通过书刊、网络等方式收集管理信息系统在系统安全管理失败的案例，重点对这些案例进行分析讨论，总结系统安全管理失败的原因。

2. 登录学校的教务管理信息系统，对教务管理信息系统进行评价，评价内容包括系统功能、系统性能、系统人机交互设计以及用户使用满意度等。

复习思考题

1. 系统评价应考虑哪些方面？
2. 对于不同的管理信息系统，如何选定系统评价的指标？
3. 系统维护包括哪些内容？
4. 根据目前存在的系统维护问题，思考如何能够提高管理信息系统的可维护性。

课后案例分析

 课后案例：基于层次分析法和模糊综合评价法的制造行业信息系统应用后评价研究

 课后案例的分析要点

第 4 篇　应用提升

12 企业资源计划

教学目标

知识目标	能力目标	价值目标
1. 掌握企业资源计划的概念,理解并把握企业资源计划的管理思想; 2. 熟悉企业资源计划的发展历程; 3. 熟悉企业资源计划的类型与功能; 4. 理解企业资源计划在企业或商业组织中的具体应用; 5. 了解企业资源计划的最新发展	1. 能够理解企业资源计划实施的主要任务,体会企业资源计划对企业信息化的重要性; 2. 能够分析实际问题,提升对企业资源计划的理解与应用能力	1. 掌握企业资源计划的功能,增强对企业资源计划的信心; 2. 培养安全意识,理解企业资源计划对企业信息安全的重要性; 3. 增强责任意识,认识企业信息化中企业资源计划操作人员的责任和专业素养的重要性

关键术语

企业资源计划(Enterprise Resources Planning, ERP);

物料需求计划(Material Requirements Planning, MRP);

制造资源计划(Manufacturing Resources Planning, MRPⅡ);

主生产计划(Master Production Schedule, MPS);

物料清单(Bill of Material, BOM)

引导案例

山东东阿阿胶集团公司的 ERP 应用

东阿阿胶集团有限公司(以下简称"东阿阿胶")拥有七个成员企业,三个分厂,其核心企业东阿阿胶股份有限公司是全国最大的阿胶生产企业。但随着激烈的竞争，如何保持龙头地位，是一直困扰东阿阿胶的问题。

东阿阿胶决策者决定实施 ERP，是经过深思熟虑的。东阿阿胶主要产品涉及中成药、生物制剂、保健食品、医疗仪器等六个门类的产品 40 余种，企业既有流程型，又有离散型的特征，这种类型的企业实施 ERP 成功的概率很小，更何况东阿阿胶的信息系统的基础并不好。该公司从 1987 年开始实行计算机单机管理，到 1989 年，东阿阿胶的信息化工作已基本普及质量、人事、财务、生产等环节，初步实现了计算机辅助企业管理，形成了初步的计算机信息系统。但由于受当时技术条件和管理水平的局限，各管理系统相对独立，开发环境和应用平台差异很大，信息代码没有统一的标准，应用水平也参差不齐，结果各子系统形成一个个信息"孤岛"，难以实现企业内部的信息共享，企业的信息资源无法得到合理利用。

早在 1998 年，东阿阿胶的主要领导者就青睐于 ERP，并决定实施该系统。但在 ERP 软件的选型上，东阿阿胶经历了不少的波折。由于对 ERP 的了解不够深入，企业在 ERP 软件的选型上疏于调查和科学论证，结果草率实施，造成 ERP 项目实施不到两个月即宣告失败，这不仅浪费了东阿阿胶主要业务人员的时间和精力，更重要的是影响了管理和业务人员对以后实施 ERP 的信心。

在第二次的 ERP 软件选型时，东阿阿胶及时总结教训，由分管集团信息化建设的副总经理和集团信息中心主任为首，成立专门的软件选型小组。选型小组制订了三项原则：一是严格实行招标制度，邀请有关专家进行多家分析和比较；二是认真考察 ERP 生产厂商；三是确保软件选型避免流于形式，一定要脚踏实地，避免徇私舞弊情况的发生。经过对国内外数家 ERP 软件提供商的考察、分析和比较，东阿阿胶最终选择了和佳公司的 ERP 产品。该产品不仅可以运行在 Windows NT + SQL Server 中小型平台上，而且可以运行在 Unix、OS/400 + DB2/UDB、Sybase、Oracle、Informix 等中大型平台上。该公司具有成功实施大中型企业用户 ERP 的经验，在业内有着较高的声誉。

在实施的过程中，东阿阿胶遇到了很多问题，该公司也从中摸索出了一些方法。

难点一：员工畏难情绪。由于很多员工对计算机知识懂得很少，所以对 ERP 产生畏惧感。为此，东阿阿胶制订了详细的培训计划。该公司把培训工作划分为三个步骤：第一步是理解概念，正确导入 ERP 及其单元技术，在软件系统上达到会用的程度；第二步是强化原理培训，要求员工吃透精神，根据软件中的原理和做法，具体应用到实际工作中去；第三步是应用培训，把 ERP 理念贯彻到日常工作中，做精、做好，以达到培训的最佳效果。针对一线使用计算机操作的业务人员从未接触过计算机、畏难情绪较高的特点，培训人员编制了专门教材，从计算机软、硬件的概念开始，培训逐步深入到理念、管理方法以及员工心理等更深层次。在培训技巧上，也采取了较容易接受的方式，保证了培训任务的完成。

难点二：基础数据收集困难。计算机软硬件可以花钱买，但是数据就不一样了，因为产品是企业的，只有企业才拥有自己最为宝贵的财富——数据。数据有准确和不准确、规范与不规范、实时与过时之分，且基础数据准备基本上要占整个实施工作量的 70% 以上。许多业务人员既要完成本职工作，又要协助实施人员收集基础数据，这给许多一线业务人员造成了很大的压力。更糟糕的是，有时候一线人员为了"应付"实施人员，在基础数据收集方面很草率，结果无法保证数据的真实与可靠。这时以集团副总经理为组长的项目领导小组发挥了重要作用，他们联合技术、供应、库管和财务人员进行了艰苦的数据整理工作，制订了详细的编码规则，对系统中现有的数据进行突击整理，使基础数据的收集工作得以高效率地进行。

难点三：业务流程重组缺乏成效。要想使 ERP 在企业成功应用，就必须对企业业务流程进行重新设计和优化，去除冗余和无效的工作环节，确保企业有一个科学、规范的业务流程和管理基础，并在此基础上对企业组织机构进行相应的调整，实现扁平化管理。东阿阿胶在开始实施 ERP 时，对业务流程重组缺乏清醒的认识，只是要求 ERP 的功能适应原有手工业务处理流程与工作方式，而不去对原有的管理模式、管理方法、业务流程和组织机构等方面进行改造和调整，结果 ERP 的功能难以得到全面发挥。为了保证业务流程重组能够实现，该公司总经理亲自督阵，按 ERP 实施的要求，对组织结构、部门职能、岗位职责等重新调整、划分和分配，确保业务流程重组的适用性和有效性。

东阿阿胶在实施 ERP 的过程中，始终贯穿这样一条主线：全面吸收 ERP 的管理思想，重新塑造企业价值。经过近一年的努力，东阿阿胶成功建立了自己的 ERP，该系统以供需链管理为核心，以客户关系管理为重要支撑，强调生产、采购和库存的计划管理，对资金的管理进行全程监控，确保资金的效率。

一是以"供需链管理"为核心。东阿阿胶按照 ERP 的管理思想，对企业供需链资源进行重新整合，运用计算机及网络通信技术把客户需求和企业内部的活动以及供需商的制造资源整合在一起，形成一个完整的供需链。东阿阿胶的供需链跨越了部门与企业，包括原材料供应商、产品制造商、分销商与零售商和最终用户。由于东阿阿胶供需链从整个市场竞争与社会需求出发，实现了企业外部资源与内部资源的重组，大大改善了东阿阿胶的物流、信息流运转的效率和有效性，有效地控制和降低了库存与生产成本。

二是强化了客户关系管理。由于市场消费的理性化和个性化，同类产品在价格和性能上的差距大大降低，要想突出产品的个性，获得顾客的青睐，服务能力是企业制胜的法宝。东阿阿胶 ERP 在设计客户关系的管理流程上，重点考虑销售、市场营销、客户服务和支持等与客户直接打交道的前台领域。以往，东阿阿胶对客户的管理和服务只体现在直接业务部门，如销售部门、售后服务部门；现在，东阿阿胶对客户的服务除了专门的销售部门、顾客服务部门，还跨越产品设计部门、生产制造部门、审计部门、财务部门等多个部门。

三是实现了生产体系的全面管理。吸收了准时生产（JIT）、全面质量管理（TQC）等新的管理思想，实现了对企业生产工作的全面管理。其中，生产计划子系统是生产管理子系统的入口点，根据销售预测数据，能自动生成生产计划，能力需求计划子系统实现了企业管理人员将生产计划转换成相应的能力需求计划；物料需求子系统是生产管理的核心，它实现了将主生产计划排产的产品分解成各自中间产品的生产计划和采购件的采购计划，同时它和主生产计划、能力需求计划、库存管理和生产数据等子系统形成了一个能够及时反映企业需要生产什么、什么时候生产、生产多少的动态闭环计划系统。

四是在企业内实现了全员财务管理。通过财务管理中账务管理、财务分析、费用管理、成本模拟等，把东阿阿胶的财务工作上升到管理的高度。特别是通过财务与生产、财务与销售、财务与库存和财务与质量等企业各个业务环节的信息集成与共享，实现企业的人、财、物、产、供、销的一体化管理。如账务子系统的应用，不仅可以指导库存、生产、采购、销售等系统的管理，还可以为领导决策提供重要的信息，财务报表子系统可以直接从账务子系统读取数据，完成表内和表间的数据运算，还可以通过定义将不同的账务数据合并生成报表，从而适用于集团公司的财务管理。

五是建立了"以人为本"的竞争机制。东阿阿胶通过 ERP 的实施，对人力资源的制度改革有了新突破。实施中，设计人员反复强调要发挥每一位员工的积极性和创造性，给每一位员工制订一个工作评价标准，并以此为奖励标准，每一位员工都有一个非常好的、可以看得到的发展空间，每一位员工都有平等的竞争机会。以人员的竞争从销售总监和销售行政总监这两个职位开始，然后向分公司经理、办事处主任、销售主管、推广主任和代表逐级推行。

除以上管理功能外，东阿阿胶还成功实施了办公自动化、电子商务和人事管理等管理功能模块。

通过应用 ERP，东阿阿胶取得了显著的效益。

一是直接经济效益：2000 年该公司销售额达到 4.15 亿元，利润 1.04 亿元，利税 1.79 亿元，分别比上一年增长 40.06%、66.73% 和 73.82%；核心公司全年回款 4.51 亿元，比去年增长 49.2%，其中去年 12 月份回款 1.08 亿元，创历史最高水平；全年的销售费用率 21.7%，比年初的计划目标降低了 2.23%，节约费用 1000.3 万元；应收账款由年初的 7000 万元压缩到年底的 1863 万元，共压缩应收账款 5137 万元，成员企业啤酒公司应收款实现了零的突破；财务费用下降了 0.58%，净资产收益提高了 1.29%；库存资金降低了 35.5%，资金周转次数提高了 198.3%，降低采购成本 300 多万元。

二是间接经济效益：通过 ERP 的实施，建立了以财务管理为中心的企业管理新机制，加强了集团对成员企业资金使用的监管力度；销售公司、分厂和成员企业实现了资金流、物流、信息流的一体化管理；实现了决策科学化、规范化管理，决策靠数据，调研论证有依据，减少了决策的简单化、盲目化和失误；提高了整个企业计算机管理系统和软件应用系统的集成度，彻底解决了信息"孤岛"现象，企业内外信息资源得到了充分共享，整体上提高了企业对市场的反应能力；促进了企业体制、机制的管理创新，提高了新产品开发的速度，使企业从传统的制造模式转变为现代先进的制造模式。

（资料来源：会计研究论文，https：//www.haofabiao.com/fanwen/21382.html，有改动）

结合案例请思考：比较山东东阿阿胶集团两次实施 ERP 的不同，其失败与成功的原因各是什么？有什么困难需要克服？

 导入案例的分析要点

12.1　企业资源计划的概念

企业资源计划（Enterprise Resources Planning，ERP）是近年来流行的一种企业级信息系统的统称。它是从生产制造型企业中的物料需求计划（Material Requirements Planning，

MRP)和制造资源计划(Manufacturing Resources Planning，MRPⅡ)发展而来的。

ERP 的概念最初由美国的 Gartner 公司在 20 世纪 90 年代初期提出，并给出了它的功能标准。20 世纪 90 年代，ERP 得到了许多企业的认同，并成为新一代企业信息系统的代名词。

最初，Gartner 公司通过一系列的功能对企业资源计划进行界定：

①超越 MRPⅡ范围的集成功能：包括质量管理、试验管理、流程作业管理、配方管理、产品数据管理、维护管理、管制报告和仓库管理。

②支持混合式的制造环境：包括既可支持离散又可支持流程的制造环境，按照面向对象的业务模型组合业务过程的能力和国际范围内的应用。

③支持能动的监控能力，提高业务绩效：包括在整个企业内采用控制和工程方法、模拟功能、决策支持和用于生产及分析的图形能力。

④支持开放的客户机/服务器计算环境：包括客户机/服务器体系结构、图形用户界面、计算机辅助设计工程(Computer Aided Design Engineering，CADE)、面向对象设计技术(Object-Oriented Design，OOD)；使用结构化查询语言对关系型数据库进行查询；内部集成的工程系统、商业系统、数据采集和外部集成(Electronic Data Interchange，EDI)。

上述四个方面分别是从软件功能范围、软件应用环境、软件功能增强和软件支持技术上对 ERP 的评价。

关于 ERP 的概念，可以从管理思想、软件产品、管理系统三个层次来理解：

①ERP 是一整套企业管理系统体系标准，其实质是在 MRPⅡ基础上进一步发展而成的面向供应链(Supply Chain)的管理思想。

②ERP 是综合应用了客户机/服务器体系、关系数据库结构、面向对象技术、图形用户界面、第四代语言(4GL)、网络通信等信息产业成果，以管理企业整体资源的管理思想为灵魂的软件产品。

③ERP 是整合了企业管理理念、业务流程、基础数据、人力物力、计算机硬件和软件于一体的企业资源管理系统。

企业所有资源简要地说包括三大流：物流、资金流、信息流。ERP 就是对这三种资源进行全面集成的管理信息系统。综上，ERP 是建立在信息技术基础上，利用现代企业的先进管理思想，全面集成了企业所有资源信息，为企业提供决策、计划、控制与经营业绩评估的全方位和系统化的管理平台。它不仅是信息系统，更是一种管理理论、管理思想的运用，利用企业所有资源，包括内部资源与外部市场资源，为企业制造产品或提供服务创造最优的解决方案，最终达成企业的经营目标。

12.2　企业资源计划的发展历程

ERP 是一个庞大的管理信息系统，要理解 ERP 原理，必须了解 ERP 发展的三个主要的阶段：20 世纪 60 年代到 70 年代的 MRP 阶段、20 世纪 80 年代的 MRPⅡ阶段、20 世纪 90 年代的 ERP 阶段。

12.2.1　MRP 阶段

在 MRP 阶段，企业的信息管理系统对产品构成进行管理，借助计算机的运算能力及系统对客户订单、在库物料、产品构成的管理能力，实现依据客户订单，按照产品结构清单展开并计算 MRP。实现减少库存、优化库存成本的管理目标。

1. 开环 MRP 阶段

按需求的来源不同，IBM 公司的约瑟夫·奥利佛博士将企业内部的物料分为独立需求和相关需求两种类型。独立需求是指需求量和需求时间由企业外部的需求来决定，例如，客户订购的产品、科研试制需要的样品、售后维修需要的备品备件等；相关需求是指根据物料之间的结构组成关系由独立需求的物料所产生的需求，例如，半成品、零部件、原材料等的需求。

MRP 的基本任务有两个方面：

①从最终产品的生产计划（独立需求）导出相关物料（原材料、零部件等）的需求量和需求时间（相关需求）。

②根据物料的需求时间和生产（订货）周期来确定其开始生产（订货）的时间。

MRP 的基本内容是编制零件的生产计划和采购计划。然而，要正确编制零件计划，首先必须落实最终产品（在 MRP 中称为成品）的出产进度计划，即主生产计划（Master Production Schedule，MPS），这是 MRP 展开的依据。其次需要知道产品的零件结构，即物料清单（Bill of Material，BOM），把主生产计划展开成零件计划，同时需要知道库存数量才能准确计算出零件的采购数量。

MRP 的依据有三个方面：

①主生产计划：确定每一具体的最终产品在每一具体时间段内生产数量的计划。

②物料清单：用规范的数据格式来描述产品结构的文件。

③库存信息：保存企业所有产品、零部件、在制品、原材料等存在状态的数据库。
MRP 流程图如图 12-1 所示。

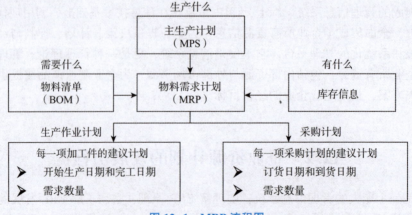

图 12-1　MRP 流程图

2. 闭环 MRP 阶段

20 世纪 60 年代开环的 MRP 能根据有关数据计算出相关物料需求的准确时间与数量，

但其缺陷是没有考虑到生产企业现有生产能力和采购的有关条件的约束。因此，计算出来的物料需求的数量和日期有可能因设备和工时的不足而无法实现，或者因原料的不足而无法实现。同时，它也缺乏根据计划实施情况的反馈信息对计划进行调整的功能。

为解决以上问题，MRP 在 20 世纪 70 年代发展为闭环 MRP。闭环 MRP 除了物料需求计划，还将生产能力需求计划、车间作业计划和采购作业计划纳入 MRP，形成一个封闭的系统。

MRP 的正常运行，需要有一个切实可行的主生产计划。它除了要反映市场需求和合同订单，还必须满足企业的生产能力约束条件。因此，除了要编制资源需求计划，还要制订能力需求计划（Capacity Requirement Planning，CRP），同各个工作中心的能力进行平衡。只有在能力与资源均满足负荷需求或采取的措施有效时，才能开始执行计划。在能力需求计划中，生产通知单是按照它们对设备产生的负荷而进行评估的；采购通知单的过程与之类似，检查它们对分包商和经销商所产生的工作量。执行 MRP 时要用生产通知单来控制加工的优先级，用采购通知单来控制采购的优先级。这样，基本 MRP 进一步发展，把能力需求计划和执行及控制计划的功能也包括进来，形成一个环形回路，称为闭环 MRP，闭环 MRP 成为一个完整的生产计划与控制系统，如图 12-2 所示。

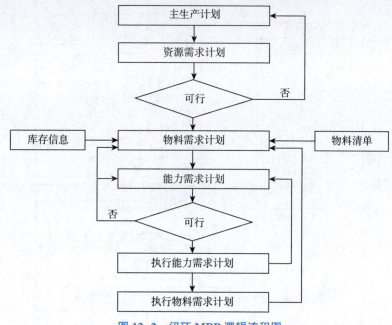

图 12-2　闭环 MRP 逻辑流程图

12.2.2　MRP Ⅱ 阶段

闭环 MRP 的出现，使生产活动方面的各种子系统得到了统一。但是生产管理只是一个方面，而企业管理是人财物和信息等资源、产供销等活动组成的综合系统，其中还有动态的彼此紧密相关的物流、资金流和信息流。于是，在 20 世纪 80 年代，人们把销售、采购、生产、财务、工程技术、信息等各个子系统进行集成，并称该集成系统为制造资源计划（Manufacturing Resource Planning），英文缩写还是 MRP，为了区别物料需求计划（缩写也是 MRP），记为 MRP Ⅱ。

1. MRPⅡ的逻辑流程

MRPⅡ围绕着"在正确的时间制造和销售正确的产品"这样一个中心，其逻辑结构包括了销售信息管理、生产制造信息管理和财务信息管理三大部分。三大部分中又包括了订单管理、市场预测、主生产计划、库存管理、制造工艺管理、物料需求计划、能力需求计划、车间管理控制、采购管理、成本管理、应收账款管理、总账管理等子系统。各子系统之间根据业务关系有机地关联起来，一个子系统的输出往往是另外几个子系统的输入。这样，MRPⅡ就可以有效地将企业管理的各个职能部门连接起来，加快企业内部的信息流动，减少各部门之间因相互闭塞而造成的问题。这种管理系统已能动态监察到产、供、销的全部生产过程，具体流程如图12-3所示。

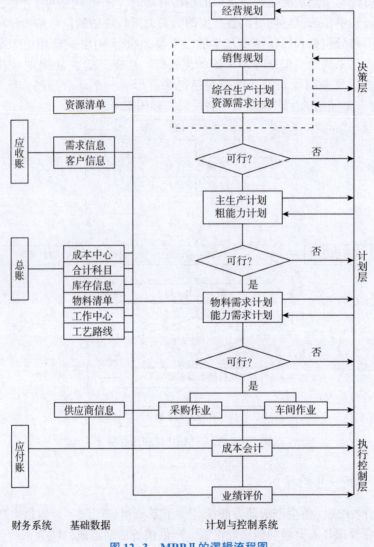

图12-3　MRPⅡ的逻辑流程图

2. MRPⅡ的特点

MRPⅡ的特点可以从以下几个方面来说明，每一项特点都含有管理模式的变革、人员

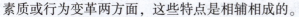

素质或行为变革两方面，这些特点是相辅相成的。

1）计划的一贯性与可行性

MRPⅡ是一种计划主导型管理模式，计划层次从宏观到微观、从战略到技术、由粗到细逐层优化，但始终保证与企业经营战略目标一致。它把通常的三级计划管理统一起来，计划编制工作集中在厂级职能部门，车间班组只能执行计划、调度和反馈信息。计划下达前反复验证和平衡生产能力，并根据反馈信息及时调整，处理好供需矛盾，保证计划的一贯性、有效性和可执行性。

2）管理的系统性

MRPⅡ是一项系统工程，它把企业所有与生产经营直接相关部门的工作联结成一个整体，各部门都从系统整体出发做好本职工作，每个员工都知道自己的工作质量同其他职能的关系。这只有在"一个计划"下才能成为系统，条块分割、各行其是的局面应被团队精神所取代。

3）数据共享性

MRPⅡ是一种制造企业管理信息系统，企业各部门都依据同一数据信息进行管理，任何一种数据变动都能及时地反映给所有部门，做到数据共享。在统一的数据库支持下，按照规范化的处理程序进行管理和决策，改变了过去那种信息不通、情况不明、盲目决策、相互矛盾的现象。

4）动态应变性

MRPⅡ是一个闭环系统，它要求跟踪、控制和反馈瞬息万变的实际情况，管理人员可随时根据企业内外环境条件的变化迅速作出响应，及时决策调整，保证生产正常进行。它可以及时掌握各种动态信息，保持较短的生产周期，因而有较强的应变能力。

5）模拟预见性

MRPⅡ具有模拟功能。它可以解决"如果怎样……将会怎样"的问题，可以预见在相当长的计划期内可能发生的问题，事先采取措施消除隐患，而不是等问题已经发生了再花几倍的精力去处理。这将使管理人员从忙碌的事务堆里解脱出来，致力于实质性的分析研究，提供多个可行方案供领导决策。

6）物流、资金流的统一

MRPⅡ包含了成本会计和财务功能，可以由生产活动直接产生财务数据，把实物形态的物料流动直接转换为价值形态的资金流动，保证生产和财务数据一致。财务部门及时得到资金信息用于控制成本，通过资金流动状况反映物料和经营情况，随时分析企业的经济效益，参与决策、指导和控制经营和生产活动。

以上几个方面的特点表明，MRPⅡ是一个比较完整的生产经营管理计划体系，是实现制造业企业整体效益的有效管理模式。

3. MRPⅡ的不足

①MRPⅡ是以面向企业内部业务为主的管理系统，不能适应市场竞争全球化、管理整个供需链的需求。

②多数MRPⅡ软件主要是按管理功能开发设计的，不能适应业务流程变化的需求灵活调整。

②MRPⅡ的一些假定（批量、提前期）不灵活。

④运算效率低（MRP/CRP），不能满足实时应答的要求。

12.2.3　ERP 阶段

20 世纪 80 年代末至 90 年代初，随着 MRP Ⅱ 的普遍应用，以及市场竞争的日趋激烈，制造业也发生了翻天覆地的变化：制造业的环境急剧变化——全球化、供需链制造；需要重新定义同供应商、分销商的关系以快速响应；生存属于迅速产出最优质量、最低成本、最快交付产品的企业；制造业需要更大的灵活性、多样化；实时、能动地实现监控、管理和优化；重组设计和业务解决方案，实现业务流程同步。一些企业开始感到传统的 MRP Ⅱ 软件所包含的功能已不能满足上述变化的要求，ERP 理论应运而生。

ERP 对传统的 MRP Ⅱ 来讲是一次大的飞跃，它着眼于供应链上各个环节的信息管理，能满足同时具有多种生产类型企业的需要，扩大了软件的应用范围：除财务、分销和生产管理以外，还集成了企业的其他管理功能，如人力资源、质量管理、决策支持等多种功能，并支持国际互联网、企业内部网和外部网、电子商务等。

ERP 采用最新的信息技术，如图形用户界面技术、面向对象的关系型数据库技术（ORDBMS）、第四代语言和开发工具（4GL/CASE）、第二代客户机/服务器技术（C/S）、Java、Web Server、Internet/Intranet 技术等。

12.3　企业资源计划的结构

2003 年 6 月 4 日，信息产业部发布编码为 SJ/T 11293—2003 的中华人民共和国电子行业标准《企业信息化技术规范　第 1 部分：企业资源规划（ERP）规范》，该标准从 2003 年 10 月 1 日起正式实施。该标准比较详细地规定了 ERP 的功能技术要求，给出了 20 个模块的功能描述、评比标准、重要程度，这 20 个功能模块分别是环境与用户界面、系统整合、系统管理、基本信息、库存管理、采购管理、营销管理、BOM 管理、车间任务管理、工艺管理、MRP、成本管理、人力资源管理、质量管理、经营决策、总账管理、自动分录、应收管理、应付管理、固定资产管理。

除此标准以外，我国还有很多权威机构对 ERP 的功能提出了自己的看法，例如国家制造业信息化工程办公室提出了制造业信息化建设的具体要求，认为在 ERP 应该具有 5 个功能域、23 个功能模块，如表 12-1 所示。

表 12-1　ERP 的功能

生产管理	采购管理	销售管理	库存管理	财务管理
基础数据	采购计划管理	销售计划管理	入库管理	总账管理
MPS	供应商信息管理	销售合同管理	出库管理	应收账管理
MRP	采购订单管理	销售客户管理	盘点与结转	应付账管理
生产订单管理			库存分析	成本核算
生产作业管理			库存查询	固定资产管理
生产工序管理				财务报表

计算机集成制造系统领域的研究成果认为，ERP 应该包括 18 个功能模块，如图 12-4 所示。

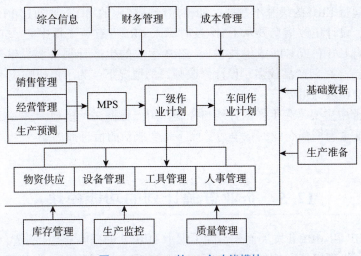

图 12-4　ERP 的 18 个功能模块

　　"十五"期间"863 计划"中 ERP 领域的研究结论是应该至少具备 13 个功能模块，包括生产计划与控制、成本计划与控制、财务管理、采购供应管理、销售管理、客户关系管理、库存管理、质量管理、人力资源管理、设备管理、基础数据管理、供应链管理、系统配置与重构。

12.4　企业资源计划的运行环境

　　随着信息技术的迅速发展，除了 ERP，近年来企业信息化领域新的技术和产品不断涌现，如 CAD(计算机辅助设计)、CAM(计算机辅助制造)、CAT(计算机辅助测试)等，这些单元技术及系统集成起来通常称为 CIMS(计算机集成制造系统)，ERP 与这些技术的关系可以用图 12-5 来表示。

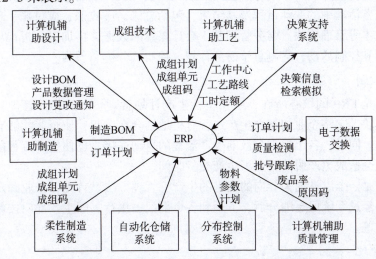

图 12-5　ERP 与其他企业信息技术的关系

　　在各种单元技术中，ERP 与 CAD、CAPP(计算机辅助工艺)、CAM 的信息交换最为密切，包含了运行 ERP 的最基本数据，如描述产品结构的 BOM 要通过 PDM 系统从 CAD 系统转换过来，设计更改信息要从 CAD 及时输入 ERP，有关工作中心、工艺路线、工时定额等信息来自 CAPP 或 GT（成组技术），ERP 生成的生产计划又要提供给 CAM 或 FMS（柔性制造系统）。在新产品较多、设计修改频繁的情况下，为了迅速响应不断的变化，这种信息和数据交换最为重要。

ERP 在企业中主要是起生产的计划与控制作用，根据诺兰模型，它需要与其他技术集成到一起，才能全面增强企业的竞争力，而不是变成新的信息孤岛。

12.5 企业资源计划的功能模块

ERP 从 MRP 和 MRP II 发展而来，除了继承 MRP II 的基本思想（制造、供销和财务），还大大地扩展了管理模块，例如，融入了多工厂管理、质量管理、设备管理、运输管理、分销资源管理、过程控制接口、数据采集接口、电子通信等在内的多种模块。它融合了离散型生产和流程型生产的特点，扩大了管理的范围，更加灵活"柔性"地开展业务活动，实时地响应市场需求。与 MRP II 一样，ERP 的主线也是计划，但已经将管理的重心转移到财务上，在整个经营运作过程中贯穿了财务成本控制的概念。总之，ERP 极大地扩展了业务管理的范围及深度，包括质量、设备、分销、运输、多工厂管理、数据采集接口等模块，几乎涉及企业的所有方面。

由于各个厂家 ERP 软件的风格和侧重点不尽相同，所以 ERP 的功能模块结构也相差较大。但在基本原理的角度上，ERP 大都包括四种功能：财务管理、生产控制、物流管理和人力资源管理。这些功能之间有相应的接口，能够很好地整合在一起，构成一个有机整体发挥 ERP 的功能，从而对企业进行管理。

1. 财务管理

财务管理分为会计核算和财务管理两大模块。会计核算主要记录、核算、反映和分析资金在企业经营活动中的变动过程及其结果，包括总账、应收账、应付账、现金、固定资产、工资和成本等管理模块。财务管理基于会计核算的数据，再加以分析，从而进行相应的预测、管理和控制活动，它侧重于财务计划、控制、分析和预测。

2. 生产控制

生产控制是 ERP 的核心所在，主要包括生产计划管理、车间作业管理、质量管理及设备管理等模块。它将企业的整个生产过程有机地结合在一起，使企业能够有效地降低库存，提高效率。同时，各个原本分散的生产流程的自动连接，也使生产流程能够前后连贯地进行，而不会造成生产脱节、延误生产交货时间。

生产管理是一个以计划为导向的先进的生产、管理方法。首先，企业确定它的一个总生产计划，再经过系统层层细分后，下达到各个部门去执行，即生产部门按此生产，采购部门按此采购等。

3. 物流管理

物流管理主要包括分销管理、库存控制、采购管理等模块。其中，分销管理模块大致有三个方面的功能：对客户信息的管理和服务、对销售订单的管理、对销售的统计和分析；库存控制用来控制储存物料的数量，以保证稳定的物流支持正常的生产，但又最低限度地占用资金；采购管理用来确定合适的订货量、优秀的供应商和保持最佳的安全储备。

4. 人力资源管理

人力资源管理主要包括人力资源规划的辅助决策、招聘管理、工资核算、工时管理和差旅核算等模块，负责对企业的人力资源进行全局管理。

12.6 企业资源计划的实施

1. ERP 的实施流程

ERP 的实施是一个实用性强、牵涉面很广的管理系统的实施，实施 ERP 可以说是一项管理革命，不仅要严格按照 ERP 的实施方法论进行，还必须与导入 ERP 的企业的实际情况相结合。有效实施 ERP 的重要基础包括建立实施团队、明确目标、制订切实可行的项目计划、选择合适的 ERP 软件、有效的人力资源安排等。

企业实施 ERP，要有目的、有计划、有组织并在正确的方法指导下分步实施。从大部分企业的经验来看，ERP 项目能否成功实施是 ERP 应用成功与否的关键，ERP 的实施应围绕项目实施开展，项目管理贯穿整个 ERP 项目的全过程，包括对项目的立项授权、需求分析、软硬件的评估选择以及对 ERP 的实施进行全面的管理和控制。

典型的 ERP 项目管理通常包括前期工作、项目选型、项目计划、项目执行、项目评估及更新和项目完成六项主要内容。

1）前期工作

"良好的开端是成功的一半"，ERP 项目实施的前期工作是关系到企业能否取得预期效益的第一步。在这个阶段企业主要对 ERP 项目的需求、范围和可行性进行分析，制订项目的总体安排计划，并以项目合同的方式与 ERP 项目咨询公司确定项目责任和授权。

2）项目选型

前期工作完成后即进入项目选型阶段，这个阶段的主要工作是为企业选择合适的软件系统和硬件平台。选型对于企业来说是至关重要的一个环节，只有选对了正确的软件，才能保证企业在以后的工作中沿着正确的道路做正确的事情。

3）项目计划阶段

项目计划阶段是 ERP 项目进入系统实施的启动阶段，这个阶段的主要工作包括：

①确定详细的项目范围。明确企业的现状、具体需求和系统实施的详细范围。

②定义递交的工作成果。确定系统实施过程中和实施结束时需要递交的工作成果，包括相关的实施文档和最终上线运行的系统。

③评估实施的主要风险。对预计的主要风险采取相应的措施来加以预防和控制。

④制订项目的时间计划。根据系统实施的总体计划，编制详细的实施时间安排。

⑤制订成本和预算计划。

⑥制订人力资源计划。

4）项目执行阶段

项目执行阶段是实施过程中历时最长的一个阶段，贯穿于 ERP 项目的业务模拟测试、系统开发确认和系统转换运行三个步骤中。系统实施的成败与该阶段项目管理进行的好坏休戚相关。

5）项目评估及更新

项目评估及更新阶段的核心是项目监控，就是利用项目管理工具和技术来衡量、更新项目任务。项目评估及更新同样贯穿于 ERP 项目的业务模拟测试、系统开发确认和系统转换运行三个步骤中。

6）项目完成

项目完成阶段是整个实施项目的最后一个阶段。此时，工作接近尾声，已经取得了项目实施成果。在这个阶段，企业切莫掉以轻心，要开展行政验收、项目总结、经验交流和正式移交等工作。

2. ERP 实施的风险评估

ERP 的应用是一项高风险高投入的项目，在导入 ERP 之前，企业需要对各种风险有充足的认识，并采取必要的防范和规避措施。可能遇到的风险包括选型风险（选择合适的 ERP 软件）、实施风险、转变风险等。

1）选型风险

选型风险产生于企业选择和购买 ERP 软件的过程中，主要有以下两种情况：一种情况是企业选择 ERP 软件时片面追求软件的先进性和功能全面性，花大价钱买进功能超出企业实际需要的最先进的 ERP 软件，结果导致实际实施过程中企业现有的实力不足以使引入的软件充分发挥作用，造成功能闲置，带来风险。另一种是企业在选型时片面追求便宜，只图少花钱，造成实施过程中引入的软件的功能不能满足企业发展的需要，结果钱是省了一些，但力气花了不少却无法达到预期的效果。

2）实施风险

实施风险存在于 ERP 项目实施的过程中，主要表现在以下几个方面：

（1）"目标侵蚀"风险

企业实施 ERP 项目的主要目的是切实提升企业的管理水平，但这种提升的程度是难以准确量化和描述的，企业在使用"量身定制"的软件时很容易忘记预期目标，在各种利益均衡和困难面前降低原有的目标，这种企业预期目标可能受到侵蚀而在不知不觉中降低的风险称为"目标侵蚀"风险。结果是不仅造成企业总体目标要求降低，而且企业改变现状的动力和力度也会跟着降低，最终达不到预期的效果。

（2）"业务中断"风险

ERP 项目在实施过程中会产生各种各样的负面效应，例如实施时间过长造成员工疲惫，应用效果不大或影响正常业务造成员工士气低落，实施中遇到员工的抵触情绪等。这些负面效应可能破坏正常的业务流程并影响业务的连续性，造成业务的中断，对营运设备和环境造成影响，带来"业务中断"的风险。

（3）财务风险

ERP 项目是一项高成本的项目，而且实施过程中面临复杂多变的情况，这些都要求企业做好财务成本的预算工作。如果对实施成本或各种意外情况所需的支出预算估计不够，就会给企业带来财务风险，造成 ERP 项目实施困难，严重时还可能导致项目的搁浅。国内外因财务危机而失败的例子为数不少，企业一定要引起足够的重视。

(4)外部环境风险

企业的外部环境也可能给 ERP 项目的实施带来风险。ERP 如果不符合政府法规或行业的要求，会造成违规行为；项目如果不能按期完成，不能达到预期的效果，会导致股东或供应商的不满，这些反过来都会影响 ERP 的顺利实施，带来外部环境风险，企业一定要充分考虑。

3)转变风险

ERP 实施成功与否，最关键的因素通常并不在于信息技术本身，而在于企业对自身管理问题的理解和对先进管理思想的消化，在于实施中能否成功地促成员工思想的转变，以及是否实现了组织结构合理化和规范化转变。

12.7　企业资源计划的发展

正如前面所讲到的，由于 ERP 代表了当代的先进企业管理模式与技术，并能够提高企业整体管理效率和市场竞争力，近年来 ERP 在国内外得到了广泛推广和应用。随着企业间的竞争逐步加强，管理需求的增多，信息技术、先进制造技术的不断发展，企业对于 ERP 的需求日益增加，进一步促进了 ERP 技术向新一代 ERP 发展。

目前，关于未来 ERP 的说法甚多，如 e-ERP、后 ERP、iERP、ERP Ⅱ 等。Gartner 公司给 ERP Ⅱ 下的定义为：ERP Ⅱ 是通过支持和优化公司内部和公司之间的协作运作和财务过程，以创造客户和股东价值的一种商务战略和一套面向具体行业领域的应用系统。这些说法都是人们站在不同角度对 ERP 发展方向和趋势进行的描述。根据 ERP 的管理思想与管理软件系统的发展过程与趋势，新一代 ERP 应当具备以下主要特点：

1. 管理思想先进性与适应性

新一代 ERP 应当在继承当前 ERP 管理思想的基础上，不断吸纳最新的先进管理思想或模式，如敏捷制造与敏捷虚拟企业组织管理模式、供应链环境下的精良生产管理模式、基于电子商务的企业协同管理模式、跨企业的协同项目管理模式等；并将其管理思想与 ERP 业务处理模型结合。此外，新一代 ERP 应具有针对不同国情的管理模式适应性，例如针对像中国这样的发展中国家，应当采用针对性较强的改进型 ERP 管理模式，如基于主动动态成本控制的 ERP 模式、基于时间-成本双主线的新型 ERP 模式、基于资金流模型的 ERP 模式等。

2. 电子商务环境下的企业间协同性

在网络化信息时代，制造业的竞争焦点已从单一企业间的竞争转化为跨企业的生产体系间的竞争。企业正在把基于内部功能最优化的垂直一体化组织转变为更灵活的以核心能力为基础的实体组织，并努力使企业在供应链和价值网络中找到最佳定位。这种定位不仅与所从事 B2B 和 B2C 电子商务相关，还协同商务过程。新一代 ERP 应当支持这种扩展型企业在电子商务环境下的企业间协同经营与运作。

3. 面向企业商务过程的功能可扩展性

新一代 ERP 将越来越面向企业的商务过程和产品全生命周期的相关过程与资源的管理，其业务领域与功能不断扩充。新一代 ERP 除了具有传统的制造、财务、分销等功能，还将不断吸纳新的功能，如产品数据管理（PDM）、客户关系管理（CRM）、供应链管理（SCM）、电子商务、制造执行系统（MES）、决策支持系统（DSS）、数据仓库与联机分析处理（OLAP）、办公自动化（OA）等，从而构成了功能强大的集成化企业管理与决策信息系统。因此，新一代ERP应当具有很好的功能可扩展性。

随着ERP在企业中的应用，企业内部各部门的流程更加合理、规范，衔接更加平滑，生产效率更高，库存占用资金更少。更重要的是，企业各层领导都可以迅速地、准确地、及时地得到所需的报表，能够对市场作出最及时的反应。

 视频学习资源：企业资源计划

本章小结

本章主要介绍企业资源计划。企业资源计划是一种集成的信息系统，旨在通过整合企业内的各种资源来优化企业的业务流程和提高运营效率。

ERP以供应链为核心，整合企业内外资源，全面集成企业所有资源信息，提供决策支持ERP的功能：超越MRPⅡ，集成了质量管理、流程作业管理等更多功能。ERP的核心功能模块有生产控制，包括生产计划、车间作业、质量管理等。扩展模块有物流管理、财务管理、人力资源管理等。ERP的实施流程包括前期工作、项目选型、计划、执行、评估更新和项目完成。

ERP通过集成企业的各种资源，不仅提高了企业的运营效率，还增强了企业的市场竞争力和响应速度。随着信息技术和管理理念的不断发展，ERP也在不断地进化和完善。

课堂讨论

1. 根据日常实践，你是否感受到了信息技术和信息系统对社会所产生的影响？
2. 讨论ERP与MRP、闭环MRP、MPRⅡ的关系。

分组任务

通过书刊、网络等方式收集ERP在企业应用成功的案例，重点对这些案例进行分析讨论，总结ERP实施成败的关键因素。

复习思考题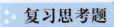

1. 如何理解 ERP 的概念?
2. 解释术语：MRP、MRP II、ERP。
3. 简述 ERP 的物流管理主要包括哪些模块，每个模块有哪些主要功能。
4. 简述 ERP 最新的发展方向。
5. 简述 ERP 如何与商务智能系统集成。

课后案例分析

 课后案例：海尔集团：数智驱动全生命周期的质量引领

 课后案例的分析要点

13 电子商务与电子政务

知识目标	能力目标	价值目标
1. 掌握电子商务概念，重点理解并把握电子商务的类型划分，理解电子商务的框架结构，熟悉电子商务的应用； 2. 熟悉移动电子商务的概念，总结和比较电子商务与移动电子商务的区别和联系，熟悉移动电子商务的应用； 3. 熟悉电子政务的概念，重点理解电子政务的主要模式，熟悉电子政务的应用	能够分析实际问题，提升对电子商务系统的理解与应用能力	1. 掌握电子商务和电子政务系统的功能，增强对电子商务的信心； 2. 培养安全意识，理解电子商务中注重保护个人的隐私和数据的安全； 3. 增强责任意识，认识电子商务在现代生活中的重要性，维护网络安全，人人有责

🎯 关键术语

电子商务(Electronic Commerce，EC)；

移动电子商务(Mobile Electronic Commerce，Mobile E-Commerce)；

电子政务(Electronic Government，EG)

📦 引导案例

京东集团——自营电商平台的领军者

2021 年京东营收近万亿元，是中国自营电商平台的领军者。得益于自营物流及采购能力构筑的强供应链壁垒，在行业竞争格局日渐激烈、经济下行压力下，京东仍实现高于行业的稳健增速。

1. 发展简史：从自营电商成长为供应链公司

1998—2006 年是京东初创期。线下创业伊始，正品、低价、优服务的企业理念贯穿京东发展历程。2004 年，正式转型成为线上电商。2007—2013 年确立京东战略方向，实现业务快速发展。2007 年受到客户意见的启发，京东决定自建物流体系，并确立"全品类扩张"战略方向。此后 6 年在优化履约服务以及丰富品类方面持续深耕：2008 年，京东完成 3C 产品的全线搭建；2010 年，京东推出"211 限时达"极速配送和上门取件服务，并于年底开放 POP 平台；2011 年，京东上线包裹跟踪系统，同年正式进军 B2C 在线医药和奢侈品领域，全品类逐渐完善。

2014—2019 年京东生态成熟化。2014 年京东集团在美国纳斯达克挂牌上市。此后，京东先后与腾讯、沃尔玛、谷歌等公司达成战略合作、收购达达集团股份，扩大集团实力与影响力。2018 年，京东发展遇到一定困难，天猫服装"二选一"对京东发展形成冲击，用户增长放缓。随后，京东对组织架构进行积木化改造，拆分前中后台，激发组织活力，逐步走出困境。2020 年开始各业务分拆上市，公司更新战略定位并强化供应链服务能力。

2020 年 6 月，京东集团在香港联交所二次上市，京东集团更新战略定位，从一家"领先的技术驱动的电商公司"转型为"领先的以供应链为基础的技术与服务企业"。此后，京东健康、京东物流先后分拆上市，推进治理体系现代化。

京东集团重建会员体系，以京东 plus 替换此前的铁铜牌会员体系，对标亚马逊 prime 会员，增强核心优质中产用户黏性，成为京东后续发展的重要势能。京东确立了"以信赖为基础、以客户为中心的价值创造"的经营理念。

2. 业务板块：供应链能力驱动，全面推进各项实体业务

1) 京东零售：京东各项业务的基石

京东零售是京东集团目前的收入和利润核心，占京东集团总收入比重始终超过 90%。京东零售由商品自营业务、平台电商业务和全渠道业务组成，目前主要围绕京东商城展开。依据京东财报，2021 年，京东零售业务收入为 8663.03 亿元，同比增长 24.83%，其中自营业务是京东零售的主要收入来源，占比达到 94.15%。

2) 京东物流：仓配一体化的综合物流龙头

京东物流在仓配领域处于领先地位。京东自建物流始于 2007 年，2017 年物流板块开始对外服务，2021 年外部收入占比超过 50%。京东物流提供仓配、快递快运、大件等服务，其中仓配是核心。2019—2021 年，京东物流收入分别为 418.37 亿元、556.2 亿元、710.54 亿元，毛利率分别为 6.9%、8.6%、5.5%。京东物流独具京东商流资源禀赋，稳定增长的数十亿京东自营订单带来显著的规模效应，并获得较强的需求预测能力、消费者洞察能力，以及在快消品、家电等优势品类的行业认知。

3) 京东健康：数字驱动的健康管理企业

京东健康以医药及健康产品供应链为核心，致力于建设一个完整全面的"互联网+医疗健康"产业生态。京东健康始于 2014 年，于 2017 年 12 月开始线上问诊，2019 年组建京东健康子集团。依据京东健康财报，2019—2021 年，京东健康收入分别为 108.42 亿元、193.83 亿元、306.82 亿元，毛利率分别为 25.9%、25.4%、23.5%。京东健康用户增速快，2021 年京东健康年度活跃用户数达到 1.23 亿，同比增长 37.31%，日均问诊量超过

19万次。京东健康背靠京东全国物流基础设施，供应链网络领先于行业内其他公司，成功打造了京东大药房、药京采、京东健康互联网医院、京东家医、智慧医院等核心产品和子品牌。

4）京东科技：去金融化的科技公司

京东科技定位京东对外提供技术服务的核心业务抓手。2020年京东数科科创板上市受阻，2021年京东整合京东数科和京东智联云，成立京东科技子集团。招股书显示，2017—2019年，京东数科的营业收入分别为90.70亿元、136.16亿元、182.03亿元，年均复合增长率达到41.67%。京东数科的主营业务分为金融机构数字化解决方案（信贷、信用卡、保险和资管）、商户与企业数字化解决方案（信用消费服务"京东白条"、收单及会员管理、票据平台）、政府及其他客户数字化解决方案（智能城市操作系统、市域治理现代化平台），在2021年上半年营收中占比分别为41.48%、52.37%、5.57%。

3. 京东数字化：科技赋能业务增长

目前，京东云业务致力于打造"最懂产业的云"，将客户的数字化需求与产业优势相结合，推动产业数字化升级。依据亿欧智库数据，京东云的产业云服务能力目前排名第一。与此同时，京东云进军政务云，推进三四线城市产业振兴以及乡村振兴，2021年被IDC评为中国政务云云安全"典型提供商"。未来京东科技将立足于京东数科和京东云两大技术业务板块实力，进一步围绕数智供应链打造云服务能力，助力产业数字化。

京东通过数字化技术赋能、库存管理的高周转效率形成领先壁垒。京东将预测算法、库存模型和大数据应用到库存管理系统中，降低跨区履约率、提升周转效率，从而实现降本增效。京东拥有精准的需求预测能力，能够依据运营经验及运筹优化算法对消费者偏好作出预测，规定商家入仓的SKU种类及数量，从而降低货品滞销并积压的风险。入库后，京东通过数智化能力实现商品可视、库存可视、订单可视，进一步达成库存与订单之间的有效协同。依据财报数据，2018—2021年，京东存货周转天数持续优化，2021年减少至30.3天，显著优于其他零售企业。

即时零售业务成为京东全渠道战略抓手。全渠道用户心智争夺趋势下，2021年，京东整合集团即时零售业务能力，拥有达达+"小时购"两大即时零售渠道，对应"线上下单、门店发货、小时级乃至分钟级送达"的零售模式，开拓近场零售并替代部分主站同城配送业务。在维持商超领先优势下，京东到家依托京东主站品类优势，进行全品类发展，稳步开拓3C、美妆、服饰等品类。依据京东财报，2021年3C手机品类在京东的门店超过1.2万家。

2011—2020年，京东毛利率逐年提升，盈利能力增强，这主要是因为京东品类结构的优化以及平台业务占比的提升。费用率控制，降本增效成果显著。2019—2021年京东履约费用率分别为6.4%、6.5%、6.2%，呈下降趋势。2016年之后财报口径改变，履约费用只包括京东自营履约成本。京东强大的商流能够帮助京东物流更精准地运转货物，提升存货周转率，降低履约费用。2019—2021年京东销售费用率分别为3.9%、3.6%、4.1%，呈上升趋势，主要由于第三方商家的增加以及在下沉市场的推广；2022年上半年随京喜业务收缩而下降。2019—2021年京东研发费用率分别为2.5%、2.2%、1.7%，主要由于规模效应下摊薄了研发费用。2019—2021年京东管理费用率分别为1%、0.9%、1.2%，2021年因为股权激励费用导致管理费用率上升。

（资料来源：雪球-浙商证券，https://xueqiu.com/9508834377/234212265，有改动）

结合案例请思考：京东集团是如何发展成为自营电商平台领军者的？

导入案例的分析要点

13.1　电子商务

13.1.1　电子商务的概念

世界贸易组织（World Trade Organization，WTO）在电子商务专题报告中定义：电子商务就是通过电信网络进行的生产、销售和流通的活动，它不仅指基于互联网的交易，而且指所有利用电子信息技术来解决问题、降低成本、增加价值和创造商机的商务活动，包括通过网络实现从原材料查询、采购、产品展示、订购到出品、储运及电子支付等一系列的贸易活动。

电子商务分为狭义和广义的电子商务。狭义上讲，电子商务（Electronic Commerce，EC）是指通过使用互联网等电子工具（包括电报、电话、广播、电视、传真、计算机、计算机网络、移动通信等）在全球范围内进行的商务贸易活动，是以计算机网络为基础所进行的各种商务活动，包括商品和服务的提供者、广告商、消费者、中介商等有关各方行为的总和。

从广义上讲，电子商务（Electronic Business，EB），是通过电子手段进行的商业事务活动。电子商务通过使用互联网等电子工具，使公司内部、供应商、客户和合作伙伴之间，利用电子业务共享信息，实现企业间业务流程的电子化，配合企业内部的电子化生产管理系统，提高企业的生产、库存、流通和资金等各个环节的效率。

电子商务是以商务活动为主体，以计算机网络为基础，以电子化方式为手段，在法律许可范围内所进行的商务活动交易过程；是利用计算机技术、网络技术和远程通信技术，实现电子化、数字化、网络化、商务化的整个商务过程；是运用数字信息技术，对企业的各项活动进行持续优化的过程。

13.1.2　电子商务的分类

电子商务应用范围很广，从不同角度可以将电子商务分为不同的类型。可以按照参与交易的对象、交易过程、交易地域范围，对电子商务进行分类。

1. 按参与交易的对象分类

电子商务中最常见的三种群体分别为企业（Business）、政府部门（Government）和个人（Consumer），按照信息在这三类群体之间的流向，电子商务可以分为以下类型：

1）企业与企业之间的电子商务（Business to Business，B To B，B2B）

企业与企业之间的电子商务是指企业与企业之间通过互联网进行的商务活动，即在互联网上采购商与供应商进行谈判、订货、签约、接收发票和付款以及索赔处理、商品发送管理和运输跟踪等所有活动。B2B是目前应用最广泛的一种电子商务，企业可以是生产企业，也可以是商家。

B2B 电子商务网站的典型代表有阿里巴巴、中国制造网和敦煌网等。

2）企业与消费者之间的电子商务（Business to Consumer，B To C，B2C）

企业与消费者之间的电子商务是指企业与个人消费者之间进行商品或服务的交易，即通过网上商店（电子商店）实现网上在线商品零售和为消费者提供所需服务的商务活动，也可称为网络零售。网上商店的出现，使消费者可以足不出户，通过自己的计算机在网上寻找、购买所需的商品，获得商家提供的一系列服务。

B2C 电子商务网站的典型代表有天猫、京东商城、亚马逊、当当网等。

3）个人消费者与企业之间的电子商务（Consumer to Business，C To B，C2B）

个人消费者与企业之间的电子商务是指由消费者先提出需求，然后由生产企业或商贸企业按需求进行组织生产及提供货源。通常情况为消费者根据自身需求定制产品和价格，或主动参与产品设计、生产和定价，彰显消费者的个性化需求，生产企业进行定制化生产。

消费者群体主导的 C2B，即通过聚合客户的需求组织商家批量生产或组织货源，让利于消费者。团购就属于消费者群体主导的 C2B 的一种模式。团购将零散的消费者及其购买需求聚合起来，形成较大批量的购买订单，从而可以得到厂商的批发价或较低的折扣价，商家也可以从大批量的订单中享受到"薄利多销"的好处，对于商家和个人而言是"双赢"。我国自 2010 年以来发展起来的团购网站有百度糯米、美团网、聚划算、拉手网等。

消费者个体参与定制的 C2B，也称深度定制。消费者能参与全流程的定制环节。企业可以完全按照消费者的个性化需求来定制。目前这种方式最成熟的行业当属服装类、鞋类、家具类。

4）个人消费者与个人消费者之间的电子商务（Consumer to Consumer，C To C，C2C）

个人消费者与个人消费者之间的电子商务指个人消费者之间通过网络平台实现交易的一种电子商务模式。C2C 中的参与者主要有消费者及为消费者提供网络服务的平台提供商，如在淘宝网中物品持有者可通过这些网上商务平台发布其物品信息，物品需求者可以在此类平台上购买或者出价拍卖所需要的商品。

5）企业与政府之间的电子商务（Business to Government，B To G，B2G）

企业与政府之间的电子商务涵盖了政府与企业之间的各项事务，包括政府采购、税收、商检、管理条例发布、法规政策颁布等。一方面，政府作为消费者，可以通过互联网发布自己的采购清单，公开、透明、高效、廉洁地完成所需物品的采购；另一方面，政府通过网络，以电子商务方式，能更充分、及时地对企业发挥宏观调控、指导规范、监督管理的职能。

总之，电子商务中政府有着两重角色：既是电子商务的使用者，进行购买活动，属于商业行为；又是电子商务的宏观管理者，对电子商务起着扶持和规范作用。

6）个人消费者与政府之间的电子商务（Consumer to Government，C To G，C2G）

个人消费者与政府之间的电子商务涵盖了个人与政府之间的若干事务，如个人公积金缴纳、个人向政府纳税、落户口等。C2G 方式具有透明的特点，在该方式下，公民可以快速了解政府发布的各项信息及办事流程。如全国大学生就业公共服务立体化平台等就属于 C2G 模式。

7）线上购买、线下消费（Online to Offline，O To O，O2O）

O2O 将线下商务的机会与互联网结合在一起，让互联网成为线下交易的前台。线下服务通过线上平台揽客，消费者可以在线上搜索商品，线下完成交易。该模式最重要的特点是：推广效果可查，每笔交易可跟踪。随着本地化电子商务的飞速发展，信息和实物之间、线上和线下之间的联系变得更加紧密。

2. 按交易过程分类

按照交易过程，可以将电子商务划分为交易前、交易中和交易后三种。

1）交易前电子商务

交易前电子商务主要是指买卖双方和参与交易的其他各方在签订贸易合同前的准备活动。

2）交易中电子商务

交易中电子商务主要是指买卖双方签订合同后到开始履行合同前办理各种手续的过程，该过程主要涉及中介方、银行金融机构、信用卡公司、海关系统、商检系统、保险公司、税务系统和运输公司等。买卖双方要利用电子商务系统与有关各方进行各种电子票据和电子单证的交换，直到办理完这一过程的一切手续为止。

3）交易后电子商务

交易后电子商务主要是指从买卖双方办完所有手续之后开始，卖方要备货、发货、组货，同时进行报关、保险、取证和发信用证等。卖方将所售商品交付给运输公司包装、起运和发货，买卖双方可以通过后台管理工具跟踪这一过程，银行和金融机构也按照合同处理双方收付款结算，直到买方收到自己所购商品，完成整个交易过程。

3. 按交易地域范围分类

按照开展电子商务交易的地域范围划分，可以将电子商务分为本地电子商务、远程国内电子商务和全球电子商务。

1）本地电子商务

本地电子商务通常是指利用本城市内或本地区内的信息网络实现的电子商务活动，电子交易的地域范围较小。本地电子商务系统是利用互联网、内联网或专用网将下列系统连接在一起的网络系统：参加交易各方的电子商务信息系统，包括买方、卖方及各方的电子商务信息系统；银行金融机构电子信息系统；保险公司信息系统；商品检验信息系统；税务管理信息系统；货物运输信息系统；本地区 EDI 中心系统（本地区 EDI 中心系统是联结各个信息系统的中心）。本地电子商务系统是开展远程国内电子商务和全球电子商务的基础系统。

2）远程国内电子商务

远程国内电子商务是指本国范围内进行的网上电子交易活动，其交易的地域范围较大，对软硬件和技术要求较高，要求在全国范围内实现商业电子化、自动化，实现金融电子化，交易各方具备一定的电子商务知识、经济能力和技术能力，并具有一定的管理水平和能力等。

3）全球电子商务

全球电子商务是指在全世界范围内进行的电子交易活动。参加电子交易各方通过网络进行贸易，涉及有关交易各方的相关系统，如买卖双方国家进出口公司系统、海关系统、银行金融系统、税务系统、运输系统和保险系统等。全球电子商务业务内容繁杂，数据来往频繁，要求电子商务系统严格、准确、安全、可靠，应制订出世界统一的电子商务标准和电子商务（贸易）协议，使全球电子商务得以顺利发展。

13.1.3 电子商务的框架体系

1. 电子商务系统的组成要素

由于电子商务的覆盖面非常广，不同的电子商务应用系统涉及的具体对象也各不相同。但总体看来，电子商务系统一般包括图 13-1 所示的基本组成要素。

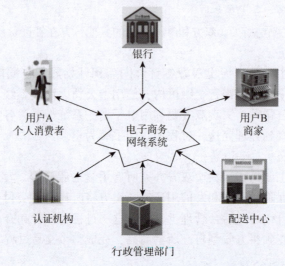

图 13-1　电子商务系统组成要素示意图

由图 13-1 可知，电子商务活动以网络系统为基础，涉及社会多方的参与和支持。

1）网络系统

电子商务的网络系统主要是指远程通信网、有线电视网、无线电通信网和互联网等信息传输系统，这些不同的网络都提供了电子商务信息传输的线路。但是，目前大部分电子商务应用都构建在互联网上，其主要连接设备有集线器、路由器（Router）、数字交换机（Switch）等。

2）用户

电子商务用户包括个人消费者和商家两种。个人消费者使用浏览器、电视机顶盒、个人数字助理、可视电话等终端设备接入互联网参与商务活动。商家通过内部网或外部网连接互联网并进行网上商务和业务活动。一方面，受理消费者请求；另一方面，通过电子报送、电子支付、电子报税等方式与海关、银行、税务局等机构进行有关的商务和业务处理。

3）银行

作为商务活动，电子商务过程的基本环节是买和卖。而消费者的购买行为必然涉及支付问题。相对完整的电子商务过程应该有银行系统的介入来提供方便的支付方式和银行业务。网上银行就是应用网络技术提供在线金融服务的银行系统。一方面，网上银行提供网上支付，为电子商务交易中的用户服务；另一方面，银行上网后，可以突破时间和空间限制，提供传统银行业务的全天候服务。

4）配送中心

在电子商务中，货物往往不是由消费者自行带走，而是由商家配送，这一点与传统商务不同。因此，配送中心成为电子商务系统必不可少的组成要素。商家可自建配送中心，也可以委托专业的物流公司完成配送业务。商家把备货单发往配送中心，由配送中心备货和出货，送达消费者。

5）认证机构

和传统商务活动一样，电子商务活动中也会存在欺诈现象。认证机构的介入就是为了解决这类问题。认证机构全称为电子商务认证授权机构（Certificate Authority，CA），是受法律承认的权威机构。其通过发放和管理数字证书（类似现实生活中的身份证）的方式，对参与商务活动各方的身份及所提供的资料进行确认。

6）行政管理部门

由于电子商务的实质是商务活动，因此同样要接受各种行政管理部门的监管和服务，以保证经济的有效运行。这些行政管理部门主要包括市场监督管理、税务、海关及法律部门等。市场监督管理局除了对开展网上经营活动的企业行使传统的监督管理职能，还为企业提供各种便利的网上服务（如网上登记、网上年检、并联审批、网上咨询、消费者投诉、网上执照验证等）；税务局对电子业务要收缴税金；海关对国际电子贸易活动也要履行通关、报关、出口退税等法定程序；法律部门对于电子商务活动中的各种经济纠纷同样有义务予以公正解决。

2. 电子商务系统的结构

所谓系统的结构，是指系统的外部环境、内部组成部分的集合。

电子商务系统不是一个孤立的系统，它包括网络、计算机系统、应用软件等，同时，还需要和外界发生信息交流。所以，介绍电子商务系统的结构，有助于了解其内部结构、外部运行环境及它们之间的相互关系，从宏观层面上认识电子商务。

很多人认为电子商务系统建设就是建一个网站，这种认识显然是不全面的。由于电子商务包括网上炒股、网上求职、网上购物、网络营销、网上拍卖等多种应用，因此，电子商务系统建设是一个能够支持多种应用，并需要社会广泛支持的系统工程。这项工程既需要建设网络基础设施，又需要搭建与之密切相关的内容服务、支付服务、安全服务、物流服务等其他基础服务平台，同时，还要有不断完善的公共政策和技术标准等软环境的支持。电子商务系统的结构如图13-2所示。

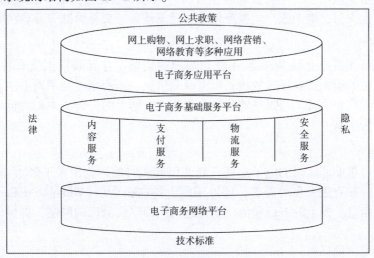

图13-2 电子商务系统的结构

1）电子商务网络平台

网络平台是电子商务系统最基本、必须具备的组成部分。因为电子商务就是随着网络技术，特别是互联网技术的发展而迅速发展起来的，没有互联网，就没有现代电子商务。网络平台是信息传送的载体，其主要功能是解决电子商务系统的基础设施建设问题，为各种商务应用提供高速、优质、可靠的通信环境。这就好比交通系统中的道路建设，为车辆通行提供基础保障。

2）电子商务基础服务平台

电子商务基础服务平台由内容服务、支付服务、物流服务和安全服务构成。这些服务的提供不仅是技术问题，更重要的是社会相关部门的参与和支持。

内容服务是指基于 Web 的电子商务网站建设。其重点在于构建"商务系统"，即利用网络平台传递和发布各种商务信息（静态页面制作），同时，也综合应用其他各种信息技术进行 WWW 展示，制作更具表现力、吸引力和交互能力的站点内容（动态页面制作）。内容服务主要包括客户端和服务器端的建设，一般由专业的 ISP（Internet Service Provider，网络服务提供商）或 ICP（Internet Content Provider，网络内容提供商）根据用户需求设计、制作和实施，并定期进行维护。

支付服务的主要任务是解决电子商务活动中资金支付的问题，即从信息浏览、商品选购，到支付、收货等一系列业务环节都可以在线完成。

物流服务的主要任务是解决电子商务活动中的物流配送问题。电子商务配送服务的主要内容包括：一是完善数字化产品和信息类产品的在线传送机制；二是改善传统配送体系，使之更好地服务于电子商务。提供物流服务的组织可以是电子商务企业本身，也可以是专业的第三方物流公司。

安全服务的主要任务是保障电子商务活动的安全，包括信息安全、资金安全、计算机系统安全、网络通信安全及交易过程安全等。安全服务主要包括开发安全技术，加强安全管理，制定安全法律法规，建立身份认证机构和社会信用体系等。

13.1.4　电子商务的功能

电子商务可提供网上交易和管理等全过程的服务，因此它具有广告宣传、咨询洽谈、网上订购、网上支付、电子账户、服务传递、意见征询、交易管理等各项功能。

1. 广告宣传

电子商务可凭借企业的 Web 服务器和客户的浏览，在互联网上发布各类商业信息。客户可借助网上的检索工具迅速地找到所需商品信息，而商家可利用网上主页和电子邮件在全球范围内做广告宣传。与以往的各种广告相比，网上的广告成本最为低廉，而给客户的信息量却最为丰富。

2. 咨询洽谈

电子商务可借助非实时的电子邮件、新闻组和实时的讨论组来了解市场和商品信息，洽谈交易事务，如有进一步的需求，还可用网上的白板会议（Whiteboard Conference）来交流即时的图形信息。网上的咨询和洽谈能超越人们面对面洽谈的限制，提供多种方便的异地交谈形式。

3. 网上订购

电子商务可借助 Web 中的邮件交互传送实现网上订购。网上订购通常都是在产品介绍的页面上提供十分友好的订购提示信息和订购交互格式框。当客户填完订购单后，通常系统会回复确认信息单来保证订购信息的收悉。订购信息也可采用加密的方式使客户和商家的商业信息不会泄露。

4. 网上支付

电子商务要成为一个完整的过程，网上支付是其中重要的环节。客户和商家之间可采用信用卡账号进行交易。在网上直接采用电子支付手段可省略交易中很多人员的开销。网上支付将需要更为可靠的信息传输安全性控制，以防止欺骗、窃听、冒用等非法行为。

5. 电子账户

网上支付必须由电子金融来支持，即银行或信用卡公司及保险公司等金融单位要为金融服务提供网上操作的服务。而电子账户管理是其基本的组成部分。信用卡卡号或银行账号都是电子账户的一种标志，而其可信度需配以必要技术措施来保证，如数字证书、数字签名、加密等手段的应用保证了电子账户操作的安全性。

6. 服务传递

对于已付款的客户，应将其订购的货物尽快地送到他们的手中。有些货物在本地，而有些货物在异地，人们可利用电子邮件在网络中进行物流的调配。而最适合在网上直接传递的货物是信息产品，如软件、电子读物、信息服务等，它能直接从电子仓库中将货物发到用户端。

7. 意见征询

电子商务能十分方便地采用网页上的"选择""填空"等格式文件来收集客户对销售服务的反馈意见，这样可使企业的市场运营形成一个封闭的回路。客户的反馈意见不仅能提高售后服务的水平，更使企业获得改进产品、发现市场的商业机会。

8. 交易管理

整个交易管理将涉及人、财、物多个方面，如企业和企业、企业和客户及企业内部等各方面的协调和管理，因此，交易管理是涉及商务活动全过程的管理。电子商务的发展，将会提供一个良好的交易管理的网络环境及多种多样的应用服务系统，这样，便能保障电子商务获得更广泛的应用。

 视频学习资源：电子商务

13.2　电子政务

13.2.1　电子政务的概念

电子政务（E-Government），就是政府机构应用现代信息和通信技术，将管理和服务通过网络技术进行集成，在互联网上实现政府组织结构和工作流程的优化重组，超越时间和空间及部门之间的分隔限制，向社会提供优质和全方位的、规范而透明的、符合国际水准的管理和服务。作为以网络技术为核心的信息技术在政府管理与服务中的基本应用，电子政务正在世界范围内蓬勃兴起，使传统的政府管理活动产生了根本性的变革。

13.2.2　电子政务的主要功能

电子政务是指政府职能实现网上电子化与信息化，其功能设置应最大限度地满足公众的需求。电子政务的主要功能可以归纳为以下五个方面。

1. 电子资料库

服务于政府部门和科研教育部门的各种资料、档案、数据库根据公开的原则，尽量存放在互联网以达到共享目的。政府部门的许多资料档案等数据库信息对公众很有用处，电子政务将充分挖掘其内在的潜力，为社会提供信息化服务。

2. 公文电子化

电子政务的重要功能还在于让公众通过网上办事，使事情处理得更方便快捷。以前民众到政府部门办一件事，往往要跑到该地区的各管辖部门办理，如果涉及各个不同部门，则需要盖不同的公章，花费更多的时间与人力。而利用电子政务，除了一些手续必须有实物证明，可以通过建立一个文件资料电子化中心，把其他各种证明和文件电子化，将达到简化手续办理的目的。

3. 电子沟通

通过在互联网上建立政府与公众之间相互交流的对话平台，为公众与政府部门打交道提供方便之门，公众因此也可直接在网上行使对政府的民主监督权力。

4. 电子监督

通过在政府网站上公开政府部门的名称、职能、机构组成、办事章程及各种文件等，使公众及时全面了解政府机构的组成、职能、办事流程、政策法规等，增加政府为民众办事的透明度，公开、自觉地接受公众的监督。

5. 电子采购与招标

利用电子政务建立政府各个部门相对应的专业交易网络，在以电子签章及公开密钥等技术构建的信息安全环境下，推动政府机关之间、政府与企业之间以电子资料交换技术进行通信及交易处理。

总之，电子政务的出现和应用，从根本上改变了政府与企业、社会、公众的信息不对称的状态，各大企业、公民、个人可以通过网络迅速获取政府的各类丰富的信息资源。此外，借助现代信息网络技术，公众还能享受政府提供的一站式服务和在线服务等，大大增强了民众与政府之间的互动，从而使政府不断提高公共服务的质量。

13.2.3　电子政务的基本模式

目前，电子政务的主要模式有 G to G 模式、G to E 模式、G to B 模式和 G to C 模式。

1. G to G 模式

G to G 电子政务即政府与政府之间的电子政务，又称作 G2G，它是指政府内部、政府上下级之间、不同地区和不同职能部门之间实现的电子政务活动。G to G 模式是电子政务

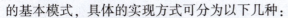

的基本模式，具体的实现方式可分为以下几种：

1) 政府内部网络办公系统

政府内部网络办公系统是电子政务的基础，它是指政府部门内部利用办公自动化系统和互联网/内联网技术完成机关工作人员的许多事务性的工作，实现政府内部办公的自动化和网络化，在实现内部资源充分共享的基础上，提高政府的作业效率和业务水平。

政府内部网络办公系统可分为领导决策服务子系统、内部网站子系统、内部财务管理子系统等，通过应用不同子系统，使传统的政府内部管理向网络化管理转型。

颁布和实施各项政策法规是各级政府部门的一项重要工作。由于政策法规的牵涉面广、信息量大、时效性强，因此，制定、发布、执行各种政策法规历来是政务活动的重要内容。通过电子化方式传递不同政府部门的各项法律、法规、规章、行政命令和政策规范，使所有政府机关和工作人员真正做到有法可依、有法必依，具有十分明显的速度和管理成本优势，既可做到政务公开，又可实现政府公务人员和老百姓之间"信息对称"。目前，众多政府机构的网站都开设了不同形式的政策、法规的宣传窗口，起到了较好的作用。

2) 电子公文系统

公文处理是政府部门的基本职能，传统的公文处理方式是依靠纸张为载体，借助盖章、签字等形式实现公文的传递与处理。这种公文处理方式不但浪费资源，而且因为周期长、效率低，常常会出现因公文"长途旅行"而影响政府决策的效率。比如在招商引资过程中，不少地方政府因为公文处理过程复杂漫长而失去吸引外资的机会，不能不令人痛心。

电子公文系统借助网络技术的应用，使传统的政府间的报告、请示、批复、公告、通知、通报等在保证信息安全的前提下，通过数字化的方式在不同的政府部门间实现瞬时传递，大大提高了公文处理的效率，彻底改变了传统的、司空见惯的公文"长途旅行"现象。

3) 电子司法档案系统

长期以来，公安机关破案难、司法机关执法难的问题一直没有得到很好的解决，一方面是因为我国目前还没有建立起全国统一、完整的档案管理系统，如有关公民个人和企业的信用管理系统基本还是一个空白，给执法带来一定的难度；另一方面，全国不同地区、不同政府机构缺乏实时、有效的信息沟通也是一个重要的原因。

通过电子化的手段，在政府司法机关之间共享司法信息，如公安机关的刑事犯罪记录、审判机关的审判案例、检察机关的检察案例等，必将会大大促进司法工作的开展，在改善司法工作效率的同时，对提高司法工作人员的能力和水平也将大有裨益。

4) 电子财政管理系统

分配和使用财政资金、实现政府不同部门之间的资金流转以及对财政资金使用的监控是政府管理的重要内容，也是政府财政、审计等部门的基本工作。传统的财务管理系统因为财务信息的封闭和独立，给政府的财务管理带来了一定的难度，也为滋生腐败提供了条件。

建立在网络基础上的电子财务管理系统可以向政府主管部门、审计部门和相关机构提供分级。分部门、分时段的政府财政预算及其执行情况报告，包括从明细到汇总的财政收入、开支、拨付款数据以及相关的文字说明和图表，便于有关领导和部门及时掌握和监控财政状况，将使政府的财务管理工作的水平跃上一个新台阶。

5) 电子培训系统

加入 WTO 给我国政府管理工作带来了前所未有的挑战，如何尽快提高政府管理水平，实现与国际接轨已成为各级政府的一个紧迫问题。提高政府管理水平的关键在于政府公务员水平的提高，而提高公务员水平的根本途径必须通过各种形式的培训来实现。长期以来，我国的各级政府管理部门对员工培训的重视程度明显不足，一方面是因为经费有限，另一方面是因为传统的培训必须要求员工在同一时间，集中在同一地点进行，对日常工作的影响大，组织培训有较大的困难。

应用网络技术实现电子化培训克服了传统培训的缺点，既大大降低了培训的成本，又提高了培训的针对性和灵活性。所以，电子化培训借助网络交互的方式帮助员工通过网络随时随地注册参加各类培训课程、接受培训、参加考试等，将会给政府管理人员的学习与进修提供一条理想的通道。

6）垂直网络化管理系统

垂直网络化管理系统主要适合于一些垂直管理的政府机构，如国家税务系统、海关、铁道等部门通过组建本系统的内部网络，形成垂直型的网络化管理系统，以实现统一决策以及信息实时共享，有效提高系统的决策水平和反应速度。

7）横向网络协调管理系统

横向网络协调管理系统通过网络在政府不同部门及不同地区政府部门之间进行横向协调来实现政府的有效管理，它的目的主要是通过网络的应用，使原分散在不同部门、不同地区的决策信息做到有机集成，为不同决策者所共享，减少部门间、地区间的相互扯皮现象，提高决策准确性和作业效率。如我国已经实施的"中国电子口岸执法系统"，这一系统主要是由海关总署牵头，运用网络技术，将涉及进出口管理和服务的海关、商检、外贸、外汇、市场监督管理、税务、银行等单位联结起来，把这些部门分别管理的进出口业务信息流、资金流、货物流等数据的电子底账集中在统一、安全、高效的公共数据中心物理平台上，建立电子底账，实行联网核查、数据共享和数据交换。这不仅使企业可在网上进行进出口贸易，而且还加强了政府对口岸的监管，提升了打击走私、骗税、骗汇活动的力度。

8）网络业绩评价系统

在我国，政府部门的业绩考核一直不被重视，一方面是因为缺乏量化的指标，业绩考核很难实施，另一方面是因为我国的政府管理部门一贯没有形成合理的激励和约束机制，业绩高低对员工的影响并不显著。加入WTO后，政府工作人员的业绩要求明显提高，业绩评价指标也逐步与国际接轨，所以完善业绩考评体系也已成为提高政府管理水平的重要措施。

利用网络技术构筑业绩考评体系，既可以对业绩考评的各项指标进行量化考核，又可通过网络实现远程考评，与此同时还可实现员工之间的横向比较以及不同时期的纵向比较，使得考评方式更加科学、公平与公正。网络业绩考评系统可按照设定的任务目标、工作标准和完成情况对政府各部门以及每一员工的业绩进行科学的测量和公正的评估，以达到良好的激励与约束的效果。

9）城市网络管理系统

G to G 电子政务还包括城市网络管理系统，主要的应用有以下几个方面：对城市供水、供电、供气、供暖等城市要害部门实行网络化控制与监管；对城市交通、公安、消防、环保等部门实行网络统一化调度与监管，提高管理的效率与水平；对各种突发事件和灾难实施网络一体化管理与跟踪，提高城市的应变能力。

从以上概括的九个方面可以看出，传统的政府与政府间的大部分政务活动都可以通过网络技术的应用高速度、高效率、低成本地实现。

2. G to E 模式

G to E 电子政务是指政府与政府公务员（Employee）之间的电子政务，又称作 G2E。G to E 电子政务是政府机构通过网络技术实现内部电子化管理的重要形式，也是 G to G、G to B 和 G to C 电子政务模式的基础。G to E 电子政务主要是利用内联网建立起有效的行政办公和员工管理体系，旨在提高政府工作效率和公务员管理服务水平。具体的应用主要有以下两种：

1）公务员日常管理

利用电子化手段实现政府公务员的日常管理，对降低管理成本、提高管理效率具有重要意义。如利用网络进行日常考勤、出差审批、差旅费异地报销等，既可以为公务员带来很多便利，又可节省领导的时间和精力，有效降低行政成本。

2）电子人事管理

政府公务员的人事管理是政府机构自身管理的重要内容。应用网络技术实现电子化人事管理已成为一种新的形式和趋势，已在不少企业和政府机构实践。电子化人事管理包括电子化的招聘、电子化的学习、电子化的沟通等内容。电子化人事管理的发展使传统的、以纸面档案管理为中心的人事管理方式产生了一场新的革命，对提高政府人事管理的水平和效率、降低管理成本起到极为重要的作用。

G to E 电子政务的形式不一而足，主要应从不同政府部门需求的实际出发，探索具体可行的电子化管理方式。

3. G to B 模式

G to B 电子政务是指政府与企业（Business）之间的电子政务，又称作 G2B。企业是国民经济发展的基本经济细胞，促进企业发展、提高企业的市场适应能力和国际竞争力是各级政府共同的责任。对政府来说，G to B 电子政务的形式主要包括以下几种：

1）政府电子化采购

在世界各国，政府采购的总额通常占到本国 GDP（国内生产总值）的 10%~15%，我国近年的年政府采购额达到了上万亿元。因此，政府采购项目是本国市场的基本组成部分。对政府而言，政府采购是 G to B 的电子政务，因为政府采购不具有商业目的。对企业而言，政府采购是 B to G 的电子商务，是企业电子商务的重要内容。

政府采购是一项牵涉面十分广泛的系统工程，利用电子化采购和电子招投标系统，对提高政府采购的效率和透明度，树立政府公开、公正、公平的形象，促进国民经济的发展起着十分重要的作用。政府电子化采购主要是通过网络面向全球范围发布政府采购商品和服务的各种信息，为国内外企业提供平等的机会，特别是广大中小企业可以借此参与政府的采购，赢得更多的发展机会。电子化招投标系统在一些政府大型工程的建设方面已有了很多的应用，它对减少徇私舞弊和暗箱操作有重要意义，同时还可减少政府和企业的招投标成本，缩短招投标的时间。政府电子化采购对杜绝传统政府采购中的腐败行为同样具有重要的意义，电子化采购使原来由政府代表与厂商代表的直接接触转化为政府代表与网络的互动过程，人人界面转变成了人机界面，并且所有过程都有电子记录在案，大大增强了采购工作的透明度，提高了行政效率，显著减少了腐败行为发生的机会。

2）电子税务系统

税收是国家财政收入的主要来源，降低征税成本、杜绝税源流失、方便企业纳税一直是税务部门工作的重要目标。电子税务系统可使企业直接通过网络足不出户地完成税务登记、税务申报、税款划拨等业务，并可查询税收公报、税收政策法规等事宜。我国已经实施的"金税工程"对打击偷漏税行为起到了重要作用，并逐步建立起了全国范围内的增值税发票稽查系统和电子纳税系统。

电子税务使企业通过政府税务网络系统，在家里或企业办公室就能完成税务登记、税务申报、税款划拨、查询税收公报等业务，既方便了企业，也减少了政府的开支。

3）电子外经贸管理

进出口业务在国民经济发展中占有重要的比重，我国在加入 WTO 后，进出口业务的发展进入高速成长期。对我国政府来说，一方面要通过各项符合 WTO 要求的政策鼓励国内企业开展进出口业务，特别是加快出口业务的发展和提高产品的国际竞争力；另一方面，我国的外经贸管理必须有一个新的突破，既要符合国际惯例，又要为广大国内外企业创造一个公平、高效、宽松的进出口环境。电子化外经贸管理已成为一种新的趋势，如进出口配额的许可证的网上发放、海关报关手续的网上办理以及网上结汇等已在我国外经贸管理中开始应用。

4）中小企业电子化服务

中小企业在促进就业、活跃市场、增强出口等许多方面发挥着极为重要的作用，一个国家和地区的经济繁荣程度很大程度上取决于中小企业的生存质量。据有关部门的统计，我国中小企业占到企业总数的 99%，数量超过 1000 万家。加入 WTO 以后，广大中小企业在得到了更为广阔的市场空间的同时，自身的生存发展也因为技术、人才、市场等资源的局限受到了严峻的挑战。帮助和促进中小企业的发展是各级政府义不容辞的责任，利用电子化手段是政府为中小企业开展服务的重要形式。政府利用宏观管理优势，借助网络为提高中小企业竞争力和知名度提供各种帮助，如组建专门为中小企业进出口服务的专业网站，设立网上求助中心，提供软、硬件服务等。

5）综合信息服务系统

"改变政府职能，增强服务意识，提高政府服务水平"是今后政府改革的重要方向。政府各部门高度重视利用网络手段为企业提供各种快捷、高效、低成本的信息服务。比如，商标注册管理机构提供已注册商标的数据库，供企业查询；科技成果主管部门把有待转让的科技成果在网上公开发布；质量监督检查部门把假冒伪劣的产品和企业名录在网上公布，以保护有关厂家的利益；政策、法规管理部门向企业开放法律、法规、规章、政策数据库以及政府经济白皮书等各种重要信息。

4. G to C 模式

G to C 电子政务是指政府与公民（Citizen）之间的电子政务，又称作 G2C，是政府通过电子网络系统为公民提供各种服务。G to C 电子政务所包含的内容十分广泛，主要的应用包括以下一些方面：

1）电子身份认证

公民身份认证的电子化、网络化已成为必然趋势。电子身份认证可以记录个人的基本信息，包括姓名、性别、出生时间、出生地、血型、身高、体重及指纹等属于自然状况的信息，也可记录个人的信用、工作经历、收入及纳税状况、养老保险等信息，使公民的身份能得到随时随地的认证，既有利于人员的流动，又可以方便公安部门管理。公民电子身份认证还允许公民个人通过电子报税系统申报个人所得税、财产税等个人税务。政府不但可以加强对公民个人的税收管理，而且可方便个人纳税申报。此外，电子身份认证系统还可使公民通过网络办理结婚证、离婚证、出生证、学历和财产公证等手续。

2）电子社会保障服务

在我国，社会保障事业在近几年得到了很大的发展，并将逐渐成为政府工作的中心内容，因此，电子化社会保障服务必将成为电子政务的重要应用。电子社会保障服务主要是通过网络建立起覆盖本地区乃至全国的社会保障网络，使公民能通过网络及时、全面地了解自己的养老、失业、工伤、医疗等社会保险账户的明细情况，政府也能通过网络把各种社会福利，比如困难家庭补助、烈属抚恤和社会捐助等，运用电子资料交换、磁卡、智能卡等技术直接支付给受益人。电子社会保障体系一方面可以增加社保工作的透明度，另一方面还可加快社会保障体系普及的进度。

3）电子民主管理

电子民主管理也是 G to C 电子政务的重要应用。公民可以通过网络发表对政府有关部门和相关工作的看法，参与相关政策、法规的制定，而且还可直接向政府有关部门的领导发送电子邮件，对某一具体问题提出意见和建议。与此同时，电子民主管理可以提高选举工作的透明度和效率，政府可以把候选人的背景资料在网上公布，方便选举人查阅，选举人可以直接在网上投票，既可大大提高选举工作的效率，又可有效保证选举工作的公正和公平。可以毫不夸张地说，电子政务的实施必将会大大推进我国社会主义民主的进程。

4）电子医疗服务

长期以来，人民群众普遍感到我国的医疗服务不尽如人意，医疗体制的改革还远未到位，而网络技术在改善政府的医疗服务方面也能发挥重要作用。政府医疗主管部门通过网络向当地居民提供医疗资源的分布情况，提供医疗保险政策信息、医药信息，执业医生信息，为公民提供全面的医疗服务。公民通过网络查询自己的医疗保险个人账户余额和当地公共医疗账户的情况；查询国家新审批的药品的成分、功效、试验数据、使用方法及其他详细数据，提高自我保健的能力；查询当地医院的级别和执业医师的资格情况，选择合适的医生和医院等。电子医疗服务既可使病人能更加方便地享受到优质的医疗服务，又可有效地促进当地医疗卫生事业的发展。

5）电子就业服务

提供就业服务是政府的基本职能之一，也是维护社会稳定和促进经济增长的重要条件。政府充分利用网络这一手段为求职者和用人单位之间架起一座服务的桥梁，使传统的、在特定时间和特定地点举行的人才和劳动力的交流活动突破时间和空间的限制，做到随时随地都可使用人单位发布用人信息、调用相关资料，应聘者可以通过网络发送个人资料，接收用人单位的相关信息，并可直接通过网络办妥相关手续。政府网上人才市场还在就业管理和劳动部门所在地或其他公共场所建立网站入口，为没有计算机的公民提供接入互联网寻找工作职位的机会，帮助他们分析就业形势，指导就业方向等。

6）电子教育/培训服务

社会主义市场经济的发展以及科学技术的迅猛发展使人们对教学、培训的需求不断上升，越来越多的人认识到"终身学习"的重要性。但由于受到各种条件的限制，满足人们学习、培训的需求难度很大，对边远地区的群众来说困难尤其显著。利用网络手段为人们提供灵活、方便、低成本的教育培训服务，不仅是增强我国公民素质的有效途径，也是改善政府服务的重要内容。

视频学习资源：电子政务

 本章小结

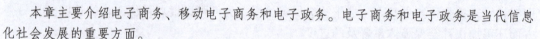

本章主要介绍电子商务、移动电子商务和电子政务。电子商务和电子政务是当代信息化社会发展的重要方面。

电子商务是基于电信网络的商业活动，包括网上交易和利用信息技术优化商业流程。电子商务类型有 B2B（企业间）、B2C（企业与消费者间）、C2B（消费者与企业间）、C2C（消费者间）、B2G（企业与政府间）、C2G（消费者与政府间）、O2O（线上到线下）。电子商务框架体系包括网络系统、用户、银行、配送中心、认证机构和行政管理部门。电子商务可以实现广告宣传、咨询洽谈、网上订购、网上支付、电子账户、服务传递、意见征询、交易管理等功能。

移动电子商务是利用移动设备进行的电子商务活动，具有广泛性、个性化、精准性等特点。移动电子商务应用于移动购物、移动支付、移动营销和移动客户服务等。移动电子商务产业链包括终端厂商、电信运营商、金融支付服务商、平台服务提供商、仓储物流商等。随着技术进步和用户习惯变化，移动电子商务市场将持续扩大。

电子政务是政府利用信息技术提供服务，优化组织结构和工作流程。电子政务模式有 G to G（政府间）、G to E（政府与公务员间）、G to B（政府与企业间）、G to C（政府与公民间）。电子政务可以实现提供电子资料库、公文电子化、电子沟通、电子监督和电子采购的功能。电子政务可提高政府服务效率，降低成本，增强公众参与和监督。

电子商务和电子政务的发展正在不断改变传统的商业和政府服务模式，提高效率，降低成本，并为用户带来更加便捷的服务体验。随着技术的不断进步，未来的电子商务和电子政务将更加智能化和个性化。

 课堂讨论

1. 日常生活中，你是否感受到了电子商务对生活和学习所产生的影响？如果是，请举例说明。

2. 讨论电子商务与移动电子商务的关系。

 分组任务

1. 通过书刊、网络等方式收集电子商务系统应用的案例，重点对这些案例进行分析讨论，总结电子商务系统应用的必要性和可行性。

2. 通过书刊、网络等方式收集电子政务系统应用的案例，重点对这些案例进行分析讨论，总结电子政务系统应用的关键成功因素。

复习思考题

1. 如何理解电子商务的概念？
2. 按照参与交易的对象来划分，电子商务分为哪几种类型？
3. 什么是移动电子商务？移动电子商务有什么特点？
4. 简述电子政务的功能。

课后案例分析

 课后案例：福州市打造"一网好办"旗舰店　全面提升一体化政务服务能力

 课后案例的分析要点

14 供应链管理系统

知识目标	能力目标	价值目标
1. 掌握供应链管理的概念，理解并把握供应链管理的思想； 2. 熟悉供应链管理系统的概念，理解供应链管理系统的信息共享模式，重点掌握供应链管理系统的功能； 3. 了解物联网在供应链管理系统中的应用	1. 能够理解供应链管理系统的主要任务，体会供应链管理系统对企业的重要性； 2. 能够分析实际问题，提升对供应链管理系统的分析与应用能力	1. 掌握供应链管理系统的功能，增强对供应链管理的信心； 2. 培养安全意识，理解供应链管理系统对企业业务全过程安全的重要性； 3. 增强责任意识，认识企业供应链管理中系统操作人员的责任和专业素养的重要性

关键术语

供应链(Supply Chain，SC)；
供应链管理(Supply Chain Management，SCM)；
供应链管理系统(Supply Chain Management Systems，SCMS)

引导案例

安利(中国)的供应链数智化

安利(中国)正式成立于 1995 年，经过近 30 年的发展，目前经营区域已遍布全国 31 个省(自治区、直辖市)，中国成为安利全球最大的市场。自成立以来，安利(中国)得到了社会各界的广泛认同与赞誉，业务涵盖纽崔莱营养保健食品、雅姿美容化妆品、个人护理用品、家居系列共四大类 340 多款产品，并以卓越品质赢得了广大消费者的喜爱和信赖。

安利(中国)积极响应国家提出的"实现人民对美好生活的向往"战略机遇，深耕大健康赛道，向消费者提供一体化全方位的美好生活解决方案。为保障安利(中国)业务持续增长，需要稳定的、高品质的、敏捷的全球供应链支持。安利(中国)通过数智化的管理创新与技术创新连接供应链各个环节，构建一个高效、智能、互联的生态系统，让生态系统中的各个参与方都可以高效地交流信息、共享数据和协同合作，以快速应对供应波动和市场需求变化，提高整个供应链的柔性与韧性，最终实现供应链的高度智能化和可持续发展。

安利(中国)在推进供应链数智化建设过程中，取得了一些阶段性成果。比如在自动化方面，通过一系列自动化设备基本实现生产自动化；在生产计划与管理方面，引入了 APS、RPA，提升业务系统自动化水平；在可持续发展方面，落地了一系列智能绿色方案，而最为体现数智化成就的则当属供应链控制塔项目。供应链控制塔项目在 2021 年建设之初，就得到了公司管理层重视及各个部门及供应链上下游伙伴的共同参与。建设过程历经三年，分步建设与实施并迭代升级，如今供应链控制塔已成为供应链端到端分析与决策支持的平台，它不仅连接起了计划、采购、生产、交付、售后，以及包括上下游的整个供应链生态，把供应链关键活动、数据、业务指标通过可视化的仪表盘呈现实时数据和分析，使企业能够更全面地了解供应链的动态运营状况，并且通过对关键控制点的分析与预警、多业务场景下模型与仿真模拟、各种数智化能力的加持，帮助供应链实现高效与精准的运营、管理、决策与协同。可以说，供应链控制塔已成为安利(中国)供应链的数智化大脑。

2021 年年初，安利(中国)对供应链控制塔进行了可行性调研，明确了供应链控制塔"三步走"建设规划，如图 14-1 所示。

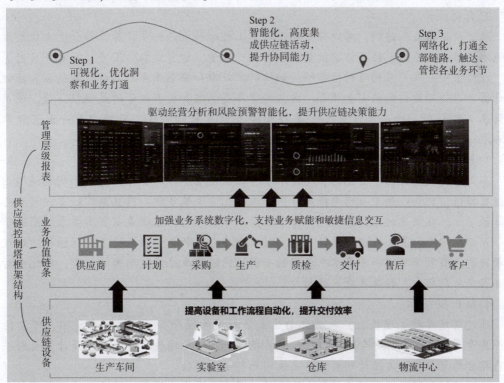

图 14-1　供应链控制塔战略规划

1. 可视化

通过打通供应链端到端全景业务可视化，加强关键业务实时监控，重点监控服务水平、职能协同、交付周期、成本管控和风险等领域。2022年完成供应链第一期可视化建设后，初步实现了从原材料供应、到订单生产、再到交付物流等环节的端到端可视化，帮助更好预测缺货风险，加强了对核心运营环节的监控及风险预警，提高了供应链灵活性与跨部门协作效率，在成本、质量和敏捷性方面取得了综合性平衡。2022年，安利（中国）供应链核心产品有货率全年达标，并远超全球其他市场表现。

2. 智能化

通过聚焦业务活动在实际运营中的系统化串联，提升智能化协同能力，重点提升需求预测、计划协同和库存控制等供应链防线的有效性；深化了库存智能管理、供应商智能协同和成本智能管控三个模块。以库存智能管理为例，低库存会面临一定的缺货风险，而高库存占用大量资金，需要一定的取舍和平衡。解决库存的关键是要对库存进行精细化管理。库存水平的影响因素有预测准确率、有货率要求、前置期、经济订单批量、经济生产批量、持有成本、特别备货需求等，平衡多个指标，需要全局最优解。

供应链控制塔项目组对库存专题进行场景化建模分析来更好地支持业务决策，制订了"优化策略、自动计算、模拟分析、输出报告"四个管理优化。

1) 优化策略

对现有库存分类进行精细化切分并匹配相应库存策略。产品分类在原有按销量分 A、B、C 基础上，引入预测准确率 X、Y、Z 的维度，将三类产品的库存管理精细化到九类产品的库存管理。针对不同类型的产品，结合重要性和波动情况来搭建相应库存模型。

2) 自动计算

通过数据集成和建模，搭建安全库存计算工作台和生产批量计算工作台。系统集成了预测准确率、前置期、经济订单批量、经济生产批量、持有成本、汇率、有货率目标等数据。在模型中嵌入一系列限制性条件，如物料有效期和安全库存之间的限制关系。通过建模计算可以自动输出物料安全库存、成品安全库存、经济生产批量的最优推荐值。使用自动计算工作台后，计划员计算安全库存和经济批量的时间从三天缩短至一天，效率提升60%。

3) 模拟分析

当某个关键库存因子变化时，库存水平将相应发生怎样的变化，有助于明确关键因子改进目标值，比如：预测准确率提高多少，库存相应降低多少；前置期缩短多少，库存相应降低多少。在供应链控制塔搭建了四个敏感性分析模型，分别是有货率要求、采购前置期、预测准确率、最小采购量参数变化，对安全库存天数与金额的设置进行模拟，通过模拟帮助达成有货率要求和库存水平之间的平衡。通过将库存关键动因的改变，转化为对整体库存变化的模拟，指导库存目标制订。

4) 输出报告

通过搭建库存管理报表，系统自动生成多维度管理分析报表，把有货率、可支持天数、库存周转、冗余库存金额与占比、缺货情况一目了然地展示出来，增强计划员对关键库存指标的可视度，方便计划员快速定位问题与跟进解决。

供应链控制塔通过数据分析和决策支持，助力库存指标改善，2023年在保障有货率达标的基础上，库存指标呈现明显优化，库存水平整体呈下降趋势，与年初峰值相比，全年

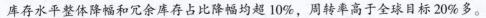

库存水平整体降幅和冗余库存占比降幅均超 10%，周转率高于全球目标 20% 多。

3. 网络化

通过聚集生态建立，实现企业内外部、上下游的协同鸣奏，建设重点在于打通供应链网络，让不同类型的产品供应策略可以更有效地在供应网络中协作。供应商智能协同将供应环节标准化，可更快识别供应风险。为此，整合了内部供应商管理系统、ERP、进出口等系统数据，打通内外部、上下游业务数据壁垒。

随着供应链控制塔项目的上线和推广，供应链控制塔改变了员工的工作习惯，让员工可以更敏捷、更精准地响应波动和变化，在全球供应不稳定的情况下，2023 年安利（中国）供应链核心产品有货率、客诉率、履约准时率远超目标，为市场保供，为顾客提供质量更优的产品、速度更快的服务。安利（中国）供应链在管理创新与技术驱动下将持续深化数智化发展，公司管理层持续支持供应链在大数据、物联网、AI、5G、智能制造和工业 4.0 等方面的建设，这将帮助安利（中国）供应链进一步提升生产力，驱动创新，形成竞争优势，更准确地理解市场需求和客户行为，未来的供应链也将更透明、更高效、更灵活、更智能。

（资料来源：腾讯云，https：//cloud.tencent.com/developer/news/1673265，有改动）

结合案例请思考：安利（中国）实施供应链数智化改革的必要性是什么？

 导入案例的分析要点

14.1 供应链管理系统概述

14.1.1 供应链

1. 供应链的基本概念

国家标准《物流术语》中，供应链是指生产和流通过程中，涉及将产品或服务提供给最终用户活动的上游与下游企业所形成的网链结构。供应链的概念更加注重围绕核心企业的网链关系，如核心企业与供应商、供应商的供应商乃至一切前向的关系，与用户、用户的用户乃至一切后向的关系。此时对供应链的认识形成了一个网链的概念，像丰田、耐克、麦当劳和苹果等公司的供应链管理都从网链的角度来实施。供应链的网链结构如图 14-2 所示。

华中科技大学教授马士华对供应链的定义是：供应链是围绕核心企业，通过对信息流、物流、资金流的控制，从采购原材料开始，制成中间产品以及最终产品，最后由销售网络把产品送到消费者手中的，将供应商、制造商、分销商、零售商、最终用户连成一个整体的功能网链结构模式。其含义包括三个方面：一是供应链是一个网链结构，由围绕核心企业的供应商、供应商的供应商和用户、用户的用户组成。二是一个企业是一个节点，节点企业和节点企业之间是一种需求与供应关系。三是供应链一般包括三个流程：物流、信息流和资金流。

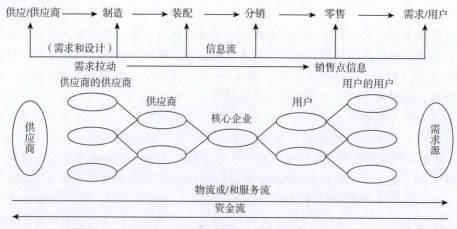

图 14-2　供应链的网链结构

1）物流

物流是实物形态物料的单向流通。物料从供方开始，沿着各个环节向需方移动。供应商的供应商提供原材料，如铁矿、石油、木材等，到供应商即中间产品制作商，将基础原材料变成可直接使用的物料，到核心企业即最终产品制造商完成成品组装，再将成品卖给客户即分销商，分销商将这些产品卖给零售商，零售商接下来将这些产品卖给最终消费者。

2）信息流

信息流分为需求信息和供给信息，这是两个不同流向的信息流。首先是需求信息，如客户订单、采购合同等是需求信息。当需求信息从需求方向供方流动时，便引发物流，物资被运送到需求方，可见需求信息同物料流动方向相反。其次是供给信息，如完工报告单、入库单、库存记录、可供销售量等是供给信息。供给信息是由需求信息引发的，如消费者向零售商买货，零售商是否有可供销售量，供给信息与物料流动方向一致，同物料一起沿着供应链从供方向需求方流动。

3）资金流

资金流以货币形态单向流动，同物料流动的方向相反。这是因为物料是有价值的，物料在供应链上因加工、包装、运输等过程而增加其价值，因此，供应链是一条增值链。

供应链由所有加盟的节点企业组成，其中一般有一个核心企业（可以是产品制造企业，也可以是大型零售企业，如美国的沃尔玛），节点企业在需求信息的驱动下，通过供应链的职能分工与合作（生产、分销、零售等），以资金流、物流或/和服务流为媒介实现整个供应链的不断增值。

2. 供应链的类型

根据不同的划分标准，可以将供应链分为以下几种类型：

1）根据供应链存在的稳定性不同划分

根据供应链存在的稳定性不同，可以将供应链分为稳定的供应链和动态的供应链。稳定的供应链是指组成供应链的节点企业更新较少，基于相对稳定、单一的市场需求而组成的供应链。动态的供应链同稳定的供应链相反，是基于相对频繁变化、复杂的需求而组成的供应链，动态性较高，即组成供应链的节点企业更新较多。在实际管理运作中，需要根据不断变化的需求，相应地改变供应链的组成。

2）根据供应链容量与用户需求的关系不同划分

根据供应链容量与用户需求的关系不同，可以将供应链分为平衡的供应链和倾斜的供应链。供应链容量是指一个供应链一定的、相对稳定的设备容量和生产能力（所有节点企业能力的综合，包括供应商、制造商、运输商、分销商、零售商等）。

平衡的供应链容量是恒定的，但用户需求处于不断变化的过程中，当供应链的容量能满足用户需求时，供应链处于平衡状态，此时的供应链称为平衡的供应链。平衡的供应链可以实现各主要职能（采购/低采购成本、生产/规模效益、分销/低运输成本、市场/产品多样化、财务/资金运转快）之间的均衡。

倾斜的供应链是指当市场变化加剧时，如市场需求增长造成供应链成本增加、库存增加、浪费增加等，企业不是在最优状态下运作，供应链则处于倾斜状态。

3）根据供应链的功能模式不同划分

根据供应链的功能模式不同，可以将供应链分为有效性供应链（Efficient Supply Chain）和反应性供应链（Responsive Supply Chain）。有效性供应链主要体现供应链的物理功能，即以最低的成本将原材料转化成零部件、半成品、产品以及产品在供应链中的运输等。反应性供应链主要体现供应链的市场中介的功能，即把产品分配到满足用户需求的市场，对未预知的需求作出快速反应等。前者以最低的成本为终极目标，后者以快速反应为终极目标。

4）根据运作方式不同划分

根据运作方式不同，可以将供应链分为推式供应链和拉式供应链。推式的供应链是对顾客订购预期的反应启动推动流程，在推动流程执行过程中，需求是未知的，因此必须进行预测。拉式的供应链是对顾客订单的反应启动拉动流程，在拉动流程执行过程中，需求是已知的、确定的。供应链管理的战略内容之一，就是要选择适合自己实际情况的运作方式。拉式供应链虽然整体绩效表现出色，但对供应链上企业的要求较高，对供应链运作的技术基础要求也较高，而推式供应链方式相对容易实施。企业采取什么样的供应链运行方式，与企业的基础管理水平有很大关系。

5）根据供应链主体不同划分

核心企业即是供应链的主体。任何一个供应链都必然有一个核心企业，供应链的管理主要靠核心企业运作，核心企业是供应链中产品运作的领导者，因此，可以把核心企业看作供应链的主体。根据供应链的主体即核心企业的不同，供应链可分为两种类型：生产商的供应链和零售商的供应链。

14.1.2　供应链管理

1. 供应链管理概述

供应链管理的概念，可以从广义和狭义两个方面解释。广义的供应链管理是描述从原材料开采到使用结束，整个过程中的采购、物流、生产、库存及销售管理的宏观流程。但是，广义的供应链管理描述的价值链相对复杂，企业无法获得供应链管理提供的全部利益，因而又产生了狭义的供应链管理概念，即供应链管理是指在满足一定的客户服务水平的条件下，为了使整个供应链系统成本达到最小，而把供应商、生产商、仓库、配送中心和渠道商等有效地组织在一起，进行产品生产、转运、分销及销售的管理方法。供应链管理包括计划、采购、生产、配送、退货五大基本内容。

①计划。这是供应链管理的策略性部分。企业需要一个策略来管理所有的资源，以满足客户对产品的需求。好的计划可以建立一系列的方法监控供应链，使它能够有效、低成本地为顾客递送高质量和高价值的产品或服务。

②采购。选择能为产品和服务提供货品与服务的供应商，和供应商建立一套定价、配送和付款流程，并把对供应商提供的货品和服务的管理流程结合起来，包括提货、核实货单、转送货物到制造部门并批准对供应商的付款等。

③生产。安排生产、测试、打包和准备送货所需的活动，是供应链中测量内容最多的环节，包括对质量水平、产品产量和工人的生产效率等的测量。

④配送。包括接收用户的订单收据，建立仓库网络，派递送人员提货并送到顾客手中，建立货品计价系统，接收付款。

⑤退货。这是供应链中的问题处理部分。建立网络接收客户退回的次品和多余产品，并在客户应用产品出问题时提供支持。

现代商业环境给企业带来了巨大的压力，不仅仅是销售产品，还要为客户提供满意的服务，从而提高其满意度，让其产生幸福感。要在国内和国际市场上赢得客户，必然要求企业的供应链能快速、敏捷、灵活和协作地响应客户的需求。

供应链管理也是一种先进的管理理念，它的先进性体现于以顾客和最终消费者为经营导向，以满足顾客和消费者的最终期望来生产和供应。对供应链管理的理解有以下几点：

①以顾客为中心。在供应链管理中，顾客服务目标的设定优先于其他目标，它以顾客满意为最高目标。供应链管理本质上是满足顾客需求，它通过降低供应链成本的战略，实现对顾客的快速反应，以此提升顾客满意度，获取竞争优势。

②集成化管理。供应链管理的关键是采用集成的思想和方法。它是一种从供应商开始，经由生产商、分销商、零售商，直到最终客户的全要素、全过程的集成化管理模式，是一种新的管理策略。它把不同的企业集成起来以增加整个供应链的效率，注重的是企业之间的协作，以达到全局最优。

③对物流一体化的管理。物流一体化是指不同职能部门之间或不同企业之间通过物流合作，达到提升物流效率、降低物流成本的目的。供应链管理实质上是通过物流将企业内部各部门及供应链各节点企业联结起来，改变交易双方利益对立的传统观点，在整个供应链范围内建立起共同利益的协作伙伴关系。供应链管理把从供应商开始到最终消费者的物流活动作为一个整体实行统一管理，始终从整体和全局上把握物流的各项活动，使整个供应链的库存水平最低，实现供应链整体物流最优化。

④供应链管理是"外源"整合组织。供应链管理与垂直一体化物流不同，它是在自己的"核心业务"基础上，通过协作的方式来整合外部资源以获得最佳的总体运营效益。

⑤节点企业密切合作、利益共享和风险共担。在供应链管理中，把供应链中的所有节点企业看作一个整体，企业已经超越了组织机构的界限，通过与供应链参与各方实行跨部门、跨职能和跨企业的合作，建立共同利益的合作伙伴关系，发展企业之间稳定的、良好的、共存的互助合作关系，建立双赢的合作关系。

2. 供应链管理的目标

实施供应链管理的宏观总目标是通过有效的供应链管理来提高客户服务水平和降低总体交易成本。总目标也可以细分为以下具体目标：

①总成本最低化：总成本最低化目标并不是指运输费用或库存成本最小，或其他任何供应链物流运作与管理活动的成本最小，而是整个供应链运作与管理的所有成本的总和最低化，即单个企业的最优，并不能代表整个供应链的最优。

②总库存成本最小化：同样是指整个供应链的库存控制在最低限度，而不只是单个成员企业库存水平的最低。

③总周期时间最短化：供应链之间的竞争实质上是时间竞争，即必须实现快速有效客户反应。所谓总周期时间最短化，是指最大限度地缩短从客户发出订单到满意收货的整个供应链的总时间周期。这包括客户发出的订单沿着零售商、分销商迅速、准确地传送到核心的制造商，制造商按照订单向上游供应商发出采购单，供应商通过物流网络及时送料，制造商及时生产产品，之后通过销售网络送给客户。因此总周期时间最短，就要求供应链中所有节点企业所花费的时间最短。

④质量最优化：企业产品或服务的好坏直接关系到企业的成败。要实现质量最优化，就必须从原材料、零部件供应的零缺陷开始，直至供应链管理全过程、全方位质量的最优化。

⑤客户服务最优化：供应链管理的实施目标之一就是通过上下游企业协调一致的运作，保证达到客户满意的服务水平，吸引并保留客户，最终实现企业的价值最大化。

这五种目标间的关系可以这样分析：就传统的管理思想而言，上述目标相互之间呈现出互斥性。例如客户服务水平的提高、总时间周期的缩短、交货品质的改善必然以库存、成本的增加为前提，因而无法同时达到最优。运用集成化管理思想，从系统的观点出发，改进服务、缩短时间、提高品质与减少库存、降低成本是可以兼得的。例如在供应链上做到信息共享，企业的合作就能减少牛鞭效应，降低库存，进而提供更好的质量和更好的服务。

3. 供应链管理中的牛鞭效应

供应链的无效率，如工厂生产能力利用不足、零件的短缺、超额成品库存、物流运输成本高等问题，均由不正确或不及时的信息引起。如制造商在其库存中存放过多的零件，因为它们不知道或不能准确地知道，下一批货何时从供应商处运到。供应商订的原材料过少，原因可能是没有精确的需求信息。这些供应链的无效信息可能浪费的运营成本高达25%。如果制造商要准确地知道顾客需要多少产品、何时需要、何时生产，必须实现一个高效率的准时制（Just-in-time，JIT）策略。零件在需要它们的时刻刚好到达，成品在它们刚下线时就被运走。

在一条供应链中，不确定性总会产生，因为在供应链中有许多事件不可预测，如不确定产品的需求、来自供应商的运输延迟、有缺陷的原材料或零件、生产过程的中断。为了使顾客满意，制造商往往在其库存中保持比它们实际需要还多的库存，以应付这种不确定性与不可预测性。这个安全库存对供应链中灵活性的缺乏起着一个缓冲器的作用。虽然超额库存导致高成本，但低满足率也是昂贵的，因为企业可能因失去订单而蒙受损失。

在供应链管理中有一个反复发生的现象，称为牛鞭效应，即需求信息在从供应链一个实体传递到另一个实体时被扭曲了。不准确的信息会造成产品需求的小波动，随着供应链的传递逐渐放大，产品零售中的小波动会造成分销商、制造商与供应商的大量库存。如零售商对某一件商品的需求微小地上升，可能引起分销商、生产制造商、一级供应商、二级供应商（一级供应商的供应商）、三级供应商（二级供应商的供应商）……N级供应商（$N-1$级供应商的供应商）存在大量的库存，使供应链上的每个成员均保有大量的库存，以应对库存的"万一"。供应链末端组织最初计划订单的微小变化，经过供应链传递后被无限放大，导致超额的库存、运输、生产及仓储成本。

当供应链上的所有企业都能获取准确且及时的信息时，各个企业就可以通过减少需求与供应的不确定性来克服牛鞭效应。若供应链中的所有企业都可以共享其库存数量、生产计划、动态运输信息，那么各个企业就都能及时动态调整其相应的原料库存、生产计划以及资源分配计划，以帮助供应链的各个企业作出更好的原料采购与生产调度计划。

14.1.3 供应链管理系统

1. 供应链管理系统的概念

供应链管理系统（Supply Chain Management Systems，SCMS）是一个集成的信息系统，它将单个企业应用提升为能够运作于整个商业过程的集成系统，其核心目的是高效率地管理企业的信息，帮助企业创建一条畅通于客户、企业内部和供应商之间的信息流。应用供应链管理系统可以降低企业的采购成本和物流成本，准确了解、正确分析企业客户的需求，提高企业对市场和最终顾客需求的响应速度，为企业客户及时提供个性化的服务，从而在最大范围内抓住客户，提高企业产品的市场竞争力。

2. 供应链管理系统的子系统

不同的产业体系有不同的产业环境，其供应链在结构上、流程上都有差异，要实现供应链管理，必须应用不同的供应链管理理念，针对不同的需求开发出不同的信息系统。下面是几种供应链管理系统的子系统，可以单独使用，也可以被集成于供应链管理系统。

1）电子数据交换（Electronic Data Interchange，EDI）

电子数据交换是一种企业文件交换系统，也可以说是一种计算机信息交换技术。国际标准化组织的定义是："将商务和行政事务处理，按照一个公认的标准，形成结构化的事务处理或者信息数据格式，实现从计算机到计算机的数据传送。"简单地说，就是文件用特定的标准格式在各企业间的计算机中传送。它可以使一些普通的商业文件，如订货单、交货单、发票等被转换成特定的格式，以电子信息的方式往来于商业伙伴之间。

2）电子订货系统（Electronic Ordering System，EOS）

电子订货系统是由下游厂商利用电子信息传输设备向上游厂商订货的信息系统。这种订货方式大幅度缩减了订单的传输和处理时间，也减少了错误发生的机会。电子订货系统与库存系统、配送系统相连，能够实现上下游厂商之间从商品订货到配送作业的完全自动化。

3）自动补货系统（Continuous Replenishment Program，CRP）

自动补货系统实际上是一种库存管理方案，以掌握销售信息和库存量作为市场需求预测和库存补货的解决办法。它是一种根据下游零售商的进、销、存资料而自动产生订货单的系统，能使厂商维持最低库存，零售商及时补货，降低缺货率。

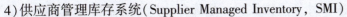

4）供应商管理库存系统（Supplier Managed Inventory，SMI）

供应商管理库存系统可以降低库存量，加速库存周转，进而维持库存量的最优化。而且供应商和批发商通过信息共享可以改善需求预测、补货计划、促销管理和运输装载计划等，达到共赢的局面。

3. 供应链管理系统的主要功能

供应链管理系统主要是建立上下游企业间的联系，实现信息共享。其主要功能如下：

1）帮助销售企业与上游供应商建立协同关系

通过将上游供应商企业加入供应链管理系统，销售企业可实现在线的新产品查看、电子订货、预约结款、网上对账等功能。通过与库存和销售数据的结合分析，系统还能帮助销售企业实现订单数量、品种、库存和配送的自动提示。

2）帮助销售企业与下游客户建立在线交易系统

通过将下游的大型客户、一般客户加入供应链管理系统，可使销售企业的下游客户具备在线订购、查看新产品、流程审核、货款结算、商品促销等功能。销售企业还可针对不同的下游客户、不同的采购规模，设置相应的服务，从而有力地推动客户的销售和服务工作。

3）帮助核心企业实现对下属企业业务经营数据的全面整合

供应链管理系统应用互联网技术，可有效解决下属企业汇总数据传输不准、易出错、难管理的现象；有效实现下属企业的经营数据、业务单据、销售信息及时汇总到总部，实现完备的内部供应链管理。通过业务系统的整合，销售企业总部或相关职能部门，能通过供应链管理系统方便地查询、审核、统计整个企业的相关业务经营信息和处理流程，提升销售企业对下属企业的统一管理和监控能力。

4）加强分销企业对整个分销网络内部供应链的全面管理

供应链管理系统通过互联网技术支持跨地区、多层次的分销渠道管理，并帮助分销企业总部、地区分部及时掌握下属机构的业务经营状态。

14.2 供应链管理系统的功能

供应链管理系统包括供应链计划系统与供应链执行系统两部分。

14.2.1 供应链计划系统

供应链计划系统（Supply Chain Planning Systems，SCPS）是参考供应链管理的思想，模拟公司实际供应链业务，生成产品的需求预测计划，制订最佳的采购与生产计划。供应链计划系统能够帮助管理人员作出更加科学的决策，如在当前生产期间内生产多少产品，需要多少原材料、半成品及辅助生产材料，确定如何放置与存储产成品，如何选择合适的产品物流模式等。供应链计划系统包括生产计划、采购计划、营销计划与运输计划等模块。

1. 生产计划模块

利用营销计划功能，在销售预测和其他选择的关键指标基础上，生成实际可行且一致性强的生产计划和日期。然后，在生产计划子模块中，将这些计划数字分解成各种产品级别，从而生成采购计划。在采购计划子模块中，系统会计算出所需物料的采购数量和日期。在此计划阶段，可同时规划出物料需求计划，从而利用生产计划子模块及时发现可能出现的生产能力瓶颈，以采取必要的预防措施。

2. 采购计划模块

采购计划是对所有生产中心的负荷能力进行平衡后得出的详细生产计划。采购计划是一种短期的、当前实际应用的计划。生产计划与生产订单处理和重复制造功能是集成在一起的。各种派工策略和灵活的工作计划表可以帮助进行生产资源规划。如利用看板技术控制生产，一旦物料数量低于看板水平，系统就会自动触发一个补货或生产需求。在供应链管理系统的看板模块中，存在各种补货策略，它们可以用于内部生产、外部采购与存货调配，其补货信号可以由条形码或图形看板来触发。

3. 营销计划模块

营销计划模块可以解释为供应链的调度系统。营销计划模块帮助企业管理分销中心，并保证产品可订货、可盈利以及生产能力可用。营销计划帮助企业分析原始信息，协助企业建立优化的存货管理策略。它可以提供生产商与分销商从终端到终端的透明度，减少存货投资。

4. 运输计划模块

运输计划是对整个供应链的运输需求作出计划，帮助确定将产品送达客户的最佳途径。运输计划模块对采购计划与营销计划进行归类，并充分利用现有的运输能力。供应链计划系统中的运输计划模块集成采购计划、生产计划、营销计划所派生的运输需求，在运输资源限制和成本约束条件下，以最小化供应链总运输成本为目标制订计划。运输信息必须与其他计划系统之间保持良好的共享，这样才能保证与其他计划系统之间的信息同步性，客户可以了解到自身订单的运输状态，采购计划可以检索所需要原材料的在途信息，营销计划可以随时掌握产品动态。

供应链计划系统提供了大量的工具，这些工具可以确保对企业生产流程中的物流进行高质量的策划和控制，有利于企业管理人员作出必要的调整以适合企业内部的特定需要，将计划人员、作业排程人员和生产排程人员从大量日常烦琐的工作中解放出来，省出更多的时间集中处理更重要的经营活动。

14.2.2　供应链执行系统

供应链执行系统（Supply Chain Execution Systems，SCES）负责管理分销中心与仓库物流，保证以最高效的方式将产品送到正确的地点。供应链执行系统可以跟踪产品的物理状态，管理供应链成员的原材料、半成品、产成品、运输模式与财务信息。

传统的供应链管理系统由推动式供应链模型所驱动，亦被称为基于库存的生产。在推动式供应链模型中，主生产计划基于对产品需求的最佳猜测，将产品"推"向客户，如图14-3所示。随着信息技术的快速发展，基于互联网的工具使协同信息集成成为可能，供应链管理更易于实现由拉动式供应链模型驱动。拉动式供应链模型亦被称为需求驱动生产模型。在拉动式供应链模型中，客户的实际需求或采购行为触发供应链的响应。根据客户订单实际需求形成的生产计划与运输计划逆供应链而上，从零售商到分销商，再到生产商，最后到达供应商，如图14-4所示。反之，按照订单计划生产出来的产品顺着供应链再回到零售商。生产商按照订单的实际需求信息，驱动生产计划与原材料采购计划，安排生产日程。

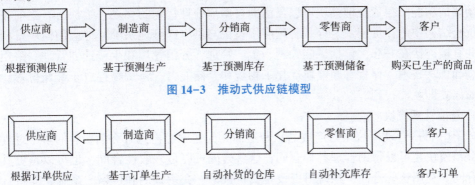

图 14-3　推动式供应链模型

图 14-4　拉动式供应链模型

供应链执行系统由订单计划、采购、生产、存货和分销等模块组成。供应链执行系统不仅包含了用于简化需求计划的管理模块，还具有货仓管理及发票校验这些业务流程所必需的所有功能，而且对采购、生产、存货及分销等标准工作程序进行了高度自动化。

1）采购管理模块

根据生成的采购计划，参考客户的重要性、满足订单履行时间的要求可制订订单履行计划，系统把这些请购单传递给采购模块，将它们转换成采购订单。采购人员可以任意应用各种高级工具，从特殊的采购主数据维护、询价请求，再到报价及框架协议。如采购人员可以在采购过程中自动比较价格，自动进行供应商选择或自动输入采购订单。供应商评估功能可以按照预先设定的选择条件找出最满意的供应商，也可以在采购文档被进一步处理之前对它们选择应用下达和批准程序。采购活动可由被授权员工利用电子签名批准。采购人员可以将采购订单或预测交货日程表通过硬拷贝或电子手段（如 EDI）发送给供应商。采购历史可以帮助监控订单的状态并跟踪已收到的物料或发票。

2）生产管理模块

生产管理主要指在特定场所进行的组装，包括装配、包装及贴标签等活动。根据企业的生产方式，可以选用生产订单处理、重复性制造或看板生产控制方式。生产订单主要用于离散型灵活作业，它提供广泛的状态管理功能、逐单控制功能以及与各种生产作业相关的功能。重复制造，适用于某些特定生产线在相当长的期间进行产品重复生产的制造商，其生产计划和控制以及监控作业通常都是基于时间段及数量进行的。供应链管理系统重复制造模块利用生产率和生产线方式来满足这种类型生产的需求。能力计划与生产订单处理和重复制造功能是集成在一起的。各种派工策略和一个灵活的工作计划表可以帮助生产管理人员进行生产资源规划。如利用看板技术控制生产，一旦物料数量低于看板水平，系统就会自动触发补货或生产需求。

3）存货管理模块

存货管理策略的目标是尽可能减少流水线上的库存。在存货管理模块中的物料存货是基于价值与数量来进行管理的，这个模块支持最通用的收货、发货和存货调配业务流程，并能帮助企业管理特殊存货（如批次管理、托管存货、项目存货、可退回的运输包装材料或承包商库存的转包元件），货物移动的自动过账会令财务会计、资产会计和管理会计三方面的存货价值更新。不管企业是进行阶段性或连续性盘点，还是进行大盘点，甚至应用抽样或周期性盘点手段，系统都可以提供一系列方法帮助库存管理人员输入数据并提供各种自动评估功能。存货管理模块可以灵活而自动地处理货物的移动，维护所有当前在高度复杂货仓结构中的存货记录。存货管理应用模块与供应链管理系统其他应用模块是相互集成的并直接连接在一起，包括采购管理、生产管理、分销管理和生产计划管理。采用先进的入仓和拣货技术，存货管理模块优化了物流和仓储能力，将货物存放于最佳位置，在需要的时候立即就能找到。

4) 分销管理模块

分销（销售）管理模块是对产成品从制造商到配送中心再到最终消费者的整个过程的管理。分销模块还可以帮助管理各种合同，这些合同可以是一般性合同，也可以是更具体的租约合同。利用这些合同，系统可以设定交货数量、交货日期和价格。系统还支持日程交货协议和更复杂的诸如准时交货时间要求。可以利用服务管理应用软件功能来跟踪产品情况。服务管理应用软件提供一整套的功能，包括电话请求管理、保修管理以及维护维修合同处理，可以使按时交货成为企业销售的运营规范。

14.3　供应链管理系统的实施与应用

14.3.1　供应链管理系统的实施

供应链管理系统的实施分成规划、内部整合、外部整合、跨企业协作四个阶段。在实施供应链管理系统之前，供应链中的核心企业应具备完善和成熟的信息系统。

1. 规划

在进行供应链管理系统实施之前，强烈建议进行一个系统建设规划，它可以保证系统顺利实施。规划阶段的工作主要有以下方面：

①成立规划项目组，可以由供应链管理咨询专家和各成员企业信息中心的相关人员组成。

②选择先进的技术平台和技术标准，主要有 B/S 三层或多层架构、J2EE 平台规范和 Web Service 标准等。

③制订数据编码标准，选择数据描述和转换技术。成员企业之间数据编码方式往往不同，这就需要制订交换数据的编码方式以及转换标准。通常采用 XML 技术来进行数据描述和转换。

④设置系统规划和实施阶段里程碑，并制订进度表。

⑤对系统所需的资金进行估算。

⑥成立项目实施组。

2. 内部整合

为了适应供应链协作的需要，企业内部原有的相关业务流程也需要进行业务流程重组（BPR），剔除和整合无效率环节，以实现供应链上关联流程的一体化、全过程的管理。同时，对企业内部与其他成员企业功能相同或相似的职能部门进行改组、合并或者撤销，以

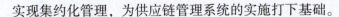

实现集约化管理，为供应链管理系统的实施打下基础。

3. 外部整合

企业之间的 BPR 是在企业内部 BPR 的基础上，充分利用企业之间的信息，进一步对不同企业成员的业务流程进行重组或者优化，以缩短采购环节以及对顾客的响应时间，缩短提前期，提高客户满意度。主要包括以下方面：

①建立战略合作伙伴关系。

②确定共同商业目标和行动计划。

③确定和执行共同的供应链流程。

④确定需要共享和传递的数据范围。

⑤确定共同的绩效指标并进行考核。

4. 跨企业协作

在内外部整合的基础上，要建立合作伙伴之间的信息技术和电子商务环境下的协作供应链战略和支撑系统，主要包括以下方面：

①在整合协作企业的共同商业目标和流程的基础上，实施基于互联网的供应链管理系统，实现计划的实时制订、决策和执行。

②核心企业将相关上下游企业的 Web Service 集成到自身系统中，在上下游企业间建立起互联网连接，使相关企业都能交换和共享信息。

③根据"外部整合"工作中制订的绩效指标，对电子化供应链的运作情况进行评估，协调各成员间的运作方式，并根据实际需要对信息平台进行调整。

14.3.2　物联网在供应链管理系统中的应用

任何供应链的过程都是从原材料到产品，再到终端客户。使用供应链管理可以获得更多的销售额和回报，减少欺诈和多余的成本，提高质量。更重要的是，这也会提升产能和销售。供应链在理论上看起来很简单，但实际上维护供应链是个非常困难的任务，哪怕对于很小的企业。将供应链中的不同元素互相集成在一起，最终达到提高效率的目的。为了解决这些低效率并节省企业的成本，不同的技术（如人工智能和机器学习）都可以应用到供应链管理上。在这些技术里面，物联网能够对供应链管理的方法产生影响。

物联网支持的供应链将生产商与最终消费者（企业或个人）通过智能设备网络连接起来。该网络不仅能够以最精细的形式从一端到另一端收集和传输实时信息，还使供应链所有者能够控制每个阶段的活动。这将确保供应链可以在适当的时间向适当的人交付适当数量的货物或信息。物联网可以从以下几个方面为供应链系统助力：

1. 跟踪货物移动

物流是供应链的关键推动者，因为它负责将货物和资源从供应链的一端转移到另一端。物流通常由第三方服务商提供。虽然可以以固定的时间和距离间隔报告货物的运输状态，但货物的预计到达时间通常被误判，这可能会在供应链中造成不必要的麻烦。此外，如肉类、牛奶和农产品等易腐货物必须在适当的储存条件下运输，这意味着运载车厢必须保持在特定的温度和湿度水平下。利用物联网，企业可以监控货物在运输过程中的维护条件。当这些条件处于非最佳水平时，可以远程更改储藏条件，或者，物联网也可以根据情况自动调节货箱内的温度。物联网还可以帮助保护运输中的货物，防止被盗和丢失。利益相关方可以使用 GPS 和其他跟踪方法随时掌握货物的位置。

2. 监控库存

现代供应链在其库存中保持最佳数量的原材料以实施精益生产操作。要做到这一点，需要保持足够的供应量，以避免耗尽和停止运营，同时确保不积压货物。这要求在库存达到特定水平时，根据多种因素订购补充原材料。物联网传感器可用于监控生产商的库存，并在数量降至临界水平时通知相关人员。这可以使生产商及时订购补货，以确保最低成本、最小浪费和不间断运行。

3. 维护设备

供应链通常涉及许多设备，无论是生产工具(重型机械)还是运输工具(卡车)。这些设备必须始终保持在最佳的状态和性能水平，以确保业务运营的连续性。由于设备故障导致的任何停工都可能引发连锁反应，从而影响整个供应链，并可能导致严重的财务损失。物联网传感器可用于持续监测生产流程和设备，以捕获任何异常情况，这样可以让维修人员在故障变得严重之前检查和修复任何问题。及时进行此类维修与维护操作，不仅有助于防止任何不必要的停机，还可以防止严重的、不可修复的设备损坏，这些损坏可能导致未来的巨额开支。物联网传感器也可以安装在运输的车辆上，以跟踪其性能和健康状况，这可以通过在需要时触发预防性维护，来最大限度地减少材料、组件和成品的运输和交付延迟。

4. 评估需求

物联网已经在零售业转型中发挥了重要作用。零售商店是供应链的销售和分销渠道，在商店中可以安装物联网传感器，以便跟踪货架上不同商品的数量。这些传感器可以连接到供应链的其他部分，包括仓库、配送中心和生产厂商。当商店中的某种商品即将售完时，传感器会检测到它，并通过物联网通知最近的仓库。当仓库中某种货物的储量不足时，可以通知制造商，或触发位于那里的物联网设备与供应商进行通信，等等。因此，物联网可以自动协调供应链的各个部分，最大限度地提高整体生产力。

物联网助力的供应链管理优势明显。其一是可见性。供应链的所有其他成员都可以实时了解其他合作伙伴的流程和需求。这使所有供应链中的合作伙伴能够同步它们的运营，以实现最高效率。其二是可控性。除了能够监控自己和合作伙伴的流程，它们还能自动、即时控制流程参数，从而更好地应对紧急情况，完全由物联网支持的供应链可以将时间、材料和资金的浪费降到最低。此外，物联网支持的供应链通过持续的沟通、可见性和可控性，来实现合作伙伴之间的完美协调，这意味着可以在适当的地点和时间提供适当数量的货物或资源——确保最大的运营效率。

14.3.3 供应链管理系统的应用价值

供应链管理是借助信息技术和管理技术，将供应链上业务伙伴的业务流程相互集成，从而有效地管理从原材料采购、产品生产、分销、零售，直到交付给最终用户的全过程。供应链管理系统则贯通企业的内部与外部供应链过程，并为管理人员提供精确的采购、生产、储存、运输等相关信息，以实现供应与需求相匹配，减少库存水平，改善物流服务，加快产品上市，并在提高客户满意度的同时，降低整个系统的成本，提高供应链上各个企业的效益。因此，供应链管理系统的应用价值体现在以下几个方面：

1. 数据传输安全，提升供应链管理效率

系统将企业管理与外围企业管理有机地结合在一起，解决了因供应商不集中、产品品种太多、订单过于频繁等情况而导致的供应商、生产商及分销商之间存在的沟通问题、数据传输及时性问题、数据安全性问题、数据完整性问题等，整合生产商与上游资源，实现供应链管理效率，加快产品上市时间。

2. 供应和需求进行有效匹配，降低库存水平

信息沟通及时，以促进采购、生产、销售、物流等环节完美整合。分销商或零售商通过供应链管理系统发布需求信息，从而使供应商与生产商能及时组织采购、生产、发货等工作，能通过供应链管理系统知道货品从供应商、生产商、分销商到零售商的整个物流过程。生产商也能通过供应链管理系统了解自己所生产商品在分销商的库存及销售情况，与供应商与分销商互动，以有效降低库存水平。

3. 缩短生产周期，降低企业运营成本

企业采用供应链管理系统可以缩短与供应商的业务洽谈时间，大幅度减少采购成本。供应商也能通过系统了解企业自身的产品应用情况，及时作出合理的补货策略，缩短物料加工、信息处理、产品开发以及信息基础设施建设等环节的周期，提高对产品上市时间的要求，进而开展基于时间的竞争。

4. 促进业务合作，建立良好的供应商关系

通过改善与供应商的业务处理流程，与供应商进行协同办公，进行密切的信息交换，加强了对例外事件管理的能力和响应速度，与供应商建立稳固、长期的合作伙伴关系，同时与上游供应商及下游客户建立一种长期、互相信赖的关系。

 视频学习资源：供应链管理系统

本章小结

本章主要介绍供应链管理系统。供应链管理系统是一个集成的信息系统，旨在通过优化从原材料采购到产品生产、分销、零售，直至最终用户交付的整个流程，提高企业的效率和效益。

供应链是涉及将产品或服务提供给最终用户的一系列企业形成的网链结构，包括与核心企业的供应商、分销商、零售商等的关系。供应链管理是协调供应商、生产商、仓库、配送中心和渠道商等，以最低成本满足客户服务水平的一种管理方法。其目标包括总成本最低化、总库存成本最小化、总周期时间最短化、质量最优化、客户服务最优化。供应链管理中的牛鞭效应是需求信息在供应链传递过程中的扭曲放大现象，导致库存和成本的增加。

供应链管理系统用于高效率地管理企业的信息流，降低成本，提高响应速度。其子系

统通常包括电子数据交换、电子订货系统、自动补货系统、供应商管理库存系统等。其信息共享模式有：信息传递模式，通过企业信息系统及其互联实现信息共享；第三方模式，由第三方企业提供信息流管理，实现合作企业间信息共享；核心企业托管模式，核心企业主导供应链管理并提供信息共享服务。

供应链管理系统有：计划系统，包括生产计划、采购计划、营销计划、运输计划等；执行系统，负责管理分销中心与仓库物流，跟踪产品状态，管理原材料、半成品、产成品等。物联网在供应链管理中的应用包括跟踪货物移动、监控库存、维护设备、评估需求。供应链管理系统的应用价值包括数据传输安全、供应和需求匹配、缩短生产周期、促进业务合作。

课堂讨论

1. 结合实例分析供应链系统的应用价值。
2. 讨论供应链管理系统如何实现经营数据的整合与共享。

分组任务

通过书刊、网络等方式收集供应链管理系统在企业应用成功的案例，重点对这些案例进行分析讨论，总结供应链系统的作用和意义。

复习思考题

1. 如何理解供应链管理的概念？
2. 什么是供应链管理？供应链管理的目标是什么？
3. 供应链管理系统主要包括哪些模块，每个模块有哪些主要功能？
4. 什么是牛鞭效应？供应链管理中如何减少牛鞭效应的影响？

课后案例分析

 课后案例：华为的供应链数字化转型实践

 课后案例的分析要点

15 客户关系管理系统

教学目标

知识目标	能力目标	价值目标
1. 掌握客户关系管理的概念，理解并把握客户关系管理的管理思想； 2. 熟悉客户关系管理系统的类型，理解并掌握运营型、协作型和分析型客户关系管理及其三者的关系； 3. 熟悉客户关系管理系统的功能； 4. 理解客户关系管理在企业组织中的应用及价值	能够分析实际问题，提升对客户关系管理系统的理解与应用能力	1. 掌握客户关系管理系统的功能，增强对客户关系管理的信心； 2. 培养安全意识，理解客户关系管理对企业客户信息安全的重要性； 3. 增强责任意识，认识客户关系管理专业人员的责任和专业素养的重要性

关键术语

客户关系管理(Customer Relationship Management，CRM)；
运营型客户关系管理（Operational CRM）
协作型客户关系管理（Collaborative CRM）
分析型客户关系管理（Analytical CRM）

引导案例

RD 公司的客户关系管理分析

RD 公司是一家专注于汽车市场开发经营、汽车品牌 4S 店运营管理及乘用车综合服务的汽车服务企业，是广西乘用车服务行业中极具成长力的企业。RD 公司目前是广西南宁市较大的比亚迪汽车经销商，店内各项业务均已成熟，能提供一站式服务。

RD 公司的客户群体主要是广西区域的用户，尤其是南宁市及南宁市周边县的用户，其主要的营销战略围绕南宁市客户群体打造，公司致力于打造成南宁市比亚迪汽车爱好者购车首选目标。RD 公司的服务流程如图 15-1 所示。

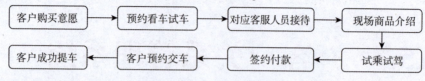

图 15-1　RD 公司的服务流程

从图 15-1 可以看出，订单能否成交与客户所预约的公司客服人员有着重要的关系，公司客服人员贯穿了整个服务的流程。客服人员要具备专业的知识，能给客户介绍店内当前所售卖的各个车型的详细信息，面对客户的提问能抓准客户的需求，给客户提出合理的建议，迅速建立客户与企业之间的信任，为订单的成交奠定基础。

1. RD 公司客户关系管理的现状

RD 公司当前与客户的沟通方式主要有汽车 App、手机、微信、短信、店内现场沟通等。公司规定客服人员每天至少要和 50 个客户取得联系，通过了解发现，公司的客服人员人均每天拨打 30 个左右不同客户的电话，还要通过微信以及汽车 App 联系 40 个左右的客户进行推销产品或者帮助解决客户遇到的问题。除现场沟通以外，公司客服人员与客户之间的沟通是全天候的，公司规定客服人员必须每天汇报与客户的沟通情况，每个月计入客户数量考核指标中。

RD 公司目前运用的客户关系管理数字化软件，有比亚迪汽车官方 App、懂车帝 App、汽车之家 App 等相关汽车营销 App。RD 公司成立之后，首先在同城地图如百度、高德地图上设定同城定位推广，并在汽车之家建立公司账号主页。2017 年懂车帝 App 上线，RD 公司与其开展合作，入驻懂车帝 App 进行业务推广。2021 年比亚迪官方 App 正式上线，RD 公司第一时间入驻比亚迪官方 App。

2. RD 公司客户关系管理存在的问题

1）数字化运用能力低

RD 公司依赖于传统的表格管理方式记录客户数据，这种方式不仅效率低下，且难以保证数据的全面性和准确性，限制了公司对客户群体的深入分析与精准管理。此外，由于RD 公司在数字化营销平台上的角色受限，无法直接获取客户更深层次的信息，进一步削弱了其市场洞察与策略制订的能力。

2）客户沟通渠道陈旧

RD 公司主要依赖现场交流、电话沟通以及微信等传统方式与客户保持联系，这些方式在信息传递的丰富性、直观性和互动性上均显不足。随着数字互联时代的到来，客户更倾向于通过图文、视频等多媒体形式获取产品信息与服务详情，而 RD 公司在这方面的创新不足，难以满足客户的多元化需求，导致沟通效果不佳，客户满意度下降。

3）缺乏客户差异化的定制

RD 公司未能充分利用数字化手段实现客户细分与个性化定制服务，仍沿用传统的"一刀切"营销方式，这不仅增加了营销成本，还难以在激烈的市场竞争中脱颖而出。在客户需求日益多样化、个性化的今天，RD 公司应积极探索基于大数据分析的差异化营销策略，如根据客户需求提供跨地域交车服务、为新车型推出精准预售定制等，以提升客户体验和市场竞争力。

3. 基于数字化管理的客户关系管理优化

1）优化客户信息管理

优化客户信息管理作为提升企业客户关系管理效能的关键策略，其核心在于深度融合数字化与智能化技术。这一转型旨在通过高精尖的数字技术，实现对客户数据的全面追踪与深度剖析，进而精准把握客户的消费需求、消费习惯等核心行为特征，为企业的战略决策提供坚实的数据支撑。

第一，部署企业级客户信息管理系统。该系统作为数字化、智能化的核心平台，集成了先进的软件与硬件技术，旨在构建一个集信息采集、存储、处理、分析于一体的综合管理体系。该系统以客户数据为核心资产，详尽记录企业在市场活动中与客户交互的每一个细节，包括但不限于交易历史、沟通记录、反馈意见等。

第二，优化企业的客户信息管理流程。在数字化转型的浪潮中，实现客户管理的系统化、数字化与可视化至关重要。鉴于 RD 公司流程的独立、非透明及缺乏智能化支撑的现状，需基于 CRM 系统对其管理流程进行根本性调整。

2）利用数字化工具加强与客户沟通

在数字化浪潮的推动下，企业与客户之间的沟通方式正逐步向数字互联化转型。从 IDIC 模型（识别、区分、互动、定制）的视角出发，增强企业与客户的互动频率与质量，是深入理解客户需求、识别服务短板，并进而提升客户满意度与忠诚度的关键路径。鉴于国内聊天工具市场的蓬勃发展，构建多元化的沟通渠道成为强化客户互动的有效策略。

第一，打造企业专属的媒体矩阵。通过构建包含企业抖音、快手、视频号等在内的新媒体宣传平台，企业能够以前所未有的方式展现品牌形象与产品特色。这些平台不仅提升了品牌曝光度，还为客户提供了便捷、直观的产品体验途径，使客户在轻松愉悦的氛围中加深对产品和服务的了解。

第二，组建专业的互联网直播团队。直播作为当前炙手可热的营销方式，以其即时性、互动性和沉浸感打破了传统营销的单向壁垒。企业通过直播，能够直观展示产品细节，实时解答客户疑问，从而大幅提升客户对产品和服务的感知价值。

第三，构建车友粉丝社群生态。车友粉丝群是连接企业与忠实客户、促进口碑传播的桥梁。通过建立基于企业微信和抖音等平台的粉丝社群，企业不仅能为现有客户提供便捷的反馈渠道，还能通过社群内的互动与分享，吸引更多潜在客户关注。

3）对客户进行合理分类管理

从 IDIC 模型的核心理念出发，企业致力于通过提供高度个性化的产品和服务来满足客户的独特需求，这是构筑高客户满意度与忠诚度的重要策略。鼓励客户参与产品设计流程，共同创造独一无二的定制化体验，不仅加深了客户与品牌的情感联系，也极大地增强了客户的忠诚度。深入剖析客户数据，精准把握客户需求，进而推出差异化的产品与服务，是提升企业认可度、维系客户好感度的关键。

第一，RD 公司的合作伙伴和重要用户构成了 RD 公司的收入来源，针对 RD 公司的收入支柱——合作伙伴与核心用户群体，公司应根据其消费能力实施差异化服务策略。对于合作伙伴，RD 应建立健全的信息管理体系，细致搜集、整理并分析客户数据，以便精准订制产品设计方案。通过定期回访机制，确保客户需求得到及时反馈并融入产品和服务之中，如满足其车身定制 Logo、特殊标志粘贴等个性化要求。对于重要客户，指派专属客户经理进行深度维护，通过数据分析挖掘潜在需求，同时利用定期优惠推送、团购福利等手段，保持客户的高满意度与黏性。对于消费能力相对较弱的基础客户群体，RD 公司亦应给予充分重视。认识到这类客户在公司成长中的不可或缺性，公司应提高对该群体的关注度。

第二，RD 公司的收益紧密关联于客户群体的消费频率，因此，需精心设计差异化的产品与服务策略。密切关注核心客户群及高频消费者的每半年评分动态，对于评分出现下滑的客户，特别是那些对公司贡献度高的重点客户，将迅速响应，主动开展回访，旨在深入探究其消费频率下降的根本原因。在回访交流中，将结合客户的消费偏好，精准推荐适配的产品，并辅以诱人的优惠方案，力求重新激发其消费热情，挽回宝贵的客户资源。对于那些评分保持长期稳定、持续贡献价值的重点与高频客户，则采取更为积极的激励措施，如推出专属的消费折扣、积分回馈计划等，以巩固其忠诚度，确保这部分客户群体的稳定增长。而对于低频消费及休眠状态的客户，通过精准推送公司新品信息、诱人的优惠活动，以及提供诸如免费体验、节假日及生日特别关怀等服务，努力唤醒这些客户的消费兴趣，促使他们重新活跃起来。

企业引入先进的客户关系管理系统，标志着其向数字化客户管理转型的加速推进。这一转变依托全面的数字化手段，不仅显著提升了客户的忠诚度，还有效削减了企业的日常运营成本，并促进了员工工作效率的飞跃。客户关系管理系统的优化实施，为企业管理带来了前所未有的便捷与高效，确保客户信息数据的安全，同时推动了客户营销服务的深度精细化。

（资料来源：李宗韩 . RD 汽车销售公司的客户关系管理研究[J]. 中小企业管理与科技，2024（14）：63-65，有改动）

结合案例请思考：RD 公司是如何应用客户关系管理系统的？

 导入案例的分析要点

15.1　客户关系管理系统概述

15.1.1　客户与客户管理

客户是客户关系管理系统的关键，整个系统都围绕着客户在运行。因此，首先弄清楚客户的概念，然后明确客户管理的内容。

1. 客户

传统的客户关系管理系统认为，客户是企业产品或服务的需求群体，可以是一个组织，也可以是某个具体的人。只要它对企业产品或服务有需求，这种需求就能为企业带来真实的或潜在的效益。

广义的客户的概念认为，客户还应该包括企业的合作伙伴以及企业的员工。虽然这两者都不能给企业带来直接的经济效益，但是他们都是影响企业发展的重要外在实体。企业的合作伙伴常常和企业共同研发和销售产品，因此企业与合作伙伴的关系对企业发展有着巨大的影响。企业的员工是企业的主要组成部分，企业的一切运作都是由企业的员工来执行的。企业与员工的关系，更是决定企业生存的根本问题。广义的客户关系管理系统将这二者纳入客户范畴，虽然可能产生和其他系统冲突或重复，但是作为一个完整的管理系统，应该将这二者引入客户关系管理系统中。

2. 客户管理

客户管理是指对企业的客户进行有效的监督和控制。中型企业的客户数量是巨大的。例如，某酒厂的主要客户是各级经销商，其经销商分为一级经销商和二级经销商。一级经销商主要负责某几个大型城市的销售，同时还负责部分大型超市和酒店的销售工作；二级经销商主要负责小城市的销售工作。该酒厂在全国每个省份都有 3~6 个一级经销商，在每个城市都有二级经销商。数据显示，该酒厂的一级经销商总共有 152 个，二级经销商总共有 527 个。实际上该酒厂总共有直接客户 679 个，每一个客户都有其各自不同的自身情况和客户环境，这样客户的管理工作是十分困难的。其他行业的客户群体更为庞大，比如电子产业。如何有效地对每个客户进行个性化的管理，已经成为每家企业必须面对的实际问题。

为了对客户进行有效的管理，必须对客户的资料进行管理，主要包括两个方面：

①对客户进行分类。因为每个行业的客户所处的商业环境不同，所以每个行业对客户分类的标准有很大的差异。一般来说，可以按照区域划分客户。把客户和其地理位置联系在一起，是区分客户商业环境的一个有效的方法。在各个区域内，把客户按照等级划分。

②对客户完成分类后，应该对每个客户的基本信息进行登记。客户的基本信息应该包括两个重要的内容，一是企业与客户签订的合同编号，二是企业经营许可证号。如果是个人客户，应该登记客户的身份证号。

15.1.2 客户关系管理

客户关系是客户与企业发生的所有关系的总和，是企业与客户之间建立的一种相互有益的关系。那么到底什么是客户关系管理呢？

客户关系管理（Customer Relationship Management，CRM）这个概念最早由美国 Gartner 公司提出。Gartner 公司认为，客户关系管理就是为企业提供全方位的管理视角，赋予企业更完善的客户交流能力，使客户的收益率最大化。

波士顿 Hurwitz 公司认为，客户关系管理的焦点是改善与销售、市场营销、客户服务和支持等领域的客户关系有关的商业流程并实现自动化。客户关系管理既是一套管理方法，也是一套软件和技术。它的目标是缩减销售周期和销售成本、增加收入、寻找扩展业务所需的新的市场和渠道，以及提高客户的价值、满意度、盈利性和忠诚度。

IBM 公司认为，客户关系管理分为三类，即关系管理、流程管理和接入管理，涉及企业识别、挑选、获取、保持和发展客户的整个商业过程。就其功能来看，客户关系管理是通过采用信息技术，使企业市场营销、销售管理、客户服务和支持等经营流程信息化，实现客户资源有效利用的一套应用软件系统。其核心思想是以"客户为中心"，提高客户满意度，改善客户关系，从而提高企业的竞争力。

一般地，客户关系管理是以客户为核心，以信息技术为手段，对客户资源进行集中管理的经营策略。该策略的顺利实施需要相关客户关系管理软件系统的支持，完成企业和客户之间在品牌推广、销售产品或提供服务等场景下所产生的各种关系的处理过程，其最终目标就是吸引新客户关注并将其转化为企业付费用户、提高老客户留存率并帮助介绍新用户，以此来增加企业的市场份额及利润，增强企业竞争力。

为此，客户关系管理可以定义为：企业以提高核心竞争力为目的，确立以客户为中心的发展战略，以先进的信息技术、硬软件为支撑，应用现代管理技术，不断优化与客户服务相关的业务流程，变革组织结构和管理制度，提高客户满意度，培育客户忠诚，维系并改善客户关系，最终获得竞争优势和提升企业总体效益。

客户关系管理可以分解为理念、技术、实施三个层面。

(1)客户关系管理理念：建立"以客户为核心、以市场为导向"经营管理模式。

(2)客户关系管理技术：互联网和电子商务、多媒体技术、数据仓库和数据挖掘、专家系统和人工智能、呼叫中心等。

(3)客户关系管理实施：客户关系管理软件不是一种交付即用的工具，需要根据组织的具体情况实施客户关系管理。

客户关系管理理念是客户关系管理成功的关键，它是客户关系管理实施应用的基础和土壤；客户关系管理技术是客户关系管理成功实施的手段和方法；实施是决定客户关系管理成功与否、效果如何的直接因素。总之，企业客户关系管理中，理念、技术、实施，一个都不能少，只有借助先进的理念，利用发达的技术，进行完美的实施，才能优化资源配置，在激烈的市场竞争中获胜。

15.1.3　客户关系管理系统

客户关系管理系统是一个以客户数据管理为核心，利用现代信息技术，记录企业在市场营销和销售过程中所进行的与客户的各种交互行为，以及各类有关活动的状态，提供各类数据模型，实现市场营销、销售、服务等活动的自动化，并建立一个客户信息收集、管理、分析和利用的系统，帮助企业实现以客户为中心的管理模式。其实施要取得成功，必须有强大的技术和工具支持。客户关系管理系统基于网络、通信、计算机等信息技术，能实现不同职能部门的无缝连接，能够协助管理者更好地完成客户关系管理的两项基本任务：识别和保持有价值的客户。

客户关系管理系统的主要功能体现在：帮助企业记录、管理所有与客户交易和交往的记录，并能够通过分析来辨别哪些客户是有价值的，以及这些客户的特征等，从而实现自动处理，动态地跟踪客户需求、客户状态变化和客户订单，记录客户意见。通过自动的电子渠道，如短信、网站、邮箱、社交平台等，对客户进行自动化管理。客户关系管理系统也就是客户关系管理的细分，因为客户关系管理本身既是一套系统，也是一个管理手段，客户关系管理系统只不过是分化了客户关系管理的职能。

因此，客户关系管理系统是指利用软件、硬件和网络技术，为企业建立一个客户信息收集、管理、分析和利用的信息系统。以客户数据的管理为核心，记录企业在市场营销和销售过程中和客户发生的各种交互行为，以及各类有关活动的状态，提供各类数据模型，为后期的分析和决策提供支持。

15.2　客户关系管理系统的类型与功能

15.2.1　客户关系管理系统的类型

客户关系管理系统主要应用于企业销售、市场、服务等与客户密切接触的部门，通过接口与 ERP、SCM 等系统协同运作，共同为企业开源节流、提高企业市场竞争力和综合实力服务。客户关系管理系统一般可以分为运营型、协作型和分析型等三大类型，如图15-2 所示。

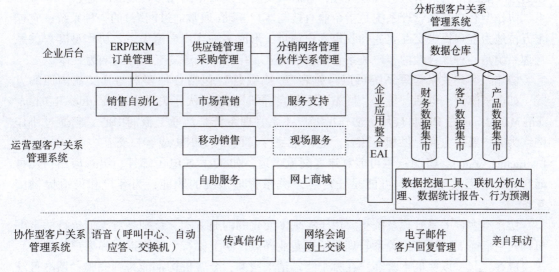

图 15-2　客户关系管理系统的类型结构图

1. 运营型客户关系管理系统

在互联网时代，由于人们的联系越来越方便，客户的耐心指数大大下降。在与客户打交道时，无论电话、电子邮件或其他方式，迟缓、拖拉的办事方式都会使客户很快流失。由于信息高度畅通，客户很容易从多种渠道获得多个产品的信息，对供应商的选择余地很大。对企业来说，保持老客户变得越来越难。运营型客户关系管理系统主要针对企业的销售(业务部门)、市场营销(决策部门)、客户服务和支持(客服中心)等同客户有关的部门，提升企业业务处理流程的自动化程度和效率，从而全面提高企业同客户的交流能力。

运营型客户关系管理系统，也称为前台运营管理系统，主要运用领域的为营销、销售、服务方面的自动化，让系统本身可以为客户提供相对较简单的服务，同时确保客服人员能够通过多种渠道来收集客户的各类信息，并建立数据文档，存到数据库中，以便在后期需要的时候随时共享和调用。运营型客户关系管理系统建立在"客户管理对企业的成功很重要"的理念上，它要求所有业务流程流线化和自动化，包括对多渠道"客户接触点"的整合，前后台运营之间的无缝连接与整合。

运营型客户关系管理系统是客户关系管理系统的"躯体"，是整个客户关系管理系统的基础，为分析和客户服务提供支持。运营型客户关系管理系统主要包括销售、市场和服务三个过程的流程化、规范化、自动化和一体化。

2. 协作型客户关系管理系统

协作型客户关系管理系统整合各"接触点"的客户信息数据，运用数据挖掘等技术，将多个渠道的交流方式融为一体，以多媒体联系为中心，建立统一的接入平台，为客户和企业之间的互动提供多种渠道和方式。

协作型客户关系管理系统试图让企业客户服务人员同客户协作完成某项活动。由于协作型客户关系管理系统的参与对象只有两类，即企业客户服务人员和客户，因此在客服人员与客户互动时，要求客户关系管理系统能够帮助客服人员快速、准确地记录客户请求的内容，快速找到解决问题的方案。如果问题无法在线解决，协作型客户关系管理系统还必须通过智能路由对请求进行升级处理，客服人员必须及时作出任务转发的决定。

协作型客户关系管理系统是指企业直接与客户互动（通常通过网络）的一种系统，它能全方位地为客户提供交互服务和收集客户信息，形成多种客户交流渠道。协作型客户关系管理系统是一种综合性的客户关系管理解决方式，可将多渠道的交流方式融为一体。

协作型客户关系管理系统可以跨越客户"接触点"（包括各种客户与其交流沟通的方式，如电子邮件、电话、传真、网站页面等），同时也包括伙伴关系管理（Partner Relationship Management，PRM）应用。协作型客户关系管理系统是沟通交流的中心，它通过协作网络为客户及供应商提供相应路径。它可能意味着门户、PRM 或客户交互中心（Customer Interaction Center，CIC）；也可能意味着交流渠道，如 Web 或电子邮件、语音应用；还可能意味着渠道战略，即它可能是任何客户关系管理系统的职能，为客户和渠道提供交互点。

协作型客户关系管理系统主要用于实现多元化的沟通方式，特别是对类似银行的金融机构，它们需要通过客户关系管理系统把营业网点、网上银行、手机银行和客户数据中心等集成在一起，以保证不管客户在哪个终端请求服务，金融机构都能得到完整、精准且统一的信息。协作型客户关系管理系统让企业客户服务人员与客户能够协同工作，实现多种客户交流渠道的集成，使各种渠道信息相互流通，保证企业和客户都能得到完整、准确、一致的信息。

3. 分析型客户关系管理系统

分析型客户关系管理系统是客户关系管理系统的"心脏"和"大脑"，它为决策提供指导。但如果没有运营型客户关系管理系统和协作型客户关系管理系统为其提供大量的数据，分析将是完全不能实现的。

分析型客户关系管理系统主要是分析运营型客户关系管理系统和原有业务系统中获得的各种数据，进而为企业的经营、决策提供可靠的量化依据。分析型客户关系管理系统一般需要用到一些数据管理和数据分析工具，如数据仓库、联机分析处理和数据挖掘等。

把合适的产品或服务，通过合适的渠道，在适当的时候提供给适当的客户，这是分析型客户关系管理系统的核心。把海量的销售、服务、市场以及业务数据进行整合，使用数据仓库、数据挖掘、OLAP 和决策支持技术，将完整、可靠的数据转化为有用、可靠的信息，再将信息转化为知识，进一步为整个企业提供战略上和战术上的商业决策支持，为客户服务和新产品的研发提供更准确的依据，提高企业的竞争能力，使企业能够把有限的资源集中于高价值的客户群体，并同这些客户保持长期、有效的关系。分析型客户关系管理系统使这一切成为可能，它是一种处理海量客户数据的方法，其目标是获得可靠信息支持策略和佐证商业决策。

分析型客户关系管理系统主要在后台对客户数据进行分析。前台客户关系管理系统获得的客户数据都会被传递到分析型客户关系管理系统的数据库中，通过分析这些数据可把数据变为信息，再将信息转化为知识。这类客户关系管理系统所涉及的技术领域比较多，如数据仓库、数据挖掘和决策技术等，可以把这些统称商业智能。分析型客户关系管理系统侧重在分析客户数据上，能够使企业更为清晰地了解客户类型，把握不同类型客户的准确需求，从而最大限度地挖掘客户以及更好地服务客户。

近年来，随着客户关系管理系统的发展，这三大类型的功能越来越完善，企业的多样化需求也得到了有效的解决，为各行各业的发展带来了巨大帮助，让众多企业的管理效率得到了显著提升。总的来说，目前客户关系管理系统已经成为众多企业日常管理中的标配系统之一。

4. 三种类型的客户关系管理系统之间的关系

在这三种类型中，运营型客户关系管理系统和协作型客户关系管理系统主要解决企业内部工作效率和交易数据采集问题，并不具备信息分析的能力，而分析型客户关系管理系统则具有信息分析能力，因而最具有价值。三种类型的客户关系管理系统分别侧重某一方面的问题，因此都是不完全的。事实上，企业要实现与客户之间的联动机制，需要将三种类型的客户关系管理系统结合在一起。在实际应用中，这三种类型的客户关系管理系统之间往往是相互补充的关系，一个完整的客户关系管理系统在实际应用中并没有严格意义上的运营型、协作型和分析型之分。

整体客户关系管理解决方案是一个闭环，企业先上分析型还是先上运营型或者协作型，完全取决于企业的现状。不论怎样，一定要整体设计，从小处着手("想大做小"的原则)。从最紧迫的需求做起，则投资小、见效快、风险少。

15.2.2　客户关系管理系统的功能模块

客户关系管理系统的主要作用就是帮助企业管理与客户间的业务关系，帮助企业不断发展壮大。但实际上，客户关系管理系统所管辖的范围不限于客户，它还可以帮助企业集中管理多方面的人际关系，包括同事、供应商、服务用户以及客户。

实质上，客户关系管理系统最基本的功能就是为企业提供一个平台，方便企业存储客户及潜在客户的联系信息以及与同事分享这些信息。在这个平台上，可以跟踪与客户相关的所有互动记录：所有的通话、发送的电子邮件、举行的会议、提供的产品介绍、收到的资讯等。客户关系管理系统可以将同一客户在不同渠道的信息进行汇集，包括公司的官方网站、热线、实时对话、电子邮件、营销材料和社交媒体等。客户关系管理系统还可以向员工提供客户个人信息，实现对客户行为的清晰把控，包括历史购买记录、购买偏好和关注问题等，以便向客户提供更优质的服务。总而言之，为了满足每个客户的特殊需求，客户关系管理系统同每个客户建立联系，通过同客户的联系来了解客户的不同需求，并在此基础上进行"一对一"个性化服务。

客户关系管理系统的功能可以归纳为三个方面：对销售、市场营销和客户服务三部分业务流程的信息化；与客户进行沟通所需要的手段(如电话、传真、网络、电子邮件等)的集成和自动化处理；对上面两部分功能所积累下的信息进行加工处理，产生客户智能，为企业的战略战术的决策提供支持。客户关系管理系统的基本功能如图 15-3 所示。

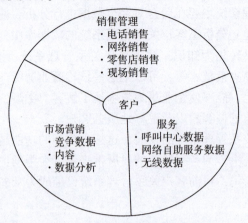

图 15-3　客户关系管理的基本功能

　　客户关系管理系统的功能包括系统管理、数据统计分析和报表、客户管理、潜在客户管理、销售管理、日常活动管理、产品管理、服务管理、图表、任务分配、任务提醒、通信中心管理等。对于实施客户关系管理系统的企业，就是通过它的功能模块来帮助企业实现精准营销、提升销售业绩的最终目的。客户关系管理系统主要包括以下三个功能模块：

1. 市场营销模块

1）组成

市场营销模块主要包括市场营销活动计划与管理、营销及销售协同工具、信息分析与报表制作、客户细分，以及数据提取与清除等部件。客户关系管理软件还能根据企业的要求设计出不同的功能组合。

2）功能

客户关系管理系统市场营销模块的主要功能如下：

①营销。使营销部门能够实时地跟踪活动的效果，执行和管理多样的、多渠道的营销活动。

②针对具体行业，附加特色营销部件。如基于基本营销功能，针对电信行业的 B2C 的具体需要，此部件增加了一些特色功能。

③其他功能。可帮助营销部门管理营销资料，生成客户列表与管理，授权和许可，预算，回应管理。

　　运用市场营销模块进行营销管理，企业能够通过分析客户和市场信息，将客户列表进行细分，并针对多个细分市场策划营销活动和行动步骤，进而更加有效地拓展市场，实现客户分类管理、快速市场营销管理、销售宣传资料管理，以及市场营销活动的开展与管理等功能。

2. 销售管理模块

1）组成

客户关系管理系统的销售模块包括账户管理、销售意向管理、订单管理、销售规划、现场销售、销售分析等部件。

2）功能

销售是销售模块的基础，用来帮助决策者管理销售业务，它的主要功能有额度管理、销售力量管理和地域管理。常见销售模块类型及其功能如下：

①现场销售管理。主要功能包括联系人和客户管理、机会管理、日程安排、佣金预测、报价、报告和分析。

②现场销售/掌上工具。此部件包含许多与现场销售组件相同的特性，不同之处在于，此部件使用的是掌上型计算设备。

③电话销售。通过电话可以实现报价、创建订单、管理客户等工作，还能实现一些对电话商务的功能，如电话路由、呼入电话屏幕提示、潜在客户管理以及回应管理。

④销售佣金。它允许销售经理创建与管理销售队伍的奖励和佣金计划，并帮助销售代表形象地了解各自的销售业绩。

客户关系管理系统的销售模块支持跨地域、多组织的业务模式，缩短了与客户的距离，能够有效提高销售过程的自动化和销售效果。

3. 客户服务模块

1）组成

客户服务模块主要包括服务支持、客户满意管理、退货管理、服务规划、呼叫中心与服务台、服务分析等部件。

2）功能

客户服务模块的目标是提高那些与客户支持、现场服务和仓库修理相关的业务流程的自动化程度并加以优化。该模块的主要功能如下：

①服务。此部件可以完成现场服务分配、现有客户管理、客户产品全生命周期管理、服务技术人员档案、地域管理等。通过与企业资源计划的集成，还可以进行集中式员工管理、订单管理、后勤管理、部件管理、采购管理、质量管理、成本跟踪管理、发票管理、会计管理等。

②合同。此部件主要用来创建和管理客户服务合同，从而保证客户获得的服务水平和服务质量与其所花的钱相当。它可以使企业跟踪保修单和合同的续订日期，利用事件功能表安排预防性的维护活动。

③客户关怀。此部件是客户与供应商联系的通路，它允许客户记录并自己解决问题，如联系人管理、客户动态档案、任务管理、基于规则解决重要问题等。

④移动现场服务。服务工程师借助无线部件能实时获得关于服务、产品和客户的信息，还可使用该组件与总部进行联系。

客户关系管理系统通过客户管理功能将客户的信息进行分类、整理、记录，解决大多企业遗忘老客户、盲目寻找新客户的难题；同时，通过客户关系管理系统的这一功能，企业可以根据现实数据进行市场分析与预测，并根据结果有针对性地进行有的放矢的工作，以开发和留住客户，提高客户满意度，提升企业形象。

15.3　客户关系管理系统的实施与应用

15.3.1　客户关系管理系统的实施

客户关系管理系统提供了多种途径架设企业前端与客户的桥梁，通过先进的技术手段，借助互联网实现与客户的全方位交互并提供个性化服务。那么如何实现一个客户关系管理系统呢？经归纳分析，客户关系管理系统实施过程一般包括以下几个阶段：

1. 确立业务计划

客户关系管理系统的建立需要与企业实际结合，并得到多方面资源的支持，因此在实施前，须准确把握企业应用需求以及客户关系管理系统将如何影响企业的商业活动，制订一份结合技术方案和企业资源的高级别的业务计划，力争实现合理的技术解决方案与企业资源的有机结合。

2. 组建专门的客户关系管理团队

企业在客户关系管理项目启动之后，应当及时组建一支有力的团队，保证客户关系管理团队取得高层管理者的支持和一定的"超脱"地位。为了统筹业务开展，从每个拟使用客户关系管理系统的部门中抽出得力的代表组建一个团队是保证该系统顺利推进的重要保障。因此在计划确定后，要及时组建团队并进行早期的概念推广和培训。

3. 分析客户需求，初建信息系统

因为建立客户关系管理系统的主要目的是提高客户满意度、增加企业效益，因此分析客户需求，深入了解不同客户群体的不同服务要求，找到企业与客户之间的交互作用才能确保客户档案的经济性和实用性。企业应当根据客户的特性建立不同的客户档案内容，建成初步的客户信息管理系统。

4. 评估销售、服务过程，明确企业应用需求

对客户需求进行清楚了解后，要在此基础上对企业原有业务流程进行分析、评估和重构，重新建立规范合理的新业务流程。这一过程需要广泛征求员工意见，了解他们对销售、服务过程的理解和需求，确保基层员工和管理人员的全面参与。从各部门应用的角度出发，确定其所需各种模块的功能，并让最终使用者找出对其有益的及其所希望使用的功能，以确保该系统能够实现最终使用者所需要的各种功能。

5. 确定合适的方案，统筹资源，分段推进

企业在考虑软件供应商对自己的需求是否有充分的理解和解决的把握，并全面关注其方案是否可行的前提下，选择应用软件和实施的服务商。然后，企业投入相应的资源推进软件和方案在企业内的安装、调试和系统集成，组织软件实施。客户关系管理方案的推进不是一蹴而就的，应当以渐进的方式逐步实现，根据发现的问题、业务需求等随时调整，同时要按需逐步增加新的功能，这样有序部署软件系统，避免系统实现和集成上的混乱。

6. 组织用户培训

为了保障客户关系管理系统的成功应用，使系统的使用者尽快掌握使用方法，了解如

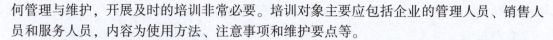

何管理与维护，开展及时的培训非常必要。培训对象主要应包括企业的管理人员、销售人员和服务人员，内容为使用方法、注意事项和维护要点等。

7. 使用、维护、评估和改进

企业要逐步把客户关系管理系统的优势充分发挥。在使用的过程中，企业应当与系统的开发商和供应商一起评估系统应用的效度，从而不断发现问题，对不同模块进行修正、改进，逐步提高其实用性。

15.3.2　客户关系管理系统的应用价值

若不开发新客户、维系老客户，任何企业都无法经久不衰。而开发新客户应从尽可能多地了解现有客户开始，努力在发展长期的互惠互利的合作关系中提高客户对企业的忠诚度。随着市场竞争的加剧，客户关系变得越来越复杂，许多原因加速了企业对客户关系管理过程的关注。企业的各种营销策略是围绕客户关系管理的最终目标——提高效率、扩大市场和吸引客户而制订的。

客户关系管理系统可以通过信息共享和业务流程优化来降低销售成本。对客户信息的管理和挖掘，不仅有助于现有产品的销售，而且提供了历史信息的可追溯性和及时的销售预测，从而实现企业和客户的良好互动。客户关系管理系统是旨在改善企业与客户之间关系的新型管理机制，它实施于企业的市场营销、销售、服务、管理与数据分析等与客户相关的领域。企业利用客户关系管理系统能搜集、跟踪和分析客户的信息，同时还能观察和分析客户行为对企业收益的影响，使企业与客户的关系及企业利润得到最优化，最终提升管理效率，提升营业额。

真正有价值的客户关系管理系统融合了先进的经营管理理念和信息技术，对企业竞争实力是有力的补充和增强，能为企业增加新的利润点。其应用价值主要体现在以下几个方面：

1. 挖掘客户信息

企业利用客户关系管理系统，可以采集信息，跟踪并分析每一个客户的购买行为和消费模式。当掌握了该客户的消费行为模式后，企业可以有针对性地提供个性化的产品或服务，挖掘客户的潜在价值，形成企业与客户互动的良性循环，使企业拥有稳定的客户资源，在市场竞争中保持优势。客户关系管理系统将客户关系贯穿客户的整个生命周期，通过对客户资料的管理和挖掘，能够根据客户特定的需求为他们量身定做产品或服务。客户关系管理系统的应用提高了客户的满意度，保留了更多的老客户，吸引了新客户，能够扩大企业经营的范围，及时把握新的市场机会，占领更多的市场份额，优化市场增值链条。

2. 整合企业资源

客户关系管理系统不仅可以综合传统的电话中心和机构，还能结合企业的门户网站、网上客户服务等电子商务内容，构架"动态"的企业前端。同时，它还能逐步渗透至生产设计、物流配送和人力资源等部门，整合 ERP、SCM 等系统，使企业的信息流和资源流在网络经济的商业模式中高效顺畅地运行。客户关系管理系统使原本"各自为战"的销售人员、市场推广人员、服务人员、售后维修人员等真正围绕市场需求协调合作，为满足客户需求这一中心组成强大的团队；也为企业各个业务部门信息共享和自动化提供了工作平台，降低了企业的运营成本，打通企业所有的业务环节，满足客户需求，达到了保留现有客户、发掘潜在客户并提高企业盈利的目的；同时为企业后台的财务、生产、采购、储运等部门提供了有关客户需求、市场分布和产品销售状况等重要信息。

3. 辅助企业决策

客户关系管理系统能够提供多维度决策分析，通过可视化的客户分析、商机分析、产品分析等进行多维度的数据分析，从而全面了解业务的执行情况，为销售决策提供依据。数据让管理决策更加科学，客户关系管理系统的成功在于数据仓库和数据挖掘。客户关系管理系统能够全面地记录企业的关键数据，并通过大数据的分析和统计，得出有规律性的结论，对客户的规模、行业、交易额、利润贡献、服务情况等指标进行综合评估，让企业的管理者透视整个销售进展、销售过程及销售结果，进而作出最适宜的决策。

4. 转变经营战略

企业借助客户关系管理系统可实现企业经营战略从以产品为中心向以客户为中心转变，立足企业长远发展目标，能够为企业带来最大价值。客户关系管理系统的使用促使企业管理的视角从"内视型"向"外视型"转换，从而提升企业建设自身核心竞争力的速度和深度。

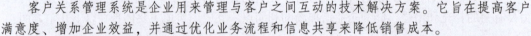

视频学习资源：客户关系管理系统

本章小结

客户关系管理系统是企业用来管理与客户之间互动的技术解决方案。它旨在提高客户满意度、增加企业效益，并通过优化业务流程和信息共享来降低销售成本。

客户包括企业产品或服务的需求群体、合作伙伴和员工。客户管理是对企业的客户进行有效监督和控制，包括客户资料管理和客户分类。客户关系管理是为企业提供全方位的管理视角，优化客户交流能力，最大化客户收益率。其功能有缩减销售周期和成本、增加收入、提高客户价值和满意度。客户关系管理系统是一个以客户数据管理为核心，利用现代信息技术，记录企业在市场营销和销售过程中所进行的与客户的各种交互行为，以及各类有关活动的状态，提供各类数据模型，实现市场营销、销售、服务等活动的自动化，并建立一个客户信息收集、管理、分析和利用的系统。客户关系管理系统分为三种类型：运营型、协作型、分析型。

客户关系管理系统的功能模块有：市场营销模块，跟踪营销活动效果，管理营销资料；销售管理模块，管理销售业务，包括额度、销售力量和地域管理；客户服务模块，提高客户支持和现场服务的自动化程度；呼叫中心模块，处理呼入呼出电话，提供多渠道客户接入服务；电子商务模块，支持在线销售和客户自助服务。

客户关系管理系统的实施过程包括：确立业务计划；组建专门的团队；分析客户需求，初建信息系统；评估销售、服务过程，明确企业应用需求；确定合适的方案，统筹资源，分段推进；组织用户培训；使用、维护、评估和改进。

客户关系管理系统的应用价值包括挖掘客户信息、整合企业资源、辅助企业决策、转变经营战略。

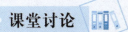
课堂讨论

讨论运营型客户关系管理、协作型客户关系管理和分析型客户关系管理的关系。

分组任务

通过书刊、网络等方式收集客户关系管理系统在企业应用成功的案例，重点对这些案例进行分析讨论，总结客户关系管理系统实施的要点。

复习思考题

1. 什么是客户关系管理？如何全面理解其内涵？
2. 客户关系管理系统的类型有哪些？
3. 客户关系管理系统的功能模块包括哪几部分？
4. 简述客户关系管理系统实施的过程。

课后案例分析

 课后案例：AI 重塑客户关系管理——阿里巴巴的创新实践

 课后案例的分析要点

参 考 文 献

[1]黄梯云，李一军. 管理信息系统[M]. 6 版. 北京：高等教育出版社，2016.

[2]薛华成. 管理信息系统[M]. 6 版. 北京：清华大学出版社，2012.

[3]黄梯云. 管理信息系统[M]. 4 版. 北京：高等教育出版社，2011.

[4]王珊，萨师煊. 数据库系统概论[M]. 4 版. 北京：高等教育出版社，2008.

[5]程灏，姜东民，张振森. 管理信息系统[M]. 北京：化学工业出版社，2020.

[6]胡笑梅，张子振. 管理信息系统[M]. 北京：机械工业出版社，2021.

[7]刘伟. 管理信息系统[M]. 大连：东北财经大学出版社，2023.

[8]姜方桃，郑庆华. 管理信息系统理论与实务[M]. 北京：清华大学出版社，2019.

[9]克伦克，博伊尔. 管理信息系统[M]. 冯玉强，译. 7 版. 北京：中国人民大学出版社，2019.

[10]LAUDON K C，LAUDON J P. 管理信息系统[M]. 黄丽华，俞东慧，译. 北京：机械工业出版社，2018.

[11]陈国青，郭迅华，马宝君. 管理信息系统[M]. 3 版. 北京：高等教育出版社，2019.

[12]滕佳东. 管理信息系统[M]. 5 版. 大连：东北财经大学出版社，2016.

[13]刘仲英. 管理信息系统[M]. 3 版. 北京：高等教育出版社，2016.

[14]郭晓军. 管理信息系统习题集[M]. 北京：高等教育出版社，2016.

[15]陈晓红，寇纲，刘咏梅. 商务智能与数据挖掘[M]. 北京：高等教育出版社，2018.

[16]哈默，钱皮. 企业再造[M]. 王珊珊，等译. 上海：上海译文出版社，2007.

[17]李开复，王咏刚. 人工智能[M]. 北京：文化发展出版社，2017.

[18]刘在云. 客户关系管理理论与实践：基于 Microsoft Dynamics CRM[M]. 北京：清华大学出版社，2010.

[19]赵刚. 大数据技术与应用实践指南[M]. 2 版. 北京：电子工业出版社，2016.

[20]谢文. 大数据经济[M]. 北京：北京联合出版公司，2015.

[21]陈海滢，郭佳肃. 大数据应用启示录[M]. 北京：机械工业出版社，2017.

[22]陈明亮. 客户关系管理理论与软件[M]. 杭州：浙江大学出版社，2004.

[23]庄玉良，贺超. 管理信息系统[M]. 2 版. 北京：机械工业出版社，2019.

[24]罗超理，李万红. 管理信息系统原理与应用[M]. 北京：清华大学出版社，2002.

[25]甘仞初. 管理信息系统[M]. 北京：机械工业出版社，2001.

[26]马费成. 信息资源管理[M]. 北京：高等教育出版社，2014.

[27]曲翠玉. 管理信息系统理论与应用[M]. 北京：清华大学出版社，2015.

[28]郭东强. 现代管理信息系统[M]. 北京：清华大学出版社，2013.

[29]苑隆窗. 管理信息系统[M]. 北京：国防工业出版社，2015.

[30]孟波. 管理信息系统[M]. 北京：经济日报出版社，2010.

[31]毛光喜. 管理信息系统[M]. 长春：吉林大学出版社，2012.

[32]徐学锋. 电子支付与互联网银行[M]. 上海：上海财经大学出版社，2014.

[33]涂子沛. 数据之巅：大数据革命，历史、现实与未来[M]. 北京：中信出版社，2014.

[34]李一军. 管理信息系统案例集[M]. 北京：高等教育出版社，2008.

[35]唐方方. 移动商务与网络营销案例分析[M]. 北京：北京大学出版社，2013.

[36]谢兰云. 管理信息系统[M]. 大连：东北财经大学出版社，2012.

[37]毛基业，郭迅华，朱岩. 管理信息系统：基础、应用与方法[M]. 北京：清华大学出版社，2011.

[38]王广宇. 客户关系管理[M]. 北京：清华大学出版社，2013.

[39]史忠植. 人工智能[M]. 北京：机械工业出版社，2017.

[40]汤兵勇. 云计算概论：基础、技术、商务、应用[M]. 2版. 北京：化学工业出版社，2016.

[41]王良明. 云计算通俗讲义[M]. 3版. 北京：电子工业出版社，2018.

[42]田杰，乔东亮，秦必瑜. 电子商务：模式系统及其运营[M]. 北京：中国传媒大学出版社，2009.

[43]王世文. 物流管理信息系统[M]. 北京：电子工业出版社，2013.

[44]温伯格. 系统化思维导论[M]. 北京：清华大学出版社，2003.

[45]王晓敏，邝孔武. 信息系统分析与设计[M]. 4版. 北京：清华大学出版社，2013.

[46]张元林，陈序，赵熙. 区块链+开启智能新时代[M]. 北京：人民邮电出版社，2019.

[47]王志中，张钰，刘然. 计算机基础知识与办公自动化应用[M]. 北京：中国原子能出版社，2017.

[48]王众托. 系统工程引论[M]. 3版. 北京：电子工业出版社，2006.

[49]刘常宝. 电子商务物流[M]. 北京：机械工业出版社，2018.

[50]陈迪生. 社会化商务：全面解读互联网下的新型商务[M]. 北京：电子工业出版社，2014.

[51]李焱. 管理信息系统：理论与实践[M]. 2版. 兰州：兰州大学出版社，2009.

[52]周继雄，张洪. 管理信息系统[M]. 2版. 上海财经大学出版社，2012.

[53]路晓丽. 管理信息系统[M]. 北京：机械工业出版社，2014.

[54]姚国璋，等. 电子政务原理与案例[M]. 北京：清华大学出版社，2009.

[55]王知强. 管理信息系统入门与提高[M]. 北京：清华大学出版社，2005.

[56]闪四清. 管理信息系统[M]. 北京：清华大学出版社，2003.

[57]尹涛. 管理信息系统[M]. 北京：高等教育出版社，2005.

[58]张维迎. 中国电子政务发展报告[M]. 北京：北京大学出版社，2010.

[59]陈文伟. 数据仓库与数据挖掘[M]. 北京：清华大学出版社，2010.

[60]赵苹. 管理信息系统案例教程[M]. 北京：北京大学出版社，2002.

[61]何荣勤. CRM原理、设计、实践[M]. 北京：电子工业出版社，2006.

[62]陈兵兵. SCM策略、技术与实务[M]. 北京：电子工业出版社，2004.

[63]郭宁，郑小玲. 管理信息系统[M]. 北京：人民邮电出版社，2006.

[64]王靖，薛艳梅. 管理信息系统[M]. 重庆：重庆大学出版社，2015.

[65]幕静. 管理信息系统开发方法、工具与应用[M]. 北京：清华大学出版社，2010.

[66]王要武. 管理信息系统[M]. 北京：机械工业出版社，2004.

[67]周贺来，张恺，吕琦. 管理信息系统实用教程[M]. 北京：北京大学出版社，2012.

[68]祝士明. 管理信息系统[M]. 北京：机械工业出版社，2005.

[69]李兴国. 管理信息系统案例[M]. 北京：清华大学出版社，2010.

[70]朱顺泉. 管理信息系统：理论、应用、实验[M]. 北京：清华大学出版社，2011.

[71]熊励，李昱瑾. 企业信息化融合：基于SCM、ERP、CRM集成[M]. 北京：清华大学出版社，2012.

[72]王珊，陈红. 数据库系统原理教程[M]. 北京：清华大学出版社，2012.

[73]邓仲华，等. 信息系统分析与设计[M]. 武汉：武汉大学出版社，2011.

[74]朱志强. 管理信息系统：原理、开发及应用[M]. 大连：大连理工大学出版社，2009.

[75]刘春燕，司晓梅. 大数据导论[M]. 武汉：华中科技大学出版社，2022.

[76]韦德泉，杨振. 人工智能与大数据导论[M]. 北京：北京师范大学出版社，2021.

[77]戴红，曹梅，连国华. 云计算技术应用与数据管理[M]. 北京：世界图书出版公司，2019.

[78]洪小娟，黄卫东，韩普. 管理信息系统[M]. 北京：人民邮电出版社，2015.

[79]杨尊琦. 大数据导论[M]. 北京：机械工业出版社，2018.

[80]李联宁. 大数据技术及应用教程[M]. 北京：清华大学出版社，2016.

[81]孟宪伟，许桂秋. 大数据导论[M]. 北京：人民邮电出版社，2019.

[82]吕云翔，钟巧灵，衣志昊. 大数据基础及应用[M]. 北京：清华大学出版社，2017.

[83]任友理. 大数据技术与应用[M]. 西安：西北工业大学出版社，2019.

[84]张尧学. 大数据导论[M]. 北京：机械工业出版社，2019.

[85]江源富. 电子政务[M]. 北京：国家行政学院出版社，2005.

[86]刘邦凡. 电子政务建设与管理[M]. 北京：清华大学出版社，2006.

[87]李军鹏. 公共服务型政府[M]. 北京：北京大学出版社，2004.

[88]陈文伟. 决策支持系统[M]. 北京：清华大学出版社，2010.